A Lacuna de Autoridade

Mary Ann Sieghart

A Lacuna de Autoridade

Por que as mulheres não são levadas tão a sério quanto os homens e como mudar esse cenário

Benvirá

Copyright © by Mary Ann Sieghart, 2021
Copyright das ilustrações © K. J. (Kathryn) Lamb
Título original: *The Authority Gap*

Direção executiva Flávia Alves Bravin
Direção editorial Ana Paula Santos Matos
Gerência editorial e de projetos Fernando Penteado
Edição Clarissa Oliveira
Produção Rosana Peroni Fazolari
Preparação Gabriela Ghetti
Prefácio Gabriela Prioli
Tradução Cristina Yamagami
Revisão Vivian Miwa Matsushita
Diagramação Adriana Aguiar Santoro
Ilustrações © K. J. (Kathryn) Lamb
Capa Deborah Mattos
Impressão e acabamento Vox Gráfica

Dados Internacionais de Catalogação na Publicação (CIP)
Vagner Rodolfo da Silva - CRB-8/9410

S5711	Sieghart, Mary Ann
	A lacuna de autoridade: por que as mulheres não são levadas tão a sério quanto os homens e como mudar esse cenário / Mary Ann Sieghart ; traduzido por Cristina Yamagami. - São Paulo : Benvirá, 2022.
	352 p.
	Tradução de: The Authority Gap
	ISBN 978-65-5810-036-2 (Impresso)
	1. Ciências sociais. 2. Gênero. 3. Feminismo. 4. Mulheres. 5. Trabalho. 6. Sucesso profissional. I. Yamagami, Cristina. II. Título.
	CDD 305.42
2022-789	CDU 396

Índices para catálogo sistemático:
1. Ciências sociais : Mulheres   305.42
2. Ciências sociais : Mulheres   396

1ª edição, julho de 2022

Nenhuma parte desta publicação poderá ser reproduzida por qualquer meio ou forma sem a prévia autorização da Saraiva Educação. A violação dos direitos autorais é crime estabelecido na Lei n. 9.610/98 e punido pelo art. 184 do Código Penal.

Todos os direitos reservados à Benvirá, um selo da Saraiva Educação.
Av. Paulista, 901, 4º andar
Bela Vista - São Paulo - SP - CEP: 01311-100

SAC: sac.sets@saraivaeducacao.com.br

CÓDIGO DA OBRA 713255   CL 671047   CAE 799349

Para Dai, a feminista improvável.

Sumário

Prefácio à edição brasileira 9

Introdução Por que Bart Simpson tem mais autoridade do que Margaret Thatcher 15

1 Pode pular este capítulo (mas não deixe de ler se você não acredita na lacuna de autoridade) 33

2 A visão do outro lado – O que pessoas que viveram dos dois lados têm a nos ensinar sobre homens e mulheres 49

3 A lacuna de autoridade em ação – Se você pelo menos me deixasse termi… 59

4 Não é um jogo de soma zero – Todo mundo ganha se a lacuna de autoridade diminuir 79

5 O truque da confiança – Confiança e competência são duas coisas diferentes 89

6 O *manspreading* nas conversas – Como os homens não deixam ninguém falar 111

7 Mudando nossa mentalidade – A dificuldade que as mulheres têm de exercer influência 129

8	Oi, tem alguém aí? Ninguém me ouve	143
9	As mulheres fazem a mesma coisa – Como nosso cérebro reptiliano age contra nós	161
10	Está por toda parte – O mundo é moldado pelos homens	177
11	Uma mistura de Lady Macbeth com Medusa – Por que odiamos as mulheres que chegam ao poder?	203
12	Entendendo o viés – Todos os preconceitos numa coisa só	217
13	É possível ser inteligente e bonita – Ou será que, se você for bonita, não pode ser inteligente?	239
14	Cala a boca, vadia! Os perigos de ter uma opinião e uma vagina....	253
15	Não se desespere – É possível reduzir a lacuna de autoridade em uma geração	269

Agradecimentos 295
Bibliografia 299
Notas 329
Índice remissivo 339

Veja também o material exclusivo à edição brasileira disponível no Saraiva Conecta:

https://somos.in/ALA1

Prefácio à edição brasileira
de Gabriela Prioli

Minha trajetória profissional me permitiu ocupar ambientes muito distintos para notar que, em todos eles, algo se repetia: a minha voz não era ouvida. Ou, quando era, havia ridicularização e desrespeito, além, é claro, da reação padrão àquelas mulheres que se fazem escutar: chata, difícil, pedante... e por aí vai.

Não é fácil conviver com esses adjetivos pejorativos que minam a nossa confiança em nós mesmas. Como confiar em nosso potencial se ficamos em dúvida se somos tão inadequadas quanto nos descrevem? Como empregar energia em nosso aprimoramento se terminamos o dia absolutamente esgotadas, refletindo "será que sou mesmo pedante?". Muitas de nós acabam adotando uma posição de quase subserviência, que nos garante sermos mais "gostáveis". E esta última parte, no geral, é cíclica, o que agrava a sensação de não sair do lugar, contribuindo para a exaustão.

Lembro como se fosse hoje de um episódio interessante em que me perguntaram, num evento específico, sobre um caso de uso de passaporte falso no Paraguai. No episódio sob análise, o indivíduo entregou o seu passaporte para a autoridade de imigração, que logo percebeu tratar-se de documento falso. Pela minha experiência, tendo o funcionário da imigração notado de imediato que o passaporte era um documento falso, provavelmente tratava-se de uma falsificação grosseira e, nesse caso, por não ter o poder de enganar, não caracterizaria crime.

"Eu não conheço a legislação e a jurisprudência no Paraguai", respondi, "mas, se fosse no Brasil, não é certo que teríamos aí configuração de um crime." Sim, eu sei que o raciocínio demanda conhecimentos específicos do Direito Penal e presumi que por isso a pergunta fora feita a mim, a única pessoa na sala com formação e atuação na área. Para aqueles que ainda não sabem, sou formada em Direito e, além de advogar por quase dez anos na área criminal, sou Mestre em Direito Penal pela Universidade de São Paulo e professora universitária dessa mesma disciplina. Outro detalhe sobre minha trajetória acadêmica: minha prova de ingresso no mestrado foi sobre crimes contra a fé pública.

Qual não foi a minha surpresa, então, quando fui ridicularizada por meu superior hierárquico na época (um homem que não era formado em Direito) na frente de outros dois colegas, que pareciam se divertir com a situação. Tentei ainda explicar que ele não tinha repertório suficiente para compreender o que eu havia dito, mas ele não me escutava. Só repetia as mesmas objeções e piadas.

Depois de algumas tentativas gentis de me fazer compreender naquilo que eu era a especialista e sobre o que eu havia comentado sob demanda direta de quem agora me ridicularizava, disse, com voz mais firme e semblante menos doce: "A incompreensão sobre o meu comentário decorre somente da ignorância de vocês a respeito do tema. Dou aula para alunos de pós-graduação em Direito. Ou seja, para vocês terem AULA comigo, precisam primeiro estudar cinco anos". Depois de observar por alguns segundos o semblante de indignação – "como ela ousa falar conosco nesse tom?" –, me retirei. Claro, fiquei com fama de arrogante presunçosa e insuportável porque ousei me fazer escutar.

Poucas reflexões me assombraram tanto e de forma recorrente como a dúvida sobre me manter firme ou ser mais agradável. E só não me senti completamente sozinha porque tive a "sorte" de ter uma mãe que foi a vida toda a "desagradável", segundo o julgamento alheio. Triste o que esse mundo faz a gente entender como sorte. Não é bom ter que se fazer tão áspera. Cansa. E aí, exaustas, ainda temos que explicar que não é coisa da nossa cabeça.

Não, não estamos exagerando.

Nossa voz chega a menos lugares e, mesmo quando é escutada, é pouco levada em consideração. Na escola, os professores nos dão menos crédito e atenção. No mundo do trabalho, nossas ideias são roubadas por colegas homens em plena luz fluorescente de uma reunião. Como aquele cara pode ter usurpado algo que você acabou de expor em público, na frente da chefia? É fácil: basta ninguém ter te ouvido – ou se importado com o que você disse.

Neste livro que virou best-seller no Reino Unido, a jornalista Mary Ann Sieghart compila uma quantidade assustadora de dados e pesquisas confirmando que, não, não é impressão sua: você está sim sendo constantemente ignorada, preterida e subvalorizada por ser mulher. Além de entregar dados chocantes, capazes de ganhar qualquer discussão com quem insiste em não enxergar o problema, a autora investiga caminhos para contornar a questão, entrevistando psicólogos, neurocientistas e sociólogos. O resultado é um verdadeiro tratado sobre o descrédito social que as mulheres continuam recebendo em todas as partes do mundo. Um fenômeno tão disseminado que atinge da mais humilde mortal até as juízas da Suprema Corte americana – que sofrem quatro vezes mais interrupções do que seus colegas homens.

Aqui no Brasil, a ministra Carmem Lucia, na Presidência do Supremo Tribunal Federal, tentou expor aos demais ministros os dados sobre as interrupções feitas às juízas dos Tribunais Constitucionais enquanto defendia, entre risos e brincadeiras de seus colegas homens, a prerrogativa de fala da ministra Rosa Weber. Procurem o vídeo e observem: é uma ministra da Suprema Corte e a gente, que é mulher, sabe exatamente o que é estar naquele lugar. Essa é uma dor que nos atravessa de forma comum, embora ocupemos lugares tão distintos.

A minha conclusão a partir desta leitura foi que ter uma voz feminina é como ter uma caixinha de som mequetrefe, dessas com pouca potência e um terrível chiado. A baixa potência faz com que essa voz atinja menos pessoas. Já o chiado garante que mesmo quem a escute receba sua mensagem com certo incômodo e irritação. Este livro que você tem em mãos, por exemplo, está fadado a disputar apenas a fração de leitores que topa ver um nome feminino na capa e um assunto feminino no miolo. Para que a mensagem da autora chegue aonde mais precisa, não bastará o fato de que Sieghart possui credenciais que deveriam falar por si: será necessário que nós, suas leitoras e leitores, coloquemos nossas caixinhas de som para funcionar, ampliando a voz da autora.

Falemos sobre isso.

Nós, que já engrossamos a casca ao resistirmos ao machismo de todo dia, podemos abrir caminho para as novas vozes femininas que vêm aí.

Com uma sólida carreira jornalística e empresarial, Sieghart foi editora sênior e colunista de um dos principais jornais do Reino Unido por mais de vinte anos, trabalhou no rádio, chefiou um *think tank*, foi professora visitante em uma das universidades mais estreladas da Inglaterra. A pesquisa deste livro foi realizada no período em que ela atuou como pesquisadora na Universidade de Oxford. Pensar que mesmo uma mulher com esse nível de credenciais precise dos nossos amplificadores coletivos para furar a bolha desanima, eu sei, mas um dos feitos do livro é transformar o nosso justo cansaço em indignação da melhor estirpe: aquela que vem recheada de argumentos, dados e evidências.

O livro já nasceu dessa indignação. A autora conta que a decisão de escrever sobre um assunto que permeou toda a sua vida veio há alguns anos, quando conheceu um cara num jantar social e ele perguntou o que ela fazia da vida. Àquela altura, Sieghart tinha décadas de experiência no jornalismo e atuava como nada mais, nada menos do que presidente de um *think tank*. O cara ouviu isso tudo e disse: "Nossa, mas que mocinha atarefada!". Ela tinha mais de 50 anos de idade. Cinquenta e poucos anos, um currículo impressionante e mesmo assim continuava sendo tratada como uma menina levada fazendo arte. Que arte? Provavelmente a de transitar livremente por um lugar reservado aos homens.

Foi justamente por ter vivido, testemunhado e escutado relatos de milhares de cenas como essa que Sieghart decidiu que seu próximo passo seria escrever um livro dissecando os mecanismos sociais que fazem com que a voz feminina seja sistematicamente abafada pelo ruído branco do machismo estrutural. Com pesquisas próprias aliadas a entrevistas, estatísticas e estudos científicos, Sieghart constrói um mapa do buraco onde nos encontramos – e ajuda a pensar rotas de fuga.

Das centenas de estudos mobilizados pela autora, os que mais me impressionaram foram os que mostram as relações dos pais com suas filhas e o das escolas com suas alunas. Estamos acostumados a um senso comum de que as meninas são mais protegidas, cuidadas com mais atenção e esmero do que os meninos. Que nada. Quando você estiver andando na rua e vir uma fofucha de maria-chiquinha, saiba que, se ela tiver um irmão homem, ele provavelmente recebe dos pais um investimento maior em sua vida intelectual; eles creem, ainda que em um lugar pré-lógico do inconsciente, que ele é mais capaz do que ela. Nem o imenso amor materno e paterno é capaz de driblar o machismo.

Essa menina, todo dia que passar pelo portão da escola, viverá em meio a um sistema que crê que ela pode menos do que os meninos, mesmo quando ela demonstra o tempo todo que pode a mesma coisa, mesmo quando ela esfrega na cara daquele ambiente escolar que pode mais. "Ah, Gabriela, mas lá em casa sempre foi diferente…" Tudo bem, estamos tratando de estatísticas e sua vida talvez seja um ponto fora da curva. Ainda assim, eu te convido para, depois da leitura, passar tudo em revista, repensar as coisas, não custa.

Somos seres sociais e estamos mais submetidos à lógica do mundo do que gostaríamos de admitir. Pode ser um processo doloroso, mas talvez seja uma das contribuições que este livro dá a nós todos. Especialmente à menina que já fomos, a mesma que, enquanto você segura o livro, entra toda fofucha na sala de aula onde vai ser vista como menos capaz do que é de fato.

O mundo ainda reage de maneira negativa a mulheres fortes, assertivas e independentes. Querem nos conformar a espaços predeterminados e estreitos demais para nós.

Deliberadamente direciono a mensagem final deste prefácio a você, que como eu já verteu muitas lágrimas refletindo se valeria a pena se enquadrar para que a jornada fosse menos cansativa. Eu te entendo e você não está sozinha. Estamos caminhando juntas na direção de um mundo onde não tenhamos que viver permanentemente exaustas.

Para os que resistem, a mensagem é simples: foi essa lógica alimentada por vocês que nos fez mais resistentes. Seguiremos sendo esse incômodo e seremos mais, partilhando dessa dor que nos atravessa de forma comum e que transformaremos em entusiasmo.

Introdução
Por que Bart Simpson tem mais autoridade do que Margaret Thatcher

Ele diz a ela que a Terra é plana...
Ele conhece os fatos e ponto-final.
Em altercações ferozes e longas
Ela faz o que pode para provar que ele está errado,
Mas ele aprendeu a debater.
Ele diz que os argumentos dela são infundados
E a interrompe pedindo para ela parar de gritar.
Ela não tem como vencer. Ele se mantém firme.
O planeta segue sendo redondo.
                      – *Wendy Cope*

Quando Mary McAleese era a presidenta da República da Irlanda, ela liderou uma visita oficial ao Vaticano para falar com o papa João Paulo II. Ela estava na sala de audiências com sua delegação, prestes a ser apresentada ao pontífice, quando ele entrou, passou direto por ela, estendeu a mão para seu marido e perguntou: "Você não preferiria ser o presidente da Irlanda em vez de ser casado com a presidenta da Irlanda?". Seu marido sabia que não podia morder a isca. Como McAleese me contou em uma entrevista para este livro: "Apertei a mão do papa que estava parada no ar e disse: 'Permita-me me apresentar. Sou a presidenta da Irlanda, Mary McAleese, eleita pelo povo da Irlanda, quer o senhor goste ou não'".[1]

Depois o papa se defendeu dizendo que fora só uma piada, mas, mesmo se fosse o caso, foi uma brincadeira de mau gosto. Ele conseguiu desprezar uma chefe de Estado antes mesmo de reconhecer sua presença. Como McAleese lembrou: "Ele disse: 'Peço desculpas, tentei fazer uma piada porque me disseram que a senhora tinha um grande senso de humor'. Eu disse: 'E tenho mesmo, mas não achei graça porque o senhor não faria isso com um presidente homem'". Por que será que respeitamos automaticamente um chefe de Estado homem e não uma mulher? Porque ainda existe uma *lacuna de autoridade* entre mulheres e homens.

Esse tipo de comportamento é extremamente frustrante para as mulheres. Ninguém gosta de ser tratado como se fosse inferior, sobretudo se não for. Para entender melhor o que estou dizendo, é interessante inverter a situação. Se você for um homem, sugiro reservar uns minutos para fazer o exercício mental a seguir. Imagine que você vive em um mundo onde é comum ser tratado com condescendência pelas mulheres. Imagine ter suas opiniões ignoradas ou seu conhecimento questionado com frequência por elas. Imagine tentar dizer algo nas reuniões e ser ignorado de cara pelas mulheres, que falam por cima de suas palavras como se você não existisse. Imagine subordinadas mulheres resistindo à sua autoridade só porque você é homem. Imagine chefes mulheres promovendo outras mulheres, mesmo se elas forem menos talentosas do que você. Imagine as pessoas sempre se dirigindo à sua acompanhante antes de dirigir-se a você. Imagine escrever um livro e descobrir que metade da população reluta em lê-lo porque foi escrito por um homem. Você conseguiria apenas dar de ombros e dizer: "É justo. Afinal, homens e mulheres de fato são diferentes". Ou você ficaria se mordendo de raiva? Acho que sei o que você responderia.

Em sua canção "Respect", Aretha Franklin, a rainha do soul, exigia respeito para as mulheres, mas ainda precisamos nos empenhar muito mais do que os homens para conquistar respeito. Por mais que afirmemos acreditar na igualdade, na prática ainda relutamos mais em conceder autoridade às mulheres do que aos homens, mesmo quando elas são líderes ou profundas conhecedoras em sua área de atuação. Toda mulher tem uma história para contar sobre ter sido subestimada, preterida, ignorada, tratada com condescendência e, em geral, não ter sido levada tão a sério quanto um homem seria. (E, quando digo "mulher", refiro-me a qualquer pessoa que se identifique como uma.) Grandes avanços foram alcançados, e muitos homens são respeitosos e bons ouvintes, mas, mesmo achando que somos muito liberais, ainda estamos bem longe de chegar lá.

Pesquisas demonstram que esperamos que as mulheres sejam menos competentes do que os homens. A maioria de nós – homens e mulheres – ainda reluta em se deixar influenciar pela opinião das mulheres. E ainda resistimos à ideia de mulheres tendo autoridade sobre nós. Em outras palavras, ainda existe uma lacuna de autoridade entre mulheres e homens.

E a lacuna de autoridade é a mãe de todas as lacunas de gênero. Se as mulheres não forem levadas tão a sério quanto os homens, elas ganharão menos, serão promovidas com menos frequência e avançarão menos na carreira. Elas terão menos autoconfiança e acharão que têm menos direito ao sucesso. Se não fizermos nada a respeito, a lacuna entre mulheres e homens sempre existirá.

Essa lacuna não só é enorme como também é descabida. A diferença entre o salário e as promoções recebidas por homens e mulheres é catorze vezes maior do que a diferença entre suas avaliações de desempenho. Isso acontece porque 70% dos homens dão mais crédito aos homens do que às mulheres por atingirem os mesmos objetivos.² E, em cargos de grande prestígio, altamente especializados e de gestão sênior, quando mulheres e homens têm o mesmo desempenho, as mulheres ganham consideravelmente menos.³

O problema é que, pelo menos em parte, ainda tendemos a associar de maneira automática "homem" com "autoridade". Ao montar uma apresentação para dar uma palestra sobre o tema na Universidade de Oxford, eu sabia que precisava começar definindo os termos que usaria na apresentação. Tirei uma captura de tela da definição de "autoridade" do dicionário *Oxford* – o primeiro resultado na busca do Google.⁴ Todos os exemplos do dicionário começavam com o mesmo pronome: "*Ele* tem a mais completa autoridade sobre seus subordinados"; "*Ele* tem a autoridade de uma pessoa que está acostumada a ser obedecida"; "*Ele* deu uma tacada na bola com autoridade"; e "*Ele* é uma grande autoridade no mercado de ações". Seria impossível encontrar um exemplo mais perfeito do problema. Mas Margaret Thatcher não tinha a autoridade natural de uma pessoa que estava acostumada a ser obedecida? Serena Williams não acerta a bola com autoridade? Helena Morrissey não é uma autoridade no mercado de ações? E eu nem estava procurando exemplos de tratamento diferenciado, só a definição do dicionário.

A mesma coisa aconteceu quando fiz uma busca no Google Imagens para ilustrar um slide sobre "expertise". As primeiras vinte imagens não incluíam uma única mulher. Bart Simpson chegou a aparecer antes de a primeira mulher surgir, no meio de um grupo de homens. Quando finalmente encontrei uma foto de uma mulher do tamanho adequado, vi que ela estava recebendo uma explicação de um homem. Às vezes o tema da sua palestra simplesmente salta da tela para lhe dar um tapa na cara.

Mas não é possível que isso não esteja mudando, não é mesmo? Finalmente estamos nomeando mais mulheres para cargos importantes e podemos sair às ruas para comemorar. Repreendemos o júri do Oscar por ignorar diretoras mulheres e nos empolgamos quando papéis importantes são escritos para mulheres. Porém, o que temos visto nos países mais economicamente desenvolvidos desde o movimento do #MeToo é uma espécie de feminismo da boca para fora. Ainda temos mais chances de seguir e retuitar homens do que mulheres no Twitter. E também temos mais chances de – quando nos aproximamos de um homem e uma mulher juntos – nos dirigirmos primeiro a ele. Os homens ainda tendem a ignorar livros escritos por mulheres, apesar de as mulheres devorarem livros escritos por homens.

Esse viés inconsciente parece nos fazer tropeçar a cada passo, mas parecemos dispostas demais a nos dar um tapinha nas costas pelo progresso que fizemos e ignorar, ou deixar de notar, o viés que ainda existe. Neste livro, me proponho a analisar em detalhes os nossos vieses e mapear as medidas que podemos tomar, individualmente e em sociedade, para identificá-los, combatê-los e vê-los pelo que são: um produto irracional e anacrônico do condicionamento social e de estereótipos ultrapassados.

Nosso cérebro está acostumado a pegar atalhos – o que os psicólogos chamam de "heurística" – e a dividir o mundo em categorias para não precisarmos processar muitas informações. Basicamente aplicamos esses modelos como se fosse um filme transparente que colocamos entre nós e a pessoa com quem estamos interagindo. Em vez de tratar cada pessoa como um indivíduo, transferimos a elas nossos pressupostos sobre como *deveria* ser ou como *esperamos* que ela seja, com base nos estereótipos que crescemos aprendendo e que nos cercam. Associamos os homens com liderança fora de casa, e as mulheres com o lar. Esses estereótipos podem não ter nada a ver com a pessoa que está diante de nós, mas isso não nos impede de aplicá-los a ela. Como Helle Thorning-Schmidt, ex-primeira-ministra da Dinamarca, me explicou: "Somos pessoas que andam pelo mundo com um cérebro programado para ser extremamente preconceituoso contra as líderes do gênero feminino porque isso não se encaixa com o que o nosso cérebro da Idade da Pedra é capaz de entender".[5] Mas esse viés não precisa ter sido determinado pela evolução na Idade da Pedra. Ele pode ser um construto social do mundo contemporâneo.

É fácil subestimar o poder desses modelos arraigados. Podemos dizer com toda sinceridade que rejeitamos, moral e intelectualmente, o tratamento diferenciado entre mulheres e homens. O problema é que, uma vez que aprendemos a ver o mundo de uma determinada maneira, podemos nem nos conscientizar de nossos preconceitos. Eles nos são transmitidos em um nível profundamente fundamental – ou, como explicariam os cientistas especializados no estudo da consciência, eles estão inextricavelmente entranhados na nossa percepção de mundo.

É claro que também existem abismos de autoridade entre os brancos e as pessoas racializadas, entre pessoas de classes sociais diferentes, entre pessoas sem e com deficiências, bem como entre os heterossexuais e pessoas com outras orientações sexuais e identidades de gênero. Cada uma dessas lacunas merece um livro inteiro, mas não sou a pessoa certa para a tarefa. Assim, neste livro, me restrinjo principalmente à lacuna de autoridade entre gêneros, apesar de também explorar a maneira como ela converge com outros vieses.

A lacuna de autoridade afeta mulheres do mundo todo, em qualquer cultura. Conversei com mulheres da África, da América Latina, da Ásia e do Oriente Médio, bem como da Europa e dos Estados Unidos, e todas relataram exemplos de ocasiões em que foram levadas menos a sério do que os homens. Podemos não notar que somos mais interrompidas, nossos conhecimentos são mais questionados e nos dão menos ouvidos. Mas esse tipo de atitude é muito comum e é ao mesmo tempo ofensivo e errado. As mulheres ficam furiosas, nossa autoconfiança desaba e temos menos chances de avançar na vida. Já passou da hora de mudar esse comportamento.

Até as mulheres mais respeitadas passam por isso, especialmente as negras. Conversei com Bernardine Evaristo, romancista ganhadora do Prêmio Booker e professora de escrita criativa. Apesar de suas credenciais impecáveis, de todo o seu brilhantismo e sua personalidade carismática, ela ainda tem dificuldade de convencer as pessoas a lhe conceder a autoridade que merece, especialmente um determinado tipo de estudante branco mais velho, "que faz meu curso para aprender comigo, mas que no fundo não acredita que tenho algo a ensinar e contesta tudo o que eu digo".

"Fiz conquistas na minha vida que me dão direito a essa autoridade", ela me disse. "Sou professora universitária e vice-presidenta da Sociedade Real de Literatura. E agora ganhei o Prêmio Booker. Sou procurada para fazer resenhas de livros e levo décadas escrevendo ensaios para jornais. Quem vê de fora pode pensar: 'Aí está uma pessoa que transita pelo mundo com autoridade', mas, na verdade, não é assim que a sociedade me trata. Sou muito ciente disso, de que as pessoas não me dão automaticamente a autoridade que dariam a outra pessoa que elas acham que deveria ocupar as posições que eu ocupo."[6]

E não são só os homens que fazem isso. Não escrevo este livro para criticar nem atacar os homens. A ideia é propor um exercício de conscientização para todos nós. Podemos até achar que somos muito progressistas e inteligentes, mas incontáveis estudos científicos mostram que todos nós – mulheres e homens – temos vieses inconscientes, mesmo contra o nosso próprio gênero[7]. Podemos não estar cientes deles – não é à toa que eles são chamados de "inconscientes" –, mas eles se refletem em nosso comportamento e, se não formos capazes de nos conscientizar deles e corrigi-los, as mulheres continuarão sendo levadas menos a sério do que os homens. Continuaremos presumindo que um homem sabe do que está falando até que ele prove o contrário, enquanto, no caso de uma mulher, é quase sempre o oposto. A lacuna de autoridade continuará enorme.

Eu mesma não estou livre desse viés e não acho que alguma pessoa esteja. Sou uma feminista de longa data e escrevi um livro implorando para o mundo levar as mulheres mais a sério, mas até eu posso ter meus preconceitos contra as mulheres e a favor dos homens. Pode acontecer de eu ouvir no rádio uma entrevista com uma jovem que talvez tenha uma voz aguda e soe um pouco infantil de um jeito que não acontece com os homens e me pegar pensando: "Será que ela sabe do que está falando?".

É claro que eu imediatamente me sinto culpada e tento compensar. Ouço com atenção o que ela está dizendo e a julgo pelo conteúdo de seu discurso, não pelo tom de sua voz. Afinal, as coisas só vão começar a mudar se formos capazes de identificar nosso viés e nos corrigir ativamente.

* * *

Para escrever este livro, entrevistei cerca de cinquenta das mulheres mais poderosas, bem-sucedidas e respeitadas do mundo para ver se até elas têm alguma experiência com a lacuna de autoridade. Frances Morris está no topo do mundo da arte. Ela é nada menos que a diretora do Tate Modern. Mas isso só a livra dos efeitos da lacuna de autoridade quando as pessoas já sabem o que ela faz. Conversamos em seu escritório, repleto de livros, na enorme galeria de Londres. Ela é absurdamente inteligente e fala em parágrafos formados com uma coesão incrível. "Como diretora do Tate Modern, posso passar o dia inteiro sendo uma pessoa poderosa e articulada que é levada a sério e me transformar em um zero à esquerda assim que boto os pés para fora deste prédio", ela me contou.[8] "Porque, como uma mulher no mundo lá fora, eu não sou levada a sério. Quando as pessoas não sabem o que eu faço, acontece muito de elas me cumprimentarem só depois de se dirigir a um colega homem, fazerem contato visual primeiro com meu marido e não demonstrarem qualquer interesse pela minha opinião se acharem que eu não passo de uma mulher de meia-idade. É muito fácil ver isso por causa do contraste absurdo com a maneira como sou abordada e tratada quando as pessoas sabem que sou a diretora do Tate Modern."

Será que isso não se aplica também a homens na mesma posição? "Não", ela insistiu. "Trabalhei com três diretores do Tate Modern e isso não acontecia com eles."

Estou certa de que Frances Morris é uma feminista declarada. Duvido que Elaine Chao seja. Só que ninguém precisa ser feminista para se dar conta da questão ou se interessar por ela. Quando a conheci, Chao era secretária de Transportes dos Estados Unidos e membra do gabinete do presidente Trump. Conversamos em seu escritório em Washington, com duas de suas assistentes seniores de longa data. Esbanjando confiança e claramente uma daquelas mulheres acostumadas a dominar a sala, ela me contou que só quando chegou perto dos 50 anos se sentiu tão ouvida quanto seus colegas homens. Isso finalmente aconteceu quando ela foi nomeada secretária do Trabalho do governo de George W. Bush. "Não é incrível?", ela perguntou. "Eu tinha 47 anos. Pela primeira vez na vida, meio que senti que tinha chegado lá."[9] No entanto, ela já havia ocupado vários cargos de alta liderança antes – inclusive diretora do Corpo de Paz dos Estados Unidos – e o fato de não ter recebido a devida atenção nesses cargos é um bom indicativo de como a lacuna de autoridade realmente está por toda parte.

As mulheres, até as que ocupam os cargos mais altos, já estão tão acostumadas com manifestações da lacuna de autoridade que ficam agradavelmente surpresas quando isso não acontece. Brenda Hale, então presidenta do Supremo Tribunal do Reino Unido, me disse que se surpreendeu quando ela e seu vice-presidente (um homem) conduziram uma reunião e o visitante, contrariando todas as expectativas, dirigiu a maioria de suas perguntas a ela, e não ao vice. Ela se deu conta do quanto isso era incomum, mesmo sendo a pessoa mais sênior da sala... e de todo o sistema judiciário britânico.[10]

Para que, então, contar as histórias dessas mulheres extraordinárias? Se as pessoas contestam a autoridade até dessas superpoderosas, ignoram suas opiniões e questionam sua competência, dá para imaginar como todas as outras são tratadas. A resposta é que nós, que temos muito menos privilégios, que possuímos diferentes origens e formações e atuamos em todas as esferas da vida, podemos aprender com as experiências delas.

Também conversei com mulheres menos famosas, de uma ampla variedade de idades, raças e classes sociais. No processo, não conheci uma única pessoa que não tenha sentido esse fenômeno na pele, desde as baby boomers, passando pela geração X e pelas millennials, até a geração Z. Alice, uma engenheira de 27 anos, me disse: "Quando lidero uma equipe, se tiver um cara exatamente na mesma posição que eu, sou muito mais questionada. Tenho que ralar muito mais para conquistar a mesma autoridade. Minha experiência profissional conta, mas não tanto quanto a de um homem".

Identificar nossos próprios vieses é um começo, mas não é o fim. Precisamos abordar a questão cientes de que se trata de um problema estrutural. Enquanto um número muito maior de homens do que de mulheres ocupar posições de autoridade, tenderemos a associar homens com cargos autoridade e mulheres com os subordinados. Enquanto permitirmos que os meninos cresçam acreditando que são superiores às meninas, estaremos inculcando uma mentalidade que será muito difícil de mudar quando essas crianças forem adultas. Enquanto reprimirmos as mulheres no trabalho, punindo-as por serem assertivas ou por se autopromoverem tanto quanto os homens, elas nunca avançarão na mesma proporção que os homens. E, enquanto não gerarmos condições de trabalho justas para pais de ambos os sexos, impediremos as mulheres de alcançarem as posições de autoridade necessárias para que a sociedade equilibre seus estereótipos.

Em alguns países, o viés está longe de ser inconsciente e corre solto em todas as esferas da sociedade. A documentarista Sharmeen Obaid-Chinoy ganhou dois Oscars por filmes que mostram o status rebaixado das mulheres no Paquistão. "O Paquistão é um país misógino ao extremo. A cultura é profundamente patriarcal", ela me disse. "Seja em vilarejos, cidadezinhas ou grandes centros urbanos, de modo geral os homens tomam as decisões pelas mulheres. Pouquíssimas podem tomar decisões sobre a própria vida. As mais instruídas, as mais empoderadas no papel podem ser incapazes de tomar decisões simples sobre sua vida." E por que elas não se rebelam? "As mulheres que têm coragem de se manifestar, pedir, pressionar, exigir mais direitos são caluniadas, rotuladas e muitas vezes assassinadas. Hoje em dia, são raras as mulheres que ousam se manifestar em público."[11]

Por sorte, nos países mais economicamente desenvolvidos, as mulheres geralmente têm permissão para tomar decisões sobre a própria vida. Elas podem exigir seus direitos sem colocar a vida em risco. Mas isso não quer dizer que o problema foi resolvido, já que é muito difícil de combater o sexismo velado. É muito mais fácil para quem comete esses atos negar ou subestimar sua gravidade. As mulheres que reclamam podem ser rotuladas de burras ("você não entendeu o que eu quis dizer"), sensíveis demais (o famoso "mimimi") ou desprovidas de senso de humor ("eu só estava brincando") ou podem ser acusadas de histéricas e delirantes. Duvido muito que esses rótulos se apliquem a mulheres como Mary McAleese, Frances Morris e Elaine Chao. As histórias delas dão credibilidade ao resto de nós.

* * *

A palavra "autoridade", no contexto deste livro, tem duas definições. A primeira é a influência da pessoa como resultado de seu conhecimento e expertise – em outras palavras, de ser considerada uma referência em sua área de atuação.

A segunda é a autoridade como resultado de estar no comando – ou seja, em termos de exercer poder e liderança. Essa definição poderia muito bem se referir à autoridade em uma família, mas neste livro refiro-me à autoridade fora de casa. As mulheres, ao longo da história, muitas vezes foram ludibriadas ao receber a responsabilidade de cuidar do lar. Algumas se satisfazem com isso, mas para muitas de nós não é o suficiente. Merecemos receber um tratamento igualitário em todas as esferas da vida.

Pensando assim, como a lacuna de autoridade pode persistir no século XXI, quando só a Grã-Bretanha teve duas primeiras-ministras do gênero feminino bem como mulheres ocupando altos cargos, como a presidência da Suprema Corte, primeiras-ministras da Escócia e Irlanda do Norte e uma comissária da Polícia Metropolitana? Se a autoridade vem no mesmo pacote que poder e liderança, a questão da autoridade feminina já não deveria ser um problema do passado? E, se não for, o tema não pode ser um fenômeno limitado à geração mais velha, que foi criada com base em valores formados nas décadas de 1960 e 1970, quando as mulheres monopolizavam anúncios de sabão em pó na TV e homens de terno faziam gato e sapato de suas secretárias?

Por incrível que pareça, ainda estamos mergulhados até o pescoço nesse problema, inclusive os jovens. Conversei com estudantes universitárias que claramente são tão inteligentes quanto seus colegas do gênero masculino. No entanto, até elas se sentem subestimadas e menosprezadas. Flora, de 20 anos, disse: "Preciso batalhar muito mais do que os rapazes do grupo para me fazer ouvir. Especialmente em uma turma dominada por homens, as pessoas tendem a priorizar as opiniões deles. Se um homem tenta assumir o comando em um grupo, é frequente que ele seja levado a sério. Quando colegas mulheres fazem sugestões, elas normalmente são reprimidas pelos homens, que lançam comentários jocosos, encorajando outros homens a se manifestarem".[12]

Ellie, de 20 anos, acrescentou: "Na minha turma, os homens preferem trabalhar juntos e excluem as mulheres de qualquer interação acadêmica. A premissa é que somos intelectualmente inferiores".[13]

O problema é que as mudanças no mundo externo demoram muito para penetrar o nosso subconsciente e mudar os estereótipos que lá se escondem. Enquanto isso não acontece, precisamos identificar ativamente quando o viés inconsciente distorce nossa percepção sobre as pessoas – o que não é tarefa fácil. Como me disse Julia Gillard, ex-primeira-ministra da Austrália e coautora de um livro sobre mulheres e liderança: "Nunca tivemos um ambiente livre de estereótipos. Nunca tivemos uma verdadeira igualdade de gênero. Nem os jovens que foram muito conscientizados sobre a questão e não querem discriminar com base no gênero ou em qualquer outra coisa conseguem se livrar de todo esse condicionamento social só pela força de vontade. Não dá para simplesmente dizer 'Sou feminista' e se livrar de todo o condicionamento social como em um passe de mágica. Precisamos pensar duas vezes antes de seguir às cegas os comandos do nosso cérebro para não sermos escravizados por ele".[14]

E por que isso acontece? Bem, milênios de homens no comando, de patriarcado, deixaram sua marca na nossa mente. Esse longo histórico fez com que fosse perfeitamente normal para os homens menosprezar as mulheres e as tratar como se fossem subordinadas. Ainda no início do século XX, o romancista Arnold Bennett escreveu um livro chamado *Our Women* ("Nossas mulheres", em tradução literal), que incluía um capítulo intitulado "Os homens são superiores às mulheres?".[15] Não fica claro, pelo texto, por que ele se deu ao trabalho de usar um ponto de interrogação. Afinal, ele escreveu: "A verdade é que o homem é intelectual e criativamente superior às mulheres e que, no âmbito do intelecto criativo, há coisas que os homens fazem quase como um hábito, mas que as mulheres nunca fizeram e praticamente não demonstram capacidade de fazer". Não é de admirar que o livro tenha enfurecido Virginia Woolf, que escreveu duas cartas à revista *New Statesman* para reclamar.[16]

Direcionando suas críticas ao editor literário da *Statesman*, Desmond MacCarthy, que publicara uma resenha do livro de Bennett sob o pseudônimo Affable Hawk, Woolf escreveu:

> O fato de as mulheres serem inferiores aos homens no que diz respeito à capacidade intelectual, diz ele, "é uma grande obviedade". Ele concorda com a conclusão do senhor Bennett de que "nem toda a educação e liberdade de ação do mundo serão capazes de mudar esse fato". Como, então, o Affable Hawk explica o fato, que é tão óbvio tanto para mim quanto para qualquer outro observador imparcial, de que o século XVII produziu mulheres mais notáveis do que o XVI; o século XVIII, mais do que o XVII; e o século XIX, mais do que todos os três juntos?... Em suma, embora o pessimismo com relação ao outro sexo seja sempre um revigorante deleite, parece-me que o

senhor Bennett e Affable Hawk estão sendo um pouco confiantes demais ao se entregar com tanta certeza a essa perspectiva com base nas evidências diante deles. Desse modo, embora as mulheres tenham todas as razões para crer que o intelecto do sexo masculino esteja decaindo incessantemente, não seria sensato, até que tenham mais evidências do que as fornecidas pela Grande Guerra e pela grande paz, anunciá-lo como fato consumado.

Bennett declarou que até os homens de intelecto mediano eram superiores às mulheres: "Todo homem sabe em seu coração, e toda mulher sabe em seu coração, que o homem mediano tem mais poder intelectual do que a mulher mediana... É um fato tão notório quanto o fato de o homem ter mais força física do que a mulher". Esse livro foi publicado na década de 1920, a mesma em que minha mãe nasceu: uma mulher que foi aceita na Universidade de Oxford e na Universidade de Cambridge aos 16 anos apesar de ter perdido vários anos de estudo em razão da Segunda Guerra Mundial.

Só um homem muito insensato ousaria escrever tamanho absurdo hoje, em face das evidências científicas que comprovam que as mulheres têm absolutamente a mesma capacidade intelectual que os homens. No entanto, não muito tempo atrás, em 2011, tivemos o romancista V. S. Naipaul alegando que nenhuma escritora mulher jamais escreveu tão bem quanto ele.[17] E o escritor americano Norman Mailer escreveu em 1959 que "um bom romancista pode abrir mão de tudo, exceto... seus testículos".[18]

O problema é que o mundo que nos cerca ainda é moldado e liderado principalmente por homens. A maioria de nós cresceu vendo nosso pai trabalhando mais e ganhando mais do que nossa mãe. Vemos, em todas as esferas da vida pública, mais homens chegando ao topo e mais homens sendo citados como autoridades do que mulheres. Assistimos a muitos filmes, quase todos dirigidos por homens, nos quais os homens são os protagonistas e as mulheres não passam de meras coadjuvantes ou objetos sexuais, com os homens tendo duas vezes mais falas.[19] Ainda vivemos em um mundo no qual os homens têm a vantagem e se ajudam a subir na vida, de modo que não é surpresa que tenhamos internalizado a noção de que as mulheres devem de alguma forma ser inferiores e merecem menos respeito.

Mahzarin Banaji é professora e presidenta do conselho do Departamento de Psicologia de Harvard e especialista em vieses inconscientes, também chamados de vieses "implícitos". Ela me disse que a coisa funciona mais ou menos assim: "O viés implícito provém do nosso mundo social, da nossa cultura, porque o conteúdo do que o cérebro sabe é o que ele vê no mundo. Vejo que os homens fazem determinados trabalhos e as mulheres outros. Se, no meu mundo, eu tivesse visto que a maioria das mulheres trabalha na construção civil e engenharia, isso é o que meu cérebro teria aprendido; e, se eu tivesse visto no meu mundo que a maioria dos homens fica em casa tomando conta dos filhos, cozinhando e limpando para a família, é isso que meu cérebro teria aprendido".[20]

Absorvemos a noção de superioridade masculina desde a infância. Quando, em um levantamento, pais britânicos foram solicitados a estimar o QI de seus filhos, eles estimaram uma média de 115 para o filho (o que, por si só é hilário, já que a média é 100) e 107 para a filha, uma enorme diferença estatística.[21] A razão da diferença é um mistério, já que as meninas se desenvolvem mais rápido do que os meninos, têm um vocabulário maior e se saem melhor na escola. Porém o resultado é que os meninos, em geral, crescem achando que são mais inteligentes do que as meninas e vice-versa. Estudos demonstram que crianças de apenas 5 anos já acreditam que as meninas não sejam tão boas em matemática quanto os meninos (embora sejam).[22] E, quando solicitadas a escolher companheiros de time para uma brincadeira de crianças "muito, muito inteligentes", crianças pequenas de ambos os sexos têm mais chances de escolher meninos do que meninas.[23] Só que nessa idade as meninas estão academicamente à frente dos meninos, e as crianças do estudo tinham sido informadas disso.

Nos Estados Unidos, por sua vez, os pais têm duas vezes e meia mais chances de pesquisar no Google "Meu filho é superdotado?" do que "Minha filha é superdotada?", apesar de os programas para crianças superdotadas e talentosas das escolas norte-americanas terem 11% mais alunas meninas do que meninos.[24]

Portanto, não é surpresa que, quando essas crianças crescerem, os homens estimarão, em média, que têm um QI de 110, enquanto as mulheres estimarão o seu próprio em apenas 105.[25] Mas sabemos que, tirando os extremos da curva, o QI das mulheres e dos homens tem uma distribuição idêntica. As alunas, em média, tiram notas mais altas na escola e têm mais chances do que os alunos de conseguir entrar na universidade e ser aceitas no mestrado, doutorado e além. Os meninos e os homens acham que são mais inteligentes do que as meninas e as mulheres provavelmente porque seus pais, professores e a sociedade incutiram nele a crença – incorreta – de que isso é verdade.

Alguns leitores dirão que tudo isso é coisa do passado. Afinal, hoje em dia as mulheres não são favorecidas? Elas não estão conseguindo todos os cargos importantes? Nos dias de hoje, quem enfrenta todas as barreiras não são os homens brancos de meia-idade? Bem, é verdade que está mais difícil do que era antes, quando essas características conferiam uma enorme vantagem em todos os aspectos da vida. E é verdade que algumas mulheres finalmente estão sendo nomeadas para alguns dos cargos mais importantes, que até então só foram ocupados por homens. Estruturalmente, as coisas estão começando a melhorar. No entanto, como demonstra a experiência das mulheres de enorme sucesso que conhecemos até agora, conseguir um cargo importante não impede as pessoas de contestar sua autoridade.

A mudança também não está sendo tão rápida a ponto de os homens serem injustamente prejudicados, embora possa dar essa impressão quando o privilégio masculino começa a ser retirado. E, por "privilégio", não me refiro a riqueza ou status social, mas ao mero fato de a pessoa ser um homem e não uma mulher. Por exemplo, Boris Johnson, o primeiro-ministro do Reino Unido, chamou a atenção por promover mulheres a seu primeiro gabinete, mas elas só ocuparam oito dos trinta e três cargos: em outras palavras, havia três homens para cada mulher na sala, em uma suposta democracia representativa. E, no momento da escrita deste livro, entre as cem maiores empresas britânicas listadas na bolsa só há seis CEOs mulheres. As mulheres ainda têm um longo caminho a percorrer – e os homens, ainda muito a cair – antes de chegarmos perto da igualdade.

No entanto, assim como os homens tendem a achar que as mulheres estão dominando uma conversa quando elas só falam 30% do tempo, é comum eles acharem que as mulheres estão recebendo vantagens injustas quando elas só estão sendo tratadas, finalmente, com um pouco mais de igualdade.[26] Um ex-editor com quem trabalhei me disse que meu livro estava obsoleto porque hoje em dia só mulheres são nomeadas para atuar em conselhos de administração e que os homens não têm mais nenhuma chance. No dia seguinte, enviei a ele os dados do mês anterior: foram nomeados vinte homens e dezenove mulheres. Ainda está longe de ser suficiente para corrigir a (des)proporção existente de dois homens para cada mulher nos conselhos, mas já foi pior. E, apesar de as nomeações para os conselhos finalmente estarem sendo mais igualitárias graças à insistência do governo, o mesmo não vale para cargos executivos. Mesmo assim, para ele a sensação era de que os homens estavam sendo aniquilados.

Como explica a filósofa Kate Manne em seu livro *Down Girl* (algo como "Abaixo às mulheres", em tradução livre): "Esses bastiões [de privilégio] costumam ser muito bem defendidos e difíceis de contestar. Como não seria de surpreender, as pessoas costumam se empenhar muito para manter essa situação. Para piorar ainda mais as coisas, tais estruturas costumam ser invisíveis às pessoas que atuam mantendo e reforçando essas posições sociais privilegiadas. Desse modo, derrubá-las pode dar a sensação não só de uma *queda*, mas também de uma *injustiça* para com os privilegiados. Eles tenderão a se sentir *diminuídos* em vez de meramente *nivelados*, no processo".[27]

Ela está certa sobre a natureza invisível do privilégio, que é o outro aspecto do viés. A maioria dos homens simplesmente não nota que são privilegiados. E por que eles perceberiam? Eu mesma tenho dificuldade de me dar conta do meu privilégio branco, o fato de a cor da minha pele não levar as pessoas a terem um viés negativo em relação a mim. Mesmo assim, no dia a dia, é como se os homens nadassem a favor da corrente e as mulheres, contra. Os homens veem as margens do rio passando rapidamente por eles e se orgulham de nadar tão bem. Eles veem as mulheres quase sem conseguir avançar contra a corrente e pensam: "Por que elas não conseguem nadar rápido como eu? É claro que eu sou melhor do que elas". A menos que façam um esforço consciente e constante, os homens não conseguem sentir a corrente e atribuem seu sucesso – e o fracasso relativo das mulheres – apenas ao próprio mérito. É da natureza humana não querer acreditar que contamos sempre com a ajuda do privilégio e do viés resultante. Ou que as mulheres estão sendo impedidas de avançar apesar de seus méritos.

A implicação é uma grande assimetria. Quando converso com homens sobre o tema, alguns deles – como meu ex-editor – expressam ceticismo. Eles me dizem que o problema já foi resolvido, que minha tese está obsoleta, porque muitas mulheres estão sendo nomeadas para cargos importantes. No mínimo, as mulheres estão sendo favorecidas e os homens estão sendo prejudicados. O problema é que eles não conseguem ver o viés que nós vemos. Eles não são vítimas da miríade de microagressões à sua autoestima e competência que as mulheres têm de suportar todos os dias ou, pelo menos, todas as semanas. A reação deles é tão equivocada quanto a de uma pessoa branca dizendo a uma pessoa negra que o racismo não existe; também prova o argumento deste livro, de que a autoridade das mulheres é questionada e contestada mesmo quando elas sabem mais do que seu interlocutor. Como você verá, não faltam evidências sobre a existência da lacuna de autoridade. Nem todo o *mansplaining* – termo que descreve o ato de um homem explicar coisas óbvias a uma mulher – do mundo vai mudar essa realidade.

Nos últimos anos, pode até ter havido algum progresso no topo, com mulheres sendo nomeadas para cargos que sempre foram ocupados por homens, mas as premissas sobre a expertise das mulheres não parecem ter mudado muito. Quando a entrevistei, Liz Truss era secretária-chefe do Tesouro da Grã-Bretanha, mas, depois que Boris Johnson assumiu como primeiro-ministro, ela não fez segredo de que tinha ambições de ser a chanceler do Tesouro (cargo equivalente a ministra da Fazenda e jamais ocupado por uma mulher). Muitos questionaram se ela estaria à altura do cargo, apesar de toda a sua experiência em economia e finanças. Ela faz questão de anunciar aos quatro ventos sua indignação com a maneira como ainda é tratada. "Na política, uma mulher precisa provar muito mais que sabe do que está falando", ela me contou.[28] "Eu domino contabilidade avançada, sou economista e sou a secretária-chefe do Tesouro [a vice-chanceler] e mesmo assim duvidam da minha capacidade. Outro dia mesmo me perguntaram se as minhas contas estavam certas. É desesperador. Eu fiz cursos de matemática pura e aplicada!" Nunca ouvi falar de alguém presumindo que o ex-colega de Truss, George Osborne, não estivesse à altura do cargo de chanceler, apesar de ser formado em história e de que nunca tivesse trabalhado em finanças ou economia.

A mesma situação também é comum no setor privado. Anne Mulcahy – uma mulher alta, imponente e superarticulada – é uma executiva americana de enorme sucesso. Ela assumiu o cargo de CEO da Xerox quando esta era uma enorme empresa de fotocopiadoras antes de ser substituída pela tecnologia digital. A Xerox parecia destinada a seguir o caminho da Kodak. No dia em que ela foi nomeada ao cargo, as ações despencaram 15%, o que foi, como ela disse ironicamente, "um grande *up* na minha confiança". A empresa estava à beira da falência, vinha tendo prejuízo havia seis anos e tinha mais de US$ 17 bilhões em dívidas. Depois que Mulcahy conduziu a empresa de volta à lucratividade apesar de todas as adversidades, a revista *Money* a descreveu como "a grande recuperação da era pós-crash".[29] E, em 2005, a revista *Fortune* a nomeou a segunda mulher mais poderosa do mundo dos negócios, depois de Meg Whitman, CEO do eBay.

Diante disso, você pode estar achando que Mulcahy seria vista como uma celebridade inquestionável dos negócios. Sem dúvida teria sido o caso se ela fosse um homem com o mesmo histórico. Mas, como ela me disse, "Quando entro em um novo conselho de administração, quando assumo um novo cargo, a postura das pessoas é sempre 'vamos esperar para ver'. As pessoas não presumem automaticamente que eu cheguei aonde estou por merecimento e que, portanto, não preciso mais ficar provando que sou capaz".[30]

Esses relatos podem não ser quantificáveis e científicos. Porém, praticamente todas as mulheres já tiveram sua autoridade e expertise subestimada ou contestada. Pesquisas mostram que as mulheres têm duas vezes mais chances do que os homens de dizer que precisam apresentar mais provas de sua competência. Temos muito mais chances do que os homens de dizer que nossa expertise é questionada, que somos interrompidas ou que falam por cima de nós e que outras pessoas assumem o crédito por nossas ideias.[31] Quando eu estava escrevendo este livro e dizia às pessoas do que se tratava, alguns homens pareciam perplexos, mas todas as mulheres adoravam a ideia. Todas sorriram ao se identificar com o tema e muitas disseram que não viam a hora de o livro ser lançado.

E não me limitarei a relatar as opiniões e os sentimentos das mulheres. Para escrever este livro, fiz uma profunda investigação nos mundos acadêmico e corporativo em busca de estudos e evidências concretas sobre a autoridade, a influência, a competência e o poder das mulheres. Apresentarei pesquisas de uma ampla variedade de áreas — psicologia, sociologia, linguística, política, administração e negócios — e outras que eu mesma encomendei. Fiz o que pude para sugerir as melhores soluções: formas de combater nosso viés e criar uma nova geração para pensar e se comportar de maneiras diferentes. E quero mostrar o que todos nós podemos ganhar — tanto os homens quanto as mulheres — se as mulheres forem levadas mais a sério.

1

Pode pular este capítulo
(Mas não deixe de ler se você não acredita na lacuna de autoridade)

"Não gostávamos de revelar que éramos mulheres, porque... tínhamos a vaga impressão de que as autoras correm o risco de serem vistas com preconceito."
— Charlotte Brontë

A maioria das mulheres se identificará instantaneamente com o problema da lacuna de autoridade. Ele é tão óbvio – e tão irritante – quanto as disparidades salariais entre homens e mulheres. Os homens mais esclarecidos também sabem que a questão existe. Se você pertencer a um dos dois grupos acima, fique à vontade para pular este capítulo e passar ao próximo. Mas, se você ainda não acredita na existência de uma lacuna ou se no fundo acredita que é possível justificá-la, continue lendo para ver as evidências irrefutáveis que confirmam meu argumento.

Quando a escritora americana Catherine Nichols terminou de escrever seu primeiro romance, ela pediu a vários amigos, escritores talentosos, que dessem uma lida no manuscrito. Eles garantiram que o manuscrito estava pronto para ser submetido às editoras e que ela deveria começar a procurar agentes literários. Ela mandou a mesma carta de apresentação e as mesmas primeiras páginas de seu romance para cinquenta agentes e ficou esperando a resposta, animadíssima.

Ela esperou... e esperou... e esperou. Até que as respostas começaram a chegar: todas recusando o livro. Dos cinquenta agentes, só dois pediram para ver o manuscrito completo, mas sem garantir que teriam interesse em representá-la. "Meus amigos escritores continuavam jurando de pé junto que o livro era bom, que eu deveria acreditar no meu trabalho, que era questão de tempo para algum agente se interessar. Mas isso nunca aconteceu."[1]

Então Nichols bolou o que chama de um "plano maluco".[2] Ela criou uma conta de e-mail usando um nome masculino parecido com o seu e decidiu enviar exatamente a mesma carta e o mesmo capítulo de amostra para mais alguns agentes. Ela enviou a primeira carta e, antes mesmo de ter a chance de escrever a segunda, recebeu uma resposta dizendo: "Adoramos o que vimos. Estamos bastante animados. Por favor, mande o manuscrito".[3]

Das seis submissões que fez no primeiro dia, ela recebeu cinco respostas imediatas. Três agentes pediram o manuscrito e dois mandaram mensagens simpáticas, elogiando o projeto "empolgante" do suposto autor. "A rapidez das respostas foi chocante e a diferença ficou mais do que clara", ela me disse.[4] Em vista disso, ela decidiu submeter seu manuscrito a cinquenta agentes usando seu pseudônimo masculino, só para ver o tamanho dessa diferença. Ela recebeu dezessete respostas positivas em comparação com as duas de antes, o que significava, como ela disse brincando, que: "O nome masculino me fez ser uma escritora oito vezes e meia melhor". Um agente, que a rejeitara quando ela submeteu o manuscrito com o nome de Catherine, não só pediu para ler o livro de George, como se dispôs a enviá-lo a seu chefe.

Até as rejeições foram mais elogiosas e úteis. Como mulher, ela foi elogiada por seu "belo texto", mas nada além disso. Como homem, disseram-lhe que sua narrativa era "inteligente", "bem construída" e "empolgante" e lhe deram sugestões valiosas para melhorar o livro. "Foi aí que passei de me sentir lisonjeada a ficar verde de raiva", ela me disse. "Senti que as sugestões dos agentes ao autor do sexo masculino entravam na estrutura do livro, nos processos de pensamento dos personagens ou na mecânica do enredo. Esse nível de atenção me ajudou a melhorar o livro." Como homem, ela recebeu orientação, mas não como mulher. E a maioria desses agentes era composta de mulheres, não homens.

"Como você acha que um homem se sente?", perguntei a Nichols. Ela caiu na risada. "Deve ser *incrível* ser um homem!"

Nichols mudou apenas uma variável: o gênero. Seu relato pode ser subjetivo, mas cientistas sociais replicaram em experimentos bastante rigorosos a situação pela qual ela passou. Corinne Moss-Racusin, John Dovidio e colegas, em um estudo duplo-cego randomizado, enviaram currículos para um cargo de gerente de laboratório a homens e mulheres professores de ciências das melhores universidades.[5] Os currículos enviados eram idênticos, mas o candidato fictício recebeu um nome masculino ou feminino escolhido aleatoriamente.

Os professores que receberam o currículo avaliaram o candidato "homem" como significativamente mais competente e contratável do que a candidata "mulher" (sendo que todas as outras informações eram idênticas). Eles ofereceram ao homem um salário inicial mais alto e mais orientação profissional.

Os estereótipos arraigados no cérebro desses professores estavam destruindo sua capacidade de discernimento racional e científico. Em consequência, os professores atribuíram mais autoridade e expertise ao candidato "homem" do que à "mulher", embora os dois tivessem exatamente as mesmas qualificações. Seu viés inconsciente criou uma lacuna de autoridade onde não deveria existir nenhuma.

Além disso, as professoras exibiram o mesmo grau de viés que os professores. Veremos no Capítulo 9 por que isso acontece. Dovidio, professor de psicologia de Yale, me disse: "Isso tende a perpetuar ainda mais a situação, porque, quando uma decisão é tomada em grupo e um membro da porção minoritária se isenta de discordar dos membros da parte majoritária que apresentam esses vieses sutis, a decisão é legitimada e quem acaba sendo contratado é o homem, não a mulher. Quando as mulheres apresentam esse viés sutil, os homens se sentem no direito de exibir ainda mais esse comportamento".[6]

Outro estudo pediu aos alunos de um curso on-line que avaliassem o instrutor.[7] Quando estes acharam que o instrutor era um homem, eles deram notas mais altas do que quando pensaram que o curso estava sendo ministrado por uma mulher. O instrutor, é claro, era a mesma pessoa. De acordo com os autores do estudo, "Os resultados foram espantosos. Quando estudantes acharam que os professores eram homens, eles deram notas muito mais altas em todos os critérios do que quando acharam que eram mulheres, independentemente do verdadeiro gênero dos professores". Em outras palavras, os alunos atribuíram mais autoridade aos "homens" do que às "mulheres".

Um estudo semelhante realizado com professores de psicologia – tanto homens quanto mulheres – descobriu que eles davam notas mais altas a currículos idênticos que tinham o nome de um homem no topo e tinham mais chances de oferecer um emprego ao candidato do sexo masculino.[8] Eles também apresentaram mais probabilidade de dizer que o candidato tinha uma boa experiência em pesquisa e ensino, apesar de a experiência dos candidatos ser exatamente a mesma. É interessante notar, contudo, que, quando os professores receberam o currículo de um cientista mais sênior e foram questionados se "ele" ou "ela" deveria ser contratado, eles não demonstraram qualquer viés contra a candidata do sexo feminino. No entanto, os autores reconhecem que provavelmente enviaram um currículo bom demais para essa parte do experimento e teria sido difícil não recomendar a contratação. Eles concluem: "Um currículo excelente pode ajudar a neutralizar o viés de gênero ao decidir quem promover". Isso explica por que mulheres notáveis às vezes conseguem chegar ao topo na vida real, embora em números menores do que os homens.

No entanto, embora a excepcional candidata "mulher" fosse recomendada para contratação com a mesma frequência que o candidato "homem", os professores apresentaram quatro vezes mais chances de escrever ressalvas nas margens do currículo delas, como, "Não é possível tomar a decisão sem uma prova didática"; "Seria necessário um período de experiência"; e "Eu precisaria receber evidências de que ela conseguiu essas bolsas e publicações por conta própria". É incrível – e deprimente – que, em pleno século XXI, as pessoas ainda tenham dificuldade de acreditar que as mulheres podem ser excepcionais. No currículo dos candidatos "homens", por outro lado, poucas ressalvas foram feitas.

Um currículo "espetacular" pode definitivamente atuar para neutralizar o viés. Muitas das mulheres de enorme sucesso com quem conversei para escrever este livro tinham um histórico excepcional. E sabiam que ser espetaculares no trabalho era sua única esperança para avançar profissionalmente. Como me disse a empresária sino-americana Wan Ling Martello: "Mais do que saber o que está fazendo, você tem de ser supercompetente em tudo o que faz. Para mim isso é o mais importante. Com isso você é aceita para brincar com os meninos. Sem isso, pode esquecer".[9] As mulheres que seguem carreiras especializadas sabem que não podem se dar ao luxo de fracassar; ao contrário dos homens, é pouco provável que tenham uma segunda chance.

Quando minhas entrevistadas chegaram ao topo do topo, algumas disseram que passaram a sentir-se muito mais protegidas de ocorrências claras da lacuna de autoridade. As pessoas começaram a ter mais dificuldade de desrespeitá-las ou menosprezar suas opiniões quando elas chegaram ao topo.

Fui visitar a dinamarquesa Helle Thorning-Schmidt em sua casa no norte de Londres, onde ela mora com seu marido, o parlamentar britânico Stephen Kinnock. Ela esbanja energia e fala mais rápido em inglês do que a maioria dos falantes nativos. Ela me contou: "Há uma diferença enorme entre chegar ao topo e estar no topo em termos do tratamento que você recebe como mulher, e foi só quando me tornei primeira-ministra que senti que não era tratada de maneira muito diferente dos homens. Porque, nesse cargo, eu tinha autoridade e muito poder".[10] Só que ela comandava um país escandinavo que já estava bem à frente da maioria das outras nações com relação à igualdade de gênero. Como veremos no Capítulo 3, líderes mulheres do Chile e da Austrália não se viram totalmente imunes à lacuna de autoridade, mesmo quando atingiram o auge do poder.

O mundo dos negócios pode ser mais aberto às líderes mulheres quando elas finalmente alcançam o alto escalão. Anne Mulcahy sofreu um sexismo horrível ao galgar a pirâmide corporativa até o comando da Xerox. "Quando chega a CEO, é quase como se você se transformasse em um homem honorário. O cargo vem acompanhado de poder e fica mais difícil para as pessoas confrontarem suas opiniões, não lhe darem ouvidos ou serem desrespeitosas. É maravilhoso, não é?"[11]

Sem dúvida. Porém, sem o isolamento que acompanha o mais alto cargo possível (e às vezes até mesmo com ele), as mulheres ainda são consideradas menos respeitáveis do que os homens. Parece que nós, seres humanos, fomos programados para presumir que os homens têm mais expertise e são mais contratáveis do que as mulheres.

Será que esse viés tem uma justificativa concreta? Será que, em média, os homens de fato são mais inteligentes, mais qualificados e mais bem informados do que as mulheres e, portanto, faz sentido avaliá-los melhor e respeitá-los mais? Em outras palavras, a lacuna de autoridade é justificada? Vamos dar uma olhada nas evidências. Desde muito cedo, as meninas apresentam um desempenho melhor que os meninos. Elas se desenvolvem mais rápido, começam a falar antes, aprendem autodisciplina mais cedo e têm um vocabulário maior.[12] Elas tiram notas mais altas na escola, especialmente nos cursos de humanas, e, em alguns países, também em matemática e ciências, e são a maioria na universidade.[13, 14] Nos Estados Unidos, elas ocupam 57% dos mestrados e 53% dos doutorados.[15] Não há dúvida de que elas possuem um nível de escolaridade mais alto e são mais qualificadas do que os homens, pelo menos as das gerações mais jovens, que não foram impedidas de fazer faculdade.

Em média, as meninas e as mulheres são tão inteligentes quanto os meninos e os homens.[16] Evidências sugerem que os meninos e os homens têm QIS mais variáveis, ou seja, há muito mais homens na parte mais baixa da distribuição de QI e alguns no topo da distribuição.[17] A desproporção na parte mais baixa é muito maior do que no topo: as pessoas com os QIS mais baixos tendem a ser do sexo masculino, já que os meninos têm uma tendência maior a apresentar distúrbios de desenvolvimento. Não está claro se as diferenças menores no topo se devem a diferenças biológicas ou sociais. Como já vimos, os pais tendem a acreditar que seus filhos são mais inteligentes e, portanto, podem acabar lhes dando mais encorajamento. Além disso, aos 6 anos de idade, crianças de ambos os sexos já acreditam que os meninos têm mais chances de ser "muito, muito inteligentes" em comparação com as meninas, o que deve dar menos confiança intelectual às meninas e mais aos meninos.[18]

Será que existe alguma evidência que pode nos ajudar a decidir se esse desempenho superior no topo da escala de inteligência se deve a alguma diferença biológica entre os gêneros ou algo que reflete nossa criação? É interessante notar que, nas décadas de 1970 e 1980 nos Estados Unidos, o número de meninos que eram *excepcionalmente* bons em matemática superava o número de meninas na proporção de treze para um. Hoje, essa proporção despencou a dois para um.[19] Em alguns países e entre alguns grupos étnicos, a lacuna é inexistente.[20] Isso sugere fortemente que a diferença na habilidade matemática tem poucas chances de ser biológica ou inata porque, se fosse, não variaria com o tempo, local e etnia. Tanto que, em países que apresentam mais igualdade de gênero, há mais matemáticas mulheres talentosas e supertalentosas.[21] Desse modo, é provável que seja mais uma questão de expectativas – dos pais, professores e outras crianças – e de condicionamento social do que qualquer diferença inerente no cérebro de mulheres e homens.

O que fica claro é que, no topo da pirâmide do desempenho acadêmico na escola, as meninas superam facilmente os meninos. Em 2019, o Reino Unido mudou o sistema de notas das provas de certificação do ensino fundamental, que passou a uma escala de um a nove. A nota nove é ainda mais alta que o A* de antes e esperava-se que pouquíssimos alunos tirassem a pontuação máxima em todas as disciplinas. No final, 837 alunos do país conseguiram essa façanha, representando 0,1% do topo da pirâmide do desempenho acadêmico no ensino médio. Destes, as meninas foram mais numerosas do que os meninos em uma proporção de dois para um.[22] Desse modo, não há absolutamente qualquer evidência para embasar a suposição infundada de que os meninos ou homens são mais inteligentes do que as meninas ou mulheres, muito pelo contrário.

O fato de poucas mulheres optarem por estudar nas áreas de exatas (ciência, tecnologia, engenharia e matemática) ainda é objeto de preocupação e muitos suspeitam secretamente que o cérebro das meninas e mulheres simplesmente não foi feito para matemática e ciências. Por outro lado, é surpreendente que poucos se incomodem com o desempenho sistematicamente inferior dos

---

* No Reino Unido, os alunos de ensino médio fazem uma prova anual em diferentes disciplinas para tirar Certificados Gerais do Ensino Médio (GCSE, na sigla em inglês). As notas do GCSE são importantíssimas para os estudantes porque afetarão suas chances de serem admitidos em universidades e também constarão em seus currículos profissionais. (N.T.)

meninos nas disciplinas de humanas. Em redação e interpretação de textos, as meninas de 15 anos são consideravelmente melhores do que os meninos em cada um dos 72 países pesquisados pelo Programa Internacional de Avaliação de Estudantes da Organização para a Cooperação e Desenvolvimento Econômico (OCDE).[23] Nesses países, em média, as meninas se equiparam aos meninos em matemática, só ficam um pouco atrás em ciências e se posicionam bem à frente em interpretação de textos. Portanto, quando se trata de escolher quais disciplinas estudar no ensino médio ou na faculdade e os professores dizem aos alunos: "Escolham as matérias nas quais vocês têm mais facilidade", faz sentido que os alunos escolham mais disciplinas de exatas e as alunas, disciplinas de humanas. É uma questão de vantagem comparativa, não de o cérebro das mulheres ser inadequado para estudar ciência, tecnologia, engenharia ou matemática. De acordo com um estudo, isso explica até 80% da lacuna de gênero na escolha de cursos e profissões ligadas à matemática.[24] E até isso está começando a mudar. Em 2019, pela primeira vez no Reino Unido, o número de alunas foi um pouco maior do que o de alunos que optaram por tirar A Levels* nas disciplinas de ciências, talvez porque as faculdades finalmente estejam encorajando a entrada de mais mulheres.[25]

A única disciplina de ciências nas quais as alunas ainda ficam bem atrás dos alunos é a física. O número de alunos que optam por fazer a A Level de física é três vezes maior que o de alunas. Curiosamente, alunas de escolas particulares só para meninas têm quatro vezes mais chances de escolher a A Level de física do que alunas de escolas públicas mistas, o que, mais uma vez, sugere que o problema é social, não intelectual.[26] As meninas podem se sentir menos à vontade para fazer o que é visto como um curso masculino e "nerd" ao lado dos meninos na sala de aula.

O mesmo se aplica a alunas da universidade. Em um estudo, os pesquisadores perguntaram às alunas por que elas não escolheram disciplinas como engenharia e ciência da computação.[27] O problema não era que elas achavam que disciplinas como matemática ou ciências seriam difíceis demais ou que não tinham interesse nessas matérias. A grande maioria disse que achava que elas seriam discriminadas nesses cursos por serem mulheres.

---

* No Reino Unido, os estudantes do ensino médio podem escolher disciplinas – normalmente três – para estudar em cursos de dois anos e fazer uma prova para tirar *Advanced Level Qualifications* (qualificações de nível avançado, também chamadas de A Levels). A maioria das instituições de ensino superior do Reino Unido usa as A Levels como critério de admissão de estudantes. (N.T.)

E elas provavelmente estariam certas. Em um estudo com alunas de pós-graduação em física e astronomia, 76% disseram ter sofrido sexismo, incluindo evidências concretas da lacuna de autoridade.[28] Por exemplo, Janet, uma participante do estudo, disse aos pesquisadores: "Sinto que sou ignorada ou menosprezada. Principalmente pelos meus colegas (meu orientador é um pouco melhor). Muitas das minhas sugestões são rejeitadas. Se, depois, elas se revelam corretas, ninguém lembra que fui eu quem as propus. Aconteceu de eu dizer ao aluno de pós-graduação que eu estava supervisionando que ele deveria levar em consideração um determinado fator para interpretar os dados. Ele simplesmente descartou minha sugestão. Quando outro estudante [homem] de pós-graduação/pós-doutorado fez a mesma sugestão, ele a acatou sem pensar duas vezes". Esse é um exemplo claro de lacuna de autoridade.

* * *

Se as mulheres são tão capazes quanto os homens, será que o problema é que a personalidade delas não é apropriada para conquistar autoridade? Os psicólogos Paul Costa, Antonio Terracciano e Robert McCrae compararam as pontuações de mil homens e mulheres norte-americanos em um teste de personalidade desenvolvido para avaliar os "cinco grandes" traços de personalidade: extroversão, agradabilidade, abertura a novas experiências, conscienciosidade e neuroticismo.[29] As diferenças de gênero não foram as mesmas em todas as culturas, sugerindo que essas características não são determinadas pela evolução, como alguns psicólogos nos levam a pensar. E as duas características mais correlacionadas com a liderança eficaz – extroversão e abertura a novas experiências – ocorrem aproximadamente no mesmo nível em mulheres e homens.

As mulheres têm pontuações mais altas do que os homens em cordialidade, emoções positivas, sociabilidade e atividade. Os homens apresentam pontuações mais altas do que as mulheres em assertividade e busca de emoções. Mas as diferenças não são grandes e nenhum dos gêneros tem uma vantagem quando se leva o todo em consideração. Os homens poderiam ser líderes melhores se fossem mais cordiais e positivos, e as mulheres, se fossem mais assertivas.

A mulheres estão ficando mais assertivas com o tempo, o que também sugere que a assertividade não tem qualquer relação com diferenças hormonais, evolucionárias ou neurológicas.[30] Em comparação com a autoavaliação das mulheres no que diz respeito às mesmas qualidades décadas atrás, as de hoje dizem que são mais ambiciosas, mais autossuficientes e mais assertivas, mas não perderam traços tradicionalmente femininos, como afetividade ou compreensão. Os homens, por sua vez, não mudaram muito com o tempo. Em diversos estudos recentes, são demasiado pequenas as diferenças entre os gêneros no que diz respeito à assertividade.[31]

Os homens parecem ser mais propensos a assumir riscos do que as mulheres, embora a diferença também não seja grande e esteja diminuindo com o tempo.[32] Além disso, correr riscos dificilmente é uma vantagem incondicional de um líder – basta dar uma olhada nos anos que antecederam a crise financeira ou nos problemas do combate à pandemia do coronavírus por líderes agressivos como Boris Johnson, Donald Trump ou Jair Bolsonaro. As líderes mulheres tiveram um desempenho muito melhor.

A empatia e a inteligência emocional, fatores importantes para ser bons gestores, parecem ser mais pronunciadas nas mulheres do que nos homens.[33] As mulheres também são menos tolerantes com comportamentos desonestos ou ilegais, como aceitar subornos.[34] E o que dizer da competitividade, que os psicólogos evolucionistas afirmam ser mais característica dos homens do que das mulheres porque eles precisaram ter mais força, status e poder na competição para se acasalar?

Se a competitividade for uma diferença biológica e inata entre mulheres e homens, ela não deve variar de uma cultura a outra e com o passar do tempo. Mas os pesquisadores que estudaram a sociedade matrilinear *khasi* na Índia e a sociedade patriarcal *maasai* na Tanzânia fizeram algumas descobertas muito interessantes.[35] Os participantes foram solicitados a jogar uma bola de tênis em um balde, mas podiam escolher se seriam recompensados com uma pequena quantia para cada acerto ou uma quantia três vezes maior se acertassem mais do que um adversário. Os homens *maasai* se mostraram duas vezes mais competitivos do que as mulheres *maasai*, mas as mulheres *khasi* foram duas vezes mais competitivas que os homens *khasi*. E as mulheres *khasi* foram *mais* competitivas do que os homens *maasai*.

O contexto faz toda a diferença. A maioria das sociedades modernas é patriarcal, de modo que os homens tendem a ser mais abertamente competitivos do que as mulheres (embora estejamos comparando apenas médias aqui, não homens e mulheres individualmente, que podem diferir muito da média). Mas, mesmo em nosso caso, as diferenças médias são muito pequenas e mostram apenas um pouco mais de competitividade masculina e só um pouco mais de cooperação feminina. Muitas mulheres – inclusive eu, devo admitir – são bastante competitivas. (Você achou estranha minha admissão? Você acha que teria estranhado se eu fosse homem?)

E será que as mulheres são menos ambiciosas do que os homens? É bem verdade que algumas priorizam a família à carreira, e o fazem mais do que os homens. No entanto, nem sempre esse comportamento é completamente voluntário. Como as disparidades salariais entre homens e mulheres começam antes de os casais terem filhos, quando uma mulher engravida, muitas vezes faz mais sentido para ela não se dedicar tanto ao trabalho, ou até abrir mão dele, caso seu parceiro ganhe mais. E, como as mulheres ainda se encarregam de uma parcela muito maior do trabalho não remunerado de cuidar da casa e dos filhos – 60% mais do que os homens, no Reino Unido –, manter um emprego com altas demandas ao mesmo tempo que cuida dos filhos pode ser uma tarefa árdua e exaustiva.

Mulheres e homens que já atingiram os níveis corporativos mais altos dizem que têm ambições semelhantes de atingir o topo.[36] Só que quase sempre são os homens que chegam lá. Não é possível que essa diferença toda seja explicada apenas pelo mérito, uma vez que as avaliações de desempenho das mulheres, em média, são tão boas quanto as dos homens. Então, se não é por falta de ambição e não é por mérito, qual seria a explicação? A única explicação que nos resta é o viés inconsciente ou consciente.

Já na faculdade, as alunas são tão ambiciosas quanto os alunos, embora sejam mais pessimistas em relação às suas chances de concretizar suas ambições.[37] O pessimismo das mulheres pode ter uma razão. A Catalyst entrevistou quase 10 mil pessoas que têm um diploma de MBA das principais faculdades de administração dos Estados Unidos, Canadá, Europa e Ásia.[38] Descobriu-se que, mesmo entre as pessoas que buscavam se tornar CEOs ou executivos seniores, os homens recebiam ofertas de emprego melhores com salários mais altos assim que concluíam o MBA. Mesmo quando os pesquisadores controlaram o experimento por experiência dos candidatos, setor e região do mundo, os resultados se mantiveram inalterados. A diferença não teve nada a ver com o fato de o candidato ter filhos, já que a disparidade foi a mesma para homens e mulheres sem filhos.

Será que as empresas simplesmente não queriam correr o risco de contratar uma mulher que, na casa dos 20 ou 30 anos, largaria o emprego para ter filhos? Sei que as mulheres enfrentam esse problema, mas ele se baseia em uma premissa falsa. Na verdade, as pessoas podem ter muitas razões para largar um emprego, como procurar um posto melhor em outra empresa, e pesquisas constataram que homens e mulheres pedem demissão na mesma proporção[39] e que, na verdade, os gestores homens têm mais chances de sair de uma empresa do que as gestoras mulheres.[40]

Ainda assim, para todas as populações estudadas – não apenas pessoas com diploma de MBA –, os estudos mostram que as mulheres levam mais tempo para ser promovidas do que homens com o mesmo nível de escolaridade e experiência. Depois de contratadas, elas têm de esperar mais do que os homens para serem promovidas a supervisoras ou gerentes e também precisam aguardar mais tempo entre as promoções.[41] Em outras palavras, elas não estão recebendo a autoridade que merecem.

A enorme pesquisa "Women in the Workplace 2020" ("Mulheres no trabalho em 2020", em tradução livre), que analisou cerca de 600 empresas e contou com a participação de 250 mil funcionários, descobriu que, para cada 100 homens promovidos a gerente, apenas 85 mulheres são promovidas – e essa lacuna é ainda maior para mulheres negras e latinas: apenas 58 mulheres negras e 71 latinas são promovidas para cada 100 homens.[42] Como resultado, em 2020 as mulheres ocupavam apenas 38% dos cargos de chefia, enquanto os homens detinham 62%. E essa proporção se mantém até em áreas dominadas por mulheres. Por exemplo, no Reino Unido, as mulheres representam 64% dos professores de ensino médio, mas apenas 39% dos diretores de escola.[43] Além disso, as diretoras ganham, em média, 13% menos do que os homens no mesmo cargo.[44] Desse modo, não podemos simplesmente aceitar a desculpa de que as mulheres ganham menos e são menos promovidas em campos tradicionalmente dominados por homens, como as áreas de ciência, tecnologia, engenharia e matemática só porque elas não se encaixam no estereótipo. Quando os homens vão contra o estereótipo, por exemplo, e optam por lecionar, eles sobem rapidamente pela hierarquia. Não é possível que não haja algum sexismo em jogo para explicar esses resultados.

Se as mulheres conseguem chegar ao topo apesar de todos esses obstáculos, será que elas são tão boas na liderança quanto os homens? As evidências mostram que elas são líderes ainda melhores. Uma meta-análise de 99 estudos descobriu que as mulheres eram consideradas líderes significativamente mais eficazes do que os homens, apesar de os líderes homens se *autoavaliarem* melhor.[45]

As mulheres se destacam especialmente na gestão de pessoas. Elas são melhores do que os homens na chamada liderança "transformacional", quando os líderes orientam e empoderam os funcionários, os encorajam a desenvolver todo o seu potencial, conquistam sua confiança e permitem que eles contribuam com suas opiniões – em outras palavras, sendo líderes democráticas, e não autocráticas.[46] Também há mais chances de elas recompensarem os funcionários pelo bom desempenho. Por sua vez, os homens são mais propensos a uma abordagem *laissez-faire* (ou seja, interferindo pouco no processo decisório), esperando que os problemas piorem antes de intervir e concentrando-se nos erros dos funcionários. Esses estilos não promovem uma liderança eficaz, ao passo que os estilos transformacional e de recompensa o fazem.

Todos nós vimos, durante a pandemia de covid-19, como as líderes mulheres tiveram muito mais sucesso, em média, do que os líderes homens. As mulheres ocupavam apenas 7% dos cargos de liderança governamental do mundo, mas quatro dos dez países que administraram melhor a pandemia eram liderados por uma mulher.[47] Nicholas Kristof, de *The New York Times*, analisou as taxas de mortalidade de treze países liderados por homens e oito liderados por mulheres depois dos primeiros meses da pandemia.[48] Aqueles liderados por homens tiveram em média 214 mortes por coronavírus por milhão, ao passo que os liderados por mulheres tiveram apenas 36 mortes por milhão.

Ele escreve: "Não é que todos os líderes que administraram melhor o vírus foram mulheres. Mas os que pisaram na bola foram *todos* homens e, em grande parte, de um tipo específico: autoritário, vaidoso e fanfarrão. Pense em Boris Johnson da Grã-Bretanha, Jair Bolsonaro do Brasil, o aiatolá Ali Khamenei do Irã e Donald Trump dos Estados Unidos. Praticamente todos os países que tiveram uma taxa de mortalidade por coronavírus superior a 150 por milhão de habitantes eram liderados por homens".

Segundo ele, era uma questão de ego. As líderes mulheres tenderam a priorizar a saúde da população, acatar as orientações dos cientistas e agir rapidamente. Acima de tudo, elas foram humildes. Elas não presumiram que tudo ficaria bem em seu país porque elas ou a nação eram de alguma forma excepcionais. Elas não eram dadas a se vangloriar nem se pavonear, apenas arregaçaram as mangas e puseram as mãos na massa.

Um estudo mais rigoroso desse fenômeno foi conduzido para o Fórum Econômico Mundial por duas economistas, Supriya Garikipati e Uma Kambhampati.[49] Elas compararam países liderados por mulheres com outras nações que tinham fatores demográficos e econômicos semelhantes. Assim, por exemplo, a Nova Zelândia foi comparada com a Irlanda; Bangladesh, com o Paquistão; e a Alemanha, com o Reino Unido. Elas descobriram que os países liderados por mulheres demoraram menos para fazer o lockdown e tiveram significativamente menos casos e mortes do que os liderados por homens. Os resultados foram "especial e altamente significativos" no que diz respeito ao número de mortos.

Será que isso aconteceu porque as líderes mulheres foram mais avessas ao risco? Sim e não. Elas claramente quiseram correr menos riscos com a vida de seus cidadãos, mas, por outro lado, se dispuseram a assumir mais riscos econômicos. As autoras concluem que foi uma combinação de boas habilidades de comunicação e liderança transformacional que levou a esses resultados incrivelmente melhores.

Quase todas as mulheres mais poderosas e bem-sucedidas que entrevistei para este livro usam a liderança transformacional, que, aliás, muitas vezes ajuda a neutralizar a hostilidade direcionada a uma chefe mulher. Esse estilo de liderança pode eliminar a resistência à autoridade feminina, combinando o pulso firme que a liderança requer com o calor humano que as pessoas esperam – e exigem – das mulheres.

Muriel Bowser, a prefeita afro-americana democrata de Washington, é o tipo de mulher a quem você entregaria sua vida em um prédio em chamas. Ela exala serenidade e competência. Em sua sala, conversamos sobre seu estilo de liderança. "São duas coisas: o poder formal do cargo e o poder que você conquista construindo relacionamentos, atuando nas trincheiras e trabalhando lado a lado com as pessoas. Consigo controlar muito mais fatores usando as técnicas de liderança informal que desenvolvi ao longo dos anos. Falar diretamente com as pessoas, telefonar, mandar mensagens de texto, almoçar com elas, agradecer quando alguma coisa boa acontece, ajudá-las quando alguma coisa não tão boa acontece."[50]

E eis o que disse Elaine Chao, secretária de transportes de Donald Trump: "Acho que sou muito inclusiva e participativa. Vivo pedindo o feedback das pessoas. E não tenho medo daquelas que sabem mais do que eu. Eu *quero* as que saibam mais do que eu. O trabalho em equipe é importantíssimo".[51]

Eliza Manningham-Buller foi a segunda mulher a comandar o MI5, a agência de inteligência e segurança britânica. Ela é uma mulher para quem o adjetivo "formidável" poderia ter sido inventado. Mas ela está bem ciente da importância do calor humano na liderança e acha que a maioria das pessoas tem noções equivocadas sobre a liderança. "Os livros sobre liderança costumam se focar nas coisas erradas. Eles falam sobre seu estilo de gestão, essas coisas todas. Tudo isso não deixa de ter sua importância. Porém, o mais importante é a maneira como você se comporta, porque você deve ter uma certa humildade, deve dar um tratamento respeitoso e justo às pessoas, deve esperar altos padrões delas e exigir que atinjam esses padrões, mas, no dia a dia do trabalho, você também deve se divertir, brincar, ter compaixão, as coisas mais soft, porque é isso que leva as pessoas a quererem ficar na organização. Elas gostam de trabalhar em um ambiente como esse e sentem que a opinião delas faz diferença e que elas são mais do que apenas uma engrenagem da máquina".[52] As líderes mulheres tendem a não se incomodar com demonstrações de humildade, o que, vindo de um homem, pode ser considerado um sinal de fraqueza. E seus subordinados costumam gostar dessa atitude.

Janet Yellen, secretária do Tesouro dos Estados Unidos, tem uma postura parecida: "Trabalhei em organizações onde as pessoas não ficavam pelo salário. Elas querem sentir que estão fazendo a diferença, que estão realizando um bom trabalho e se dedicam ao emprego de corpo e alma. E nunca deixo de dizer às pessoas: 'Muito obrigada, você fez uma enorme diferença, sou muito grata por tudo o que você fez, você realizou um excelente trabalho', porque sei que isso faz uma enorme diferença para elas".[53] Uma das coisas que os funcionários mais querem de um chefe é receber feedback. Como veremos, essa é uma das razões pelas quais tanto homens quanto mulheres são mais engajados quando trabalham para uma mulher.

* * *

O que podemos concluir com base nas evidências? As mulheres são tão inteligentes e têm mais estudo do que os homens. No trabalho, elas são tão competentes quanto os homens. As que continuam galgando a hierarquia são tão ambiciosas quanto os homens. E, se chegam ao topo, elas são, em média, líderes melhores do que os homens. Só que elas não recebem as recompensas que merecem por sua inteligência, escolaridade e competência porque nós ainda, instintivamente, subestimamos o valor das mulheres, as questionamos mais e as promovemos menos. No fundo, ainda agimos como se os homens fossem mais inteligentes do que as mulheres, mais merecedores de bons empregos e mais dignos de respeito. E o resultado é a lacuna de autoridade.

2

A visão do outro lado
O que pessoas que viveram dos dois lados têm a nos ensinar sobre homens e mulheres

"Os homens passaram a me tratar cada vez mais como uma novata, uma subalterna... e, ao ser tratada todos os dias da minha vida como uma inferior, eu sem querer passei a aceitar esse status. Descobri que, até os dias de hoje, os homens preferem que as mulheres sejam menos informadas, menos capazes, menos falantes e, certamente, menos egocêntricas do que eles mesmo são, de modo que, em geral, eu aquiescia."
— Jan Morris, autora e mulher trans

Se uma mulher acredita que está sendo levada menos a sério do que um colega ou oponente do sexo masculino, é difícil para ela provar que está sendo vítima de discriminação. Acontece muito de as mulheres serem acusadas de citar o sexismo para disfarçar sua inadequação. Uma maneira muito convincente de testar a hipótese de que as mulheres são, injustificadamente, menos respeitadas e vistas como menos competentes e conhecedoras do que os homens é conversar com pessoas que viveram dos dois lados. Afinal, como elas são exatamente a mesma pessoa – com a mesma competência, expertise e personalidade – e a única coisa que mudou foi seu gênero, elas sentiram na pele o efeito disso em sua vida. É uma maneira de corrigir para todas as outras variáveis e isolar a que importa.

Quando Ben Barres estudava no Instituto de Tecnologia de Massachusetts (MIT), na época vivendo como mulher, seu professor de matemática deu à turma uma prova difícil com cinco perguntas. O último exercício era especialmente complexo, mas Barres conseguiu resolvê-lo. No dia seguinte, o professor entregou as provas corrigidas e anunciou que ninguém tinha conseguido solucionar o quinto exercício.

Barres conta: "Fui ao professor e disse: 'Eu resolvi'. Ele me olhou com uma cara de desdém e disse: 'Você deve ter mandado seu namorado fazer'. Eu não soube o que dizer. Ele estava basicamente me acusando de trapaça. Fiquei furioso".[1]

Nas décadas seguintes de sua carreira como cientista pesquisador acadêmico, antes de fazer a transição, Barres se viu em desvantagem. Muito tempo depois, ele escreveu: "Ainda não me conformo com o prestigiado programa de bolsa de estudos que perdi para um colega homem quando eu estava no doutorado, apesar de o reitor de Harvard que leu as duas propostas ter me garantido que a minha era bem melhor (eu tinha publicado seis artigos de alto impacto, enquanto meu concorrente homem só havia publicado um)".[2]

Na meia-idade, lecionando neurociência na Universidade Stanford, Barres fez a transição de mulher para homem e mudou de nome para Ben Barres. Ele ficou surpreso com a diferença que isso fez em sua vida. "Pensei um milhão de vezes", ele escreveu, "que agora sou *levado mais a sério*."[3] Em um seminário, ele ouviu por acaso um comentário de um colega professor que não conhecia sua história: "Ben Barres fez uma palestra espetacular hoje. Mas, também, o trabalho dele é muito melhor do que o da irmã dele".[4] Barres concluiu: "De longe, a maior diferença que notei é que as pessoas que não sabem que sou transgênero me tratam com muito mais respeito. Eu até consigo dizer uma frase inteira sem ser interrompido por um homem".[5]

Barres, que agora é calvo e deixou a barba crescer, ganhou acesso ao Clube do Bolinha e começou a ouvir colegas homens dizendo o que realmente pensam sobre as mulheres – coisas que eles nunca teriam dito em sua presença antes da transição, por revelar as atitudes sexistas dos homens. "Um neurocirurgião de Stanford me disse que nunca conheceu uma neurocirurgiã que chegasse perto da competência de um homem. Outro me disse que acha que as mulheres são como criancinhas."

Por coincidência, outro professor de ciências de meia-idade da mesma universidade fez a transição ao mesmo tempo, só que de homem para mulher, e mudou o nome para Joan Roughgarden. "Quando consegui o emprego em Stanford, estava claro que avançar na carreira era como uma esteira rolante", disse Roughgarden sobre a época em que viveu como homem.[6] "O plano de carreira foi criado para homens jovens. Presume-se que você seja competente a menos que prove o contrário. Você é livre para dar sua opinião, e as pessoas param para ouvir. Você pode dizer o que pensa nos termos mais incisivos e sair impune. Você é levado a sério. Pode impor seu ponto de vista. Tem autoridade para colocar as questões do jeito que bem entender."

No entanto, quando ela passou a viver como mulher, tudo começou a mudar. Seu salário, que era acima da média para professores efetivos, foi caindo aos poucos até atingir os 10% inferiores. Ela perdeu seu assento no prestigioso conselho universitário, teve dificuldade de obter verba para sua pesquisa e foi pessoalmente atacada, algo que nunca tinha acontecido quando vivia como homem.

Você talvez alegue que a experiência de Roughgarden pode ser atribuída à discriminação contra transgêneros, e não ao sexismo. É bem verdade que as mulheres trans costumam ter mais dificuldade de "se fazer passar" pelo outro gênero do que os homens trans e acabam sofrendo discriminação. Mas, ao mesmo tempo, Barres estava recebendo um tratamento muito melhor, inclusive por pessoas que sabiam que ele era trans.

Roughgarden e Barres costumavam almoçar juntos para trocar experiências. No jardim de sua casa no Havaí, com periquitos gritando ao fundo, ela me contou suas histórias, parecidas com as de Barres, porém opostas. "Estávamos passando pelas mesmas experiências, mas era como se eu vivesse do outro lado do espelho. Ele estava começando a desfrutar dos privilégios masculinos e vendo todas as vantagens de ser homem enquanto eu estava começando a ver minha influência definhar ao passar a viver como mulher."[7]

"Ben ficava perplexo e até um pouco ofendido porque seu trabalho como mulher não era muito valorizado e 'o mesmo maldito trabalho', como ele dizia, passou a ser altamente valorizado quando ele fez a transição para homem. Ele ficava meio surpreso, meio irritado com isso. Sua carreira realmente decolou depois da transição. Ele foi se aproximando do centro enquanto meu trabalho foi sendo empurrado para a margem e dava para ver que estávamos avançando em direções opostas."

O que mais trouxe ressentimento a Roughgarden foi ver que as pessoas passaram a respeitar menos seu trabalho. "Quando eu vivia como homem, minhas propostas para a Fundação Nacional de Ciência dos EUA eram recebidas com certa deferência. Eu podia não receber a verba, mas os comentários eram sempre respeitosos. Depois que fiz a transição, era comum as avaliações anônimas, tanto para manuscritos quanto para pedidos de verba, terem um caráter pessoal que beirava a perversidade. Acho que o mundo acadêmico não é um ambiente muito animador para as mulheres."

"Quando você vive como homem, seus pontos de vista são *mainstream*, você definitivamente faz parte do *mainstream*. Como mulher, você automaticamente está fora dele. Eu e Ben conversamos muito sobre isso. Quando ele vivia como mulher, suas opiniões eram consideradas esdrúxulas, ou fora do padrão. Quando ele fez a transição, imediatamente todo o seu trabalho passou a fazer parte do pensamento dominante e ele se destacou na carreira. Ele é visto como um homem talentoso e brilhante. Por outro lado, Ben nunca conseguiu obter esse reconhecimento quando vivia como mulher. Quanto a mim, quando eu fiz a transição, minhas opiniões foram cada vez mais sendo consideradas esdrúxulas e fora do convencional."

O que mais incomodou Roughgarden foi a tendência dos colegas homens de fazer ataques pessoais às mulheres, não aos argumentos delas. Quando vivia como homem, ela questionava as teorias científicas e, embora alguns colegas biólogos discordassem, ela ainda era levada a sério e foi efetivada para lecionar na universidade. Como Joan, as reações passaram a ser absurdamente diferentes. Um colega cientista gritou com ela de forma tão agressiva que Joan achou que ele se aproximaria e bateria nela. Outro invadiu o palco depois que ela deu uma palestra, gritando com ela. Seus críticos a acusaram de não ter lido a literatura relevante e sugeriram que eles eram mais inteligentes do que ela, algo que nunca tinha acontecido quando Joan vivia como homem. Era como se eles estivessem determinados a desacreditá-la.

Roughgarden também percebeu uma dinâmica completamente diferente nas reuniões quando ela começou a viver como mulher. "Você é interrompida, precisa encontrar um homem para lhe dar apoio e não pode se ofender quando um homem diz exatamente a mesma coisa que você já falou e assume os créditos por sua ideia porque pelo menos você conseguiu passar a mensagem. É esse tipo de obstáculo que você precisa superar no dia a dia." Ela estava descobrindo como era ser uma vítima da lacuna de autoridade e do viés das pessoas contra as mulheres.

Em uma entrevista para *The New York Times*, Roughgarden contou como ela passou a ser interrompida, ignorada e tratada com condescendência com muito mais frequência pelos homens, principalmente por aqueles que não a conheciam antes da transição. "No começo, eu até achava graça. Eu pensava: 'Se as mulheres são discriminadas, tenho certeza de que eu também serei discriminada do mesmo jeito'. Bem, posso dizer que agora não acho mais graça alguma nisso!"[8] Ela conclui: "Os homens são considerados competentes até que se prove o contrário, ao passo que uma mulher é considerada incompetente até que se prove o contrário".

E é exatamente essa premissa que sustenta a lacuna de autoridade e foi o que Roughgarden e Barres descobriram quando fizeram a transição. De repente a competência *dele* passou a ser aceita sem questionamento a ponto de ele ter sido elogiado por ser melhor do que sua "irmã", o que na verdade significava que ele era melhor do que ele mesmo. Enquanto isso, *ela* se viu exatamente na posição oposta. Tendo perdido seu privilégio masculino, de repente tudo o que ela dizia passou a ser questionado e sua competência foi posta em xeque.

É verdade que, também nesse caso, as evidências são subjetivas. São relatos de duas histórias de vida individuais. Por outro lado, contudo, as evidências dificilmente serão mais científicas do que isso. Nos dois casos, todas as variáveis permaneceram inalteradas, exceto uma: o gênero. A variável crítica foi isolada. E, de qualquer maneira, as evidências são corroboradas por estudos muito mais amplos sobre a experiência de pessoas trans.

* * *

Um colega parabenizou seu chefe por demitir Susan, uma advogada, porque ela era incompetente, e contratar o "novo cara", mais competente e um sujeito "simplesmente encantador".[9] A ironia é que Susan e o novo cara eram a mesma pessoa. Esse é só um dos vários exemplos descobertos por Miriam Abelson, socióloga da Universidade Estadual de Portland, que entrevistou sessenta e seis pessoas que fizeram a transição de mulher para homem nos Estados Unidos.[10] A maioria desses homens trans disse que passou a ser visto como mais competente, levado mais a sério e que sua autoridade passou a ser menos questionada do que antes da transição.

Abelson conclui: "A maioria das pessoas que entrevistei disse que houve um momento em que, se elas já não acreditavam na existência do sexismo, sua experiência pessoal comprovou isso".

Uma pesquisa semelhante com homens trans, conduzida por Kristen Schilt da Universidade de Chicago, descobriu que o salário das mulheres trans caiu quase um terço depois da transição, enquanto o salário dos homens trans aumentou.

Um dos entrevistados disse que, agora que vive como homem, quando ele expressa uma opinião, todos os participantes de uma reunião a anotam. Outro disse: "Quando eu era mulher, eu podia apresentar todos os fatos do mundo e as pessoas diziam: 'Você tem certeza disso?'. É tão estranho não precisar mais defender as minhas posições". De acordo com um terceiro: "Antes, diziam que eu era uma pessoa agressiva. Agora me dizem que eu 'assumo o controle'. As pessoas me dizem: 'Adoro a sua atitude de assumir o controle'".

Schilt escreve: "Muitos dos respondentes disseram ter visto com clareza, depois que foram aceitos no Clube do Bolinha, que os homens têm muito mais sucesso no trabalho do que as mulheres devido aos estereótipos de gênero que privilegiam a masculinidade, não porque eles possuem mais habilidade ou capacidade".[11]

Preston, um trabalhador braçal, fala sobre sua experiência pós-transição: "É um absurdo como os caras conseguem se safar de tantas coisas! Os caras fazem corpo mole e pisam na bola enquanto as mulheres dão um duro danado e ninguém liga para elas... Estou muito esperto com isso. E isso explica um pouco por que fiquei mais feminista desde a transição. Minha experiência deixou essa diferença muito clara". Hoje ele é levado a sério sem ter mudado em nada seu comportamento.

Schilt escreve: "Os respondentes descreveram situações nas quais foram ignorados, preteridos, propositadamente prejudicados e considerados incompetentes no trabalho quando eram mulheres. E essas mesmas pessoas, como homens, dizem que recebem mais autoridade e suas ideias, habilidades e atributos são vistos de maneira mais positiva no trabalho".

Charlotte Alter entrevistou quase duas dúzias de homens trans e constatou o mesmo fenômeno. "Muitos homens trans com quem conversei disseram que não tinham ideia das dificuldades que as mulheres enfrentavam no trabalho até fazerem a transição. Assim que a fizeram, eles perceberam que seus erros eram minimizados e seus sucessos, amplificados. Eles dizem que acontece muito de suas opiniões terem mais peso: parecia que eles ganharam autoridade e respeito profissional da noite para o dia. Eles também confirmaram as atitudes sexistas das quais já suspeitavam e disseram que ouviram colegas mulheres sendo depreciadas por chefes homens ou candidatas a emprego sendo xingadas pelas costas".[12]

Thomas Page McBee é um homem trans e editor do portal de notícias *Quartz*. Ele ficou impressionadíssimo com a maneira como passou a ser tratado desde a transição. "Quando eu falo, as pessoas não só me ouvem como se inclinam para prestar mais atenção... É incrível para alguém que passou trinta anos sendo tolerado (na melhor das hipóteses) ou rejeitado (na pior) no trabalho. Eu vivia sendo interrompido. Nas reuniões, ninguém parava para ouvir quando eu dava a minha opinião. E nunca fui contratado, como aconteceu dois anos atrás, pelo meu 'potencial'. Tudo isso apesar de eu só ter trabalhado em ambientes de trabalho progressistas, lugares onde ouvi homens refletindo sobre o sexismo internalizado e onde as mulheres ocupam importantes cargos de liderança."

"Na primeira vez que me posicionei em uma reunião com minha nova voz grave e baixa e todos se viraram para me ouvir com atenção, fiquei tão incomodado que nem consegui terminar a frase. Eu estava em Boston, trabalhando com uma equipe de jornalistas barulhentos, meu corpo estava ficando mais peludo e musculoso e, pela primeira vez, as pessoas estavam me vendo como um homem. Nunca me senti tão estranho. Mas a sala ficou em silêncio comigo. Era assim que as coisas funcionavam: todas as pessoas da sala, homens e mulheres, ficaram em silêncio, esperando que eu continuasse a falar. Quase todo dia alguém, tanto da empresa quanto de fora dela, pede a minha opinião sobre assuntos que não se restringem ao meu trabalho. Todo esse feedback positivo me ajudou a me tornar um profissional melhor, mais produtivo, mais criativo e mais inovador."

O que acontece com as mulheres trans é exatamente o contrário. Daniela Petruzalek trabalhava em consultoria de vendas na Oracle quando decidiu fazer a transição para o gênero feminino. Como homem, sua vida no trabalho era excelente: "Eu estava acostumada com as pessoas pedindo a minha opinião para todas as decisões importantes, mesmo se eu não estivesse trabalhando diretamente com aquilo. As pessoas realmente queriam ouvir o que eu tinha a dizer... Todo mundo queria conversar comigo, saber o que eu achava dos projetos deles, queriam saber como eu consegui resolver esse ou aquele problema. Meus projetos tinham muita visibilidade na empresa toda... Nos meus últimos dias como homem, eu estava recebendo convites para trabalhar em outras equipes da companhia. Meu chefe também tinha prometido uma promoção em breve. Parecia que estava tudo sob controle".

Só que, segundo ela, depois da transição: "Ninguém mais queria saber a minha opinião nem o que eu fazia para resolver os problemas. Quando eu era homem, aprendi a me gabar das minhas façanhas, a assumir o crédito pelas minhas vitórias... quando fiz isso como mulher, ouvia comentários como 'Ela se acha...' ou 'Ela não é tudo isso que pensa que é'".

"É muito louco. Tecnicamente, eu era exatamente a mesma pessoa. Melhor ainda, eu era uma pessoa que não precisava mais gastar tanta energia escondendo quem realmente é e podia concentrar 100% da minha energia no trabalho. Aquele foi meu melhor ano como consultora de vendas, mas parecia que eu tinha perdido totalmente a relevância. Os convites para trabalhar nas outras equipes foram retirados. Eu nunca fui promovida. Minhas ideias não pareciam mais ser relevantes."

"Eu não sabia como é ser mulher e não entendia o que realmente estava acontecendo. Demorei um pouco, mas acabei entendendo: não era nada contra mim, pessoalmente, eu só tinha conseguido exatamente o que eu queria... *Estava sendo tratada como uma mulher*."

Paula Stone Williams, uma mulher trans, casou-se e teve filhos antes da transição. "Estou aprendendo muito sobre o que é ser mulher e estou aprendendo bastante a respeito do meu antigo gênero", diz ela. "Um homem branco com um bom nível de escolaridade não tem como saber o quanto é favorecido pela cultura. Ele não tem como entender isso porque ele só viveu assim e só viverá assim. Eu nunca tinha me visto como uma pessoa privilegiada, mas agora sei que tive muitos privilégios como homem."[13]

"Parece que eu 'emburreci' desde que me tornei mulher. Quanto mais você é tratada como se não soubesse do que está falando, mais você começa a questionar se realmente sabe do que está falando. Agora eu entendo a tendência das mulheres de duvidar de si mesmas."

Alguns homens trans chegam a ser sexistas em interações com mulheres. Thomas Page McBee, o primeiro homem trans a lutar boxe no Madison Square Garden, admite: "No trabalho, comecei a ver padrões assustadores. Passei a me observar quando dava a minha opinião nas reuniões. Quem eu interrompia mais? As mulheres, três vezes mais. Pior ainda, percebi que eu levava os homens um pouco mais a sério de muitas maneiras sutis. Eu demorava menos tempo para responder aos e-mails dos homens, me preocupava mais com o que eles poderiam pensar e era mais influenciado por seus argumentos".[14] É como se o ar que os homens respiram contivesse algum componente que os leva a tender a menosprezar as mulheres e respeitar os homens. E, assim que entrou na irmandade, McBee começou a absorver essas tendências.

Martin R. Schneider, editor do site de resenhas de filmes *Front Row Central*, descobriu a mesma coisa por acaso. Ele tinha dificuldade de acreditar em sua colega Nicole Hallberg quando ela reclamava que era mais difícil lidar com os clientes por ser mulher.[15] Até que, um dia, ele enviou um e-mail usando a assinatura dela sem querer. E ele pôde ver com clareza a diferença de tratamento que recebeu daquele cliente. Veja como Schneider relata os acontecimentos.

"O cliente estava sendo simplesmente *impossível*. Grosseiro, desrespeitoso e ignorando as minhas perguntas. Ele me dizia que seus métodos eram os padrões da indústria (não é verdade) e que eu não conseguia entender os termos que ele estava usando (eu entendia)." Schneider informou o cliente sobre o erro que tinha cometido assinando o e-mail com o nome de sua colega e todas as dificuldades desapareceram. "A comunicação melhorou na hora. Ele foi positivo, me agradeceu pelas sugestões, voltou a responder sem demora e transformou-se em um cliente-modelo. Devo esclarecer que minha abordagem e minhas sugestões nunca mudaram. A única diferença era que agora ele estava falando com um homem."

Então, para fazer um teste, ele decidiu passar duas semanas trocando assinaturas com Nicole nos e-mails. "Foi um inferno. Todas as minhas perguntas e sugestões eram confrontadas. Clientes que antes eu atendia com as mãos nas costas passaram me tratar com condescendência."

Enquanto isso, Nicole teve as duas semanas mais produtivas de sua carreira. "Percebi que ela levava mais tempo [quando usava o próprio nome] porque tinha de conquistar o respeito dos clientes. Quando finalmente conseguia convencer um cliente de que ela sabia o que estava fazendo, eu já estava na metade de um projeto para outro cliente. Fiquei chocado. Ela estava *acostumada* com isso e achava que fazia parte do trabalho."

As fundadoras do Witchsy, um mercado on-line de arte, ficaram tão incomodadas com a maneira como eram tratadas pelos homens na internet que inventaram um cofundador, Keith Mann. "Foi como passar da água para o vinho", disse uma das sócias, Kate Dwyer. "Enquanto eu levaria dias para receber uma resposta, Keith não só conseguia uma resposta e uma atualização de status, como ainda lhe perguntavam se ele precisava de mais alguma coisa ou de alguma ajuda."[16]

* * *

Como o viés costuma ser inconsciente, assim como a corrente invisível fluindo em um rio, é muito fácil – e tentador – negar sua existência. Não queremos admitir que somos preconceituosos. E os homens não querem reconhecer que são privilegiados até que – como aconteceu com Schneider e as mulheres trans sobre as quais falamos – veem esse privilégio em ação.

Ben Barres, como muitas pessoas que viveram em ambos os lados, pode nos dizer com autoridade até que ponto esse viés realmente é generalizado. O simples fato de não conseguirmos ver o viés não quer dizer que ele não exista. Como ele escreveu em um artigo impactante na revista *Nature*: "Uma pessoa simplesmente não acredita na existência do viés enquanto não vir sua carreira sendo prejudicada por ele".[17]

E o que esses relatos de pessoas que viveram como ambos os gêneros mostram é que não levamos as mulheres tão a sério quanto os homens. Os homens trans passam a ser muito mais respeitados depois da transição enquanto as mulheres trans têm a vivência oposta. Essas testemunhas trans nos dão provas convincentes da existência da lacuna de autoridade porque a transição não mudou quem elas são. A única coisa que mudou foi a percepção das pessoas sobre seu gênero.

Desse modo, precisamos acreditar nas mulheres quando elas dizem que são julgadas com mais rigor e levadas menos a sério do que os homens. Até os homens que fizeram a transição para mulheres dizem isso. E devemos acreditar nas mulheres quando elas afirmam que os homens são tratados com menos rigor e são automaticamente vistos pelo mundo com mais respeito e autoridade. As mulheres que se tornaram homens viveram essa diferença na pele.

3

A lacuna de autoridade em ação
Se você pelo menos me deixasse termi...

"Eu vendia sistemas de segurança para empresas e estava prestes a começar uma série de projetos para uma joalheria tradicional e chique. O dono da joalheria passou a primeira reunião se recusando a falar comigo diretamente e uma vez, quando ele me ligou e minha secretária eletrônica atendeu, eu o ouvi dizer: "Ah, pelo amor de Deus! É a droga daquela menina de novo. Quero falar com alguém que SABE O QUE ESTÁ DIZENDO!"
— Michelle, em depoimento ao site Mumsnet

Mesmo estando do lado errado da lacuna de autoridade, tive a sorte de passar a maior parte da minha vida profissional em relativa proteção por ocupar um cargo sênior de alta visibilidade em um jornal britânico de circulação nacional. Depois que uma organização como *The Times* lhe dá um selo de qualidade pela sua expertise, fica mais difícil para as pessoas desrespeitá-la, pelo menos na sua frente.

Mas eu vejo a lacuna de autoridade por toda parte e, quando interajo com alguém que desconhece meu histórico, vejo esse abismo se abrindo imediatamente.

Um dia desses, em uma importante conferência internacional, eu estava conversando com dois outros participantes (homens): um ex-secretário de Relações Exteriores e um correspondente da BBC no exterior. Eles conhecem muito mais sobre relações exteriores do que eu, mas sabem que eu conheço mais sobre o cenário político do Reino Unido, tendo passado trinta anos atuando como colunista política, principalmente para *The Times*. Um jornalista italiano que não conhecia nenhum de nós se aproximou de nossa roda. Ele me ignorou completamente e perguntou aos homens se poderia lhes fazer uma pergunta sobre a política britânica. "Vocês acham que Tony Blair pode voltar?", ele perguntou.

"Sem chance", eu respondi e expliquei por quê. Ele meio que deu as costas para mim, recusando-se até mesmo a me dirigir o olhar enquanto eu respondia e fez outra pergunta aos dois homens.

"Sou a especialista em política britânica deste grupo", retruquei, tocando-o no braço para forçá-lo a se virar para mim. "Eu sei o que estou dizendo."

Por que eu tive de fazer isso? Ele não conhecia nenhum de nós, então por que ele presumiu que os homens sabiam mais do que eu, apesar de todos nós sermos participantes convidados de uma conferência? Por que ele optou por ignorar minha resposta? Além de ter sido incrivelmente grosseiro, sua reação não o ajudou em nada.

Em outra pequena conferência em Londres, na qual todos tivemos a chance de nos ver em ação ao longo do dia, me vi sentada, no jantar, ao lado de um homem com quem eu não tinha falado antes. Ele era banqueiro e só um pouco mais velho do que eu. Ele me perguntou o que eu fazia. Naquela época, eu trabalhava com muitas coisas diferentes e não sabia qual delas o interessaria mais. Então, eu respondi: "Bem, faço várias coisas. Tenho uma coluna política no *Independent*, presido um *think tank*, participo de alguns comitês comerciais, apresento alguns programas de rádio, estou no conselho do Tate Modern e trabalho com algumas instituições de caridade".

"Caramba, você é uma mocinha bem ocupada!", ele exclamou.

Eu tinha uns 50 anos, mais velha do que o então primeiro-ministro.

Como reagir a isso? A opinião da maioria das pessoas no Twitter era que eu deveria ter dado uma garfada nele ou jogado meu vinho na cara dele. Mas eu só balbuciei: "Faz décadas que não me chamam de 'mocinha' e já naquela época isso me deixava furiosa!".

Esse provavelmente é o exemplo mais flagrante de ser (literalmente) diminuída que me vem à mente, pelo menos na minha vida profissional mais recente. Mas esses dois exemplos de desrespeito causado pela lacuna de autoridade ajudam a ilustrar a enorme barreira que as mulheres são forçadas a superar se quiserem ser levadas a sério. Você pode ter todas as credenciais do mundo, mas às vezes mais autoridade será atribuída aos homens do que a você. E quase todas as mulheres que trabalham já sentiram na pele pelo menos um caso da lacuna de autoridade: seja sendo tratada com condescendência, subestimada, interrompida, questionada desnecessariamente, ignorada ou desdenhada.

Julia Gillard é uma mulher determinada, sensata e extremamente capaz. É fácil imaginá-la comandando soldados em um campo de batalha. Mas, quando ela foi a primeira-ministra da Austrália, era comum Gillard ser tratada com condescendência pelos homens de uma maneira que ela descreve como "sexismo benigno". "Eu participava de incontáveis reuniões de conselhos de empresas e reuniões para decidir questões envolvendo a segurança nacional da Austrália, nas quais eu era a única mulher na sala", ela me contou. "E acontecia de alguns homens me dizerem algo – com a melhor das intenções, com muita empatia – nas linhas de: 'Deve ser *tão difícil* para você ser a primeira-ministra'. E a minha vontade era de dizer: 'Seria difícil para qualquer pessoa ocupar o cargo de primeiro-ministro de um país. Mas não estou aqui para falar das dificuldades do meu trabalho. Estou aqui para dizer o que sei e ouvir o que vocês sabem. E, se tudo der certo, poderemos pensar juntos em soluções para problemas complexos'. Havia essa suposição de que o relacionamento apropriado com uma mulher, mesmo com uma detentora do poder de uma primeira-ministra, era quase o do tio legal com sua sobrinha favorita, em vez de um relacionamento que reconhecesse que naquela sala e naquele momento você estava lá por seu próprio mérito."[1]

Na verdade, ela era superior a eles, eu observei. "Justamente!", Gillard respondeu, rindo.

Michelle Bachelet, hoje alta comissária das Nações Unidas para os Direitos Humanos, foi a presidenta do Chile duas vezes. Ela foi torturada e seu pai foi morto pelo regime de Pinochet, mas Bachelet teve a coragem de entrar na vida pública. Mesmo assim, ela me contou que alguns de seus colegas homens tinham muita dificuldade de aceitar sua autoridade. "Quando fui eleita presidenta pela primeira vez, havia um ministro mais velho que estava havia um bom tempo no Executivo. Nós, do gabinete de governo, nos reuníamos à noite para decidir algumas coisas. No fim da reunião, eu tomava as decisões e resumia como iríamos implementá-las. E, se eu dizia no final: "Certo, então vamos fazer a, b e c", ele sempre tomava a palavra depois para dizer alguma coisa, porque *ele* tinha de concluir a reunião para dar a impressão de que era *ele* quem tomava as decisões. Dava para ver que ele achava muito difícil ter uma mulher dando as ordens".[2]

Amber Rudd ocupou três cargos no gabinete de David Cameron e Theresa May e poderia ter chegado a chanceler se não tivesse discordado de Boris Johnson sobre a questão do Brexit. Ela seria descrita como uma "peso-pesado política" se esse termo fosse usado para referir-se a uma mulher. E mesmo tendo chegado tão longe na política britânica, ela ainda era tratada com condescendência. Rudd me contou: "Nunca vou me esquecer da primeira vez em que participei de uma reunião da Câmara dos Comuns. Um parlamentar conservador, um homem idoso e bastante simpático, quando viu que sou mulher, voltou-se para mim e perguntou se eu sabia que George Eliot na verdade era uma mulher. E ele fez isso para ser simpático, mas os coitados não têm noção…".[3]

Você não precisa ser uma política do mais alto escalão para ser, no termo que inventei, "*manderestimated*", ou seja, subestimada pelos homens. É difícil encontrar uma mulher que não tenha passado por isso. Polly Marshall Taplin é dona de uma produtora musical. Em 2018, ela foi responsável pelo segundo maior palco do Festival de Glastonbury, que, naquele ano, apresentaria celebridades como Stormzy e Liam Gallagher. "Na segunda-feira de manhã", ela me contou, "depois de uma semana exaustiva de trabalho dormindo em um trailer no local do evento e trabalhando até de madrugada, fiz das tripas coração e peguei um táxi e um trem a Oxford para fazer um curso de literatura em uma faculdade de lá, porque sou apaixonada por literatura. O que você acha que eu tive de ouvir dos acadêmicos que encontrei lá? 'E como foi trabalhar como voluntária em Glastonbury?' Eles partiram da premissa de que eu trabalhara como socorrista ou catadora de lixo. Dói até hoje só de pensar. Por que me subestimar? Só porque sou uma mulher de 58 anos?"[4]

As mulheres são subestimadas com mais frequência em áreas tradicionalmente masculinas, como ciência, engenharia e tecnologia. O Vale do Silício está cheio de geeks, sendo que alguns têm dificuldade de acreditar que as mulheres são capazes de entender as complexidades da computação. Como já vimos, um número muito menor de mulheres do que homens optam por estudar ciência da computação na faculdade devido ao sexismo que elas acreditam que enfrentarão. As corajosas que vão em frente mesmo assim não raro encontram uma cultura de trabalho claramente inóspita. Elas são levadas a acreditar que não são boas o suficiente e que não pertencem à "cultura de camaradagem dos homens".[5] Conheci Meredith Broussard, hoje professora de jornalismo de dados da Universidade de Nova York, em uma conferência na sede do Facebook em Menlo Park, Califórnia. Ela pediu demissão de seu emprego como cientista da computação em razão do que ela chama de "tecnochauvinismo". Aquela cultura a enfurecia.

"Eu não conseguia engolir o sexismo", ela me contou. "Tudo o que dizem sobre as mulheres sendo repelidas das áreas de exatas é verdade e aconteceu comigo. Passei um bom tempo me culpando por isso. Eu achava que me faltava determinação, me faltava inteligência ou competência. Com o tempo fui percebendo que, na verdade, não tem problema algum comigo, e sim que é quase impossível combater essas forças sociais."

"As pessoas não levam as mulheres a sério na tecnologia, principalmente se você for jovem, bonita e bem-vestida. E isso me deixava doida, porque eu sabia que dominava o assunto."[6] "Será que você não foi levada a sério porque era jovem, não porque era mulher?", perguntei a ela. "Não", ela respondeu. "Homens jovens são levados a sério na tecnologia. Na verdade, eles são levados ainda mais a sério por causa desse culto aos gênios e esse mito da juventude na tecnologia. A ideia da superioridade da solução técnica vem atrelada à ideia da superioridade do tecnólogo. E que tipo de pessoa nos vem à mente quando pensamos em um tecnólogo? Um homem jovem e branco usando jeans e moletom com capuz, trabalhando em seu laptop com fones de ouvido gigantes, mudando o mundo."

Esse tecnochauvinismo se faz ver até nos mais altos escalões das empresas de tecnologia. Shubhi Rao foi tesoureira da Alphabet, a controladora do Google. Ela foi uma das quatro mulheres que estudaram engenharia de ciência da computação na faculdade no fim dos anos 1980 e teve uma breve atuação como engenheira de sistemas em um ambiente de trabalho masculino hostil antes de ir fazer um MBA.

No entanto, nem quando ela chegou ao topo as coisas melhoraram muito. "Você precisa provar sua capacidade o tempo todo", ela me disse.[7] "Quando um cara diz alguma coisa em uma reunião, eles respondem: 'Boa ideia, acho que devemos fazer isso' e, quando uma mulher fala alguma coisa, eles afirmam: 'É melhor investigarmos, precisamos de mais dados, precisamos pensar melhor, não sei se vai dar certo'." Esse questionamento constante da expertise de uma mulher é ao mesmo tempo exaustivo e abala sua confiança. Os homens não notam que raramente são contestados — afinal, por que notariam? — e podem usufruir do grande privilégio de ter suas opiniões e sugestões aceitas sem questionamento pelas pessoas.

"Ser contestada o tempo todo é quase um estilo de vida para mim", diz Rao. "Sei que eles nunca vão simplesmente dizer: 'A Shubhi tem anos de experiência, expertise e bom senso, então, se ela disse que é melhor fazer isso, vamos concordar e seguir a sugestão dela'. Eles vão me contestar. Sei que vão me contestar e preciso estar preparada para isso."

Essa relutância em respeitar as credenciais das mulheres é muito comum, como Helle Thorning-Schmidt observou. "É interessante que, mesmo quando uma mulher consegue um cargo importante para o qual ela é qualificada, as pessoas perguntam quais são suas qualificações, mas nunca fazem esse tipo de pergunta para os homens. E eu sempre digo que só teremos uma verdadeira igualdade quando mulheres medíocres puderem ser promovidas a cargos importantes da mesma maneira como homens medíocres têm sido promovidos no decorrer de milhares de anos."[8] É uma grande verdade.

Rebecca Solnit, cujo artigo *Men Explain Things to Me* ("Os homens explicam as coisas para mim", em tradução livre) me levou a cunhar o termo "*mansplaining*" (unindo *man*, de "homem", com *explaining*, de "explicar"), conta como essa tendência desproporcional de questionar a expertise das mulheres desgasta sua confiança. "Toda mulher sabe do que estou falando. É a premissa que dificulta a vida de qualquer mulher em qualquer área; que impede as mulheres de se manifestarem e de serem ouvidas quando ousam se expressar; que silencia as jovens ao sugerir, como acontece quando são assediadas na rua, que elas não pertencem a este mundo. Essa premissa nos ensina a duvidar da nossa capacidade e a nos restringir da mesma maneira como ensina os homens a ter uma autoconfiança desmedida que nem sempre se justifica."[9]

Ao pesquisar para este livro, tornei-me uma espécie de especialista no assunto: uma autoridade, por assim dizer. Mas, quando eu contava aos homens o tema do livro, eles costumavam ter três reações. Uma pequena – e muito bem-vinda – minoria mostrava interesse na ideia e me fazia perguntas inteligentes a respeito, como faria com qualquer outra pessoa, homem ou mulher, que estivesse escrevendo um livro. A grande maioria, contudo, me dizia que minha premissa básica estava errada ou me dava um sermão sobre o tema, muitas vezes demonstrando a mais completa ignorância. A intenção destas duas últimas reações era minar – ou *mandermine* (*man*, de "homem", com *undermine*, de "minar"), talvez – a minha expertise e a minha autoridade no assunto. Certa vez, um homem da adorável primeira categoria viu isso acontecer e depois me disse que ficou pasmo, não só pela grosseria da pessoa, mas pela ironia da situação. O *mansplainer* não se tocou que estava se comportando exatamente como a descrição do meu livro? E por que eu não reagi à altura? Respondi, cansada, que estava tão acostumada com esse comportamento que aprendi a apenas assentir com a cabeça enquanto morria de raiva por dentro.

Para as mulheres mais jovens, pode ser ainda pior. Laura Bates é autora e fundadora do Everyday Sexism Project ("Projeto Sexismo Cotidiano", em tradução livre), um banco de dados global de experiências relacionadas a sexismo e assédio vivenciadas pessoalmente por mulheres. Bates pode ser relativamente jovem, mas é uma autoridade reconhecida na área. "Para mim", ela me disse, "é uma combinação do meu gênero, da minha idade e do tema, porque eles são um tipo de santíssima trindade de coisas que os homens tendem a menosprezar: uma mulher jovem falando sobre sexismo. Chega a ser inacreditável, porque acontece muito em contextos em que você está lá como uma expert no assunto."[10] E, aos 34 anos, ela está em uma idade na qual seus colegas homens da mesma idade raramente são tratados com condescendência.

Certa vez, Bates foi convidada para fazer uma apresentação a um grupo de parlamentares que estavam reunidos especificamente para tratar da igualdade de gênero e, portanto, seria de se imaginar que todos levariam o assunto a sério. "Fui convidada para dar meu depoimento a eles devido à minha experiência fazendo a curadoria do maior conjunto de dados que já existiu sobre as experiências das mulheres com a desigualdade de gênero. Falei longamente a respeito de várias formas de assédio, abuso e violência sexual. No fim da reunião, um parlamentar que ocupava um cargo muito importante se aproximou e me disse em voz baixa que achava que eu estava sendo muito 'copo meio vazio', que eu era negativa demais. E que, se eu realmente quisesse promover alguma mudança, deveria pensar muito bem em um jeito de tornar minha mensagem mais interessante para os homens. Ele sentia que eu estava dando um sermão nos homens."[11] (Devo acrescentar que ela fala com muita tranquilidade e sensatez.)

"E achei aquilo incrível porque, é claro, as mulheres até podem ser positivas e celebrar os avanços que fizemos, mas aquele não era o lugar para isso. Eu tinha sido convidada para falar aos parlamentares sobre os problemas que as mulheres enfrentam. A lacuna de autoridade ficou patente naquela situação. Lá estava aquele homem mais velho me dizendo: 'Você está fazendo uma tempestade em copo d'água, mocinha. Você não sabe o que está dizendo'. E lá estava eu, convidada para resumir centenas de milhares de histórias de mulheres a respeito de sua realidade cotidiana, uma realidade que ele, em sua posição de poder, não tinha como conhecer." Apesar de aquele parlamentar estar na reunião especificamente para aprender sobre os problemas que afligem as mulheres, em especial as mais jovens, ele não pôde evitar que seus preconceitos contra mulheres bonitas, jovens e loiras sabotassem sua percepção a respeito desse aspecto da política social. Sua resistência em aceitar a autoridade de Bates o impediu de entender a mensagem.

Alguns homens agem como se não houvesse nenhuma lacuna de autoridade entre eles e as mulheres com as quais interagem. Tive alguns colegas homens exemplares ao longo dos anos que me tratavam com a mais absoluta igualdade. Gostei muito de trabalhar com eles e nunca deixo de notar e agradecer quando sou respeitada. Mas o fato de alguns homens se comportarem muito bem não neutraliza os problemas causados pelas pessoas que não o fazem (e isso também inclui algumas mulheres).

Quanto mais velha eu fico e mais subo na hierarquia, mais fácil fica defender minha autoridade. E, para as mulheres ao redor do mundo, a lacuna de autoridade está definitivamente diminuindo, sobretudo desde que o movimento #MeToo abriu os olhos das pessoas para o sexismo sistêmico que as mulheres têm de suportar no trabalho. Mas o problema está longe de ter sido eliminado. Algumas pessoas ainda acreditam que as mulheres são seres inferiores e muitas outras têm um viés que até pode ser inconsciente, mas que mesmo assim as leva a subestimar e desrespeitar as colegas do gênero feminino. Essas pessoas podem não se dar conta de que fazem isso, mas as mulheres vitimizadas por esse viés não têm como deixar de notar. E o viés inconsciente é mais difícil de denunciar, já que o perpetrador ficará ofendido e provavelmente negará qualquer preconceito de sua parte.

As mulheres podem se acostumar tanto com esse tratamento que acabam calejadas, por assim dizer. A major-general Sharon Nesmith é a mulher mais graduada do exército britânico. Fui encontrar com ela no quartel-general do exército perto da cidade de Andover, onde ela conversou comigo à sua mesa usando um uniforme camuflado cor de areia, com soldados, homens e mulheres, trabalhando ocupados ao seu redor. Ela é menor do que a maioria deles, mas não há dúvida de quem está no comando. Ela me contou que está tão calejada que mal percebe ocorrências de lacuna de autoridade, apesar de ocorrer até no nível dela.[12] "Acontece de eu ir a uma reunião e pessoas com quem trabalho, que estão abaixo de mim, me dizerem depois que ficaram surpresas ao ver a maneira como fui tratada, interrompida ou ignorada. Coisas que eu nem tinha notado. Às vezes preciso que as pessoas me digam, porque acabei normalizando esse tipo de comportamento."

O chefe das forças armadas da Grã-Bretanha, o general Nick Carter, admitiu para mim que esse é um problema na organização. "Você tem um ambiente dominado por homens, onde as mulheres não são necessariamente levadas a achar que têm uma voz. Em qualquer reunião de comitê, em que você inevitavelmente terá 90% de homens, ou 80%, se tiver sorte, as mulheres podem não ter muita chance de contribuir da mesma forma que os homens. Precisamos melhorar isso. E nem todos os homens têm a tendência natural de ceder a palavra às mulheres."

Nas forças armadas, alguns homens ainda pensam que as mulheres são intrusas que precisam ser mantidas à distância – o que significa que as opiniões delas são subestimadas e muitas vezes ignoradas.

"Normalmente você começa a notar esse problema", ele continuou, "quando trabalha no nível em que estou agora, no Ministério da Defesa, com muitas funcionárias altamente competentes. Essas mulheres não vão hesitar em chamar sua atenção se você as interromper ou não lhes der a chance de falar como faria a um colega homem". "Foi um choque cultural?", perguntei a ele.

"Com certeza! Mas é uma coisa boa. Grande parte da solução envolve ter conversas difíceis para entender o outro lado."[13] Hoje Carter tem duas "mentoras reversas", mais jovens e subordinadas a ele, que chamam sua atenção quando ele interrompe as mulheres ou usa uma linguagem da qual pode se arrepender. Carter diz que essa prática o ajudou a mudar seu comportamento e sua maneira de se dirigir às mulheres e ele está se conscientizando mais do problema.

A major-general Nesmith aprendeu a viver com o problema. Em um ambiente tão dominado por homens, ela não teve muita escolha. Outras mulheres, contudo, não se conformam com a situação. Bin é economista sênior no Reino Unido. Ela me contou a seguinte história: "Certa vez, dois importantes jornalistas homens me interromperam enquanto eu falava sobre um tema no qual sou a maior especialista no Reino Unido. Eu tinha trabalhado em estreita colaboração com o então ministro das Finanças na questão e o tema estava em alta. Eles começaram a discutir sobre o assunto – foi como ver dois alces batendo cabeça para ver quem tinha o maior par de chifres – e eu fiquei lá, esperando que eles me consultassem, já que os dois conheciam meu histórico profissional. Fiquei de queixo caído enquanto eles discutiam entre si sem demonstrar qualquer conhecimento relevante. O que mais me chocou foi saber que eles eram jornalistas. Os dois estavam mais interessados em brigar para ver quem sabia mais do que descobrir a verdade, sendo que, para isso, bastaria consultar a pessoa que estava bem ali, ao lado deles, e que estava participando do evento devido a seu conhecimento sobre o assunto".[14]

Se a situação é ruim para as mulheres brancas, é ainda pior para as negras. Amanda Sesko e Monica Biernat conduziram um experimento para ver se as pessoas, depois de ouvir uma conversa, tinham mais dificuldade de lembrar o que mulheres negras haviam dito.[15] Como era de se esperar, os participantes cometeram mais erros de atribuição dos comentários feitos por mulheres negras do que dos feitos por brancas, homens negros ou homens brancos. Assim, ainda mais do que as brancas, as vozes das negras não foram ouvidas.

Bernardine Evaristo vê isso acontecer com frequência nas reuniões de sua universidade: "Eles simplesmente são programados para não querer ouvir o que temos a dizer e para não querer nos dar atenção", ela me contou.[16]

E isso parece se aplicar tanto aos homens mais jovens quanto aos mais velhos. Não é só um problema geracional. Shivani, de 20 anos, me contou que, quando trabalhou em um grupo estudantil de educação financeira em sua universidade, ela foi nomeada codiretora de marketing com outra jovem estudante. Os três executivos homens da sociedade convocaram uma reunião para falar de questões relacionadas ao marketing. Ela e sua codiretora só conseguiram pronunciar algumas poucas palavras, apesar de serem as especialistas no assunto. Os três jovens do sexo masculino passaram praticamente a reunião inteira discutindo um assunto sobre o qual eles sabiam muito pouco.[17]

No dia a dia, não é raro eu notar que meu marido insiste em checar por conta própria um fato que eu sei que é verdade. E eu não sou a única. "Passei a vida inteira percebendo que, quando eu digo alguma coisa, os homens checam no Google antes de acreditar em mim. E vejo que eles não fazem isso com outros homens. Quando os homens dizem alguma coisa, as pessoas automaticamente presumem que eles estão certos", escreveu uma colaboradora no site Mumsnet (um fórum de discussão britânico para mães e pais).[18]

Joan Roughgarden também observou outro fenômeno quando fez a transição para mulher: homens hostis muitas vezes discordavam não de seus argumentos, mas dela como pessoa. Liz Truss, secretária de Estado de Comércio Internacional da Grã-Bretanha, sofre muito com isso – e fica furiosa.

"Eu só quero que as pessoas ouçam o que tenho a dizer e argumentem com base nisso", ela me disse.[19] "Fico muito frustrada com isso. As pessoas recebem o que eu digo com indiferença, ou até desdém, e dizem coisas como: 'Como ela é burra' ou 'Ela não sabe o que está dizendo', em vez de contra-argumentar. Se você não concorda comigo sobre a melhor taxa de tributação ou como deveríamos reformar o sistema educacional, tudo bem, apresente seus argumentos, não tente apenas atacar a minha credibilidade. Eles estão basicamente dizendo: 'Como você ousa achar que tem o direito de dizer isso?'. Minha reação é ser ainda mais incisiva, porque fico morrendo de raiva."

Mary McAleese também se enfurece com esses ataques pessoais a ela, como mulher. Isso acontece muito quando ela argumenta em defesa de mais igualdade na Igreja Católica. "Quando ouço teólogos dizendo: 'Não é o que ela diz, é o jeito como ela diz', sei que isso é uma enorme covardia, porque é um jeito de evitar o assunto. Eles atacam a minha pessoa, tentam menosprezar quem eu sou, não o que eu digo, e acho que isso é de uma covardia tremenda."[20]

Ter sua autoridade submetida ao *mandermining* de todas as maneiras que vimos até agora neste capítulo – ser subestimada, ignorada, tratada com condescendência, desnecessariamente contestada ou pessoalmente atacada – são exemplos exasperantes da lacuna de autoridade. O que pode ser ainda mais enfurecedor, contudo, é ser interrompida antes mesmo de ter a chance de apresentar seu ponto de vista. As interrupções são duplamente desrespeitosas: sugerem que a pessoa que interrompe presume que tem opiniões mais interessantes do que as suas e são uma tentativa descarada de silenciá-la. Pesquisas demonstram que as mulheres têm muito mais chances de ser interrompidas do que os homens, na maioria das vezes por homens.[21] As mulheres também interrompem, mas suas interrupções tendem a ser mais para demonstrar apoio, confirmando e concordando com o que está sendo dito. Elas não têm a intenção de calar o interlocutor. Os homens são mais propensos a impedir que a outra pessoa conclua a argumentação, especialmente se for uma mulher. E, em geral, como veremos no Capítulo 6, os homens tendem a monopolizar a conversa em detrimento das mulheres.

E isso não depende apenas de posição hierárquica. Poucos cargos são mais respeitáveis e emanam mais autoridade do que um juiz da Suprema Corte dos Estados Unidos. No entanto, um estudo de 2017 descobriu que, embora as mulheres constituíssem um terço desse posto, elas tiveram de aturar dois terços de todas as interrupções.[22] Em outras palavras, elas tiveram quatro vezes mais chances de ser interrompidas do que seus colegas homens, 96% das vezes por advogados ou juízes do gênero masculino.

Um estudo semelhante da Suprema Corte australiana descobriu que as juízas eram interrompidas duas vezes mais do que os juízes por advogados homens, e os advogados as interrompiam ainda mais quando a sessão era presidida por uma chefe de Justiça mulher.[23] "O fato de as mulheres terem mais chances de receber um tratamento desigual até no auge de sua carreira jurídica sugere um arraigado viés vantajoso à autoridade judicial masculina", escreve a autora Amelia Loughland. "Minha análise qualitativa revelou que as juízas são sujeitas aos mesmos comportamentos dominantes na argumentação oral que elas poderiam esperar em conversas cotidianas com os homens."

Vemos um padrão aqui: homens de status inferior interrompendo mulheres de status superior. Um excelente exemplo vem de Louise Richardson, vice-chanceler (CEO) da Universidade de Oxford, a primeira mulher a ocupar esse cargo nos 800 anos de história da instituição. No cavernoso edifício Clarendon do século XVIII, com pé-direito duplo e enormes janelas com vista para as fachadas medievais dos prédios das faculdades, ela parece a rainha do campus.* Mas, como ela me contou, poucos dias antes da nossa conversa: "Eu estava presidindo a Congregação sentada em um trono como manda o figurino, conduzindo uma reunião com 350 participantes, com algumas pessoas

---

* Uma das funções do vice-chanceler é, na ausência do chanceler, presidir a Congregação, o parlamento da Oxford, em uma reunião cerimonial e solene no imponente Sheldonian Theater. (N. T.)

para me ajudar. Era a primeira vez dos assistentes, sendo que eu já tinha feito isso mais de dez vezes. Quando eu estava no meio da minha fala diante de 350 pessoas, um cara disse: 'A senhora está lendo errado. Era para a senhora estar lendo aqui', apontando para outra parte do meu roteiro, na frente de todo mundo. Eu disse: 'Obrigada, mas estou certa' e continuei".

"No dia seguinte, eu disse a ele: 'Gostaria que você refletisse um pouco sobre uma questão. Você teria feito aquilo ontem se eu fosse um vice-chanceler homem? Você teria interrompido um vice-chanceler que estivesse falando para uma sala cheia de pessoas em um ambiente superformal para corrigir o discurso dele? Ainda mais considerando que aquela foi sua primeira vez na reunião e, ainda por cima, você estava errado?'. Ele ficou chocado. Eu disse: 'Eu fiz essa mesma reflexão ontem à noite. E só gostaria de lhe pedir para refletir também.'"[24]

Essa é uma reflexão que todos os homens deveriam fazer sempre que se pegarem interrompendo uma mulher, principalmente se ela for sua superior. Porque esse padrão parece ser muito comum. Outras pesquisas também mostram que pacientes homens interrompem médicas, que subordinados homens interrompem suas chefes e alunos homens, suas professoras.[25] Tudo isso se encaixa no princípio patriarcal explicado pela filósofa Kate Manne em seu livro *Down Girl*: que os homens se sentem no direito de tomar o que quiserem das mulheres, no caso, a palavra, e esperam que as mulheres lhes deem o que eles querem.[26] Isso explicaria por que os homens muitas vezes se sentem à vontade para interromper uma mulher quando ela está falando, embora considerem injustificado ou hostil quando são interrompidos por ela.[27] Porque, se ela interrompe um homem, está tomando, em vez de dar, uma parte do tempo da conversa. E, se o homem tiver uma posição inferior, interromper uma mulher é uma forma de reparar o incômodo desequilíbrio de poder.

O comportamento dos homens piora quando eles estão em maioria. Coloque uma mulher sozinha em uma reunião com quatro homens e 70% das interrupções feitas pelos homens à mulher serão negativas.[28] Reverta a proporção para quatro mulheres para um homem e apenas 20% das interrupções feitas pelos homens às mulheres serão negativas. De acordo com o estudo, quando as mulheres estão em maioria, "Os homens passam por uma grande transformação. Eles ficam muito menos agressivos".

Até meninos muito pequenos – entre 3 anos e meio e 5 anos – interrompem as meninas duas vezes mais do que são interrompidos por elas.[29] Os pais também interrompem mais as filhas do que os filhos, criando um padrão de comportamento nos filhos: os meninos crescem achando que é normal interromper as meninas e elas aprendem a esperar isso do mundo.[30] Ao fazer isso, os pais estão exemplificando a lacuna de autoridade quando os filhos ainda são muito influenciáveis. É injusto, mas os pais provavelmente nem percebem que estão fazendo isso.

É fácil ver como isso influencia nosso comportamento na vida adulta. A professora Mamokgethi Phakeng é vice-reitora da Universidade da Cidade do Cabo, a instituição educacional de maior prestígio da África. Hoje ela é uma mulher expressiva, confiante e vigorosa, mas me contou como teve de superar tudo o que aprendeu sobre mulheres serem prestativas e aprazíveis para se impor como estudante de pós-graduação, a única mulher da turma de matemática. "Passei seis meses sem dizer uma palavra nas aulas porque ficava só levantando a mão. O resto da turma, homens e brancos, falava sem levantar a mão e, depois de seis meses, percebi que, se eu não deixasse os bons modos de lado, ninguém me daria ouvidos. Aprendi a falar assim que eles faziam uma pausa. Se eu não fizesse isso, minha voz se perdia no meio das outras."[31] Esse é um problema muito comum para as mulheres, que são educadas desde a infância para serem mais amáveis e submissas do que os meninos e são punidas se não agem assim. "Não interrompa!" era a bronca que meus pais viviam me dando quando eu, a caçula de quatro filhos tagarelas, tentava participar das conversas da família durante as refeições.

Madeleine Albright, ex-secretária de Estado dos Estados Unidos, me disse que as mulheres precisam aprender a interromper mais. "Porque, se você levanta a mão em uma reunião, normalmente só é chamada quando sua opinião deixa de ser relevante porque eles já passaram para o próximo assunto. Você precisa aprender o que eu chamo de 'escuta ativa'. Você precisa interromper, saber do que está falando e falar com voz forte. E você não pode deixar de participar da reunião."[32] Caso contrário, é muito fácil ficar de fora.

Kieran Snyder, cofundadora e CEO de uma empresa de tecnologia, conduziu uma pesquisa sobre as interrupções nas reuniões no setor de tecnologia e suas descobertas confirmam essas dicas.[33] Os homens interromperam duas vezes mais que as mulheres e tiveram quase três vezes mais chances de interromper uma mulher do que outro homem. Mas todas as interrupções de um homem por uma mulher vieram das três mulheres de cargo mais alto e essas mulheres específicas foram três das quatro que mais interromperam no estudo. As mulheres mais acima na hierarquia só conseguem reduzir a lacuna de autoridade aos olhos dos colegas se seguirem as regras dos homens.

Só que essa postura pode ser perigosa para elas. Se as mulheres começam a interromper mais, as pessoas costumam não gostar. Foi exatamente o que Helle Thorning-Schmidt descobriu: "As interrupções são um grande problema para as mulheres porque elas precisam tomar muito cuidado para não interromper demais. E é interessante, porque os homens não têm esse problema. Os homens podem interromper muito mais".[34] Eles não sofrem as mesmas consequências negativas.

Deborah Tannen, professora de linguística da Universidade de Georgetown, estuda padrões conversacionais entre homens e mulheres desde os anos 1980. Apesar do enorme avanço das mulheres no trabalho, Tannen se surpreendeu quando constatou que pouca coisa mudou nos padrões conversacionais. "Tenho dado palestras em várias organizações, corporações e empresas praticamente sem parar desde então", diz ela.[35] "E, sempre que dou uma palestra, a reação das mulheres é sempre a mesma: 'É exatamente o que acontece comigo', 'Isso aconteceu comigo ontem mesmo', 'Você acabou de contar a história da minha vida'."

"Quando fiz essa pesquisa no início dos anos 1990, eu estava convencida de que, quando o número de mulheres aumentasse no trabalho, os padrões mudariam. Por isso fiquei decepcionada e também surpresa quando vi que eles não mudaram. Se eu fosse arriscar uma explicação, eu diria que a maneira como uma pessoa em posição de autoridade deve falar ou se comportar continua se baseando na imagem de um homem em posição de autoridade. Ainda associamos autoridade com homens."

Se você for interrompida por um homem, ela aconselha: "Não pare, continue falando". Pode ser constrangedor se o homem também continuar e vocês dois acabarem falando um por cima do outro por um tempo. Mary Beard, professora de estudos clássicos da Universidade de Cambridge e pesquisadora da história da TV, inventou a própria técnica: "Eu digo: 'Só um momentinho, garotos, quero dizer uma coisa. Deixem a mocinha aqui falar'. Ou: 'Rapazes, vocês já tiveram sua chance, agora me deixem falar uma coisa'. Vai ficando mais fácil com a idade. Faço isso com senso de humor e um toque de ironia".[36]

Ajuda muito se outros participantes de uma reunião também chamarem a atenção para esse comportamento, especialmente se forem homens. Se um colega disser: "Na verdade, eu queria muito ouvir o que Rachel tem a dizer", isso pode desencorajar futuras interrupções. A pessoa que estiver conduzindo a reunião precisa ficar bastante atenta ao problema e, se acontecer muito, pode criar uma regra de "não interrupção".

As pessoas também podem usar o app Woman Interrupted, que detecta quando uma voz feminina é interrompida por um homem. De acordo com as estatísticas do aplicativo, isso acontece 1,67 vez por minuto no Reino Unido, 1,43 vez por minuto nos Estados Unidos e impressionantes 8,28 vezes no Paquistão, 7,22 vezes na Nigéria e 6,66 vezes na Malásia.[37]

Também existem maneiras de garantir que as opiniões das mulheres não sejam ignoradas nas reuniões. Nos primeiros dias do governo Obama, dois terços dos principais assessores do presidente eram homens. As mulheres perceberam que, nas reuniões matinais diárias, os homens simplesmente não lhes davam ouvidos. Em vista disso, elas adotaram o que apelidaram de "estratégia de amplificação": quando uma mulher fazia uma boa observação, outra repetia, dando crédito à primeira.[38] Os homens passaram a prestar mais atenção e não assumiam os créditos pela mesma ideia depois.

Quando foi presidenta do Fundo Monetário Internacional, Christine Lagarde disse a um painel do Fórum Econômico Mundial: "Quando um membro do conselho que por acaso é uma mulher toma a palavra, adivinhem o que acontece? Muitos conselheiros homens começam a se retirar fisicamente, começam a olhar para seus papéis, a olhar para o chão... e vocês precisam impedir isso".[39] Ela não hesitou em responsabilizá-los: "Quando vocês estiverem presidindo uma reunião, cabe a vocês dizerem: 'Alguém está falando. Vocês deveriam estar prestando atenção'".

A situação também não é boa no campo do Direito. Helen Mountfield é uma respeitável conselheira da Rainha (o mais alto nível de reconhecimento profissional que um advogado de tribunal pode atingir no Reino Unido) e também é diretora da Faculdade Mansfield da Universidade de Oxford. Ela acredita que a lacuna de autoridade possui raízes profundas em sua profissão. "Hoje tenho muito mais consciência política sobre a suposição de que o que as mulheres têm a dizer não é tão interessante", ela me disse.[40] "O que vejo no tribunal são homens que não hesitam em interromper, que fazem questão de demonstrar tédio em suas expressões e posturas corporais, deixam de fazer anotações e muitos outros pequenos sinais de que as mulheres não são muito interessantes ou inteligentes. São sinais bem diferentes dos que eles dão aos homens no tribunal."

E ser ignorada pode ter sérias implicações para a saúde mental das mulheres. Anita Martin é psiquiatra de uma região do norte da Inglaterra com 120 mil habitantes e contou: "É muito comum, quando as mulheres estão deprimidas, elas terem muita dificuldade de ser ouvidas, de se impor. Todo mundo precisa ter certo grau de controle de sua vida. Se você aprendeu que ninguém lhe dá ouvidos, que as suas opiniões não importam, acaba acreditando que não adianta fazer nada porque nada vai mudar. Essa é a mensagem que elas vivem recebendo da sociedade, que o que elas pensam não importa. Vemos mais esse problema nas mulheres do que nos homens".[41]

* * *

Todos esses comportamentos – a lacuna de autoridade em ação – ocorrem porque tendemos a subestimar as mulheres. Se acharmos que elas têm menos capacidade ou conhecimento do que realmente têm, prestaremos menos atenção ao que elas dizem. Os homens, em particular, tendem a desconsiderar muito mais as opiniões de uma mulher do que as de outro homem. Eles subestimam as mulheres com frequência.

Essa subestimação das mulheres por parte dos homens – o *manderestimating* – é tão comum que a maioria das mulheres simplesmente a afasta como se fosse uma mosca zumbindo ao redor de sua cabeça. Mas não deixa de ser irritante. Quando eu era mais jovem e atuava como editora-assistente de *The Times*, perdi a conta das vezes em que tive a seguinte conversa com um homem quando nos conhecíamos:

Ele: O que você faz? [*Se eu tivesse sorte, porque muitos nem faziam essa pergunta.*]
Eu: Sou jornalista.
Ele: Freelancer? [*Começando de baixo...*]
Eu: Não, sou contratada.
Ele: É mesmo? Onde você trabalha?
Eu: No *The Times*.
Ele: [*com a voz estridente*] Jura? E o que você faz lá?
Eu: Sou editora-assistente e colunista política.
Ele: [*com a voz ainda mais estridente*] É mesmo??

Ele devia achar que estava sendo elogioso, mas o diálogo só prova que ele partiu da premissa de que eu seria uma jornalista inexperiente e desinteressante e se surpreendeu quando percebeu que não era o caso. Com a idade, comecei a ganhar confiança e às vezes eu perguntava: "Só por curiosidade, se eu fosse homem você teria começado perguntando se eu sou freelancer?". Em geral, o homem ficava envergonhado e admitia que não.

É verdade que o número de homens ocupando cargos mais altos nos jornais é muito maior que o de mulheres e provavelmente o número de mulheres freelancers é muito maior do que o de homens. E também é verdade que alguns dos melhores jornalistas do mundo são freelancers, embora a maioria tenha dificuldade de ganhar o suficiente para pagar as contas. Mas ainda é desnecessário e grosseiro presumir que a mulher que está na sua frente se encontra na base da pirâmide e, pior ainda, dizer isso em voz alta para ela.

Elizabeth Corley é uma executiva autoconfiante e realizada de Londres. Elegante e refinada, com uma mente aguçadíssima, ela tem autoridade de sobra. Mas a ex-CEO da Allianz Global Investors, descrita pela BAE Systems – ela faz parte do conselho da empresa – como "uma líder internacionalmente respeitada em administração e finanças", me disse que também enfrenta esse problema. "Todos os dias eu pegava o trem para trabalhar no centro de Londres e eu e o diretor financeiro de um banco costumávamos bater papo para passar o tempo. Ele nunca mostrou muito interesse pelo que eu fazia. Em um evento de gala no Guildhall, eu estava sentada à mesma mesa que ele e, quando ele me viu, fez uma cara indescritível! Eu simplesmente adorei aquele momento."[42]

A maioria das mulheres altamente qualificadas que entrevistei já foi confundida com uma secretária ou uma integrante inexperiente de uma equipe quando na verdade eram elas que estavam no comando. Andrea Jung foi a primeira CEO mulher da enorme empresa americana Avon. Ela me contou: "Mesmo quando eu era a CEO, acontecia de as pessoas passarem os olhos pela sala em busca de alguma outra pessoa porque simplesmente presumiam que eu não era a líder da reunião ou da organização. Acho que as pessoas têm uma noção preconcebida de quem deve ser o chefe e eu não me encaixava nessa noção".[43] Somos profundamente programados para presumir que o chefe só pode ser um homem. Além disso, considerando que Jung é uma asiático-americana, fica claro que as pessoas ainda presumem que o chefe só pode ser um homem branco.

Quando Anne Mulcahy atuava no cargo mais alto da Xerox Corporation, ela esteve entre os cinco CEOs nomeados pelo presidente George W. Bush para levantar fundos para as vítimas de devastadores terremotos no Paquistão. Depois, ela foi convidada para uma recepção na Casa Branca como forma de agradecimento. Ela teve de preencher uma ficha com seu nome, cargo e empresa para que o presidente soubesse com quem estaria falando. "Eu cheguei a brincar com meu marido na fila, dizendo: 'Você parece mais CEO do que eu. Vamos ver o que vai acontecer'", ela me contou. "E, como eu tinha imaginado, cheguei à frente da fila e fui cumprimentada pelo presidente, que se virou para meu marido, chamado Joe, e disse: 'Joe, você está fazendo um trabalho incrível na Xerox'. Nesse ponto, meu marido retrucou com elegância: 'Muito obrigado, mas quem está fazendo todo esse trabalho maravilhoso é a minha esposa'."[44]

Grande parte das mulheres já passou por situações em que tiveram seu cargo confundido com posições mais baixas do que realmente ocupavam. "Quando fui ao Parlamento Europeu [como parlamentar]", Helle Thorning-Schmidt me contou, "todo mundo achou que eu era secretária. Não há nada de errado em ser secretária, mas o papel de uma é ajudar as pessoas. Não é ela que contrata todo mundo, não é ela que toma decisões."[45]

Acontece muito de os estereótipos racistas das pessoas se combinarem com seus estereótipos sexistas, levando a um comportamento ainda mais escabroso. Quando Dawn Butler, parlamentar negra do Partido Trabalhista britânico foi pela primeira vez à Câmara dos Comuns, ela entrou em um elevador e um colega parlamentar lhe disse: "Este elevador não é para ser usado pelo pessoal da faxina".[46] Presumir que ela era uma trabalhadora braçal, sem escolaridade e, portanto, não qualificada para representar seus eleitores no Poder Legislativo nacional só pela cor de sua pele e seu gênero mostra o quanto nossa sociedade ainda precisa avançar. E agir de acordo com essa suposição equivocada, contestando abertamente o direito dela de entrar em um elevador, mostra como a noção generalizada de superioridade masculina branca estava arraigada na mente daquele homem.

Outras entrevistadas descobriram que, mesmo quando as pessoas sabiam quem elas eram, elas acabavam subestimadas pelos homens – ou seja, tornavam-se vítimas do *manderestimating*. Wan Ling Martello teve uma carreira estelar nos negócios, ocupando altos cargos executivos na Nestlé e no Walmart e atuando no conselho da Uber e da Alibaba. A *Forbes* a colocou em nono lugar em sua lista das "Mulheres Mais Poderosas do Mundo". Mesmo assim, ela conta a história de uma conversa com um homem que ela planejava contratar enquanto caminhavam pelo aeroporto de Hong Kong. "Ele parou de andar do nada e eu perguntei: 'Eddie, aconteceu alguma coisa?'. Ele disse: 'Você é mesmo a diretora financeira global e agora a CEO da empresa para esta região enorme?'. Olhei para ele, disse que sim e perguntei: 'Por que você está me perguntando isso?'. Ele respondeu: 'Porque você é tão despretensiosa... Eu não esperaria isso de uma pessoa com um cargo tão alto quanto o seu'."[47]

Martello acredita que demonstrar certa humildade e dar ouvidos aos colegas, inclusive os menos experientes, é uma boa maneira de liderar e obter resultados melhores dos subordinados. É exatamente essa a atitude que uma pessoa no topo da pirâmide organizacional *deveria* ter. Como ela explica: "As mesmas características que nos levam a ser subestimadas são as que mais inspiram o nosso pessoal".

* * *

Podemos passar o dia inteiro declarando aos quatro ventos que somos a favor da igualdade de gênero, mas a lacuna de autoridade continua enorme. O viés oculto pode ser tão prejudicial, ou até mais, do que o sexismo descarado de tempos atrás. Os tipos mais sutis de discriminação são muito mais frequentes e seus efeitos se acumulam rapidamente com o tempo. Ser interrompida, ignorada, contestada, questionada, desvalorizada e subestimada... cada um desses atos poderia ser considerado um tipo de microagressão, mas seu efeito macro nas mulheres é tão grave quanto as formas tradicionais de preconceito, por exemplo, as que impedem as mulheres de atuar em determinadas profissões, segundo um estudo sobre as consequências de diferentes tipos de discriminação.[48] Tal qual os juros compostos, o efeito da lacuna de autoridade se acumula ao longo da vida de uma mulher e produz, no total, uma grande diferença em termos de oportunidades e realizações em comparação com seus colegas homens.

Como é muito mais difícil identificar esse viés oculto, as mulheres têm muito mais dificuldade de lidar com ele. Se um chefe diz a uma mulher que não vai lhe dar mais responsabilidades porque "as mulheres não conseguem fazer esse tipo de coisa", ela tem todo o direito de reclamar com o RH e culpar seu gerente por ser um dinossauro. Se, em vez disso, ele disser: "Eu não acho que você está pronta para encarar esse desafio", é mais provável que ela se culpe, perca a confiança em si mesma e acredite no que ele disse, mesmo se a atitude dele foi definida pelo viés inconsciente. Em outras palavras, os dois podem acabar acreditando que a opinião equivocada do homem está correta, mesmo se não for o caso. É assim que as mulheres são injustamente impedidas de avançar.

E não precisa ser assim. Pode ser difícil mudar nosso viés inconsciente (apesar de ele estar diminuindo aos poucos à medida que vemos mais mulheres em posição de autoridade), mas podemos ficar atentos a ele, identificá-lo antes de colocá-lo em prática e corrigir o problema. No fim deste livro, apresentarei várias estratégias que cada um de nós pode usar para começar a reduzir a lacuna de autoridade e mostrarei como empregadores, professores, a imprensa e o governo podem ajudar.

Enquanto isso, contudo, se você for homem, pode, com razão, estar se perguntando: "Mas por que eu iria querer diminuir a lacuna de autoridade? O que eu ganho com isso?". Por incrível que pareça, a resposta é: "Você tem muito a ganhar".

4

Não é um jogo de soma zero
Todo mundo ganha se a lacuna de autoridade diminuir

"Nós, homens, também temos muito a ganhar com a igualdade de gênero. Se você ouvir o que os homens dizem sobre o que querem da vida, a igualdade de gênero é a melhor maneira de conseguirmos a vida que gostaríamos de ter."
— Michael Kimmel, sociólogo

Se você for homem e estiver lendo este livro, antes de tudo, muito obrigada. Você é especial por escolher ler um livro escrito por uma mulher e ainda mais especial por se dispor a ler um livro em grande parte sobre mulheres. Seu esforço será recompensado, pois este capítulo foi escrito para você. Pode até parecer um contrassenso, mas este capítulo é, de modo geral, sobre o que você pode ganhar, como homem, ao levar as mulheres mais a sério e tratá-las com o respeito que elas merecem. Uma montanha de evidências sugere que esse é um jogo de soma positiva, no qual todo mundo sai ganhando.

Sei que isso pode causar estranheza. Afinal, a igualdade de gênero não é uma gangorra na qual, se um lado sobe, o outro deve, por definição, descer? Não vou negar que, em alguns casos específicos, se você estiver competindo diretamente com uma mulher por um emprego ou uma promoção e o preconceito contra as mulheres deixar de existir, pode acontecer de você perder a vaga para ela com base no mérito. Mas, em quase todos os outros aspectos de sua vida, incluindo suas interações em casa e no trabalho, a igualdade de gênero provavelmente fará de você uma pessoa mais feliz, mais saudável e mais satisfeita. Ainda por cima, você também vai dormir melhor e, como se tudo isso não bastasse, terá uma vida sexual melhor e mais ativa.[1]

Vamos começar na esfera individual e ir ampliando nosso foco para o trabalho, a economia, o país e o planeta, para ver o que todos nós temos a ganhar com a redução da lacuna de autoridade.

Um homem que trata uma mulher com respeito nas interações cotidianas descobrirá que o relacionamento entre os dois melhorará muito – como amigos, colegas ou até como potenciais parceiros de vida. Certa vez, o filho de um amigo meu voltou da universidade para casa e exclamou: "Pai, descobri o segredo para atrair garotas!". "Qual é o segredo?", meu amigo quis saber. "É fácil", disse o filho. "É só ouvir o que elas dizem!"

Que grande verdade! Em poucos minutos de interação uma mulher sabe dizer se um homem a está tratando verdadeiramente como uma igual ou com descaso e se para de ouvir assim que ela abre a boca para pensar no que ele dirá em seguida sobre si mesmo. Por que ela se interessaria pelo segundo tipo, como amiga ou amante, se está claro que ele acha que é melhor do que ela e não tem interesse em quem ela é? Pode acreditar, um homem sexista não é muito atraente.

Hoje em dia as mulheres são muito mais propensas a escolher parceiros românticos que elas acreditam que serão pais bons e engajados e que dividem as tarefas domésticas de igual para igual em vez do marido tradicional, que espera que a mulher cuide da casa e dos filhos.[2] Como afirma o psicoterapeuta Phillip Hodson em *Os machões: o comportamento do homem diante da nova mulher*: "Os homens não precisam mudar muito para obter grandes melhorias em seus relacionamentos, mas eles acreditam, equivocadamente, que se trata de uma grande mudança e resistem a ela".

Incontáveis pesquisas mostram que todos os membros de uma família heterossexual, incluindo o próprio homem, saem ganhando quando um homem tem uma parceria mais igualitária. A mulher fica mais satisfeita com o relacionamento, o casal se comunica melhor, ela se sente respeitada e parte de uma verdadeira equipe e acaba menos ressentida e exausta por se encarregar de uma parcela desproporcional do trabalho não remunerado. O resultado é que ela se torna mais feliz e saudável. O mesmo pode ser dito dos filhos do casal, que também apresentam menos dificuldades comportamentais e tiram notas mais altas na escola. Mas o melhor de tudo é que os próprios homens também são mais felizes e saudáveis: eles têm duas vezes mais chances de estar satisfeitos com a vida, fumam menos, bebem menos, tomam menos remédios, têm menos problemas mentais e menos chances de se divorciar, possuem um relacionamento melhor com os filhos... e têm uma vida sexual muito mais ativa e melhor.[4] É um verdadeiro festival de vantagens!

A boa notícia, tanto para homens quanto para mulheres, é que os homens estão cada vez mais interessados em ter um papel mais ativo na vida dos filhos. Cerca de 70% dos pais dizem que não passam tanto tempo quanto gostariam com seus filhos pequenos.[5] Mesmo antes da pandemia, praticamente o mesmo número de homens e mulheres procurava empregos com horário flexível.[6] Os homens com filhos que trabalham em esquema de horário flexível estão mais satisfeitos com o equilíbrio entre sua vida pessoal e profissional e têm menos chances de pedir demissão.[7] E as parceiras desses homens apresentam quase duas vezes mais probabilidade de avançar na carreira do que as parceiras de homens que não trabalham em horário flexível.[8] Enquanto isso, os pais que tiram licença-paternidade – mesmo se ela for curta – têm um relacionamento muito mais próximo com os filhos.[9]

Hoje em dia, um pai bom e engajado na criação dos filhos não é visto como fraco nem efeminado. Três quartos das pessoas ao redor do mundo *discordam* que um homem que não trabalha fora e cuida dos filhos é menos masculino, em comparação com apenas 18% que concordam. No Reino Unido, as proporções são 81% e 13%, respectivamente.[10]

Acredita-se que ser um bom pai é tão importante quanto ser um provedor. Em 2013, o instituto de pesquisa J. Walter Thompson Intelligence pediu que 500 homens britânicos identificassem "os principais fatores que definem os homens nos dias de hoje". Entre as respostas, "prover as necessidades financeiras da família" (51%) ficou só um pouco à frente de "cuidar bem dos filhos" (49%) e "dar apoio emocional à família" (46%).[11]

O maior envolvimento dos pais na criação dos filhos não só possibilita às mulheres avançarem profissionalmente como ajuda a reduzir a lacuna de autoridade. A próxima geração também cresce com modelos diferentes. As filhas de um pai que divide igualmente as tarefas domésticas têm mais chances de buscar concretizar seus sonhos profissionais, geralmente em profissões menos estereotipadas, com mais autoestima e autoconfiança. Os filhos que veem o pai dividindo igualmente as tarefas domésticas têm uma visão mais igualitária dos papéis femininos e masculinos em casa e no trabalho.[12] E, quando se tornam adolescentes, esses jovens têm metade das chances de ser violentos em comparação com os colegas que possuem opiniões mais rígidas com relação à masculinidade e aos gêneros.[13]

Parece que os homens também se beneficiam muito da igualdade de gênero. Eles se abrem a todo o amor e bem-estar resultantes de relacionamentos estáveis e uma família feliz. Eles podem escapar das restrições rígidas da masculinidade que acompanham as antigas noções patriarcais, que podem ser tão desagradáveis para os homens quanto para as mulheres.

Como Julia Gillard, ex-primeira-ministra australiana, me disse: "Tenho certeza de que alguns homens também sentem em sua vida o impacto negativo dos estereótipos de gênero. Se eles pudessem ser a pessoa que gostariam de ser, sem ter de enfrentar as reações adversas dos outros, fariam escolhas bem diferentes. Por exemplo, um homem pode ter vontade de dizer: 'Prefiro trabalhar meio período porque gostaria de passar mais tempo com meus filhos', mas ele nunca faz essa afirmação porque, se admitir isso no trabalho, as pessoas acharão que ele não tem ambição suficiente para atingir o sucesso".[14]

Cherie Booth, advogada especializada em direitos humanos também conhecida como Sra. Tony Blair, concorda: "A verdade é que o patriarcado também tem desvantagens para os homens. Muitos deles gostariam de passar mais tempo com os filhos ou podem não gostar de estilos agressivos de liderança, mas sentem que não podem levar a vida que querem sem ser colocados na mesma categoria que um cidadão de segunda classe, uma mulher. O macho alfa é um opressor não só para as mulheres, mas também para outros homens".[15]

O sociólogo norueguês Øystein Gullvåg Holter escreveu um artigo maravilhoso intitulado "What's in It for Men?" ("O que os homens ganham com isso", em tradução livre), enumerando os benefícios usufruídos por homens de países europeus e dos estados norte-americanos que apresentam maior igualdade de gênero. Esses homens têm menos chances de se divorciar. Suas chances de ter uma morte violenta caem quase pela metade. A diferença entre as taxas de suicídio de homens e mulheres é menor. Os homens também têm menos probabilidade de serem violentos com sua parceira e filhos, o que, por sua vez, reduz o risco de seus filhos serem violentos quando crescerem. E, o melhor de tudo, eles são mais felizes.

"É comum cair no erro de achar que maior igualdade de gênero só produz benefícios e privilégios para as mulheres em detrimento dos benefícios e privilégios dos homens", ele diz. Na verdade, Holter descobriu que os homens de países e estados norte-americanos com maior igualdade de gênero têm duas vezes mais chances de serem felizes e quase a metade de ficarem deprimidos. Isso se aplica independentemente de classe social ou renda.[16]

Se os homens são mais felizes em casa, em famílias com maior igualdade de gênero, o que acontece no trabalho? Bem, o que eu disse acima também se aplica ao trabalho. Se você tratar suas colegas com respeito e valorizar a competência delas tanto quanto a dos homens, elas gostarão mais de você, se empenharão mais por você e terão menos chances de pedir demissão. E, se você tiver a sorte de ter uma chefe mulher, provavelmente verá que ela é uma excelente líder. Para elaborar o relatório *State of the American Manager* (algo como "A situação dos gerentes americanos"), a Gallup fez um levantamento com 27 milhões de funcionários e descobriu que os que possuem uma chefe mulher apresentam 26% mais chances do que os que têm um chefe homem de concordar totalmente que "Alguém no meu trabalho incentiva meu desenvolvimento" e 29% mais chances de concordar totalmente que "Nos últimos seis meses, alguém no meu trabalho conversou comigo sobre meu progresso".[17]

Em consequência, as pessoas que trabalham para mulheres tendem a ser mais engajadas e leais, o que também é excelente para as empresas. Homens e mulheres com chefes mulheres são mais engajados no trabalho, mas a maior diferença é entre mulheres que trabalham para mulheres (35% engajadas) e homens que trabalham para homens (apenas 25%). "Em geral", diz o relatório, "as gerentes do gênero feminino são melhores do que seus colegas do gênero masculino na definição de expectativas básicas para seus funcionários, na construção de relacionamentos com seus subordinados, no encorajamento de um ambiente positivo para a equipe e na disponibilização de oportunidades de desenvolvimento profissional para seus funcionários."

E a pesquisa conclui que as próprias gerentes mulheres são mais engajadas do que os gerentes homens, talvez porque elas saibam que precisam se empenhar mais para obter o mesmo reconhecimento. Mike Rann, ex-premier da Austrália Meridional, disse ter notado esse padrão na política. Fui conversar com ele sobre a terrível misoginia que sua amiga e colega Julia Gillard sofreu quando foi a pioneira e até o momento a única primeira-ministra da Austrália. Mas ele não se limitou a falar sobre isso. "As mulheres leem os briefings inteiros, não só os resumos das documentações do gabinete, elas realmente fazem a lição de casa, muitas vezes com muito mais diligência", ele me disse.[18] "Por quê? Em parte porque é a coisa certa a fazer, mas também porque elas são julgadas com muito mais rigor do que seus colegas homens e, por isso, precisam entregar mais o tempo todo. Acho que os homens têm muito a aprender com as mulheres e não entendo por que eles têm tanto medo."

"O número cada vez maior de mulheres trabalhando em nossos parlamentos e gabinetes forçou os políticos a elevar seu profissionalismo a níveis que eles talvez jamais teriam atingido de outra forma. Antes, eles não passavam de amadores. Hoje, os homens têm muito mais chances de se comportar melhor na presença de mulheres."

Uma consequência da lacuna de autoridade é que se costuma exigir mais das mulheres no trabalho. Em consequência, os empregadores muitas vezes deixam de se beneficiar do talento de mulheres que poderiam estar ocupando cargos mais altos. Portanto, os empregadores também têm muito a ganhar com a redução da lacuna. Como Rann observa, as mulheres muitas vezes apresentam um desempenho melhor que o dos homens. Por exemplo, imóveis residenciais negociados por corretoras são vendidos a preços mais altos, advogadas têm menos chances de apresentar um comportamento antiético e pacientes tratados por médicas possuem menos chances de falecer ou voltar a ser internados no hospital pelo mesmo problema.[19]

O argumento em prol de promover mais mulheres a cargos de autoridade é muito convincente. De acordo com o relatório de 2019 da McKinsey & Company sobre o tema, que analisou mais de mil grandes empresas em 15 países, as companhias com maior diversidade de gênero tinham 25% mais chances de obter lucros acima da média do que as que empregavam pouquíssimas mulheres. E, quanto mais mulheres a organização tinha em cargos seniores, maior a probabilidade de apresentar um desempenho superior.[20]

Outro estudo, dessa vez com empresas do índice FTSE 350, da bolsa de valores de Londres, descobriu que as empresas nas quais as mulheres ocupam mais de um terço dos cargos mais seniores possuem uma margem de lucro líquido dez vezes maior do que as empresas que não têm mulheres nesse nível.[21] Isso, como dizem os economistas, é "não trivial". Pense em como o país seria muito mais rico se um número maior de mulheres tivesse um papel mais importante na gestão das empresas. Todos nós teríamos mais empregos e ganharíamos mais.

Os investidores e o mercado de ações sabem disso. Muitos grandes investidores institucionais passaram a pressionar empresas que têm pouquíssimas mulheres em posições seniores. E não é só para sair bem na fita, mas para aumentar o valor para os acionistas. Quando uma empresa (ou qualquer outro empregador) tem mais mulheres ocupando cargos importantes, ela aumenta suas chances de recrutar melhores talentos. Ao considerar um potencial empregador, 61% das mulheres levam em conta a diversidade da equipe de liderança, e 67% analisam se o empregador tem exemplos positivos parecidos com elas.[22]

Uma razão para o desempenho superior dessas empresas que promovem a diversidade de gênero é que elas têm à sua disposição um pool de talentos bem maior, e as mulheres muitas vezes superam o desempenho de seus colegas homens.[23] Mas também há fortes evidências de que equipes mais diversificadas (incluindo etnia, nacionalidade e classe social, além do gênero) tomam decisões melhores, mesmo quando seus integrantes nem sempre concordam no momento.

Pode ser desconfortável no começo quando uma pessoa diferente entra em uma equipe, mas é justamente esse desconforto que nos arranca da nossa zona de conforto. Os grupos homogêneos podem até se sentir mais confiantes de que tomaram as decisões certas, mas são os grupos diversificados que realmente apresentam um desempenho melhor. Katherine Phillips, professora de administração e caráter organizacional, realizou um experimento alocando participantes a grupos para investigar um assassinato. Em alguns times, todos os integrantes já se conheciam, mas os que incluíram desconhecidos tiveram mais chances de identificar o suspeito certo porque acabaram pensando mais sobre o problema.[24] Os grupos menos diversos tinham muita confiança em suas decisões, apesar de terem mais probabilidade de estar errados. "De modo geral, preferimos passar mais tempo com pessoas que concordam conosco em vez de discordar de nós", diz Phillips. Mas concordar uns com os outros nem sempre produz os melhores resultados. "Um grupo diversificado", ela explica, "muitas vezes implica mais processamento cognitivo, mais troca de informações e mais percepções de conflito. É meio surpreendente a dificuldade que as pessoas têm de realmente ver o benefício de dialogar em um ambiente diverso. Quando esses grupos diversificados têm um bom desempenho, eles não percebem que o desempenho melhorou." Mas a melhoria é indiscutível.

A área de capital de risco é famosa por ser um Clube do Bolinha. No entanto, as empresas de capital de risco que contratam mais partners mulheres têm saídas 10% mais lucrativas – ou seja, vendem seus investimentos com 10% a mais de lucro. Outro estudo descobriu que as empresas privadas de tecnologia geridas por mulheres obtêm um retorno sobre o investimento 35% mais alto.[25] Mesmo assim, as organizações geridas por homens ainda obtêm 93% de todo o financiamento de capital de risco.

Pense em como todos nós poderíamos ser muito mais ricos se nos beneficiássemos mais desse potencial. Dar mais autoridade às mulheres – levar seus talentos mais a sério, promovê-las mais, oferecer-lhes mais empréstimos, permitir que liderem – poderia dar um ímpeto enorme à economia mundial.

Christine Lagarde, a economista que hoje é presidenta do Banco Central Europeu, é coautora, com Jonathan Ostry, de um artigo que calculou que, com base nas habilidades e perspectivas complementares que as mulheres levam à força de trabalho, os países classificados entre os 50% piores em termos de desigualdade de gênero poderiam aumentar seu PIB em 35% se eliminassem a lacuna de gênero. Além disso, o salário dos homens também poderia aumentar, porque ter mulheres mais talentosas na força de trabalho aumentaria a produtividade e todos sairiam ganhando.[26]

A McKinsey, por sua vez, estima que, se todos os países de uma região atingissem a taxa de melhoria da igualdade de gênero do melhor país da região, o PIB global anual poderia aumentar em US$ 12 trilhões, ou nada menos que 11%: o equivalente ao PIB atual da Alemanha, do Japão e do Reino Unido juntos.[27] Os ganhos potenciais são enormes.

O mundo também poderia ser mais bem gerido se as mulheres tivessem tanta autoridade política quanto os homens. Já vimos o sucesso que líderes como Jacinda Ardern, da Nova Zelândia, podem ter, com seu estilo mais consensual e empático. Mas as evidências não se limitam a relatos subjetivos. Pesquisas demonstram que as políticas mulheres, em média, fazem mais por seus eleitores do que os homens, são menos corruptas e possuem um estilo de liderança mais cooperativo e inclusivo. Elas se concentram mais em ajudar os mais vulneráveis e destituídos. Também conseguem captar mais verba federal para seus eleitores e promulgam mais leis.[28]

E, ainda por cima, aumentamos nossas chances de viver em paz. Os países com mais mulheres no poder têm menos probabilidade de entrar em guerra e de se envolver em uma guerra civil. Países com apenas 10% de mulheres na força de trabalho têm quase trinta vezes mais chances de vivenciar conflitos internos do que países com 40%. Enquanto isso, os processos de paz são mais bem-sucedidos e duradouros se mulheres forem incluídas.[29]

O periódico *Journal of Happiness Studies* (algo como "Revista de estudos sobre a felicidade") – eu simplesmente adoro esse nome – publicou um artigo intitulado "(E)Quality of Life", que pode ser traduzido como "(Igualdade e) qualidade de vida", no qual os autores fizeram uma análise transnacional do efeito da igualdade de gênero sobre a satisfação com a vida. Eles escrevem: "Por qualquer critério, melhorias na situação das mulheres parecem estar associadas a grandes melhorias na qualidade de vida geral de uma nação. A conclusão é clara: de acordo com as diferentes métricas que usamos para medir o empoderamento relativo das mulheres, os dados sugerem que a sociedade é mais feliz à medida que elas atingem uma maior igualdade".[30] Não é de se admirar que tanto homens quanto mulheres prefiram morar na Suécia à Arábia Saudita.

"Poderíamos ter constatado que qualquer melhoria no bem-estar das mulheres produz uma redução correspondente na satisfação dos homens, como se a qualidade de vida fosse um jogo de soma zero no qual um aumento da satisfação para alguns implica uma redução para outros", eles admitem. Mas não foi o que eles observaram: "Tanto para homens quanto para mulheres, a igualdade de gênero parece levar a uma maior satisfação com a vida, independentemente da métrica utilizada". Considerando nossa preocupação atual com o bem-estar dos adolescentes, também é animador descobrir que adolescentes dos gêneros feminino *e masculino* são mais felizes em países com mais igualdade de gênero, mesmo depois de controlar a riqueza nacional e a igualdade de renda.[31]

Para terminar, vamos considerar as implicações para o futuro do planeta. As mulheres são mais propensas a se preocupar com as mudanças climáticas e a acreditar que as gerações futuras serão prejudicadas. Elas também acreditam com mais frequência que serão pessoalmente afetadas pelas mudanças climáticas.[32] Portanto, ter mais mulheres em posições de tomada de decisão e com o poder de se fazer ouvir ajudaria a reduzir o aquecimento global.

No nível local, um experimento com povos da Indonésia, do Peru e da Tanzânia que dependem de florestas para sobreviver descobriu que incluir pelo menos 50% de mulheres nos grupos de tomada de decisão levou à conservação de mais árvores e à distribuição mais equitativa dos pagamentos.[33] A inclusão das mulheres no processo decisório também faz uma diferença em nível nacional. Ter mais mulheres nos parlamentos nacionais leva a políticas de mudança climática mais rigorosas e menos emissão de dióxido de carbono.[34]

Assim, em casa, no trabalho, na economia, na nação e no planeta, dar às mulheres a mesma autoridade que aquela concedida aos homens é do interesse de *todos*. Nós, tanto homens quanto mulheres, temos muito a ganhar com a inclusão do talento e da perspectiva das mulheres. Seremos mais felizes, saudáveis, ricos, realizados e ainda contaremos com uma governança melhor se fecharmos a lacuna de autoridade. E podemos até salvar o planeta no processo.

5

O truque da confiança
Confiança e competência são duas coisas diferentes

"Como é comum... confundirmos demonstrações de confiança com sinais de competência. Somos levados a acreditar, erroneamente, que os homens são líderes melhores do que as mulheres."
— Tomas Chamorro-Premuzic, psicólogo organizacional

Agora que já definimos a lacuna de autoridade e já vimos tudo o que poderíamos ganhar com sua redução, vamos nos voltar, nos próximos capítulos, a analisar o cerne da questão – e o que podemos fazer a respeito. Se as mulheres são tão talentosas quanto os homens e têm todos os traços de personalidade certos para ser boas líderes, algum outro fator pode explicar o fato de elas não serem tão valorizadas ou ouvidas com tanta atenção. Acontece muito de elas não serem tão confiantes quanto os homens – ou, talvez, não terem tanta tendência a se pavonear. Pode não ser tão surpreendente, considerando o que vimos no Capítulo 3, sobre as maneiras como a confiança das mulheres é sistematicamente minada.

Quando Janet Yellen, hoje secretária do Tesouro dos Estados Unidos, foi presidente do Federal Reserve (o equivalente norte-americano ao nosso Banco Central), ela era a mulher mais poderosa do mundo – ou talvez estivesse empatada em primeiro lugar com a chanceler alemã Angela Merkel. Yellen comandava a economia americana, o que, na prática, significava liderar a maior parte da economia global. Mesmo assim, ela ainda se sentia uma impostora no trabalho.

"Houve dias em que eu me perguntava: 'O que estou fazendo aqui? Como é que eu vim parar nesta situação?'", ela admitiu quando fui conversar com ela em Washington. "Eu sentia que não daria conta do recado."[1] E ela não é a única a se sentir assim. Muitas das mulheres de enorme sucesso que entrevistei para este livro confessaram ter ansiedades parecidas. As mulheres líderes sofrem com a síndrome do impostor com uma frequência quase duas vezes maior que os homens, e pesquisas sugerem que grande parte dessa diferença pode ser explicada pelo viés inconsciente.[2]

Brenda Hale, ex-presidente do Supremo Tribunal do Reino Unido, a juíza de mais alto escalão do país, vivenciou momentos em que se sentiu uma impostora em todos os estágios de sua vida. "Nunca tive certeza de que seria capaz de me mostrar à altura do próximo desafio. Quando me formei no ensino fundamental, fiquei me perguntando: 'Será que vou conseguir me formar no ensino médio também?'. E acabei conseguindo. Quando entrei em Cambridge, fiquei me perguntando: 'Será que vou conseguir me graduar?'. E acabei conseguindo. Quando entrei na Ordem dos Advogados de Manchester, fiquei me perguntando: 'Será que vou conseguir me mostrar à altura?'. E acabei conseguindo. Entrei no Comitê de Direito, e me pergunto: 'Será que vou conseguir dar conta?'. E acabei conseguindo. Esse é o padrão. Eu vivo me perguntando se vou conseguir e descobrindo que sim, eu sou capaz".[3] Ela definitivamente mostrou que é mais do que capaz, mas pense em como deve ser desgastante passar a vida inteira atormentada com essas dúvidas constantes.

Até Christine Lagarde, uma das mulheres mais respeitadas do mundo, admitiu: "Era comum eu ficar nervosa antes de dar apresentações ou palestras, e acontecia de eu ter de criar coragem para levantar a mão ou dar minha opinião em vez de ficar calada".[4]

É claro que muitos homens também sofrem com a síndrome do impostor, apesar de hesitar em admitir. Quando perguntei a meu marido se ele já tinha passado por isso, ele disse que sim, mas de uma maneira completamente diferente das mulheres. Se ele sabe que não domina um assunto, ele vê a situação como um risco empolgante, como fazer uma curva um pouco mais rápido ao dirigir um carro. Será que ele conseguirá ludibriar as pessoas a ponto de elas acreditarem que ele sabe mais do que realmente sabe? É bem diferente de achar que você não merece participar da conversa.

A base do problema está na confiança. A síndrome do impostor é um sintoma da falta de autoconfiança. Pensando assim, será que a lacuna de autoridade existe porque as mulheres tendem não a demonstrar tanta confiança quanto os homens? É bem verdade que meninas, moças e mulheres são, em geral, menos confiantes do que meninos, rapazes e homens. Você pode não se surpreender com isso, já que esses dois grupos são tratados de maneira diferente desde o nascimento. As mães tendem a ser mais protetoras com relação às bebês, e os pais têm mais chances de jogar os filhos para o alto e pegá-los.[5] Diferenças como essas ajudam a dar aos meninos mais confiança física.

Mas também podem criar uma diferença na confiança intelectual, que é imprescindível se quisermos que as pessoas respeitem nossas opiniões e nosso conhecimento. Como já vimos, os pais britânicos acham que seus filhos são mais inteligentes do que suas filhas.[6] E os homens adultos acham que são mais inteligentes do que as mulheres adultas.[7] No entanto, a distribuição do QI entre os gêneros é idêntica, exceto nos extremos da curva.

Alan Ryan foi o reitor do New College, da Universidade de Oxford. Ele ficou tão chocado com a discrepância no número de mulheres e homens que se formavam com honras pela Oxford, apesar de ser claro que os dois grupos tinham o mesmo nível intelectual, que decidiu que a faculdade deveria realizar alguns testes psicométricos para avaliar os alunos. Os resultados, segundo ele, foram estarrecedores. "As mulheres eram normais e os homens, loucos. Todos os homens se achavam muito mais interessantes do que realmente eram e acreditavam que as pessoas gostavam muito mais deles do que realmente gostavam. Eles tendiam à extremidade do autoengano do espectro, ao passo que as mulheres ficavam bem no centro do espectro. É muito comum ter alunos homens em um pequeno grupo de estudos basicamente clamando: 'Olhem para mim! Olhem para mim!' e recebendo mais atenção."[8]

Até entre os estudantes de hoje, que deveriam ser jovens o suficiente para não cair nesse erro, existe essa subestimação da inteligência das alunas e a superestimação da inteligência dos alunos. Um estudo recente perguntou a alunos de biologia quem era o mais inteligente e bem-informado da turma.[9] Todos os estudantes homens nomearam alunos do sexo masculino como mais inteligentes e com desempenho melhor do que as alunas. Esse viés masculino aumentou ao longo do semestre e se manteve mesmo depois de os pesquisadores controlarem o desempenho e a extroversão da turma. As mulheres, por sua vez, avaliaram os outros alunos com precisão.

Esse constante *mandermining*, com os homens subestimando a habilidade das mulheres, está fadado a minar a confiança intelectual delas. E os efeitos começam surpreendentemente cedo. Lin Bian, psicóloga da Universidade de Illinois, leu uma história para 240 crianças de 7 anos. "Há muita gente no lugar onde eu trabalho, mas tem uma pessoa que é muito especial. Essa pessoa é muito, muito inteligente. Essa pessoa descobre como fazer as coisas rápido e encontra soluções de forma muito mais ágil do que qualquer outra pessoa."[10]

Em seguida, ela mostrou às crianças fotos de dois homens e duas mulheres e pediu às crianças que adivinhassem qual era a pessoa "muito, muito inteligente". Aos 5 anos, meninos e meninas escolheram um adulto de seu próprio gênero. Mas, quando as meninas atingiam os 6 ou 7 anos, elas começavam a atribuir a inteligência mais automaticamente a homens. O mesmo efeito foi identificado quando elas foram solicitadas a adivinhar se uma criança "muito, muito inteligente" era uma menina ou um menino. E isso apesar de elas saberem que as meninas tendem a tirar notas mais altas na escola.

Na sequência, Bian apresentou às crianças de 6 e 7 anos dois jogos: um para aquelas "muito, muito inteligentes" e um para "as que se esforçam muito, mas muito mesmo" e perguntou com qual jogo elas gostariam de brincar. As meninas foram muito menos propensas do que os meninos a querer brincar com o jogo para crianças "inteligentes", mas se mostraram tão dispostas quanto os meninos a brincar com o jogo para crianças que "se esforçam". Quando as crianças foram solicitadas a escolher companheiros de equipe dentre fotos de crianças que não conheciam, a probabilidade de elas escolherem uma menina em vez de um menino caiu 51% quando os pesquisadores disseram que o jogo era para crianças "muito, muito inteligentes". Esses resultados demonstram que as crianças estão absorvendo desde a infância o falso estereótipo de que os meninos são mais inteligentes do que as meninas e internalizando-o como verdadeiro. Não é à toa que as meninas crescem menos confiantes do que os meninos em sua capacidade intelectual.

É possível ver o mesmo fenômeno ocorrendo entre adultos. Bian pediu a homens e mulheres que indicassem pessoas para um emprego que exigia uma grande capacidade intelectual e para um emprego que exigia um alto nível de motivação. As chances de indicar uma mulher em vez de um homem foram 38% menores para o cargo que exigia muita inteligência, e as mulheres se mostraram tão tendenciosas quanto os homens.

Crianças e adultos, homens e mulheres, de países do mundo todo, também associaram o adjetivo "brilhante" muito mais aos homens quando fizeram um teste de associação implícita, que busca medir o viés inconsciente. Na verdade, a palavra "brilhante" só perdeu para a palavra "forte" na associação com homens. Nenhum outro traço psicológico chegou perto.[11]

E a razão provavelmente é a maneira como pais e professores veem as crianças. Vejamos um exemplo de uma estudante norte-americana de 20 anos: "No ensino médio, minha média era de 4,36 [de um máximo de 5] e eu vivia sendo elogiada pelo meu 'esforço', 'dedicação', 'determinação' e, o pior de tudo, pela minha 'garra'". Os rapazes da minha turma que tiravam as notas mais altas eram elogiados pelo 'brilhantismo', 'genialidade' e 'talento'. O lance é que eu não estudava, não fazia as tarefas, não fazia anotações na aula. Eu só ia às aulas e fazia as provas. Mesmo assim, os professores me apontavam como um exemplo do que acontece quando você se empenha nos estudos, faz anotações e lê todos os materiais complementares dos livros didáticos. Apesar de eu tirar as notas máximas em ciências, nenhum adulto jamais sugeriu que eu teria futuro nessa área ou em exatas".

Como Janet Yellen – que tem o cérebro de um brilhantismo espetacular, mas jamais admitiria isso em público – me falou: "Dizem que é importante respeitar as pessoas brilhantes, e o brilhantismo tende a ser associado muito mais aos homens do que às mulheres. É raro ouvir alguém dizer que uma mulher é brilhante; elas são empenhadas, ou qualquer outra coisa, mas não costumam ser vistas como brilhantes. Só que eu não vejo razão alguma para achar que há menos mulheres brilhantes do que homens".[12]

Essa associação do sexo masculino com o brilhantismo não só afasta meninas e mulheres de disciplinas nas quais certa dose de brilhantismo é considerada necessária, como matemática, física, filosofia e economia, como também leva as poucas que encaram o desafio, apesar de todos os obstáculos, a ser sistematicamente menosprezadas pelos homens quando chegam lá, por mais brilhantes que sejam. E é inevitável que a confiança intelectual dessas mulheres não saia desgastada.

Uma pesquisa recente da American Economics Association descobriu que metade das economistas mulheres entrevistadas afirmou que foi tratada injustamente devido a seu gênero em comparação com apenas 3% dos homens.[13] Uma parcela estarrecedora de 70% das mulheres disse que o trabalho de seus colegas era levado mais a sério do que o delas.

Posso apostar que você não se surpreenderia com esses resultados se soubesse o que os economistas homens pensam de suas colegas mulheres. Alice H. Wu, da Universidade da Califórnia, em Berkeley, fez uma pesquisa aplicando o *text mining* a mais de um milhão de postagens no fórum on-line Economic Job Rumors.[14] O fórum é o equivalente digital de bate-papos na hora do cafezinho, em que jovens economistas falam sobre candidatos e vagas. As trinta palavras mais usadas sobre economistas mulheres são pavorosas demais para citar em um livro. Elas são, na ordem: "mais gostosa", "lésbica", "gata", "sexismo", "peitos", "anal", "casar", "feminazi", "vagabunda", "gostosa", "vagina", "faróis", "grávida", "gravidez", "bonitinha", "casar", "mal-intencionada", "maravilhosa", "tesão", "crush", "linda", "secretária", "lixo", "compras", "namoro", "sem fins lucrativos", "intenções", "sexy", "namorado" e "prostituta".

Já os termos usados para se referir a homens são principalmente relacionados com a economia. É verdade que a lista incluiu palavras como "estiloso" e "bully", mas também incluiu "conselheiro", "austríaca" (uma escola de pensamento do campo da economia), "matemático", "precificação", "exemplar", "Wharton" (a faculdade de administração da Universidade da Pensilvânia), "interessante", "objetivos", "o melhor" e "Nobel".

Isso não só é repulsivo como absolutamente aterrador. O que os homens que fizeram esses comentários estavam pensando? Bem, em sexo, obviamente. Mas será que eles realmente não têm qualquer respeito ou interesse pelas qualidades intelectuais de suas colegas mulheres? Pense na dificuldade que uma economista mulher deve encontrar para ter sucesso em um mundo marcado por tamanho rigor intelectual quando os termos mais associados a ela são "peitos", "anal", "tesão" e "prostituta". E estamos falando de textos postados em um fórum público!

A própria Yellen era, no momento em que o artigo foi escrito, presidenta da Associação Americana de Economia e ficou horrorizada com os resultados da pesquisa. Mas não ficou surpresa. Em seu primeiro emprego acadêmico em Harvard, ela era a única mulher do corpo docente do departamento de economia. "Acho que aquele foi o único período da minha carreira em que eu senti que, uau, ser uma mulher em um mundo pertencente aos homens realmente é muito pouco propício ao sucesso", ela me contou. "É muito solitário e difícil ter sucesso em um ambiente tão agressivo, onde as pessoas são tão autoconfiantes. Os homens olham para você com desprezo e presumem que você não está à altura deles e não têm interesse ou respeito algum por você." Nenhum dos homens queria colaborar com ela e, no campo da economia, a colaboração é crucial para avançar na carreira. Foi só quando outra mulher entrou no departamento e elas começaram a escrever artigos juntas que sua carreira decolou.

Yellen me contou histórias de como as economistas mulheres costumam ser tratadas em seminários. "Os seminários de economia podem ser muito agressivos: as pessoas gostam de se gabar, gostam de mostrar que são inteligentes e ostentar seu brilhantismo. Você chega para fazer uma apresentação, mostra seu primeiro slide e começa: 'O que me proponho a fazer neste seminário é…'; e, antes mesmo de conseguir dizer o que planeja fazer, alguém, em geral um cara muito agressivo, afirma: 'Bem, você já começou com a pergunta errada e a sua solução não vai conseguir provar nada', mesmo se você escolheu analisar a questão mais interessante do mundo."

"Eles fazem isso muito mais com as mulheres. Para outros homens, eles dizem: 'Você escolheu uma maneira interessante de analisar as coisas, eu teria analisado de outro jeito...'. Algo mais encorajador."

Dá para ver como um homem no campo da economia teria muito mais facilidade de manter e reforçar sua confiança do que uma mulher. Seus colegas homens o levam mais a sério e o contestam menos. Enquanto isso, as mulheres percebem que seus colegas homens têm mais interesse no tamanho do sutiã delas do que em suas teorias microeconômicas. E, quando essas mulheres conseguem se destacar intelectualmente, elas têm mais chances de ser menosprezadas ou diminuídas. Não admira que elas não se sintam tão confiantes.

A filosofia, outro campo acadêmico no qual o desempenho intelectual é valorizado, tem o mesmo potencial de destruir a confiança das mulheres. Sally Haslanger, professora de filosofia do MIT, escreveu em um influente artigo no periódico de filosofia feminista *Hypatia*: "Tenho um poço profundo de raiva dentro de mim; raiva de como eu tenho sido tratada na filosofia; raiva de como outras pessoas que conheço têm sido tratadas; e raiva das condições que sem dúvida afetam muitas mulheres e minorias na filosofia e que levaram muitas outras a desistir".[15]

Ela conta que, na pós-graduação: "Um dos meus professores me disse que ele 'nunca tinha visto uma filósofa de primeira linha e nunca teria esperado ver uma, porque as mulheres eram incapazes de ter ideias seminais'". Estamos falando de um acadêmico titular exibindo um viés não inconsciente, mas flagrantemente consciente. Mesmo se as mulheres começassem tão intelectualmente confiantes quanto seus colegas homens, elas precisariam de uma autoconfiança inquebrantável para ignorar ataques como esse à sua autoestima. No entanto, é bem provável que não seja o caso, devido a tudo o que elas cresceram aprendendo.

Espera-se que as meninas sejam mais quietas e mais bem-comportadas em sala de aula, de modo que elas recebem menos atenção e incentivo dos professores. Um estudo dos Estados Unidos descobriu que os meninos no ensino fundamental e médio recebiam oito vezes mais atenção na sala de aula do que as meninas.[16] Quando os meninos gritavam, os professores ouviam e respondiam, mas, quando as meninas se comportavam assim, elas eram instruídas a "levantar a mão se quisessem falar". Quando os meninos não respondiam voluntariamente a uma pergunta, os professores incentivavam mais os meninos do que as meninas a dar uma resposta ou dizer sua opinião.

De acordo com David e Myra Sadker, que estudaram esse comportamento em sala de aula: "Os professores se dirigem menos às meninas, fazem menos perguntas a elas, as elogiam, sondam, esclarecem e corrigem menos. As alunas aceitam as migalhas de tempo e atenção do professor, e um ou outro feedback aleatório e generalizado. O que acaba acontecendo é que a maioria das meninas aprende a cuidar de si mesma, a evitar fazer bagunça durante as aulas e a se contentar a ser mera figurante em sala de aula. As meninas aprendem rapidamente a sorrir, trabalhar em silêncio, ser organizadas, dar a palavra aos meninos e a falar só quando se dirigirem a elas... Não é de admirar que tantas percam a voz, a confiança e a ambição, um problema que provavelmente voltará para assombrá-las quando crescerem".

Allyson Julé, professora da Universidade Trinity Western, conduziu um estudo semelhante e descobriu que os professores repetem os comentários dos meninos para reconhecer suas contribuições nove vezes mais do que os das meninas, fazem muito mais perguntas para eles do que para elas e elogiam mais as respostas deles. Julé concorda que o comportamento dos professores tem um enorme efeito nas meninas, não só no momento, mas também na vida adulta.[17] "Com base na minha pesquisa, os professores fazem coisas sistemáticas que podem silenciar [as meninas]. Se os professores tivessem uma atitude diferente, elas falariam mais em sala de aula. Não é que as meninas sejam quietas, elas foram silenciadas."

"E se a escola for uma fábrica de confiança para os nossos filhos, mas só uma fábrica de competência para as nossas filhas?", pergunta a psicóloga clínica Lisa Damour.[18] "E se esses mesmos hábitos que impelem as meninas para o topo da turma – sua hiperdiligência com as tarefas escolares – também as restringem no trabalho?" Ela acredita que as meninas se voltam demais ao "empenho intelectual", enquanto os meninos muitas vezes ludibriam pais e professores e fazem o mínimo só para os adultos saírem de seu pé. E os professores incentivam esses comportamentos.

Como ela escreve: "Essa experiência – de se dar bem na escola com um esforço mínimo ou moderado – tem o potencial de definir toda a vida dos meninos. Nossos filhos podem ser mais confiantes ao ver que conseguem ir longe contando apenas com a lábia. Para eles, a escola serve como uma pista de teste, onde eles desenvolvem sua confiança em suas habilidades e aprendem a contar com elas".

Por outro lado, os professores não costumam ver com bons olhos as meninas que tentam avançar sem se empenhar muito. Uma das minhas filhas adorava se vangloriar e evoluía nos estudos praticamente usando apenas a lábia. Sua técnica dava certo: ela sempre conseguia tirar as notas mais altas. Mas me lembro de um professor reclamando furiosamente: "Nunca tivemos uma menina assim antes!". Retruquei que eles devem ter tido muitos meninos assim. O professor precisou admitir que era verdade. Mas era diferente, porque se espera que as meninas sigam um padrão diferente.

As meninas também são ensinadas, por pais, professores e os próprios colegas, a ser mais modestas e autodepreciativas do que os meninos. Grande parte das brincadeiras e conversas dos meninos consiste em uma competição para ver quem se vangloria mais: "O carro do meu pai é maior que o do seu"; "Eu consigo chutar a bola mais longe do que você". As meninas tendem a se botar para baixo – "Sou uma inútil em matemática"; "Odeio o meu cabelo" – para obter a aprovação das outras. Os vínculos entre as mulheres se baseiam em admitir as vulnerabilidades umas às outras, ao contrário dos vínculos entre os homens. E o padrão se mantém quando eles crescem.

O problema é que, se os homens são modestos, tendemos a presumir que eles devem ser melhores do que dizem que são; eles só estão sendo elegantemente autodepreciativos. Ao passo que, quando as mulheres são modestas, acreditamos no que elas dizem. Você está dizendo que não é boa em matemática? Eu acredito em você. Como Deborah Cameron, professora de linguagem e comunicação de Oxford, escreve: "É comum as mulheres descobrirem que uma demonstração simbólica de modéstia por parte delas é interpretada menos como uma expressão de integridade e mais como uma confirmação de seu status inferior presumido".[19]

No entanto, se as meninas e mulheres não forem modestas, elas muitas vezes são penalizadas pela falta de humildade (não só pelos homens, mas também por outras meninas e mulheres). Quando me tornei editora de opinião de *The Times*, era uma das duas únicas mulheres em um grupo de cerca de vinte homens nas reuniões matutinas e vespertinas, quando a pauta do jornal do dia seguinte era discutida. Se Bridget, a editora de reportagens, estivesse de férias, eu era a única mulher. Os jornais de circulação nacional são locais de trabalho brutalmente competitivos, e muitos dos meus colegas homens viviam desesperados para provar que sabiam tudo, mesmo se não soubessem. E o jornal não tinha nenhuma mulher acima de mim para eu me espelhar. Como eu sobreviveria a esse turbilhão de masculinidade?

Percebi que tinha duas opções. Eu poderia fazer o tipo modesta e, nesse caso, seria pisoteada por aqueles homens ultracompetitivos e agressivos. Ou poderia erguer a cabeça, lutar pelo meu território e aparentar, pelo menos por fora, ser tão confiante quanto eles. Esta última opção me pareceu a única viável.

De certa forma, funcionou. Logo no começo, meu chefe se levantou e, com o rosto a apenas alguns centímetros do meu, começou a gritar comigo. Eu não vacilei e ele nunca mais tentou me intimidar. No entanto, como eu me dispunha a agir com tanta confiança quanto meus colegas homens, a agir como se eu tivesse tanto direito de estar na sala quanto eles, pode não ter sido uma coincidência que a revista satírica *Private Eye* tenha passado a publicar uma coluna fixa, com uma caricatura minha no topo, me parodiando como a "Mary Ann Sabe-tudo". Eles poderiam muito bem ter dado à coluna o nome de "Mulher, Fique no Seu Lugar".

Meninos e homens conseguem se safar com muito mais facilidade se vangloriando ou fazendo declarações bombásticas. Por isso você tem muito mais chances de ver um adolescente do gênero masculino tentando enrolar alguém com bravatas do que uma adolescente do gênero feminino. Para você não achar que estou generalizando, dê uma olhada em um estudo com 40 mil jovens alunos de 15 anos conduzido em nove países intitulado – um título incomum para um artigo acadêmico – "Bullshitters: Who are they and what do we know about their lives?" (algo como "Fanfarrões: quem são eles e o que sabemos sobre sua vida?").[20]

Os alunos receberam uma lista de dezesseis conceitos matemáticos e foram solicitados a avaliar o próprio conhecimento sobre cada um deles, desde "nunca ouvi falar" a "domino o conceito". Sem o conhecimento dos adolescentes, os pesquisadores incluíram três conceitos inexistentes – "número adequado", "escala subjuntiva" e "fração declarativa" – na lista. Em todos os nove países estudados, os meninos alegaram muito mais vezes do que as meninas que dominavam os conceitos falsos.

Além disso, os fanfarrões acreditavam no próprio papo-furado. "Nosso estudo demonstra que os fanfarrões expressam níveis muito mais elevados de autoconfiança em suas habilidades do que os não fanfarrões, mesmo quando possuem a mesma capacidade acadêmica", disse Nikki Shure, coautora do estudo.

As mulheres acabam em um dilema: ou elas aparentam ser tão confiantes quanto os homens, correndo o risco de provocar antipatia, ou se colocam para baixo. O problema é que a modéstia também pode prejudicar as mulheres, porque muitas pessoas confundem confiança com competência – e, portanto, falta de confiança com incompetência. Se alguém confia muito na própria capacidade, tendemos a acreditar que a pessoa é capaz, principalmente se for um homem. O psicólogo Tomas Chamorro-Premuzic publicou um artigo na *Harvard Business Review* que deu origem a seu livro *Why Do So Many Incompetent Men become Leaders?* (algo como "Por que tantos homens incompetentes se tornam líderes?").[21] "Acredito que a principal razão para a proporção desigual entre os gêneros na gestão é nossa incapacidade de discernir entre confiança e competência. Em outras palavras, por ser comum nós (as pessoas em geral) confundirmos demonstrações de confiança com sinais de competência, somos levados a acreditar, equivocadamente, que os homens são líderes melhores do que as mulheres."

No entanto, ele observa que "A arrogância e o excesso de confiança são inversamente relacionados com o talento na liderança – a capacidade e construir e manter equipes de alto desempenho e inspirar seguidores a deixar de lado seus interesses pessoais para trabalhar em prol dos interesses do grupo". O resultado é paradoxal: "As mesmas características psicológicas que permitem aos líderes homens subirem até o topo da hierarquia corporativa ou política são responsáveis por sua queda. Em outras palavras, o que é necessário para *conseguir* o trabalho não só é diferente como também o contrário do necessário para *fazê-lo bem*". Pode ser que, em vez de mandar as mulheres para cursos de assertividade, devêssemos enviar os homens para cursos de humildade e controle da fanfarronice na tentativa de reduzir um pouco a lacuna de autoridade.

Ainda assim, candidatos superconfiantes têm mais chances de receber uma oferta de emprego, mesmo quando sua autoestima não tem relação alguma com sua capacidade.[22] Quando meninos e homens se gabam e se vangloriam e ocupam um espaço desproporcional, tanto físico quanto na conversa, muitas pessoas presumem que eles sabem do que estão falando. Eles se autopromovem e as pessoas acreditam. E o problema não é só que as mulheres tendem a se incomodar fazendo isso; elas não conseguem passar impunes mesmo se tentarem. Imagine uma mulher arrogante e pare um pouco para avaliar seu nível de desconforto.

Agora responda: Você acha que as mulheres deveriam simplesmente "fazer acontecer"? Elas deveriam ser mais confiantes, assertivas e exigentes? Em outras palavras, você acha que a culpa da lacuna de autoridade é das mulheres? Se elas dessem mais demonstrações de confiança, a lacuna de autoridade desapareceria? Infelizmente, as coisas são muito mais complexas do que isso. Porque as mulheres são punidas quando demonstram tanta confiança quanto os homens.

As mulheres não raro são culpadas por não serem assertivas. Chegamos a ter de ouvir que as únicas culpadas pelas disparidades salariais entre os gêneros são as mulheres: se elas pedissem mais aumentos, ganhariam tanto quanto os homens. Porém, pesquisadores da Austrália descobriram que as mulheres na verdade pedem aumentos salariais com a mesma frequência que os homens. Elas simplesmente não recebem os aumentos que pedem.[23]

Acontece muito de as mulheres acabarem punidas por serem tão assertivas quanto os homens. Elas não recebem o aumento salarial, a promoção nem o emprego, mesmo se pedirem.[24] Isso porque as mulheres, ao contrário dos homens, são recompensadas por serem "boazinhas".

Nós – e principalmente os homens – queremos que as mulheres demonstrem o que os psicólogos sociais chamam de *espírito comunitário*: gentileza, calor humano, altruísmo e propensão a cuidar dos outros, que são estereótipos associados ao gênero feminino. As pessoas tendem a não gostar de mulheres que demonstram *agência*: determinação, resolução, assertividade e traços de liderança, que são estereótipos associados aos homens. No entanto, a confiança e a assertividade se baseiam na agência.

Uma pesquisa com alunos de MBA descobriu que o mesmo número de mulheres e homens tentou negociar um salário mais alto do que a primeira oferta proposta, mas os homens receberam ofertas mais altas do que as mulheres.[25] E as mulheres que negociam correm um grande risco. As candidatas a emprego que tentam negociar têm duas vezes mais chances de não ser contratadas do que os candidatos homens que fazem a mesma coisa.[26]

As mulheres são mais penalizadas do que os homens por pedirem um aumento, e os potenciais empregadores têm cinco vezes mais chances de dizer que não querem trabalhar com uma mulher que negocia do que com um homem que o faz. Só os homens apresentam esse viés: os contratantes homens não desgostam de homens que negociam, mas desgostam de mulheres assim. As contratantes mulheres tratam candidatos de ambos os gêneros da mesma maneira.

Da mesma forma, as mulheres que tentam se autopromover também se deparam com um beco sem saída. Como as mulheres costumam ser consideradas menos competentes do que são, se elas não destacarem seus sucessos e realizações, perderão empregos e promoções e serão subestimadas pelos colegas e chefes. O problema é que, se elas se autopromoverem, os colegas e chefes não gostarão delas, de modo que elas também perderão empregos e promoções. Porque ninguém gosta de uma mulher que se vangloria e, se quiserem ser contratadas, as mulheres precisam que as pessoas gostem delas. Os homens não sofrem com nenhum desses vieses. Eles podem ser confiantes e as pessoas gostarão deles mesmo assim. Eles podem se autopromover e as pessoas os levarão a sério e não acharão que eles são arrogantes. Eles podem negociar os próprios termos e isso será visto como perfeitamente normal e aceitável.

A socióloga Laurie Rudman pôs isso à prova.[27] Ela descobriu que, em contextos nos quais a autopromoção era importante para serem contratadas ou promovidas, as mulheres que apresentavam um comportamento confiante e assertivo ficavam longe de ser tão bem-recebidas quanto os homens. Elas eram, em geral, consideradas mais competentes, mas também menos agradáveis e contratáveis. Portanto, se as mulheres não "fizerem acontecer", como Sheryl Sandberg aconselha, elas não terão a menor chance.[28] Mas, se o fizerem, as pessoas podem não gostar e elas vão deixar de ser contratadas de qualquer jeito. E, como se espera que as mulheres sejam mais agradáveis do que os homens, a situação acaba se transformando em um dilema irreconciliável para elas.

É muito difícil neutralizar esses vieses, mas podemos fazer algumas coisas para reduzir seus efeitos. Se tivermos de tomar decisões de contratação ou promoção, precisamos fazer de tudo para avaliar as pessoas com base em evidências concretas, não no que sentimos sobre elas. Assim, por exemplo, elaborar uma lista clara de especificações e avaliar rigorosamente cada candidato em relação aos critérios da lista pode ajudar a evitar que um homem seja contratado só porque parece mais confiante ou que ele receba uma oferta de emprego com base apenas em seu potencial enquanto uma candidata mulher é avaliada apenas com base em suas realizações prévias. Não devemos acreditar imediatamente no que as pessoas dizem – o que permite que os homens dourem a pílula de suas credenciais –, mas devemos avaliá-los com base no que eles realmente fizeram. Em entrevistas de emprego, precisamos evitar perguntas como: "Do que você mais se orgulha?", o que abre espaço para os homens se vangloriarem, mas só constrange as mulheres, que não sentem que têm a mesma licença para se autopromover. Por fim, não podemos nos deixar levar pelo fato de simpatizarmos ou não com o candidato.

Culpar as mulheres por sua incapacidade de demonstrar confiança ou assertividade e lhes dizer para simplesmente "fazer acontecer" é simplista demais. Como Deborah Cameron escreve: "Orientar as mulheres a se comportar mais como os homens (interromper mais, sorrir menos, parar de pedir desculpas e por aí vai) não leva em consideração essas evidências de que as mulheres são julgadas por padrões diferentes. Elas estão presas entre a cruz ('Você não fala com autoridade e é por isso que ninguém lhe dá ouvidos!') e a espada ('Você é muito direta e é por isso que ninguém gosta de você!')".[29] As mulheres precisam tentar combinar confiança e cordialidade na medida certa para serem levadas a sério e, ao mesmo tempo, para não saírem como antipáticas no processo. (E não adianta dizer que elas deveriam deixar de ser tão sensíveis e não se importar se as pessoas gostam ou não delas. Afinal, ao contrário dos homens, as pessoas precisam gostar das mulheres para que elas sejam contratadas, promovidas ou minimamente respeitadas.)

Para entender os dois pesos e as duas medidas aplicados às mulheres e aos homens, pode ser interessante listar os adjetivos usados para se referir a mulheres confiantes e bem-sucedidas, mas não a homens: "mandona", "grosseira", "estridente", "esganiçada", "agressiva", "assustadora", "fria", "carrancuda", "controladora", "exigente", "chata", "desagradável", "insistente", "ambiciosa".

A palavra "ambiciosa", quando aplicada a mulheres, é especialmente interessante. Ouvi muito esse termo quando eu era mais jovem: "Mary Ann é editora-assistente de *The Times* e foi chamada de ambiciosa tantas vezes que seus filhos devem achar que é o segundo nome dela", dizia um artigo sobre mim no *Independent*.[30] Mas não se chega ao topo de nenhuma organização sem ter ambição. É tão comum já partirmos da premissa de que os homens são ambiciosos que raramente mencionamos isso e nunca da maneira depreciativa como a ideia de "ambição" é usada para caracterizar as mulheres.

Elaine Chao foi descrita no liberal *The New York Times*, entre todos os jornais, como "ambiciosa *sem qualquer constrangimento*" [grifo meu].[31] Do que exatamente ela deveria se constranger? Ela era uma política de altíssimo escalão que serviu por dois mandatos como secretária do Trabalho dos Estados Unidos e estava, no momento em que o artigo foi escrito, no terceiro mandato na liderança do Departamento de Transportes. "Confesso que achei bem estranho", ela respondeu quando lhe perguntei sobre a descrição. "Ainda não sei bem o que pensar quando me taxam de 'ambiciosa', principalmente considerando que sou asiática e a cultura asiática é muito modesta, muito humilde. 'Ambição' é uma palavra ocidental que denota egocentrismo."[32]

Helena Kennedy, uma eminente advogada de direitos humanos, me contou sobre uma conversa que ela teve com um dos juízes mais graduados do Reino Unido depois que três homens tinham sido escolhidos para preencher todas as três vagas na Suprema Corte. Na época, ela era a única mulher entre os doze juízes da Suprema Corte e acreditava que já tinha passado da hora de escolher pelo menos mais uma. Ela chamou a atenção do juiz sênior para o fato. "Ele argumentou: 'Mas o currículo das mulheres não é tão bom…', e eu disse: 'É mesmo?'. Mencionei uma candidata específica e ele respondeu: 'Ela é insistente demais'. Ninguém diria isso sobre um homem. Fiquei pasma."[33] Além disso, o juiz claramente não via problema algum em ter onze juízes homens (e brancos) – de um total de doze – em um tribunal designado para tomar decisões que afetam toda a população britânica. Você não concorda que uma Suprema Corte deveria ser pelo menos um pouco mais representativa do país que ela julga?

Se ser "insistente" é uma característica inaceitável em uma mulher, buscar o poder é ainda pior. Bernardine Evaristo me contou que sempre teve esse problema. "Eu estava conversando com uma amiga sobre o fato de eu ser uma ativista literária e gostar de fazer a diferença no mundo e ver mudanças na sociedade. E eu disse: 'Gosto desta sensação de poder'. Ela ficou chocada. Ela me questionou e quase ficou enojada com o fato de eu gostar de me sentir poderosa."

"Sabe, acho que todo mundo deveria querer ser poderoso. E, é claro, usar esse poder para o bem de todos. Mas não há nada de errado com o poder em si. O poder precisa ser compartilhado. No entanto, ela achou horrível eu querer ser poderosa. Em outra ocasião, não muito tempo atrás, fui entrevistada por um homem. Eu estava falando sobre ambição e como todo mundo deveria buscar os objetivos e ele disse: 'Caramba, você é mesmo louca por poder!'. Ele estava brincando. Só que não."

"O que ele quis dizer com 'louca por poder'? E por que nós, mulheres, somos acusadas de loucas por poder quando só estamos sendo fortes e resolutas? Eu não tenho nada de louca. Nós queremos ter uma influência sobre as coisas, não é? Queremos ter voz ativa na maneira como a sociedade é conduzida. Queremos ter voz e ser ouvidas e fazer as coisas acontecerem. E, para isso, precisamos ter poder e ser poderosas. Precisamos querer ter poder. É positivo, é bom ter poder. O poder só é um problema quando abusamos dele."[34]

Precisamos encontrar uma maneira de admirar e torcer pelas mulheres poderosas para que elas possam melhorar o mundo. Enquanto não normalizarmos as mulheres com autoridade, a lacuna nunca será fechada.

Assim como Evaristo, Muriel Bowser, prefeita de Washington, tem a dupla desvantagem de ser negra e mulher. Ela está bem ciente dos dois pesos e duas medidas enfrentados pelas mulheres líderes na política, principalmente as que atuam no Poder Executivo, como prefeitas e governadoras, que muitas vezes precisam tomar decisões difíceis, em comparação com o Poder Legislativo, em que só necessitam fazer discursos e aprovar leis. "As pessoas não gostam de mulheres que se promovem", ela me contou. "Tem muito a ver com a percepção das pessoas sobre mulheres em cargos executivos. As pessoas não estão acostumadas a ver mulheres em cargos executivos, tomando decisões rápidas que implicam vencedores e perdedores, porque partem do pressuposto de que as mulheres devem garantir que ninguém saia perdendo. E isso não é possível quando a decisão final é sua. Os homens são vistos como decisivos, enquanto se espera que você passe mais tempo no trabalho, seja sempre cordial no trato com as pessoas, nunca use palavrões, esse tipo de coisa."[35]

Com a idade, é comum as mulheres terem mais facilidade de ser assertivas ou confiantes. Elaine Chao me contou que não tinha dificuldade em confrontar o presidente Trump. "Ele me respeita. Eu não tenho medo dele. Ele sente cheiro de medo. Pode ser por conta da minha idade, pelo fato de eu já ter ocupado o cargo antes, mas eu sei o que estou fazendo. Por isso não tenho receio de abordá-lo, nem de ligar para ele, nem quando ele me liga. E digo exatamente o que eu penso, sem medir as palavras. Sou educada e diplomática. Eu escolho um bom momento. Mas sou franca com ele, e ele respeita isso."

As mulheres simplesmente precisam se defender, mesmo diante do bullying por parte dos homens. Mary Robinson era a presidenta da Irlanda quando Charles Haughey era o *Taoiseach*, ou primeiro-ministro. Ela me contou uma história que diz tudo: "Ele não estava satisfeito. Haughey achava que eu estava indo além dos meus poderes constitucionais na presidência. Ele basicamente achava que eu estava fazendo demais, participando de muitas reuniões, falando com muitas pessoas, realizando muitas viagens pelo país, indo muito ao exterior, e ele levantou argumentos jurídicos para me colocar no meu lugar. Tivemos uma conversa só nós dois no meu escritório e entramos nessa discussão. Só que sou advogada constitucional e meus argumentos eram melhores. Eu ia derrubando cada ponto que ele apresentava, apesar de ele também ser advogado. Até que Haughey finalmente desistiu da argumentação jurídica e exclamou, exasperado: 'Não dá para argumentar com advogados!'. Quando saímos do escritório, quem estava sorrindo era eu e nunca mais tive esse tipo de problema".[36]

Robinson sabia o que estava fazendo e tinha pensado em todos os argumentos, o que lhe permitiu levar a melhor sobre Haughey. Muitas das minhas entrevistadas disseram que usam essa técnica para aumentar sua autoconfiança. Elas não ousam distorcer os fatos ou enrolar para tentar vencer a discussão, como muitos homens fazem; em vez disso, dedicam horas e horas de preparação para estar absolutamente seguras do que estão fazendo e dizendo. O que lhes dá confiança é a preparação em si.

Janet Yellen é famosa pelo cuidado que toma para fazer tudo certo, até os últimos detalhes. Ela chega a escrever: "Oi. Meu nome é Janet Yellen" no começo de seus discursos. Como ela me explicou: "Uma coisa que acho que até chega a me definir é que eu me preparo muito. Eu não vou no improviso... Posso ter o cargo mais alto, inclusive como presidente [do Federal Reserve], mas não me sinto superconfiante. Nunca cheguei ao ponto de acreditar que: 'Eu tiro isso de letra, sou capaz de fazer qualquer coisa, posso relaxar, porque todo mundo sabe que conseguirei resolver qualquer problema'".[37]

Ela me contou que seu vice-presidente tentava tranquilizá-la de que todas as horas de preparação que ela dedicava antes das coletivas de imprensa não eram necessárias. "Ele dizia: 'É só chegar lá e falar. Você não precisa fazer nada, vai dar tudo certo. Você está gastando tempo demais se preparando para coisas que eu sei que você poderia simplesmente chegar e fazer bem'. Podia até ser o caso, mas eu me sentia melhor e precisava me preparar para estar mais confiante."

Elizabeth Corley admitiu na nossa conversa: "Sou uma perfeccionista insegura. Vivo me colocando em situações nas quais acho que vão descobrir que sou uma farsa, que vou ser um enorme fiasco, que vou dar de cara no chão. As pessoas falam sobre a síndrome do impostor e presumem que o problema desaparece à medida que você sobe na hierarquia, que o cargo é automaticamente uma fonte de confiança. Acho que até pode ser verdade, mas só se você se acomodar. Caso contrário, precisa de muita, mas muita preparação".[38]

Como a maioria das mulheres sente instintivamente que seu trabalho sempre pode ser subestimado em comparação com o dos homens, elas aprenderam que não podem correr riscos. Elas têm de dominar tudo o que fazem. Elaine Chao descreveu sua estratégia para mim: "As mulheres tendem a desenvolver muita expertise e se preparar bastante. Elas se empenham mais em fazer a lição de casa do que os colegas homens. Porque não podemos nos dar ao luxo de deixar nem uma rachadura aparecer".[39]

"E acho que também é por isso que as mulheres são injustamente criticadas por parecerem autômatos, ou robóticas demais. Posso dizer que melhorei muito. Hoje sou mais espontânea, mais capaz e mais disposta a improvisar. Mesmo assim eu ainda gosto de estar preparada. A preparação me dá mais confiança, me deixa mais à vontade e meu desempenho melhora."

Christine Lagarde e Angela Merkel chegaram a conversar entre si sobre sua tendência de se preparar demais. "Descobrimos que nós duas temos o mesmo hábito", diz Lagarde. "Quando trabalhamos em alguma questão específica, estudamos tudo de dentro para fora, de um lado a outro, de trás para frente, histórica, genética e geograficamente. Queremos nos certificar de que estamos informadas de tudo e queremos entender tudo sem correr o risco de ser enganadas. Partimos do pressuposto de que não temos o nível de expertise para entender a coisa toda."

"Claro que é um problema de autoconfiança querer se preparar e ensaiar demais e ter certeza de que você vai entender tudo e não cometer nenhum erro... Leva muito tempo fazer tudo isso!"[40]

Todas essas mulheres descobriram que podem aumentar sua autoconfiança fazendo de tudo para dominar ao máximo o assunto em questão. Sarah Mullally, a primeira bispa mulher de Londres, tem uma dica interessante, dessa vez envolvendo a postura corporal e o espaço físico. "Se vou entrar em uma situação que acho que vai ser difícil, eu me endireito, levanto a cabeça, sento-me na minha cadeira, ocupo o espaço. Eu sei onde vou sentar à mesa. Faço isso com muito critério porque sei que é importante ser vista. E, se for uma reunião difícil, uso batom vermelho."[41]

As mulheres precisam se conscientizar do espaço que ocupam. É comum elas se inclinarem para a frente em uma reunião porque consideram que essa postura é sinal de engajamento. Os homens, por sua vez, veem isso como indício de fraqueza e são mais propensos a respeitar quem fica recostado na cadeira, demonstrando confiança e força. E, como as mulheres são fisicamente menores do que os homens, elas precisam tomar cuidado para não exacerbar a diferença e devem evitar uma postura encolhida, com os ombros para a frente.

Anne Mulcahy, a salvadora da Xerox, dá outra dica interessante. Ela se força a enfrentar dificuldades. "Estou sempre lutando com minha falta de confiança", ela admitiu para mim.[42] "Não que me falte confiança, mas ainda fico nervosa: será que vou conseguir? Alguém me disse que às vezes as mulheres são mais motivadas pelo medo do fracasso do que pelo desejo de sucesso, o que é interessante, porque acho que isso define bem quem eu sou."

"Luto contra isso o tempo todo. Eu me obrigo a falar. Faço de tudo para não ser reticente em situações nas quais me sinto pouco à vontade, para encarar os problemas, não fugir da situação, aceitar tarefas difíceis. Vivo em uma batalha comigo mesma, lutando contra os demônios da falta de confiança, e acho que isso foi ficando mais fácil com o tempo."

Sem dúvida fica mais fácil com a idade. Mas isso não serve de consolo para as mulheres mais jovens. O conselho que dou para as minhas filhas é sempre agir com confiança, mesmo se elas não estiverem se sentindo assim. Pelo menos as pessoas tenderão a tratá-las com mais respeito, o que ajudará a aumentar sua segurança. No entanto, isso não ajuda as mulheres a conquistar a simpatia das pessoas. Um artigo de jornal sobre mim publicado quando eu era uma jornalista (mais ou menos) jovem observou que: "A confiança dela é lendária".[43] Depois de tudo o que lemos neste capítulo, tenho medo de pensar que pode não ter sido um elogio.

* * *

Uma explicação para a lacuna de autoridade pode ser que os homens tendem a dar suas opiniões com mais confiança do que as mulheres. Afinal, eles foram socializados desde a infância para conseguir o que querem enrolando, se gabando, dizendo o que pensam abertamente e se autopromovendo, enquanto as meninas foram penalizadas exatamente pelo mesmo comportamento. Os rapazes também foram educados para acreditar que são, em média, mais inteligentes do que as garotas e que eles podem ser brilhantes, enquanto elas são só esforçadas.

E as mulheres acabaram internalizando esse viés. Mesmo quando estão confiantes, elas aprenderam que nem sempre vale a pena demonstrar essa confiança. O problema é que elas também são penalizadas se forem modestas ou autodepreciativas, pois têm mais chances do que os homens de ser subestimadas.

Precisamos aprender a derrubar essas crendices absurdas. Pais e professores podem tentar corrigir o viés da próxima geração, transformando o lar e a escola em fábricas de confiança tanto para as meninas quanto para os meninos. Elas devem ser recompensadas por seus talentos, não só pelo empenho, e incentivadas a falar abertamente em sala de aula. Eles precisam aprender a não monopolizar a conversa e ser mais realistas ao avaliar suas habilidades.

Na atual geração, contudo, meninos e homens têm muito mais chances de superestimar a própria capacidade, enquanto meninas e mulheres, de subestimar a delas. Em vez de acreditar no que as pessoas dizem, precisamos ser muito mais rigorosos e objetivos ao avaliar a capacidade dos homens e das mulheres com quem interagimos. Não deveríamos puni-las por ser confiantes demais nem de menos. Precisamos nos conscientizar de que nosso viés faz com que seja muito mais difícil para as mulheres do que para os homens acertar esse equilíbrio.

Precisamos aprender a valorizar todo o espectro de comportamentos, prestando atenção tanto ao colaborador silencioso da reunião quanto ao falastrão. Só porque um homem não hesita em falar não significa que ele sabe do que está dizendo. E só porque um homem pede um aumento não significa que ele merece mais do que a mulher que não o pediu.

Também deveríamos pensar sobre as palavras que nos vêm à mente quando encontramos uma mulher que tem autoridade. Será que ela é realmente agressiva, chata ou controladora? Ou será que o que pensamos diz mais sobre nós mesmos do que sobre ela? Será que usaríamos os mesmos adjetivos para descrever um homem que exibisse comportamento semelhante? Se não, precisamos rever nossos conceitos.

Da minha parte, devo dizer que acho que as mulheres confiantes, ousadas e ambiciosas são absolutamente fabulosas, mas pelo jeito infelizmente faço parte da minoria, visto que a maioria dos homens e algumas mulheres discordam. Em um mundo ideal, todos nós veríamos essas mulheres com admiração. Enquanto isso não acontece, se quisermos reduzir a lacuna de autoridade, precisamos prestar muita atenção às reações instintivas que temos com relação às pessoas e usar a razão para tentar corrigir essas atitudes. E, o mais importante, precisamos parar de confundir confiança com competência. São duas coisas totalmente diferentes.

6

O *manspreading* nas conversas
Como os homens não deixam ninguém falar

"VOU REPETIR... O LANCE É O SEGUINTE... ACHO QUE TODO MUNDO AQUI CONCORDA... QUE AS MULHERES FALAM DEMAIS."

"Não há forma de privilégio que os homens usam com mais frequência, de maneira mais casual e inconsciente do que o que eles consideram ser seu Direito Divino de Falar — de monologar, se engajar no mansplaining, interromper, dizer o que quer que passe pela sua cabeça sem considerar as consequências."
— Deborah Cameron, professora de linguagem e comunicação

Pode ser porque sou mulher ou porque sou jornalista, mas, quando me sento ao lado de um homem em um jantar, imediatamente faço alguma pergunta para puxar papo com ele. Acho que é uma atitude educada e um bom jeito de começar uma conversa. Mas fico muito irritada quando (o que acontece com bastante frequência) ele não me faz uma única pergunta, demonstrando que não tem interesse algum no que eu tenho a dizer.

Uma vez, depois de esgotar todas as vias de diálogo com o homem sentado à minha direita e de ele me dizer tudo o que havia para saber sobre sua vida, sua carreira e sua família em um monólogo de pelo menos 45 minutos, eu finalmente perdi a paciência. "Eu adorei ouvir tudo sobre você", eu disse, sorrindo candidamente, "mas, de acordo com as regras de etiqueta, agora é a sua vez de perguntar o que eu faço."

"Ahhh!", ele exclamou. "O que *eu* faço? Eu..." e recomeçou a discorrer sobre si mesmo!

Louise Richardson me contou uma história parecida. "Uma vice-chanceler de outra universidade me contou que estava em um jantar, sentada entre dois homens, e um deles era o diretor de uma faculdade. Ela fez uma ou duas perguntas e ele passou toda a entrada e o prato principal da refeição falando e, no fim deste, ele disse: 'Bem, acho que isso é tudo o que tenho a dizer sobre mim'... e se virou para a pessoa do outro lado!"

A melhor descrição para isso é o que se chama de *manspreading conversacional*. O *manspreading* (*man*, de "homem", e *spreading*, de "se espalhar") é a mania que muitos homens têm de sentar-se com as pernas abertas, especialmente no transporte público, ocupando mais de um lugar. Por analogia, o *manspreading* conversacional é a mania que muitos homens têm de ocupar um espaço desproporcional na conversa às custas das pessoas ao seu redor – normalmente uma mulher de cada lado. Lembrando que não só é rude falar muito sobre si mesmo, como também é rude não mostrar interesse por seu interlocutor. O que um homem está sugerindo com esse comportamento é que ele é muito mais interessante do que as mulheres, apesar de ele não ter como saber disso porque nunca lhes deu a chance de falar.

Essa atitude é ao mesmo tempo uma manifestação da lacuna de autoridade e, em certo sentido, outra explicação para o problema. Se os homens falam mais, eles são mais ouvidos. Se as mulheres falassem mais, especialmente em público, talvez elas recebessem mais créditos pelo que dizem. Da mesma forma, se os homens monopolizam a conversa e não deixam espaço algum para as mulheres, a voz delas dificilmente é ouvida. E, quando elas se manifestam, não é raro serem excluídas – ou as pessoas antipatizam com elas por achar que falam demais. Mais um beco sem saída.

A autora, jornalista e locutora Bel Mooney fez uma descrição poética do problema em uma mensagem para mim: "Já perdi as contas das vezes em que me sentei à mesa de jantar com meu ex-marido e amigos políticos e só os homens falavam. Eles falavam, falavam e falavam. Suas opiniões confiantes subiam até o teto como balões e o rosto deles resplandecia à luz das velas, em glória a si mesmos. E se alguma das esposas tentava dizer alguma coisa? Um aceno de cabeça, um sorriso talvez... e a conversa continuava, como o rastro de um transatlântico, com as gaivotas fêmeas flutuando desamparadas no balançar da espuma agitada. Por quê? Porque as vozes dos homens de sucesso é que reverberavam pelo ar, eram as opiniões deles que importavam, enquanto as esposas inteligentes só estavam lá para dar um toque de elegância ao evento e para ajudar a levar os pratos para a cozinha. De tempos em tempos a conversa passava de política para livros, e eu (que sabia mais sobre literatura do que qualquer um deles) voltava a tentar, mas minhas palavras hesitantes sequer arranhavam a grande muralha de vozes masculinas".[1]

Costuma-se acreditar que as mulheres são tagarelas, que falam muito mais do que os homens. Na verdade, se você passar um dia contando o número de palavras proferidas por homens e mulheres, como um estudo fez, o total é quase exatamente o mesmo: cerca de 16 mil.[2] Nesse estudo, os três participantes que mais falaram, usando até 47 mil palavras por dia, foram todos homens. (Mas o participante mais taciturno também foi um homem, com 700 palavras.)

O que sem dúvida é verdade é que as mulheres falam menos, em média, do que os homens em público. Isso porque elas fazem o contrário do *manspreading* conversacional, explica Deborah Tannen, professora de linguística da Universidade de Georgetown: "Acredito que uma das razões que levam à tendência das mulheres de falar menos nas reuniões é que elas não querem dar a impressão de que falam demais. Falar demais é o análogo verbal de ocupar espaço físico demais. Ao escolher um lugar em um cinema ou avião, a maioria das mulheres escolherá sentar-se ao lado de outra mulher, se for possível, porque sabemos por experiência própria que as mulheres são mais propensas a encolher as pernas e os braços, menos propensas a tomar para si o apoio de braço ou a sentar com as pernas abertas, evitando que seus cotovelos e joelhos invadam o espaço alheio. Por razões semelhantes, quando falam em um ambiente formal, muitas mulheres tentam ocupar menos espaço verbal sendo mais sucintas, falando em voz mais baixa e com mais hesitação".[3] Voltamos à explicação de Kate Manne para o privilégio masculino. (Alguns) homens se sentem no direito de monopolizar a conversa, assim como (alguns) homens se sentem no direito de monopolizar o espaço das pernas no metrô e no ônibus.

Como Mary Beard me explicou: "Você nunca vai ouvir um homem dizendo algo do tipo: 'Caramba, será que eu me estendi demais?'. Ao passo que 'Me desculpe, acho que falei demais' é uma frase típica feminina. A dificuldade de lidar com esse problema está no fato de que cada incidente individual parece trivial, mas, considerados em conjunto, fazem uma diferença enorme".[4] Os homens se sentem no direito de ocupar o tempo de conversação, enquanto as mulheres ficam constrangidas quando o fazem. É como se elas só estivessem à mesa porque são toleradas e precisassem se desculpar pela sua presença.

Em um estudo clássico desse fenômeno, Barbara e Gene Eakins gravaram sete reuniões de professores universitários.[5] Eles descobriram que, em todos os casos exceto um, os homens falaram mais vezes e, em todos os casos, falaram por mais tempo. O comentário mais longo de uma mulher em todas as sete reuniões foi mais breve do que o comentário mais breve de um homem.

E a mesma coisa acontecia no gabinete do presidente Trump, de acordo com Elaine Chao: "Acho que os homens falam mais. Eu tento não dizer nada a menos que seja muito importante. E sei que alguns caras só falam para desabafar. Os coitados acham mesmo que estão contribuindo".[6]

Sue Montgomery, uma prefeita do Canadá, fez um teste visual interessante. Como ela gosta de tricotar durante as reuniões da câmara municipal para se manter focada, ela decidiu trocar de cor entre a lã vermelha e a verde toda vez que um homem ou uma mulher falasse. "Eu diria que ficou uns 75% ou 80% vermelho e o resto com uns pequenos trechos verdes aqui e ali", ela disse.[7] E não é que os homens representam entre 75% a 80% da câmara, que é composta de 31 vereadoras e 34 vereadores. Então, o que explica a lacuna? "As mulheres são muito mais eficientes. Elas se levantam, dizem o que querem e se sentam", ela explicou. "Os homens gostam de se ouvir falar. Nem todos os homens, mas um punhado deles ocupa um bom tempo da reunião." Você pode ver na internet uma foto do xale que ela fez; basta fazer uma busca no Google por "Sue Montgomery" e *shawl* ("xale", em inglês).

Os homens também gostam de se fazer ouvir depois que alguém fala. Um estudo de 250 seminários acadêmicos em dez países descobriu que os homens tiveram duas vezes e meia mais chances de fazer uma pergunta do que as mulheres.[8] Quando os pesquisadores perguntaram a homens e mulheres quantas vezes eles fizeram perguntas e por quê, descobriram que as mulheres não tiveram coragem de falar ou que se sentiram intimidadas pelo palestrante. Eles também descobriram que, se uma mulher fazia a primeira pergunta depois de uma palestra, outras seguiam o exemplo. Quando conduzo um painel ou dou uma palestra, faço questão de chamar uma mulher para a primeira pergunta na tentativa de equilibrar os números.

Pode acontecer de fatores culturais impedirem as mulheres de tomar a palavra. Dina Kawar é um exemplo fantástico para as garotas do Oriente Médio. Ela foi a primeira mulher árabe a presidir o Conselho de Segurança das Nações Unidas como embaixadora da Jordânia na ONU. Ela é incrivelmente articulada em inglês e parece absolutamente segura de si. Mesmo assim, ela me contou: "Minha maior dificuldade foi lutar contra mim mesma como mulher, porque cresci com alguns tabus dos quais eu dificilmente me livrarei. O mais difícil é quando eu mesma me inibo. Eu tive que aprender a dar a minha opinião nas discussões e não deixar para falar só no fim porque [aprendi que] os homens têm de falar primeiro".[9]

Ela afirma que, na cabeça dos homens do Oriente Médio: "Quando uma mulher fala, eles sempre pensam algo como: 'Que bonitinho, ela falando…'. Leva tempo para eles começarem a pensar: 'Certo, vale a pena ouvir o que ela tem a dizer'. Por sorte eu já passei dessa fase", ela diz, rindo.

Evidências sugerem que, se as mulheres forem expostas a bons exemplos femininos, elas falarão por mais tempo.[10] Jovens mulheres e homens foram convidados para dar uma palestra enquanto eram sutilmente expostos a uma foto de Hillary Clinton, Angela Merkel, Bill Clinton ou nenhuma foto. As mulheres falaram menos do que os homens quando expostas a uma foto de Bill Clinton ou nenhuma foto. Mas, quando viram uma foto de Hillary Clinton ou de Angela Merkel, a diferença entre os gêneros desapareceu. E elas também falaram com mais eloquência, de acordo com a avaliação dos ouvintes. Esses resultados nos fazem pensar no efeito subliminar sobre estudantes do sexo feminino em universidades que têm as paredes cobertas com retratos, quase exclusivamente, de homens.

Afinal, o que vemos ao nosso redor faz uma diferença concreta. Até Minouche Shafik ficava desanimada quando foi vice-governadora do Banco da Inglaterra e "via todos aqueles retratos nas paredes, aquelas pinturas a óleo enormes de um homem branco de meia-idade após o outro. Havia apenas um pequeno retrato da mulher que me antecedeu como vice-governadora, mas, tirando isso, havia centenas de retratos, corredores inteiros tomados por esses homens brancos".[11]

Meu estudo favorito sobre o tempo de conversação – porque me faz rir – envolveu mostrar a homens e mulheres três pinturas do artista Albrecht Dürer e convidá-los para falar sobre os retratos em um gravador pelo tempo que quisessem.[12] As mulheres falaram em média por 3,17 minutos e os homens, por 13 minutos: em outras palavras, quatro vezes mais. Mas essas estatísticas não são absolutamente precisas, porque três dos homens continuaram falando quando as fitas, que comportavam trinta minutos de gravação, acabaram!

Escrevi no Capítulo 5 sobre como os meninos são incentivados a monopolizar o tempo na sala de aula. Os professores fazem mais perguntas a eles, os chamam para a frente da classe com mais frequência e os recompensam mais por falar, enquanto elogiam as meninas por ficarem quietas. David Sadker, Myra Sadker e Karen Zittleman, que observaram esse comportamento, contam uma história que ilustra à perfeição o efeito dessa preferência:

> David [Sadker] conta sobre um encontro memorável de alunos no auditório de uma escola do meio-oeste norte-americano. Mais de cem repórteres de jornais escolares se reuniram para uma "entrevista coletiva" sobre a igualdade de gênero a fim de perguntar a David e outros pesquisadores sobre seus estudos. No começo, os alunos pareciam relutantes, mas com o tempo os comentários começaram a brotar rapidamente, uma avalanche de perguntas.
>
> "Esperem um pouquinho", David pediu, interrompendo a metralhadora de questões dos jornalistas-mirins. "Vocês notaram uma coisa engra-

çada acontecendo aqui?" Os repórteres olharam ao redor sem entender. Então, uma garota no fundo do auditório, onde a maioria das mulheres estava agrupada, disse: "Os meninos estão fazendo todas as perguntas". Os garotos engoliram em seco ao perceber que haviam se tornado a prova viva da história que estavam lá para reportar.

Como os autores escreveram: "Sentados na mesma sala de aula, lendo o mesmo livro, ouvindo o mesmo professor, meninos e meninas recebem educações muito diferentes. Do ensino fundamental à pós-graduação, as alunas têm mais chances de serem invisíveis na sala de aula. Os professores interagem mais com os alunos, fazem perguntas melhores a eles, lhes dão um feedback mais preciso e pertinente e os disciplinam com mais severidade e em público.

"Ao longo dos anos, a distribuição desigual do tempo, energia, atenção e talento dos professores molda ambos os sexos. As meninas aprendem a esperar pacientemente, a aceitar que estão atrás dos meninos na fila pela atenção do professor. Eles aprendem que são os protagonistas da vida em sala de aula... Na cultura escolar sexista de hoje, os meninos presumem que sempre vêm em primeiro lugar e aprendem o poder do direito adquirido."

E, como vimos no Capítulo 3, quando os meninos crescem e se tornam homens, muitos deles fazem valer esse direito interrompendo as mulheres, falando por cima delas, ignorando-as, resistindo à influência delas, questionando a expertise delas, ocupando mais espaço conversacional, menosprezando o que elas têm a dizer e se engajando no *mansplaining* mesmo quando elas são especialistas no assunto. Não é de admirar que tantas tenham concluído que não vale a pena se dar ao trabalho de emitir sua opinião.

Como a filósofa Kate Manne diz em seu livro *Entitled: How Male Privilege Hurts Women* (algo como "Autorizado: como o privilégio masculino prejudica as mulheres"): "Quando se trata de conhecimento, especialmente um conhecimento de prestígio, a ideia de que os homens naturalmente sabem mais sobre o assunto é tão respeitada quanto o patriarcado em si. Às vezes, isso tem a ver com a ideia de que as mulheres são incapazes de ser figuras de autoridade. Em *Política*, por exemplo, Aristóteles escreveu: 'O escravo carece totalmente do elemento deliberativo; a mulher o tem, mas lhe falta autoridade'".

"Parte do problema é a premissa de que uma mulher tem menos conhecimento, é menos competente e, de alguma forma, precisa de um homem para lhe explicar as coisas. O problema é que o *mansplaining* muitas vezes também envolve a resistência dos homens a evidências de que a mulher sabe mais sobre o assunto do que ele e, às vezes, a raiva que eles sentem quando é isso é verdade."[13]

As mulheres têm bons motivos para esperar até ter certeza de que dominam o assunto antes de falar, porque, caso contrário, elas podem ser penalizadas. Catherine Tinsley e Robin Ely, professoras de gestão e administração de empresas, viram um exemplo clássico dessa dinâmica em uma empresa de biotecnologia.[14] As pesquisadoras mulheres falavam muito menos nas reuniões do que seus colegas homens, mas, depois da reunião, em conversas individuais, muitas vezes compartilhavam insights inteligentes. O que seus chefes não percebiam era que, quando as mulheres chegavam a falar nas reuniões, suas ideias tendiam a ser rejeitadas ao primeiro sinal do menor problema em sua argumentação. Por outro lado, quando as ideias dos homens apresentavam falhas, as pessoas só se focavam nas melhores partes. Assim, as mulheres achavam que precisavam ter certeza absoluta de suas ideias antes de ousar revelá-las.

No entanto, se os homens *precisarem* ouvir a opinião de uma mulher em uma reunião, a diferença que isso faz é incrível. Para escrever o livro *The Silent Sex* (algo como "O sexo silencioso"), Christopher F. Karpowitz e Tali Mendelberg dividiram homens e mulheres em grupos de cinco para chegar a uma decisão sobre como uma localidade (um bairro ou um distrito, por exemplo) deveria arrecadar e gastar fundos.[15] Os grupos representavam todas as permutações possíveis de homens e mulheres. Em quase todos os grupos, os homens falaram muito mais e as mulheres, muito menos. As duas únicas circunstâncias nas quais elas falaram por um tempo proporcional foram quando constituíam pelo menos 80% do grupo – ou seja, quando o grupo de cinco pessoas tinha quatro ou cinco mulheres – ou se o processo de tomada de decisão tivesse sido alterado de uma maioria simples para a unanimidade, como um júri. Quando todos os membros tinham de concordar para o grupo chegar a uma conclusão, as mulheres calcularam que suas opiniões *precisariam* ser ouvidas e levadas em consideração. Foi só nessas circunstâncias específicas que elas falaram.

Porém, aumentar o número de mulheres em um grupo deliberativo não lhes dá necessariamente mais influência. Às vezes, pode até ter o efeito oposto. Por exemplo, quando um grande número de parlamentares mulheres entrou na Câmara dos Comuns depois da vitória esmagadora do Partido Trabalhista em 1997, elas foram alvo de um horrível comportamento sexista por parte de alguns colegas homens, incluindo parlamentares conservadores estendendo as mãos como se estivessem pesando melões quando uma mulher se levantou para falar.[16]

Não é só o fato de que as mulheres acham que não serão ouvidas se falarem mais. Elas sabem que as pessoas não *gostam* quando elas falam tanto quanto os homens. Eles passaram milênios tentando silenciá-las e ainda fazem isso, como veremos no Capítulo 14.

As mulheres também suspeitam que, mesmo ocupando um espaço conversacional meramente proporcional, os ouvintes ainda acharão que elas falaram mais. E elas estão certas. Quando os participantes de um estudo foram solicitados a ouvir conversas com roteiros idênticos entre um par de mulheres e um par de homens e cada um falava exatamente o mesmo tempo, os ouvintes calcularam o tempo de conversação com precisão. Mas, quando o mesmo diálogo foi encenado por um homem e uma mulher, tanto os ouvintes homens quanto as mulheres acharam que a mulher tinha falado mais do que o homem, apesar de não ter sido assim.[17]

Instintivamente, as mulheres sabem disso, como Helle Thorning-Schmidt observou: "Acho que dá para ir a qualquer reunião e cronometrar as pessoas (às vezes eu faço isso) e ver que os homens passam muito mais tempo falando do que as mulheres. Mas, depois da reunião, se você perguntar às pessoas quem falou mais, elas dirão que homens e mulheres falaram mais ou menos o mesmo tempo ou que as mulheres falaram mais. É uma estratégia de sucesso para os homens passar muito tempo falando, mas, como não é uma estratégia de sucesso para as mulheres, elas evitam falar".[18]

Mas as mulheres poderosas e respeitáveis não têm esse problema, não é mesmo? Elas devem sentir que seu poder lhes dá o direito de dominar a sala. Isso é verdade para os homens, mas não para elas. Victoria Brescoll, da Faculdade de Administração da Universidade Yale, analisou duas sessões do Senado dos Estados Unidos e cronometrou o tempo de fala de cada senador.[19] Ela descobriu que, quanto mais poderoso era um senador homem (medido pelo tempo de atuação no Senado, se ele presidia um comitê, entre outros critérios), mais prolixo ele era. Mas não foi o caso das senadoras. Elas não falavam mais quando eram mais poderosas.

Brescoll quis saber por que isso acontecia. Será que as mulheres poderosas não se beneficiavam de seu poder porque preferiam liderar de maneira mais democrática e menos hierárquica do que os homens? Ou será que elas deixavam de falar por temer uma reação negativa, pensando que, quanto mais elas se comportassem de forma tradicionalmente masculina e dominante (como convém a um líder), menos as pessoas gostariam delas? É o que os psicólogos sociais chamam de *hipótese da incongruência de status*: como as mulheres são consideradas subordinadas aos homens, se elas demonstrarem poder, seu comportamento é incongruente com seu gênero, de modo que tanto homens quanto mulheres se sentem incomodados. É por isso que punimos as mulheres por serem agentes (assertivas, dominantes, confiantes, que assumem o controle), porque esse tipo de comportamento é tradicionalmente masculino.

Para confirmar sua hipótese, Brescoll conduziu um experimento. Ela pediu a 206 homens e mulheres que imaginassem que estavam em uma reunião de marketing em um grupo de quatro pessoas tentando bolar uma estratégia. Metade dos participantes foi informada de que era a pessoa mais poderosa da sala; e metade, que era a menos poderosa. Em seguida, a pesquisadora fez perguntas para avaliar o quanto os participantes falariam na reunião, em que extensão eles tentariam estabelecer um relacionamento com os outros e se eles se preocupavam com a possibilidade de serem julgados pelo quanto eles falavam na reunião.

O padrão foi semelhante ao do Senado. Os homens mais poderosos disseram que falariam por mais tempo do que os menos poderosos, mas as mulheres mais poderosas disseram que falariam pelo mesmo tempo do que as menos poderosas. Não houve relação entre o tempo de fala e o desejo de estabelecer um relacionamento, sugerindo que esse comportamento não se deve a mulheres terem um estilo de liderança mais democrático do que os homens.

No entanto, houve uma forte relação entre o tempo de fala e o medo de algum tipo de punição. Isso foi medido com perguntas como: "Você se preocuparia com a possibilidade de as pessoas não gostarem de você?"; "Você se preocuparia com a possibilidade de ser julgado(a) pelo tempo que passou falando?"; e "Você se preocuparia com a possibilidade de as pessoas acharem que você dominou a reunião?". Quanto mais as mulheres poderosas concordavam com essas questões, menos elas diziam que falariam na reunião. Mas os homens não temiam uma reação negativa se falassem por mais tempo.

Será que o temor das mulheres é justificado? Para responder a essa pergunta, Brescoll testou se as pessoas teriam uma opinião negativa sobre as mulheres poderosas se elas falassem muito (eu inicialmente havia escrito "falassem *demais*", antes de perceber que isso por si só ilustra o problema. O que é considerado "demais" difere entre mulheres e homens?). Ela pediu para homens e mulheres avaliarem um CEO fictício que falava "muito mais do que outras pessoas no poder" (um comportamento comum dos CEOs).[20] Quando o CEO recebeu o nome de Jennifer, tanto homens quanto mulheres a avaliaram como muito menos competente e menos adequada para a liderança do que quando o CEO falastrão recebeu o nome de John. Quando "Jennifer" foi descrita como uma CEO que falava menos do que os outros, a percepção de competência e adequação à liderança foi às alturas.

Louise Richardson acredita que as mulheres aprendem a ter mais inteligência emocional nas reuniões justamente em razão desses problemas. "Você desenvolve a capacidade de ver distinções mais sutis, de ser mais autoconsciente em suas interações. Eu presto muito mais atenção à maneira como estou afetando as pessoas ao meu redor nas conversas, o que acho que os homens não fazem. Eles entram em 'modo monólogo'. Eles têm algo importante a dizer e simplesmente dizem. As mulheres podem ter muito mais sucesso quando chegam ao topo porque aprendem e incorporam essas habilidades a seu DNA à medida que sobem na hierarquia."[21] As mulheres percebem rapidamente quando seus interlocutores estão ficando impacientes ou perdendo o interesse e aprendem a ajustar seu estilo de acordo.

O que surpreende é a falta de autoconsciência da minoria de homens que simplesmente dominam a conversa de qualquer maneira. Richardson me deu um exemplo perfeito. "Às vezes pego meu celular e cronometro, sem ninguém perceber, o quanto da conversa o homem com quem estou falando está tomando. Eu tinha um subordinado homem e costumava cronometrá-lo. Ele entrava na sala e simplesmente falava *para* mim, não comigo. Ele não trabalha mais comigo. Não renovei o contrato dele. Eu perguntei: 'Você não acha que pode ser interessante saber o que eu penso ou como eu reajo ao que você está me dizendo?'. Nem chega a ser uma boa estratégia. Afinal, eu era a chefe dele!"

Também nesse caso, as mulheres enfrentam um dilema quase insolúvel. Se as mulheres falarem tanto quanto os homens, vão achar que elas falam "demais" e, em consequência, que elas são menos competentes e as pessoas vão gostar menos delas. Se falarem muito pouco, elas não terão influência nem autoridade. A maioria das mulheres em cargos mais altos aprendeu a dizer exatamente o que precisam dizer, nem mais nem menos, para serem levadas a sério. Elas precisam ser confiantes o suficiente para se impor em meio à verborragia de vozes masculinas, mas cordiais o suficiente para não se indispor com eles. É como se as mulheres precisassem da disciplina e da agilidade de uma ginasta olímpica para não perder o equilíbrio e manter uma conversa aceitável, enquanto os homens podem simplesmente passear pelo chão sem se preocupar com isso.

* * *

Talvez não seja só uma questão do tempo de fala que as mulheres ocupam, mas elas podem ser menos levadas a sério simplesmente em razão do som de sua voz. Jon Snow, o apresentador do noticiário *Channel 4 News*, acredita que "É o tom grave que dá autoridade a uma voz".[22] Outros homens com quem conversei sobre a lacuna de autoridade disseram a mesma coisa. Será que isso quer dizer que atribuímos menos autoridade ao que as mulheres dizem em parte por causa de sua voz mais aguda?

Quando uma mulher, Vicki Sparks, foi escalada pela BBC para narrar uma partida de futebol masculino na Copa do Mundo de 2018, você pode imaginar a montanha de reclamações sobre sua voz. Segundo o jogador de futebol Jason Cundy, a voz era "aguda demais" e "foi difícil de ouvir". Outros reclamaram que a voz de Sparks era "estridente", "esganiçada", "fraca", "aguda", "cortante" e "irritante".[23]

"Compare com o homem 'de voz profunda', com todas as conotações que a simples palavra 'profunda' traz consigo. E, quando as pessoas ouvem uma voz feminina, elas não escutam uma voz que denota autoridade; ou melhor, elas não aprenderam a encontrar a autoridade em uma voz feminina", escreve Mary Beard em *Mulheres e poder*.[24] Será que associamos uma voz profunda com autoridade porque ela de fato transmite mais autoridade ou só porque associamos uma voz profunda com "masculino" e associamos "masculino" com "autoridade"? Esses vieses são intrincadamente interligados na nossa psique a ponto de ser impossível separá-los. Como tantos outros aspectos da lacuna de autoridade, nosso cérebro inconsciente nos ludibria usando heurísticas no lugar da razão. Pensar em "homem" é pensar em "líder". Pensar em "voz profunda" é pensar em "autoridade".

As mulheres sabem que sua voz pode ser uma desvantagem para elas serem levadas a sério. Vendo sob esse prisma, é fascinante constatar que o tom médio da voz de uma mulher tenha caído significativamente nas últimas décadas em países mais igualitários.[25] Basta ver um filme em preto e branco da década de 1950 para perceber como a voz das mulheres era muito mais aguda na época.

E o efeito é mais intenso quanto mais igualitário for um país. A voz das mulheres americanas é mais grave que a das japonesas, a das suecas é mais grave que a das americanas e a das holandesas é mais grave do que a das suecas.[26] Na sociedade holandesa, que é relativamente andrógina, não há muita diferença no tom de voz entre homens e mulheres. No Japão, por outro lado, as mulheres usam o espectro mais agudo da voz com muito mais frequência do que nos países ocidentais.[27] Com isso, elas demonstram traços femininos bastante tradicionais, como submissão, impotência, deferência e subserviência. Quando as japonesas expressam cortesia, elas podem atingir um pico anormalmente alto de 450 Hz, enquanto as inglesas em um estudo nunca chegaram a ultrapassar os 320 Hz. Os japoneses, por sua vez, falam em um tom mais grave do que os ingleses, embora sejam fisicamente menores.

Quando perguntaram a Theresa May, a segunda primeira-ministra britânica do gênero feminino, qual conselho ela daria a uma jovem que ambiciona entrar na política, ela respondeu: "Comporte-se como os homens".[28] A primeira primeira-ministra britânica do gênero feminino, Margaret Thatcher, também aprendeu que precisava soar como os homens. Seus conselheiros achavam que ela soava "estridente" na Câmara dos Comuns – sempre um perigo para uma mulher – e que ela não tinha autoridade suficiente. Ela acabou reduzindo o tom de voz nada menos que 60 Hz, ou a metade da diferença entre uma voz feminina e uma masculina. Mas sua voz sempre soou de certa forma estranha. Tinha um quê de artificial e condescendente. Como o jornalista Keith Waterhouse escreveu: "Não consigo votar em uma mulher que fez um treinamento vocal para falar comigo como se meu cachorro tivesse acabado de morrer".[29]

Margaret Hodge é uma parlamentar do Partido Trabalhista britânico. Ela ocupou vários cargos ministeriais e presidiu o Comitê de Contas Públicas da Câmara dos Comuns. Ela me disse ter aprendido que, "na Câmara dos Comuns, sua voz é muito importante. Se você estiver em uma arena de debate e for mulher, seu tom fica estridente. Anne Campbell, a parlamentar de Cambridge, tinha uma voz bastante aguda. E, quando ela tentava falar mais alto, os colegas riam dela. Era uma maneira de destruir a credibilidade do que Campbell estava dizendo. A atmosfera lá é um tanto quanto selvagem. Uma mulher entra na discussão com um tom que tende a ser mais agudo, a voz dela é atacada e ninguém dá ouvidos ao que ela diz. Sempre tomo muito cuidado ao usar uma voz grave. Foi uma lição que aprendi com os anos".[30]

A chanceler alemã Angela Merkel concorda. Como ela disse ao jornal *Die Zeit*, "A voz de uma mulher não é tão grave e forte quanto a de um homem. Uma mulher precisa aprender a emanar autoridade".[31]

Helena Kennedy, advogada de direitos humanos, me contou que é comum conversar com mulheres que se candidataram para ser juízas, mas foram informadas de que não tinham autoridade suficiente. "O que eles querem dizer com 'autoridade'? O que procuramos quando queremos alguém com autoridade? Será que isso é sinônimo de falar com uma voz bastante sonora, ser condescendente com as pessoas e deixar nossa marca no tribunal? O problema é que, na cabeça de quem faz a seleção, a autoridade é associada a um certo modo masculino de ser. Só que, na verdade, a marca da autoridade provém do próprio status de juiz. Por isso é muito difícil medi-la antes de o candidato ser nomeado juiz. Porque sentar usando uma toga em um tablado acima de todos os demais na sala dá a qualquer pessoa um selo de autoridade."[32]

Mamokgethi Phakeng, vice-reitora da Universidade da Cidade do Cabo, identificou exatamente o mesmo fenômeno. "A única crítica que ouvi foi: 'Ela não tem a atitude de uma executiva'. As pessoas falam isso em comitês de seleção para cargos de liderança na universidade. E eu pergunto: 'O que vocês querem dizer com isso?'. E me respondem: 'Não dá para acreditar no que ela está dizendo'. Ninguém diz isso de um homem."[33] Em outras palavras, a voz da candidata não transmite autoridade.

Em um experimento, quando vozes de tons diferentes foram reproduzidas, os participantes avaliaram as mais graves (tanto masculinas quanto femininas) como mais competentes e mais confiáveis.[34] Sem dúvida vale a pena para as mulheres usar uma voz mais grave se quiserem ser respeitadas, conquistar confiança... e ser eleitas. Mantendo todos os outros fatores inalterados, há mais chances de votarmos em candidatos com voz mais grave, mesmo quando o cargo for tradicionalmente feminino, como dirigir uma associação de pais e mestres.[35]

Joey Cheng, da Universidade de Illinois, testou essa tendência pedindo a pequenos grupos de pessoas que discutissem os itens dos quais um astronauta precisaria para sobreviver a um desastre na Lua.[36] No fim do exercício, ela isolou cada participante e pediu para avaliar os outros de acordo com o grau de dominância no grupo. Ela descobriu que a maioria mudou o tom de voz nos primeiros minutos da discussão coletiva e que, de acordo com a avaliação dos colegas, os que usaram o tom mais grave ficaram mais acima na hierarquia e vice-versa. As pessoas com os tons mais graves foram consideradas mais dominantes e mais dispostas a impor sua vontade sobre os outros e, em função disso, conquistaram mais influência e tomaram mais decisões em nome do grupo.

Muitas mulheres sabem disso instintivamente. A designer e arquiteta sino-americana Maya Lin é uma mulher *mignon* e sempre pareceu muito mais nova do que é. Quando tinha apenas 21 anos e ainda estudava arquitetura na Universidade Yale, ela ganhou (anonimamente) o concurso para fazer o design do memorial nacional à Guerra do Vietnã em Washington. Os homens brancos mais velhos encarregados de executar o design ficaram de queixo caído quando descobriram que ela era jovem, mulher e asiática: "a tríade do horror", nas palavras dela.[37] Eles também tentaram passar por cima das decisões de Lin. Ela lutou com ferocidade e, apesar de ser pequena, com os cabelos até os joelhos e "parecer ter uns 12 anos", seu tom de voz era grave. "Sempre dei graças a Deus por ter a voz grave, porque eu precisava ter algum domínio sobre as pessoas. Passei anos sendo praticamente a única mulher na sala e a única coisa que eu tinha para me defender era minha voz grave."

Mulheres que têm a voz aguda podem soar infantis, o que não acontece com os homens, cuja voz fica mais grave na puberdade. As mulheres podem ser levadas mais a sério se usarem um tom um pouco mais grave, mas pode ser complicado acertar o timbre, como me explicou Roula Khalaf, a primeira mulher a editar o *Financial Times*: "Muito antes de eu me tornar editora, um homem me disse que eu precisava projetar mais a minha voz, que ela era muito fraca e isso não seria bom para a minha carreira. Acho que basicamente o que ele quis dizer é que não sou homem. Pelo menos foi para esse lado que eu levei. Ele não estava acostumado a ver uma mulher no cargo que eu ocupava na época".[38]

Ter a fala mansa, sem falar alto e sem agressividade, é visto como um sinal de hesitação e fraqueza. Pela mesma razão, as mulheres – principalmente as jovens – costumam ser criticadas por usar um padrão de fala conhecido como "*uptalk*". Usar o *uptalk* é elevar o tom no fim de uma afirmação como se fosse uma pergunta. Pode ser irritante ouvir alguém usando o *uptalk* e quem utiliza esse padrão de fala pode acabar perdendo autoridade aos olhos dos interlocutores, mas o *uptalk* tem uma razão de ser. Transformar uma afirmação em uma pergunta é um convite para o interlocutor ouvir ativamente, acenar com a cabeça ou confirmar. Também pode ajudar a evitar interrupções ao sugerir que há mais por vir. Mas o *uptalk* não se restringe às mulheres. Os homens o usam com a mesma frequência, só que são menos criticados por isso.[39]

Também há o perigo de a voz ficar menos suave. Pense no que acontece quando as mulheres levantam o tom de voz. Elas soam estridentes. E, como vimos, não é bom ser estridente. Os homens, por outro lado, levantam a voz e apenas soam imponentes. Hillary Clinton enfrentou esse problema vez após vez quando concorreu à presidência.

Nicholas Subtirelu conduziu uma análise da mídia durante a campanha presidencial de 2016 e descobriu que, apesar de as mulheres terem sido mencionadas um pouco menos do que os homens nas mídias dos Estados Unidos, elas foram acusadas três vezes mais do que os homens de gritar e duas vezes mais rotuladas como "estridentes" ou "esganiçadas".[40] Esses termos foram usados com muita frequência para se referir a Clinton.

Como Clinton escreveu: "Depois de ouvir repetidamente que algumas pessoas não gostavam da minha voz, pedi a ajuda de um fonoaudiólogo. Ele disse que eu precisava me focar em respirar fundo e tentar pensar em algo feliz e tranquilo quando subisse ao palco. Com isso, quando a multidão se empolgasse e começasse a gritar – como costuma acontecer em comícios –, eu conseguiria resistir ao que seria mais natural, que é gritar de volta. Os homens podem gritar o quanto quiserem nos comícios, mas as mulheres, não. Tudo bem, eu disse ao especialista, eu topo tentar. Mas, só por curiosidade, você pode me dar um exemplo de uma política mulher que conseguiu fazer isso? Que, diante da empolgação de uma multidão, conseguiu manter a voz baixa e tranquila? Ele não pôde".[41]

* * *

Aqui estamos nós, de volta ao problema da incongruência de status. Quando acusamos as mulheres de ser estridentes, esganiçadas, ofensivas, mandonas, agressivas, ásperas ou rudes, o que geralmente queremos dizer (mesmo sem nos dar conta) é que ficamos incomodados quando elas exercem autoridade. Isso pode incomodar de duas maneiras. Podemos não gostar de vê-las se desviando dos estereótipos: não parece muito feminino ter opiniões fortes, ser tão confiantes quanto os homens, ser assertivas e exercer o poder. Ou podemos achar que elas são autoritárias, o que significa que elas estão exibindo autoridade *demais*. Se elas fossem homens, será que as consideraríamos autoritárias? Será que os nossos estereótipos não estão nos impedindo de fazer uma avaliação precisa das pessoas? Será que não vemos as mulheres através de lentes distorcidas? Será que essa antipatia não tem mais a ver com o nosso olhar do que com elas? Não podemos deixar de nos fazer essas perguntas antes de criticar uma mulher detentora de autoridade.

E também precisamos calibrar melhor nossas reações à eloquência das pessoas. O simples fato de alguém falar muito não significa que tenha algo interessante ou importante a dizer. Alguém reticente em uma reunião pode ser a que tem mais a dizer. As mulheres aprenderam desde a infância a não dizer o que pensam, como vimos em observações em salas de aula, e que podem ser punidas por falar "demais". Não podemos ignorar isso antes de julgá-las.

Da mesma forma, podemos fazer um esforço consciente para incluir as mulheres mais caladas na conversa em uma reunião e para garantir que os homens não dominem a discussão. Podemos chamar uma mulher para responder à primeira questão em uma sessão de perguntas e respostas, o que encorajará outras a participar. E os homens podem se conscientizar mais do espaço conversacional que ocupam. Eles estão dividindo o tempo igualmente com uma interlocutora mulher? Eles fazem a ela o mesmo número de perguntas que elas fazem a eles?

Por fim, precisamos resistir à tentação de dar mais ouvidos a uma voz grave e sonora e menos atenção a uma voz feminina mais aguda. Não é fácil, mas precisamos aprender a nos concentrar no conteúdo do que está sendo dito, não no tom de voz da pessoa. Como a mídia gosta de dizer: "O conteúdo é rei" – ou será que não deveria ser "rainha"?

7

Mudando nossa mentalidade
A dificuldade que as mulheres têm de exercer influência

"OBRIGADO, SRTA. KHAN... ISSO NOS DEU MUITO O QUE SORRIR COM COMPLACÊNCIA ANTES DE CONTINUARMOS A DISCUSSÃO."

"Uma arma que os homens usam contra as mulheres é recusar-se a levá-las a sério."
— *David Mitchell, romancista*

Vimos como os homens tendem a parecer mais confiantes e ocupar mais espaço conversacional. E todos nós já vimos como uma mulher pode dar uma opinião e ser ignorada para, em seguida, um homem ser aplaudido quando diz exatamente a mesma coisa. Combinados com nossa tendência de subestimar a expertise das mulheres, todos esses fatores contribuem para uma grande diferença entre a influência das mulheres e dos homens. É mais provável sermos influenciados por um homem do que por uma mulher. E, quando digo "nós", estou falando tanto de mulheres quanto de homens, embora o fenômeno seja especialmente pronunciado neles.

A pesquisadora Kathleen Propp, da Universidade Northern Illinois, dividiu estudantes de graduação em grupos mistos, supostamente para fazer uma recomendação a um juiz sobre a disputa de um casal pela guarda dos filhos.[1] Algumas das informações relevantes – "O casamento entre a mãe e o pai teve problemas desde o início"; "A sogra do pai acredita na ocorrência de um incesto" etc. – foram reveladas ao grupo todo, algumas a dois integrantes e outras a apenas um. Os grupos deveriam decidir sobre a guarda dos filhos com base nas informações partilhadas por diferentes membros.

A pesquisadora descobriu que as informações compartilhadas por um homem tinham duas vezes mais chances de serem usadas para tomar a decisão final do que aquelas compartilhadas por uma mulher. Se a informação era revelada a apenas um membro, tinha seis vezes mais probabilidade de ser usada se tivesse sido compartilhada por um homem. Em outras palavras, os grupos prestaram muito mais atenção e usaram mais as informações oferecidas por um homem e as ignoraram quando foram compartilhadas por uma mulher.

Os homens foram muito mais influentes do que as mulheres. E, se as opiniões delas são rejeitadas a favor deles, isso pode ter consequências devastadoras no mundo real. É por isso que o estupro ainda é pouco denunciado e levado a juízo. É por isso que a violência doméstica passou tanto tempo sendo ignorada pela polícia. É por isso que os programas do governo para disponibilizar creches para a população só entraram em pauta quando o número de mulheres na política atingiu uma massa crítica. E é por isso que os homens puderam passar tanto tempo sem sofrer as consequências do assédio sexual.

O fato de uma mulher ser especialista no assunto em questão nem sempre a ajuda a ter mais influência; estranhamente, o efeito pode até ser o contrário. Um estudo pegou um grupo de 143 estudantes de administração de empresas, composto de um número quase igual de homens e mulheres, e lhes deu informações sobre como sobreviver a um incêndio florestal.[2] Foi solicitado que os participantes anotassem, em ordem de importância, os itens que achavam que seriam mais úteis para sua sobrevivência. As listas individuais foram comparadas com as oficiais elaboradas por especialistas, e os alunos com a maior taxa de acerto foram classificados como "especialistas". Uma vez que não foram informados de suas classificações, eles não tinham como saber que haviam sido considerados especialistas e os subgrupos dos quais participaram também não tiveram acesso a essa informação. Em média, mulheres e homens tiraram uma pontuação igualmente boa e as mulheres se mostraram tão confiantes quanto os homens em suas habilidades.

Em seguida, os participantes foram divididos em pequenos grupos, com um especialista em cada, e deveriam ordenar, dessa vez coletivamente, os itens. Os pesquisadores avaliaram a influência de cada pessoa em termos de sua capacidade de converter o grupo para aceitar o seu ponto de vista. Como você já deve ter adivinhado, as mulheres foram menos influentes em seus grupos do que os homens. Mas o mais surpreendente foi que as especialistas foram consideradas como menos conhecedoras e menos influentes do que as não especialistas. Os homens especialistas, por sua vez, foram significativamente mais influentes do que os não especialistas.

Como pode? Não faz sentido. Bem, constatou-se que tanto as mulheres quanto os homens dos grupos esperavam que elas apresentassem um desempenho inferior nessa tarefa (apesar de não ser verdade) – um caso clássico de viés inconsciente levando à subestimação. Desse modo, os grupos já começaram o exercício tendendo a não acreditar que as mulheres saberiam do que estavam falando. Além disso, os especialistas precisavam discordar dos outros com frequência durante as discussões em grupo para convencê-los de seu argumento. Se as especialistas fossem mulheres, esse comportamento não pegava bem aos olhos dos demais, já que as pessoas não gostam de mulheres questionando e discordando (embora não vejam problema quando os homens fazem a mesma coisa). As mulheres não especialistas, por sua vez, tendiam a concordar com o pessoal, levando-as a serem vistas como mais competentes e agradáveis – e, portanto, influentes – do que as especialistas. Nenhum desses efeitos foi observado nos homens.

Em outro estudo, Ethan Burris, da Universidade do Texas, pediu a equipes que tomassem decisões estratégicas para uma livraria.[3] Ele informou a um integrante aleatório de cada grupo que o sistema de estoque tinha falhas e deu a essa pessoa informações sobre uma abordagem melhor. Quando o integrante que recebeu as informações era mulher e questionou o sistema atual sugerindo um novo, os líderes a viram como menos leal e tendiam menos a concordar com suas sugestões. Mesmo quando todas as pessoas sabiam que um integrante tinha informações adicionais que beneficiariam o grupo, as sugestões das mulheres que tinham esse conhecimento extra foram descartadas.

É muito comum esse tipo de coisa acontecer na vida real. As mulheres que contestam e questionam têm muita dificuldade e enfrentam resistência. Frances Morris, diretora do Tate Modern, enfrentou esse tipo de problema ao longo de toda a sua carreira, como ela me explicou: "Passei muitos anos sendo o que você chamaria de uma disruptora. Eu era a pessoa que dizia alguma coisa que dava uma chacoalhada na reunião ou era um pouco do contra e volta e meia lançava uma ideia brilhante. Mas eu quase sempre era malvista por isso. Notei que, quando os colegas homens faziam a mesma coisa, suas sugestões quase sempre eram tidas como brilhantes. E algumas vezes cheguei a ser repreendida por colegas em cargos mais altos por me comportar assim. Espera-se que as mulheres sejam mais submissas, mais amigáveis, mais colaborativas e menos opiniosas. Quando penso na minha carreira, acho que foi esse lado disruptivo que me impediu de ser promovida. Por muito tempo, esse comportamento foi encarado como inadequado, mas não se viesse de um colega homem. Acho isso muito triste".[4]

Não dá para ser editor de política na TV sem ser questionador: você está lá para exigir que os poderosos prestem contas pelo que fazem. Mesmo assim, Beth Rigby, editora política do canal Sky News, é muito criticada por isso, segundo ela. "Quando faço uma pergunta contestando algo, os homens entram no Twitter e dizem coisas como: 'Essa mulher não larga o osso'. Tem um elemento de sexismo e até misoginia aí. Os homens fazem perguntas contestadoras. As mulheres só são irritantes."[5]

E, como Mary Beard explica em *Mulheres e poder*, "Pontos de vista impopulares, controversos ou apenas diferentes, quando expressos por uma mulher, são considerados sinais de burrice. Não é que você discorda, só é burra: 'Sinto muito, querida, você não tem como entender'".

No estudo do incêndio florestal, o grupo não sabia que as mulheres eram especialistas. Será que é possível reduzir esse viés inconsciente na vida real se soubermos que uma mulher tem credenciais concretas para respaldar sua expertise? Nesse caso, pelo menos nossas expectativas iniciais serão mais altas. Mas ainda podemos sentir uma onda de antipatia se ela impuser essa expertise discordando de nós. E, especialmente para os homens, às vezes nem provas concretas da competência de uma mulher são suficientes.

Como Linda Carli, do Wellesley College, que dedicou toda a sua carreira à pesquisa da influência, escreve: "Uma mulher que se comporta com competência e assertividade tende a ser menos influente, especialmente com os homens, por lhe faltar legitimidade". Ou pelo menos ela é vista assim. Para alguns homens, de acordo com Carli, uma mulher competente pode ameaçar seu senso de direito adquirido ao poder e é provável que eles tenham medo de enfrentar resistência como líderes ou agentes de influência.[6]

Louise Richardson percebeu isso acontecendo com muita frequência. "Tenho alguns colegas homens maravilhosos que acham graça ao ver como muitos homens se incomodam comigo na minha posição atual", ela me disse. "Meus colegas me contam que esses homens odeiam tanto a situação que querem morrer. Eles sempre acreditaram que os homens são superiores e deveriam ser os chefes, que o natural para eles é ver homens na liderança e, quando alguém põe em xeque essa ordem natural, eles ficam muito incomodados. Alguns deles chegam a se sentir pessoalmente inadequados."

Até mulheres extremamente competentes e em posições muito altas sentem uma enorme resistência quando tentam influenciar uma sala cheia de homens. Sara Thornton é a atual Comissária Independente Antiescravidão do Reino Unido e antes disso foi chefe de polícia do Vale do Tâmisa. Assim como a major-general Sharon Nesmith, ela passou sua vida profissional cercada de testosterona. Ela me contou as táticas que usava quando participava do Comitê Contra o Terrorismo, da Associação dos Chefes de Polícia. "As mulheres eram minoria e eu estava decidida a me fazer ouvir. Então, eu fazia questão de ler os jornais, o que muitos colegas não faziam. E eu sempre planejava o que diria nas reuniões. E sempre observava o que acontecia. Eu era muito disciplinada. Anotava três pontos nas margens e os expunha diretamente, sem divagar. Eu vivia tentando administrar o processo e meu poder de influência. Mas foi uma luta. Eu até tinha chance de falar, mas demorou para eu conseguir exercer qualquer influência. Precisei ralar muito para me fazer ouvir, para poder falar e, depois, para ter alguma influência."[7]

O problema é que todos nós – mulheres e homens – tendemos a associar liderança e, portanto, influência aos homens. Se você pedir a alguém para desenhar um líder, quase sempre a pessoa desenhará um homem. Séculos de dominância masculina deixaram isso gravado em nosso cérebro. Nas famílias, é comum o pai dominar a mãe, de modo que os filhos aprendem desde cedo que os homens estão no comando e que a opinião deles é mais importante do que a das mulheres. E o mundo reforça esses estereótipos, como veremos no Capítulo 10. O que acaba acontecendo é que fica muito mais difícil reconhecer o potencial de liderança das mulheres e sua capacidade de influenciar uma equipe.

A melhor maneira de demonstrar isso, como no caso dos candidatos a emprego que vimos em capítulos anteriores, é conduzir um experimento no qual a única diferença seja um nome masculino ou feminino. Em um estudo, os participantes foram convidados a convocar para uma reunião a equipe de vendas de uma seguradora fictícia. Eles ouviram um "Eric" ou uma "Erica", que leu exatamente o mesmo roteiro, e foi solicitado que avaliassem a extensão na qual a pessoa apresentou liderança, influenciou a equipe ou assumiu um papel de liderança. Os Erics que apresentaram ideias construtivas para melhorias foram considerados líderes melhores do que os que só criticaram o desempenho da equipe. Mas as Ericas não receberam avaliações melhores, apesar de terem apresentado exatamente as mesmas ideias.

Os mesmos pesquisadores decidiram fazer o teste na vida real. Eles pediram aos participantes de uma grande competição na Academia Militar de West Point que escolhessem, depois da competição, quem eles gostariam de ter como líder de sua equipe. Só os homens que apresentaram ideias foram escolhidos. Mas, como um dos autores do estudo, Kyle Emich, explica: "Não fez diferença se as mulheres deram sua opinião 1) quase nunca, 2) raramente, 3) às vezes, 4) com frequência ou 5) quase sempre. As mulheres não ganhavam mais status por se expressar e, subsequentemente, tiveram menos chances (muito menos) de ser consideradas líderes".[8] A ideia de uma mulher na liderança era incongruente demais para ser considerada. E, se uma mulher fosse assertiva e se manifestasse, os outros resistiam à sua influência.

Curiosamente, essa é uma das poucas áreas nas quais as mulheres negras são mais bem-tratadas do que as brancas. Como se espera que as negras sejam mais assertivas, graças aos nossos estereótipos, elas não são penalizadas se forem assertivas. Um estudo mostrou aos participantes a foto de um executivo sênior fictício de uma empresa da *Fortune* 500 lidando com um subordinado que não estava tendo um bom desempenho. Os líderes dominantes exigiam ação e eram assertivos; os líderes democráticos encorajavam o funcionário e se comunicavam com compaixão. Os participantes avaliaram o líder em questões como a eficácia em lidar com a situação e o quanto eles achavam que os funcionários admiravam o líder.

Apesar de os participantes terem uma opinião negativa com relação a homens negros e mulheres brancas assertivas, as mulheres negras tiveram a mesma liberdade que os homens brancos para ser assertivas. Isso sugere que as negras enfrentam menos dificuldades do que as brancas quando se trata de percepções de liderança (apesar de enfrentarem mais dificuldade de chegar a uma posição de liderança, em razão do preconceito racial combinado ao preconceito de gênero). "As líderes negras ocupam um espaço diferenciado", disse uma das autoras do estudo, Ashleigh Shelby Rosette, da Universidade Duke. "Essas descobertas mostram que o simples fato de um papel ser prescrito para as mulheres em geral não significa que será prescrito para as mulheres negras."[9]

No caso das não negras, contudo, Carli descobriu que os homens têm mais chances de ser influenciados se as mulheres usarem uma linguagem mais hesitante, vacilante e autodepreciativa do que se forem assertivas, embora os homens vejam essas mulheres hesitantes como menos competentes. No estudo, os homens, mas não as mulheres, disseram que as mulheres altamente competentes foram mais ameaçadoras e menos amistosas do que as mulheres menos competentes, o que reduzia a influência que as competentes exerciam sobre os homens.

Assim, todos os conselhos que as mulheres recebem sobre não deixar de dizer o que pensam, não pedir desculpas, não se rebaixar, não usar o *uptalk* podem, paradoxalmente, ir contra seus próprios interesses. O problema é que a hesitação e a autodepreciação fazem com que elas pareçam menos confiantes e competentes. É um dos vários dilemas que as mulheres são forçadas a enfrentar quando só querem ser tratadas da mesma forma que os homens. E esses dilemas fazem com que seja ainda mais difícil reduzir a lacuna de autoridade. Se fosse só uma questão de as mulheres serem tão conhecedoras e confiantes quanto os homens, esse problema já estaria resolvido. Mas o simples fato de saber muito sobre o assunto e ser confiante pode levar os homens a resistir ainda mais à autoridade e à influência de uma mulher.

Outro estudo testou se os homens apresentavam mais chances de ser influenciados por mulheres "hiperfemininas": não as que têm uma aparência extremamente feminina, mas as que acreditam nos papéis de gênero tradicionais.[10] Como seria de esperar, os homens consideraram a mulher "hiperfeminina alta" mais persuasiva (e mais física e sexualmente atraente, embora só tivessem ouvido sua voz) do que a "hiperfeminina baixa", apesar de as duas terem lido exatamente o mesmo roteiro. E os homens registraram mais probabilidade de ser persuadidos pela argumentação da mulher "hiperfeminina alta", mesmo acreditando que ela tivesse menos conhecimento e fosse menos competente.

É difícil para uma mulher não ficar profundamente deprimida com isso tudo. Quanto mais competência e conhecimento a mulher tiver, menos influente e mais antipática ela será aos olhos dos homens. Para ter alguma chance de convencê-los, ela precisará ser atraente, hesitante e submissa. Parece que voltamos aos anos 1950 ou que estamos vivendo em "Women, Know Your Limits!" ("Mulheres, conheçam seus limites!"), esquete genial do comediante Harry Enfield (se você ainda não viu no YouTube, vale muito a pena dar uma olhada).

As mulheres nem têm o direito de usar o poder da raiva para vencer esse preconceito. Um estudo levou participantes ao que eles achavam ser a simulação de deliberação de um júri sobre um assassinato.[11] Na verdade, os outros cinco jurados eram atores encenando um roteiro: quatro concordaram com o participante, mas um se opôs a ele. Se o oponente, homem ou mulher, não demonstrasse qualquer emoção, o participante não mudava de ideia. Se o oponente fosse um homem e demonstrasse raiva, a confiança dos participantes no próprio veredicto caía drasticamente. Mas, se o oponente fosse mulher e ela demonstrasse raiva (enquanto dizia exatamente as mesmas palavras que o oponente homem), a confiança dos participantes no próprio veredicto aumentava de maneira significativa. Ela não teve qualquer influência.

Antes de você entrar em desespero, existe um modo de uma mulher ser vista pelos homens como competente e influente. Não deveríamos ter de mudar nosso comportamento e, no mundo ideal, não faríamos isso. Mas ou nos enfurecemos com o viés inconsciente (ou consciente) das pessoas e acabamos com nossas chances de chegar muito longe ou tentamos encontrar um jeito de contornar o problema. É claro que eu quero que esse viés seja reduzido e, no último capítulo, apresentarei várias sugestões para que isso aconteça, mas, enquanto o problema continuar existindo, pelo menos as mulheres têm uma maneira de não serem tão afetadas por ele.

Pesquisas sugerem que, como acontece com a confiança, o que as mulheres precisam fazer é misturar sua competência com uma dose de cordialidade. A cordialidade é algo esperado das mulheres, mas não dos homens. Espera-se que as mulheres demonstrem espírito comunitário, enquanto os homens expressem agência. Esses estereótipos não só são descritivos como também prescritivos, pelo menos para as mulheres. Se os homens forem comunitários, indo contra o estereótipo, eles são recompensados por isso. Mas, se as mulheres forem o que se chama de agenciadoras, o mais comum é elas serem punidas. Esse é o cerne da lacuna de autoridade, pelo menos no que tange à liderança. Não se espera que as mulheres tenham um comportamento agenciador da mesma maneira como se espera que os líderes se comportem, de modo que é muito mais difícil para elas serem aceitas como líderes. Sua autoridade provavelmente enfrentará resistência.

Um líder homem pode ser descrito como "duro" e admirado por isso. As pessoas tendem a não gostar automaticamente de uma líder mulher considerada "dura" porque esse comportamento não se encaixa em nossos estereótipos: as heurísticas — que são os procedimentos mentais para buscar respostas complexas — do nosso cérebro que nos dizem não só como as mulheres são, mas como achamos que elas devem ser. Podemos até pensar que ela é uma "chata de galochas". Temos muito mais chances de ficar incomodados quando uma mulher deixa de demonstrar espírito comunitário do que quando um homem faz o mesmo. Principalmente se ela também precisa demonstrar agência, que é o que os líderes devem fazer.

Assim, é importante que as mulheres demonstrem espírito comunitário se quiserem ser ouvidas pelos homens. As mulheres que falam rápido, sem hesitação e com clareza, o que é associado à competência, são menos influentes do que os homens que se comunicam da mesma maneira; mas, se elas combinarem essas características com a cordialidade, com comportamentos como sorrir e anuir com a cabeça, elas se tornam tão persuasivas quanto seus colegas do sexo masculino e mais do que as que demonstram apenas competência. Em geral, as pessoas comunitárias são vistas como mais agradáveis, sejam elas do sexo masculino ou feminino. No entanto, como ser cordial e agradável é prescritivo para as mulheres mas não para os homens, a simpatia aumenta mais a influência das mulheres do que a dos homens. Em outras palavras, um homem pode influenciar as pessoas mesmo quando elas não gostam dele, mas uma mulher normalmente precisa ser simpática para ser influente e, portanto, ter alguma autoridade. Quanta injustiça! Por que as mulheres precisam ter atributos que os homens não necessitam demonstrar? É uma pena, mas, enquanto não formos capazes de mudar a maneira como nosso cérebro opera instintivamente – ou pelo menos ajustar seu funcionamento, como todos nós deveríamos tentar –, as mulheres terão de viver com essa desvantagem.

Mulheres e meninas aprendem isso muito cedo. Charlotte Stern tem 20 anos e trabalha na cozinha do hospital de sua cidade. Stern me contou que ela e suas colegas "vivem furiosas com essa lacuna de autoridade. Parece que só porque somos jovens, e mulheres, não conseguimos progredir no trabalho. Acontece muito de eu não aceitar importantes funções de liderança/autoridade porque não quero ser vista como 'chata' ou 'mandona'. Quando tenho que confrontar pessoas da equipe, mudo minha abordagem para não ser taxada de 'chatonilda'. Mas parece que os homens não têm esse problema. Parece que eles já estão 'no comando' e só estão exercendo uma autoridade que eles já têm".

Izzy Radford também tem 20 anos e é assistente de desenvolvimento de TV. Ela descreve o problema que tem com os rapazes da mesma idade: "Eles não dão ouvidos quando falamos de feminismo ou direitos das mulheres, mas, se um homem diz a mesma coisa, ele é visto como uma pessoa superesclarecida, incrível e inteligente. Você precisa manter sempre o controle em uma conversa sobre essas coisas para não ouvir que está 'de TPM' ou ser chamada de 'raivosa', 'feminazi' e coisas do tipo. Não dá para vencer e eu fico morrendo de raiva e chateada. Descobri que é necessário ser 'o tipo certo de feminista', especialmente com os rapazes: você precisa ser engraçada ou bonita para defender as mulheres sem ser vista como uma chata".

Eu, por minha vez, posso dizer que fui socializada para recobrir a autoridade com uma camada de cordialidade a fim de neutralizar um pouco a hostilidade instintiva das pessoas. Eu sorrio mais do que os homens nas reuniões do conselho e, quando dou uma palestra, sorrio muito. Faço questão de perguntar às pessoas sobre a família delas e mostrar um interesse autêntico por seus filhos. Apesar de ser irritante e injusto que os homens não precisem fazer isso, não me incomodo muito. Talvez pela maneira como fui socializada, talvez por ser da minha natureza, mas prefiro ser gentil com as pessoas, mostrar interesse por seu bem-estar e elogiar quando for o caso. Para mim é menos sacrificante do que me forçar a falar com hesitação e minimizar meu conhecimento ou ser vista como hiperfeminina e tradicional. Nada disso seria autêntico. Mas, se eu precisar ser cordial para os homens me darem ouvido, não vejo isso como o fim do mundo.

A maioria das mulheres que entrevistei para este livro chegou à mesma conclusão. Elas dizem que usam a cordialidade para neutralizar qualquer hostilidade à sua autoridade. "É importante sempre demonstrar competência e empatia", disse-me Muriel Bowser. "Você também precisa ser determinada. E precisa criar um estilo para fazer isso." Foi ela quem mandou pintar "VIDAS NEGRAS IMPORTAM" em letras amarelas gigantescas em frente à Casa Branca poucos dias depois da morte de George Floyd e rebatizou aquele trecho da rua de Black Lives Matter Plaza (algo como "Calçadão Vidas Negras Importam"). Um exemplo perfeito de determinação e empatia.

Rania Al-Mashat é uma política e economista que, no momento da escrita destas linhas, atua como ministra de Cooperação Internacional do governo egípcio. Como mulher ocupando um cargo tão importante no Oriente Médio, ela está acostumada a navegar pelas dificuldades de exercer sua autoridade em um mundo extremamente masculino. Segundo ela, no gabinete: "Evito me envolver em conflitos. Um colega chegou a me dizer: 'Você é como a Suíça: tem seu exército, mas não se envolve na guerra'. E acho que é aí que entra o charme e a inteligência emocional".[12]

Mas a demanda por ser cordial pode ter seu preço. Helle Thorning-Schmidt acredita que essa exigência dificulta a vida das mulheres. "Uma coisa que acho muito importante em termos da maneira como as mulheres são vistas enquanto líderes é que as pessoas querem sentir a paixão, o calor humano delas, muito mais do que os homens", ela me disse. "E penso que isso enfraquece a maneira como as mulheres são vistas, porque são forçadas a ter um desempenho impecável em mais critérios do que eles, o que aumenta as chances de fracasso para elas."

"Eu passei um pouco por isso, porque as pessoas me diziam: 'Não conseguimos *sentir* quem você é, não conseguimos *sentir* o tipo de pessoa que você é' e essas exigências nunca, jamais, foram feitas a primeiros-ministros do gênero masculino. No caso de uma mulher na liderança, as pessoas querem ver que ela está tomando decisões com o coração e com o cérebro, mas isso também acaba se tornando uma fraqueza porque os verdadeiros líderes tradicionalmente não tomam decisões com o coração. Todos os líderes têm de ser muito racionais, mas, quando as mulheres são muito racionais, elas são acusadas de frias. Esse é o dilema insolúvel que você enfrenta como mulher na liderança."

Rebecca Kukla é professora de filosofia da Universidade de Georgetown. Ela se desespera pensando em como escapar desse beco sem saída ou, como ela chama, esse "dilema multidimensional". "Praticamente não existe um jeito certo de uma mulher usar a voz e o corpo para projetar o tipo adequado de expertise e autoridade em uma conversa... Em nossa cultura, se soarmos femininas demais, seremos vistas como frívolas e não seremos levadas a sério. Se não soarmos femininas, seremos acusadas de violar as normas de gênero, de ser antipáticas ou de tentar agir como um homem. Se tentarmos ser gentis e cordiais, seremos vistas como fracas. Se não formos gentis ou cordiais, precisaremos tomar mais cuidado do que os homens para manter o comportamento apropriado. Acho que é praticamente impossível nos posicionar para soar como experts. E muitas vezes o conteúdo do que dizemos acaba sendo menos importante do que a maneira como nos apresentamos enquanto mulheres."[13]

Se formos calorosas e amigáveis, será que, como Kukla sugere, não podemos ser resolutas e decisivas também? Brenda Hale não concorda. Quando era uma jovem advogada estagiária, ela perguntou a seu orientador por que, sendo casado com uma médica, ele desaprovava as advogadas do gênero feminino. "Ele disse: 'Um advogado é um combatente, um médico é um cuidador'. Ele achava que as mulheres não sabiam lutar."

"Para ter sucesso na advocacia", ela me contou, "você precisa ser combativo e saber quando lutar, quais batalhas lutar e como lutar, e quando fazer concessões e propor ou aceitar um acordo. Ele estava certo sobre isso, mas errado em relação às mulheres." Não há por que supor que as mulheres não saibam travar uma batalha tão bem quanto os homens, não importa se combinarem ou não a luta com cordialidade.

Se pessoas como o orientador de Hale acreditam que as mulheres podem ser comunitárias, mas não agenciadoras, outras pessoas acreditam que mulheres agenciadoras não podem ser comunitárias: em outras palavras, que mulheres inteligentes e confiantes não podem ser gentis e cordiais. É comum presumir que mulheres altamente competentes serão detestáveis, mesmo se não forem, e esse também é um problema enfrentado pelas mulheres, mas não pelos homens. Não muito tempo atrás, em 2018, Natasha Quadlin, da Universidade Estadual de Ohio, enviou mais de dois mil currículos de recém-formados fictícios respondendo a anúncios de emprego.[14] Nos currículos, ela incluiu a média das notas na faculdade, uma medida de desempenho acadêmico. Ela descobriu que as mulheres com melhor desempenho eram chamadas – para uma entrevista ou para uma conversa – com menos frequência do que os homens com pior desempenho. E o resultado foi ainda mais flagrante para recém-formados em matemática. As candidatas chamadas com mais frequência foram as que tiveram um desempenho moderado na faculdade – as que tiraram notas B em vez de A.

A pesquisadora descobriu que, enquanto os homens tendiam a ser contratados com base em sua competência e comprometimento, as mulheres eram contratadas com base no quanto as pessoas gostariam delas. E as mulheres moderadamente inteligentes foram consideradas mais agradáveis ou simpáticas do que as altamente inteligentes. Para os homens, a simpatia mal foi mencionada.

Veja um exemplo de avaliação do currículo de uma jovem mulher de alto desempenho. "Stephanie parece muito confiante e muito inteligente. Ela seria qualificada demais para qualquer cargo na minha empresa. Além disso, ela não parece socialmente cordial. Não sei dizer por quê. Não vejo nada de errado em ser confiante, mas tenho a impressão de que ela é arrogante." Essas avaliações foram feitas unicamente com base no currículo da candidata e ela nem chegou a ser chamada para uma entrevista.

* * *

Que conclusão podemos tirar disso? Encorajamos nossas filhas a se empenhar na escola e na universidade para que possam tirar boas notas e aumentar as chances de ter um excelente emprego. Porém, talvez fosse melhor se elas só tirassem notas moderadas – eu nunca defenderia isso como solução. Encorajamos as jovens a entrar na área de exatas, em profissões relacionadas à matemática, por exemplo, mas as que se destacam são ainda mais penalizadas por seu talento.

Acreditamos que vivemos em uma meritocracia, na qual o empenho e o bom desempenho são recompensados. Acreditamos que vivemos em uma sociedade com mais igualdade de gênero, na qual as empresas estão competindo entre si para recrutar mulheres brilhantes e aumentar a diversidade de sua força de trabalho. Mais aqui estão jovens recém-formadas, longe da idade de ter filhos, sendo discriminadas – e consideradas frias ou antipáticas – só porque tiveram um alto desempenho.

As mulheres são interrompidas, contestadas e desconsideradas quando tentam dizer o que pensam. Sua influência é menor que a dos homens porque as pessoas subestimam sua expertise e resistem à sua autoridade. E, se forem experts, é possível que elas sejam penalizadas se questionarem a opinião da maioria. Ser altamente competentes pode reduzir ativamente a influência das mulheres sobre os homens, a menos que elas puxem as rédeas de sua competência e as recubram com uma camada de cordialidade. E, mesmo se o fizerem, talvez elas sejam penalizadas se forem excepcionalmente capazes.

Todas essas são evidências concretas – e deprimentes – de que a lacuna de autoridade reduz a influência das mulheres, especialmente sobre os homens. As mulheres precisam se empenhar furiosamente para as pessoas gostarem delas, se quiserem que os homens lhes deem ouvidos. Mas e se os homens nem se dispuserem a se expor às opiniões das mulheres? É o que veremos a seguir.

8

Oi, tem alguém aí?
Ninguém me ouve

"Tenho uma confissão terrível a fazer: não tenho nada a dizer sobre qualquer uma das talentosas autoras contemporâneas. Sem dúvida parte da culpa é minha, já que pareço ser incapaz de lê-las. Na verdade, duvido que uma escritora seja verdadeiramente capaz de empolgar até que a primeira prostituta se torne uma garota de programa e conte sua história."

— *Norman Mailer*

Quando eu trabalhava como colunista política, era convidada com frequência para o *The Daily Politics*, um programa de TV da BBC apresentado por Andrew Neil e voltado a um público que se aprofundava no cenário político. Às sextas-feiras, eles convidavam dois jornalistas para passar uma hora inteira conversando com Neil sobre seis temas políticos. Em uma sexta-feira, fiquei encantada quando fui convidada para ser entrevistada com um ex-colega do *Times*, Daniel Finkelstein.

Danny e eu costumávamos sentar um ao lado do outro na redação. Almoçávamos no refeitório várias vezes por semana e adorávamos bater papo sobre política. Conversávamos de igual para igual, apesar de ele se alinhar mais com o Partido Conservador e eu, com o Trabalhista. Não havia qualquer lacuna de autoridade entre nós, e ele é um daqueles homens encantadores que não veem problema algum em admitir quando uma mulher sabe mais sobre algo do que ele e não hesita em ceder a palavra a ela.

Então você pode imaginar minha irritação quando fomos convidados para participar juntos do programa e o apresentador me ignorou quase completamente. Quando o programa terminou, sentindo-me injustiçada, decidi assistir à gravação. Confirmei que Neil se referiu a Danny primeiro em todas as seis ocasiões e em muitas outras voltou a se referir a Danny para perguntar o que ele achava depois que dei minha opinião, mas nunca chegou a me perguntar nada.

Seria de esperar que ele alternasse entre nós dois. Eu até poderia perdoar Neil se a proporção fosse de quatro para dois a favor de Danny. Mas seis a zero? Para mim foi um enorme desrespeito à minha autoridade e expertise.

Decidi escrever uma coluna usando o incidente como exemplo de homens que valorizam mais a opinião de outros homens no jornalismo político. Curiosamente, quando contratei a empresa de big data Lissted para fazer uma pesquisa sobre o comportamento de seguir no Twitter uma série de influenciadores do mundo da política no Reino Unido e compartilhar suas mensagens, os resultados mostraram que muitos dos principais influenciadores homens seguiam um número altamente desproporcional de jornalistas políticos homens em comparação com mulheres, mesmo depois de corrigir os números para o fato de haver mais jornalistas políticos homens do que mulheres. A pesquisa mostrou que Neil, por exemplo, seguia três vezes mais homens do que mulheres.

Por que é importante saber quem as pessoas seguem no Twitter? Essa informação nos ajuda a ver até que ponto elas querem (ou não) saber o que os outros dizem. Tendemos a seguir no Twitter quem achamos que terá ideias interessantes. Se não deixamos que os tweets dessas pessoas entrem em nosso feed, quer dizer que não temos interesse em saber o que elas pensam.

Não tenho como saber por que Neil segue um número tão mais alto de homens do que de mulheres. Mas é interessante notar que essa diferença não seria considerada incomum nos Estados Unidos. Um estudo com repórteres políticos de Washington descobriu que, embora as mulheres representem quase metade da imprensa, os jornalistas políticos homens dos Estados Unidos se engajaram quase exclusivamente com outros homens.[1] Dos 25 repórteres que receberam o maior número de respostas de repórteres políticos homens, nenhum era do gênero feminino. Os jornalistas homens se engajaram em conversas com outros homens 92% das vezes. E retuitaram outros homens 75% das vezes. "Nunca vi uma significância estatística como essa antes", disse Nikki Usher, a pesquisadora responsável, que conduziu o estudo quando lecionava na Universidade George Washington. Como uma mulher pode esperar ser ouvida em um ambiente profissional tão inóspito?

A maior parte do viés sobre o qual escrevi está presente tanto em mulheres quanto em homens e daremos uma olhada no viés delas em mais detalhes no próximo capítulo. Todos nós – em maior ou menor grau e muitas vezes sem nos dar conta – tendemos a esperar menos delas, ouvi-las com menos atenção e nos incomodar com mulheres em posições de autoridade. Mas este capítulo vai explorar um fenômeno específico: os homens (como Norman Mailer) nem chegam a se expor às vozes femininas, em todo o espectro cultural, sejam as mulheres falando nas redes sociais, escrevendo livros ou aparecendo em filmes. Se esses homens não estão ouvindo, lendo ou assistindo às mulheres, como eles poderiam conceder alguma autoridade a elas? Como eles saberiam se as mulheres têm algum valor?

A maneira mais fácil de medir esse fenômeno – de mulheres falando sozinhas – é dar uma olhada nos livros que homens e mulheres leem. Os títulos de não ficção são fontes de autoridade sobre um tema; a ficção nos transporta a mundos e mentes de outros seres humanos, ampliando nossa empatia e compreensão. Antes de prosseguir, vou pedir para você pensar um pouco sobre os últimos cinco ou dez livros que leu e contar quantos foram escritos por homens e quantos por mulheres. Se você é homem e sua contagem foi de aproximadamente meio a meio, parabéns, você é uma joia rara. Como disse a escritora Grace Paley: "As mulheres sempre fizeram aos homens o favor de ler suas obras e os homens nunca retribuíram".[2]

O primeiro estudo a analisar isso foi um pouco subjetivo, mesmo assim é revelador. Lisa Jardine e Annie Watkins, da Universidade Queen Mary, entrevistaram cem acadêmicos, críticos e escritores sobre seus hábitos de leitura de obras de ficção.[3] Quatro em cada cinco dos homens entrevistados disseram que o último romance que leram foi escrito por um homem, enquanto as mulheres apresentavam as mesmas chances de ter lido um romance escrito por homem ou mulher. Quando as pesquisadoras perguntaram qual foi o último romance escrito por uma mulher que eles leram, a maioria dos homens teve dificuldade de lembrar ou não soube responder. Quando questionados sobre o título do romance "mais importante" escrito por uma mulher nos últimos dois anos, muitos homens reconheceram a derrota e confessaram que não faziam ideia. As autoras do gênero feminino compõem o cânone literário moderno tanto quanto os autores do gênero masculino, de modo que esses homens estavam lendo apenas metade do cânone, ao passo que as mulheres liam um pouco de tudo. Os homens podiam estar presumindo que os romances escritos por mulheres não eram tão bons, mas como saberiam se nem se deram ao trabalho de lê-los?

Como o relatório concluiu: "Os homens que leem ficção tendem a escolher obras de ficção escritas por homens, ao passo que as mulheres leem obras de ficção escritas tanto por mulheres quanto por homens. Consequentemente, as obras de ficção escritas por mulheres continuam sendo de 'interesse especial', enquanto a ficção escrita por homens ainda define o padrão de qualidade, narrativa e estilo". Quando você escuta o termo "great American novel" (literalmente, "grande romance americano") – isto é, uma obra que resume a essência do que são os Estados Unidos –, sou capaz de apostar que pensa em autores como Mark Twain, John Steinbeck, Philip Roth ou Jonathan Franzen. Mas por que não Toni Morrison? Harper Lee? Alice Walker? Donna Tartt?

O romancista irlandês John Boyne se lembra de ter participado de um festival literário no qual três consagrados romancistas homens foram descritos no programa como "gigantes da literatura internacional", enquanto um painel de escritoras da mesma estatura foi apresentado como "maravilhosas contadoras de histórias".[4] Na verdade, ele acredita que as mulheres são romancistas melhores do que os homens porque, segundo ele, elas têm um entendimento mais abrangente e profundo da complexidade humana. "Por exemplo, minhas amigas parecem ter uma boa ideia do que se passa na cabeça dos homens na maior parte do tempo. Meus amigos homens, por outro lado, não têm ideia do que está acontecendo na mente das mulheres."

No entanto, Boyne é um ponto fora da curva. A maioria das pessoas parece ter expectativas diferentes e, portanto, padrões distintos para a ficção escrita por homens e mulheres (como vimos no Capítulo 1, quando Catherine Nichols submeteu seu manuscrito a editoras usando um nome masculino). Como resultado, alguns homens são levados a acreditar que não vale a pena ler romances escritos por mulheres. A romancista irlandesa Anne Enright explicou isso lindamente na *London Review of Books*: "Se um homem escreve 'Ivo viu a uva', admiramos a concisão de sua prosa; se uma mulher escreve a mesma coisa, achamos banal. Se um homem escreve 'Ivo viu a uva', ficamos impressionados com a simplicidade da estrutura de sua frase, sua intensidade e precisão. Compreendemos a ligação entre 'Ivo' e 'uva', ficamos tocados com a inocência de Ivo, admiramos a maneira como a consoante fricativa que forma os monossílabos arredonda a geometria da uva. A frase é tão concreta, tão real (veja esses substantivos!), contendo tanto o 'Ivo' masculino quanto a 'uva' feminina. De alguma forma, essa frase diz tudo. Se, por outro lado, uma mulher escreve 'Ivo viu a uva', seus interesses são claramente domésticos e um tanto quanto limitados. É hora de descer para a sessão de comentários e fazer piadas sobre vulvas…".[5]

Mary Beard me contou que, certa vez, estava participando de uma premiação de livros "e ficou absolutamente claro para mim que os homens estavam escolhendo os títulos mais volumosos. Eles pegavam os livros e diziam: 'Esta é uma contribuição maciça' e o que queriam dizer era: 'Esta é uma contribuição muito masculina'. Até que, no fim, um dos jurados disse: 'Vamos precisar escolher alguns livros curtos também'. Não é que as contribuições de homens e das mulheres sejam colossalmente diferentes, mas os adjetivos positivos usados para nos levar a pensar que um candidato é melhor que o outro tendem a ter uma forte correlação com os candidatos homens. As mulheres não fazem coisas 'maciças'. Algumas palavras não são claramente correlacionadas com o gênero, mas representam um código para o gênero. Os homens que usam essas palavras não têm qualquer consciência disso".[6] Por exemplo, todo mundo sabe instintivamente que "peso-pesado" é um código para "masculino".

A romancista Kamila Shamsie participou de vários júris de premiações. "O painel é composto de jurados homens e mulheres", ela me contou, "e as juradas apresentam livros de homens e mulheres que acham que deveriam ser pré-selecionados. Enquanto isso, os jurados homens apresentam, em sua grande maioria, livros escritos por outros homens."[7]

Isso se repetia ano após ano até que ela decidiu se manifestar. Quando o júri compareceu à primeira reunião, Shamsie chamou a atenção para o fato de que só uma ou duas mulheres tinha ganhado o prêmio desde que ele começara a ser concedido. Na próxima vez que eles se reuniram, sendo que cada um deveria ter lido todas as obras que indicaria, um jurado homem havia incluído em sua lista alguns livros escritos por mulheres. Quando lhe fizeram uma pergunta sobre um desses títulos, ele deu de ombros, olhou para Shamsie e disse: "Bem, só escolhi este porque, no primeiro dia, fizeram um escândalo sobre as mulheres não serem incluídas". Ela conta que ficou claro que ele não tinha lido o livro.

"Mas o mais revelador", ela continua, "foi que o livro passou pela primeira triagem porque nós, as juradas, o lemos e gostamos muito dele. E, no encontro seguinte, aquele jurado foi um defensor bastante aberto do livro, que ele acabou lendo e achou maravilhoso!"

Amanda Craig é uma das melhores romancistas da Grã-Bretanha. Contudo, como Sarah Hughes se perguntou no *Independent* em uma resenha do último livro de Craig, *The Golden Rule*: "Por que Amanda Craig não é tão conhecida? Seus romances, que abordaram temas que vão desde a situação dos imigrantes não documentados até os efeitos do Brexit na Grã-Bretanha rural, se encaixam perfeitamente na esfera ocupada por celebridades como Jonathan Coe, mas, de alguma forma, ela não é um nome tão conhecido".[8]

"Pode ser porque as influências que Craig usa são vistas como 'femininas' e fúteis. Ela nunca teve medo de fazer referência a mitos e contos de fadas em suas obras, chegando a brincar com a história de Teseu e Ariadne e criando uma genial versão atualizada de *Sonho de uma noite de verão*. Porém, parece que a maneira como as histórias alimentam a imaginação é vista como menos interessante do que truques de linguagem ou de forma."

E livros bem parecidos escritos por homens e mulheres podem ser julgados de forma diferente. Kamila Shamsie ganhou o Prêmio Feminino de Ficção de 2018 por seu romance *Lar em chamas*. Uma reinterpretação de *Antígona* no contexto da guerra contra o terrorismo, o título aborda profundos temas contemporâneos entremeados por relacionamentos complexos entre três irmãos anglo-paquistaneses e o filho do ministro do Interior. Mas ela me contou: "Quando falam sobre meus livros, as pessoas se referem muito mais aos elementos familiares e românticos. E os homens estão escrevendo tanto sobre romance e família, talvez até mais, no entanto as pessoas falam sobre os livros deles em termos das histórias políticas mais amplas que eles contam".[9]

Será que esse fenômeno se limita ao mundo de língua inglesa? De jeito nenhum. O autor norueguês Karl Ove Knausgård foi celebrado por seu romance autobiográfico de seis volumes *A minha luta*, um relato minuciosamente detalhado de sua vida doméstica que provavelmente teria sido considerado irrelevante se fosse escrito por uma mulher. Em 2010, o autor belga Bernhard Dewulf ganhou um prestigioso prêmio literário holandês, o Libris Literatuur Prijs, por um relato semiautobiográfico de sua vida cotidiana com os filhos. Três anos antes, um júri do mesmo prêmio lamentou o fato de as mulheres escreverem tanto sobre "trivialidades pessoais".[10]

Para ter uma visão mais clara e mais ampla da extensão em que os homens estavam deixando de ler livros escritos por mulheres, pedi à Nielsen Book Research, os gurus do mercado livreiro, que revelasse definitivamente quem exatamente estava lendo o quê. Eu queria saber não só se as autoras eram consideradas menos respeitáveis do que os homens (talvez por serem julgadas por dois pesos e duas medidas), mas se elas de fato estavam sendo lidas. Os resultados reforçaram minha suspeita de que era inversamente proporcional a probabilidade de que os homens sequer *abrissem* um livro escrito por uma mulher. No geral, olhando para os títulos mais vendidos (de ficção e não ficção) no Reino Unido, as mulheres leem um pouco mais do que os homens: os leitores foram 54% mulheres e 46% homens. No entanto, na análise por autor, os resultados são drasticamente diferentes.

Para as dez autoras mais vendidas do gênero feminino (que incluem Jane Austen e Margaret Atwood, bem como Danielle Steel e Jojo Moyes), apenas 19% dos leitores são homens e 81% são mulheres. Já para os dez autores mais vendidos do gênero masculino (que incluem Charles Dickens e J. R. R.

Tolkien, bem como Lee Child e Stephen King), a divisão é muito mais equilibrada: 55% são homens e 45% são mulheres. Em outras palavras, as mulheres estão abertas a ler livros escritos por homens, mas um número muito menor de homens está disposto a ler livros escritos por mulheres.

E a autora mulher entre a lista dos dez mais vendidos que teve o maior público masculino – a escritora de suspense L. J. Ross – usa seu nome abreviado, de modo que é possível que seus leitores homens não conheçam seu gênero. O que isso nos diz sobre nossa relutância em conceder autoridade igualitária – intelectual, artística, cultural – a mulheres e homens?

Margaret Atwood, claramente uma escritora que deveria ter presença garantida na estante de qualquer pessoa que se interessa por literatura de ficção, tem apenas 21% de leitores do sexo masculino entre seu público leitor. Julian Barnes e Yann Martel, vencedores do Booker Prize, têm quase o dobro (39% e 40%). Hilary Mantel tem apenas 34% de leitores do sexo masculino.

Isso não significa que as mulheres sejam escritoras de ficção literária menos talentosas. Pelo contrário. Em 2017, todos os cinco romances literários mais vendidos no Reino Unido e na Irlanda foram escritos por mulheres, bem como nove dos dez mais vendidos.[11] E não é que os homens não gostem dos livros de mulheres quando os leem; na verdade, eles chegam a ter uma pequena preferência por esses. A pontuação média que os homens dão aos títulos escritos por mulheres no Goodreads é 3,9 de um total de 5; e 3,8 para livros escritos por homens.[12]

Já para a não ficção, que é lida por um pouco mais de homens do que mulheres, o padrão é semelhante, apesar de não ser tão drástico. Os homens ainda leem muito mais autores homens do que mulheres, mas a discrepância não é tão grande porque as mulheres tendem a fazer o mesmo a favor de autoras mulheres. Mas a diferença ainda é grande. As mulheres têm 65% mais probabilidade de ler um livro de não ficção escrito pelo gênero oposto do que os homens. E isso sugere que os homens, consciente ou inconscientemente, não concedem às autoras mulheres tanta autoridade quanto aos homens. Ou fazem a preguiçosa suposição de que os livros escritos por mulheres não são para eles sem se dar ao trabalho de lê-los para comprovar ou refutar essa hipótese.

Esse padrão não só prejudica as vendas dos livros de autoras mulheres, como restringe as experiências que os homens têm do mundo. "Já faz muito tempo que sei disso, que os homens simplesmente não têm interesse em ler a nossa literatura", disse-me Bernardine Evaristo. "O que isso nos diz sobre a nossa sociedade? A literatura é uma das maneiras pelas quais exploramos a narrativa, exploramos nossas ideias, desenvolvemos nosso intelecto, nossa imaginação. Se escrevemos histórias sobre mulheres, estamos falando a respeito das experiências das mulheres. Também falamos sobre as experiências dos homens de uma perspectiva feminina. E, se eles não têm interesse por esse tema, acho que isso diz muito e é algo terrível e muito preocupante. A mim parece que somos vistas como menos importantes e mais insignificantes. E acho que isso é um grande problema."[13]

Se as escritoras mulheres quiserem ser celebradas, ajuda escrever principalmente sobre homens. Nicola Griffith analisou os seis prêmios de ficção literária mais importantes dos Estados Unidos e do Reino Unido ao longo de quinze anos e descobriu que, quanto mais prestigioso o prêmio, maior a probabilidade de o romance ter personagens principais masculinos.[14] Assim, por exemplo, em quinze anos do Prêmio Pulitzer, entre 2000 e 2015, mais da metade dos vencedores foram livros escritos por homens sobre homens. Entre as vencedoras do gênero feminino, metade dos romances foi sobre homens e a outra metade, sobre homens e mulheres. Nenhum vencedor, seja homem ou mulher, escreveu um livro com uma protagonista mulher, de qualquer idade. No entanto, os romances deveriam falar sobre a condição humana, e não só a respeito da condição masculina. "Isso significa que ou as escritoras mulheres estão se autocensurando, ou os juízes do valor literário consideram as mulheres assustadoras, de mau gosto ou entediantes. Os resultados demonstram claramente que as perspectivas das mulheres são consideradas desinteressantes ou insignificantes", escreve Griffith.

Esse padrão também prejudica muito as autoras. Dolly Alderton é uma escritora de grande sucesso, cujas memórias *Tudo o que sei sobre o amor* foi um best-seller do *Sunday Times* e ganhou o National Book Award de 2018 de melhor autobiografia. No entanto, pelo menos na Grã-Bretanha, o livro praticamente não despertou o interesse dos homens. Todos os profissionais da imprensa, tanto de jornais como de revistas, enviados para entrevistá-la eram mulheres e o livro foi, como Alderton me contou, "divulgado, visto e recebido como algo incrivelmente de nicho devido ao meu sexo. Mas a experiência feminina não é uma experiência de nicho; é um interesse universal".[15]

Foi um grande golpe ao moral dela. "Parece que não tenho leitores do sexo masculino. Há algo de naturalmente muito condescendente no fato de que metade da população considera totalmente irrelevante o que eu penso sobre qualquer coisa. É muito chato saber disso. Nos dias em que não estou muito bem, penso em como minhas ideias, minhas histórias e meu trabalho são rejeitados, e posso dizer que dói. Acabo num lugar existencial bizarro quando começo a pensar que metade da população não tem interesse no que eu tenho a dizer." E não estamos falando apenas de uma lacuna de autoridade; estamos falando de um vazio completo se os homens não estão lendo livros escritos por mulheres.

Contudo, foi diferente quando ela viajou pela Dinamarca, um país bem mais progressista, para divulgar seu livro. Ela contou ao jornalista homem que foi enviado para entrevistá-la que ele foi o primeiro. "Ele achou tão surreal que não conseguiu acreditar. Ele tinha uns 20 anos e disse que ele e seus amigos liam autobiografias ou obras de ficção escritas por mulheres tanto quanto por homens. As coisas *podem* ser diferentes. E os homens podem resolver esse problema com muita facilidade. Tudo o que eles precisam fazer é procurar ativamente livros escritos por mulheres.

Por outro lado, o Reino Unido e os Estados Unidos ainda têm um longo caminho a percorrer. Quando a revista *Esquire* publicou uma lista dos "80 melhores livros que todo homem deve ler",[16] descritos como "as maiores obras da literatura já publicadas", apenas um tinha sido escrito por uma mulher, Flannery O'Connor, sendo que seu nome é de gênero neutro (ou seja, pode ser tanto de homem quanto de mulher). Autoras do gênero feminino, como George Eliot, as irmãs Brontë e J. K. Rowling, tiveram de mudar ou disfarçar seu nome para persuadir homens e meninos a ler suas obras. Eu mesma fiquei muito tentada a publicar este livro usando o nome M. A. Sieghart.

Considerando que a *Esquire* é uma revista direcionada ao público masculino, já seria de esperar que a lista fosse elaborada por homens recomendando livros escritos por outros homens. Mas você esperaria isso, digamos, da *New York Review of Books*? Só que, em 2019, apenas 29,6% de seus críticos literários eram mulheres.[17] (A *London Review of Books*, com 32%, era só um pouco melhor.) E, dos livros resenhados, apenas 31% foram escritos por mulheres. Assim, do mesmo modo como os homens relutam em ler autoras mulheres, eles também relutam em resenhá-las ou recomendá-las. Até na *New York Review of Books* temos homens recomendando livros de outros homens. Os *gatekeepers* culturais, as pessoas que têm autoridade de julgar os livros, os críticos, são principalmente homens. E eles estão concedendo autoridade a livros escritos por outros homens. Como as escritoras podem esperar ser levadas a sério pelos homens se os críticos do gênero masculino praticamente ignoram sua existência?

"A afinidade é uma alegria de se ter", escreve a romancista Anne Enright. "Eu me admirava muito ao ver a facilidade com a qual os homens elogiavam livros de outros homens e invejava um pouco a maneira como às vezes eles eram admirados de volta. Essa espiral ascendente de afeição masculina se perde de vista na nossa vida cultural, elevando a confiança e a reputação masculina à medida que sobe. As obras dos homens também são lidas e discutidas por críticas mulheres; só um lado da equação é fraco: a falta de engajamento dos homens com as obras escritas pelas mulheres."[18]

Não é como se a *New York Review of Books* estivesse fazendo isso sem saber. O levantamento VIDA Count, do qual tirei essas estatísticas, tem divulgado seu valioso trabalho desde 2010. A porcentagem de críticas literárias mulheres na *New York Review of Books* está aumentando, mas na velocidade de uma lesma preguiçosa. O aumento foi de apenas três pontos percentuais em relação a 2014.

Hoje em dia, algumas publicações têm um desempenho muito melhor. As páginas *New York Times Book Review* tiveram 58% de resenhas escritas por mulheres em 2019, representando uma grande melhoria no decorrer da década. O *Times Literary Supplement* teve 49% (mesmo assim, resenhou duas vezes mais livros de autores homens do que de mulheres). Isso nos dá esperança de que as coisas de fato podem mudar.

É comum gêneros literários inteiros serem ignorados nas publicações dedicadas a resenhas de livros. Os thrillers de fácil leitura, os crimes envoltos em mistério e a ficção especulativa que os homens costumam apreciar são resenhados. Nenhum novo título de Lee Child passa despercebido. E, quando autores do gênero masculino como Nick Hornby ou David Nicholls escrevem livros comerciais que tratam de relacionamentos e da vida familiar, esses também são resenhados. No entanto, os equivalentes femininos não raro são pejorativamente rotulados como "*chick lit*", livros de ficção ou romances escritos por mulheres, e normalmente são ignorados por publicações sérias.

"Se os romances *chick lit* chegam a ser resenhados, é para receber críticas negativas", diz Serena Mackesy.[19] Ela começou a escrever ficção na década de 1990, logo depois da publicação do primeiro livro da série *Bridget Jones*. Seus editores decidiram vendê-la como uma autora de *chick lit*. "Todos os meus livros abordavam questões importantes, mas as sinopses diziam: 'Fulana tem um emprego, mas será que ela vai conseguir arrumar um namorado?'." Mackesy não tinha como opinar sobre a maneira como seus livros eram divulgados, até que uma lâmpada se acendeu em sua cabeça. Ela decidiu mudar seu nome para Alex Marwood, de gênero neutro, e recomeçar do zero. "Conheço muitos homens incríveis que não têm qualquer preconceito contra as mulheres, mas eles automaticamente pensam que um livro escrito por alguém chamado 'Serena' não tem nada a ver com eles." Seu primeiro thriller publicado sob o pseudônimo "Alex", *À sombra de uma mentira*, foi amplamente resenhado, elogiado por Stephen King como um dos dez melhores livros do ano e ganhou o prestigioso Prêmio Edgar de melhor livro publicado inicialmente em brochura[*]. Ela nunca mais olhou para trás.

"Fica muito claro, pelas avaliações dos meus livros na Amazon, que meu público é muito mais masculino. E meus seguidores nas redes sociais são mais ou menos meio a meio, quando antes meus seguidores eram só mulheres e os homens que eu conhecia. O novo nome mudou tudo para mim." Sua experiência foi igual à de Catherine Nichols, ou até dos homens trans e dos candidatos a emprego dos capítulos anteriores. Uma avaliação de uma estrela na Amazon, contudo, dizia: "Não gosto de thrillers de autoras mulheres. Eu jamais teria comprado este livro se soubesse que Alex Marwood era o pseudônimo de uma escritora britânica". Ela imprimiu e pendurou a avaliação na parede de seu banheiro.

Nas festas do mercado editorial, Mackesy gosta de chegar como Serena e mudar seu nome para Alex no meio do evento. "Pessoas que mal se dão ao trabalho de apertar minha mão de repente começam a me bajular." Ela conclui: "Foi incrível ver que meus livros estavam sendo bem-recebidos e é maravilhoso ser tratada com respeito nas redes sociais por desconhecidos que não sabem que você é mulher".

Porém, ela ainda se irrita ao ver autores do gênero masculino como David Nicholls, que escreveu o best-seller de leitura facílima *Um dia*, sobre o romance inconstante entre um jovem e uma mulher madura, sendo tão resenhados e celebrados. "*Um dia* é um romance excelente, mas muitas autoras se surpreenderam ao ver que ele estava sendo elogiado por elementos que costumam ser descartados como '*chick lit* clássica' em suas próprias obras." Afinal, o livro gira em torno de romance, sensibilidade e relacionamentos.

As resenhas podem ser negativas, mas as recomendações são, por sua própria natureza, positivas. Pensando assim, contei as recomendações dos "livros do ano" no *Times Literary Supplement*, *Guardian*, *Spectator* e *New Statesman*. Apenas o *Guardian* pediu a mais mulheres do que homens que sugerissem seus

---

[*] No Reino Unido e nos Estados Unidos, a primeira edição dos livros costuma ser em capa dura e só depois as obras são publicadas em brochura. As edições em brochura são mais baratas e visam um público mais popular. (N. T.)

livros do ano. As outras publicações variaram de 61% a 70% de homens, com o *Spectator* sendo o mais masculino.

Os críticos literários do *Spectator* recomendaram quatro vezes mais livros escritos por outros homens do que por mulheres. As críticas do gênero feminino (em número muito menor) foram muito mais imparciais, recomendando 42% de obras de homens e 58% de mulheres. Também no *Times Literary Supplement*, os homens recomendaram 69% de títulos escritos por homens e apenas 31% de autoras mulheres; a proporção de críticas mulheres foi de 44 a 56. Até no *New Statesman* (em que dois terços dos críticos eram homens, apesar da imagem progressista da publicação), os homens mostraram exatamente o mesmo viés de 69 a 31, mas pelo menos isso foi neutralizado por críticas mulheres que recomendaram muitos mais livros de autoras do gênero feminino. Em conclusão, os críticos do gênero masculino atribuem muito mais autoridade aos autores homens do que às mulheres. E os próprios críticos supostamente são autoridades no mundo da literatura. O que acaba acontecendo é que os leitores são levados a acreditar que os homens têm mais autoridade em recomendar quais livros ler e que, ainda por cima, os escritos por homens são melhores do que os escritos por mulheres. Nenhuma dessas crenças é verdadeira, mas as duas servem para exacerbar a lacuna de autoridade.

Bernardine Evaristo diz que faz questão de estabelecer um equilíbrio mais saudável. "Quando me pedem para recomendar livros, quase sempre escolho mulheres. E quase sempre escolho mulheres negras ou de outras etnias porque sei que, se não fizer isso, elas têm pouquíssimas chances de entrar nessas listas. Faço questão disso porque a lista vai incluir pelo menos dois ou três livros que não são de autores brancos nem de homens brancos."[20]

David Bamman, professor assistente da Universidade da Califórnia, em Berkeley, fez um estudo semelhante em 2018 analisando as cem entrevistas mais recentes da coluna "By the Book", de *The New York Times*, examinando quais livros os autores disseram que têm em sua mesinha de cabeceira.[21] Ele encontrou um viés masculino ainda maior. Os entrevistados homens recomendaram quatro livros escritos por homens para cada livro escrito por mulher, enquanto as mulheres foram extremamente imparciais, recomendando 51% de autores homens e 49% de autoras mulheres. Metade dos entrevistados do gênero masculino não mencionou nenhuma escritora mulher.

De acordo com o pesquisador, isso ecoa o status inferior que as personagens femininas têm nos romances escritos por homens. "Os homens permanecem – em média, como um grupo – extraordinariamente resistentes a dar às mulheres mais de um terço do espaço de personagens em suas histórias."[22]

A autora Lauren Groff ajudou a reparar esse desequilíbrio quando deu uma entrevista para a coluna "By the Book" em maio de 2018, recomendando apenas autoras do gênero feminino. Ela encerrou perguntando: "Quando os escritores homens citam livros que adoram ou que os influenciaram – como fazem nesta coluna, semana após semana –, por que quase sempre parece que eles só leram uma ou duas mulheres em toda a vida? Não pode ser porque os homens sejam escritores inerentemente melhores do que as mulheres... E não é porque os escritores homens são pessoas más. Sabemos que eles não são. Na verdade, nós os adoramos. Nós os adoramos porque *lemos* o que eles escrevem. Algo invisível e pernicioso parece estar impedindo até os bons literatos de escolher livros com o nome de mulheres na lombada ou de se lembrar de livros escritos por mulheres quando listam suas influências. Fico me perguntando o que exatamente seria esse algo invisível e pernicioso".[23] Alguns homens têm esse ponto cego quando se trata de se abrir às opiniões das mulheres, admirar suas obras e lhes conceder autoridade literária.

O problema é que isso tem consequências na vida real. Além de não serem levadas tão a sério quanto os homens, as escritoras são forçadas a aceitar ganhar menos porque poucos homens leem seus livros e, portanto, elas são menos valorizadas pelas editoras. A socióloga Dana Beth Weinberg e o matemático Adam Kapelner, do Queens College da Universidade da Cidade de Nova York, analisaram 2 milhões de títulos publicados na América do Norte entre 2002 e 2012.[24] Eles descobriram que, em média, os livros escritos por mulheres eram vendidos a preços 45% mais baixos do que os escritos por homens.

Além disso, o problema também tem consequências para todos nós. "As vozes das mulheres não estão sendo ouvidas. Elas constituem mais da metade da nossa cultura. Se metade dos adultos da nossa cultura não tem voz, metade da experiência do mundo está sendo negligenciada, deixamos de aprender com ela e de usá-la para melhorar. A humanidade é apenas a metade do que poderia ser", escreve Nicola Griffith.

Por isso foi tão animador quando o prêmio Man Booker, cujo histórico era apenas um pouco melhor do que o Pulitzer, decidiu agraciar, em sua edição de 2019, *Os testamentos*, de Margaret Atwood, e *Garota, mulher, outras*, de Bernardine Evaristo – ambos romances escritos por mulheres, sobre mulheres e, no caso de Evaristo, sobre mulheres negras. Finalmente estamos vendo algum progresso e vamos torcer para que ele se expanda também a outras áreas.

Vamos torcer para que as obras de autoras mulheres passem a ser valorizadas tanto quanto as de autores homens e que os homens comecem a se abrir para a outra metade do mundo.

Foi só aos 60 anos de idade que Evaristo começou a sentir que seu trabalho finalmente estava sendo levado a sério. "Sempre foi difícil alcançar um público mais amplo e receber o tipo de respeito que os homens brancos sempre receberam na cultura literária do Reino Unido", ela me disse.[25] E até que ponto isso acontecia porque ela é mulher ou negra? "Às vezes precisamos separar as coisas, não é? Estamos falando de raça? Estamos falando de gênero, estamos falando de classe social, estamos falando de nível de escolaridade? Todas essas coisas fazem diferença. O fato de eu ter sido a primeira mulher negra a ganhar o Booker, ou a primeira britânica negra a ganhar o Booker, por si só já conta uma história."

E como isso aconteceu? "Por causa de quem estava na sala. Acho que é simples assim. O júri foi composto de quatro mulheres e um homem e acho que essa proporção também foi algo inédito. Eram quatro mulheres muito fortes, e elas claramente se identificaram com meu livro. Ao mesmo tempo, nossa sociedade mudou um pouco nos últimos anos, e está mais receptiva à arte, às ideias, à cultura e à literatura das mulheres negras. Então, acho que foi a hora certa para um livro como o meu passar por todos os obstáculos. Porém, levou cinquenta anos para isso acontecer. E eu tive que dividir o prêmio [com Margaret Atwood], mas, como sempre digo, eu aceito do jeito que vier."

* * *

Quando eu era criança, meu irmão vivia me atazanando para eu ver filmes de faroeste e thrillers na TV. Passei horas vendo esses filmes com ele, apesar dos meus protestos. Ele me dizia que eu estava errada e que os filmes eram, objetivamente, excelentes.

Eu ainda era uma menina e, acreditando no que meu irmão mais velho dizia, achei que eu é que era o problema. Com o tempo, contudo, descobri qual era o problema. Os faroestes não tinham personagens femininas interessantes, além de uma ou outra periguete ocasional no bar. E os thrillers geralmente envolviam uma jovem atraente sendo perseguida e assassinada por um psicopata. Naturalmente, meu irmão não se incomodava com nada disso, porque ele era um menino.

Mas esses filmes eram "excelentes". Eles ganharam prêmios. Eles faziam parte do cânone. Quem era eu para dizer que *Três homens em conflito*, um filme com três personagens principais do gênero masculino e um elenco de 53 coadjuvantes, dos quais apenas um era mulher, não era excelente?

Você consegue imaginar homens fazendo fila no cinema para ver um filme com 56 personagens, todas mulheres exceto um? *Adoráveis mulheres*, dirigido por Greta Gerwig e lançado em 2019, foi uma adaptação magnífica do livro e teve quatro personagens masculinos fortes ao lado das femininas, além de mais de trinta homens no elenco coadjuvante. Mesmo assim, como disse a *Vanity Fair*, "Os homens não acharam *Adoráveis mulheres* muito adorável".[26] As exibições organizadas pela Sony Pictures para a temporada de premiações atraíram desproporcionalmente poucos homens.

"Não vou afirmar que [os homens] foram em massa às exibições, por assim dizer", disse a produtora do filme Amy Pascal. "Nem sei se eles viram o filme quando receberam seus DVDs [de *screener*]. É um viés totalmente inconsciente. Não acho que essa rejeição toda tenha sido por mal", ela concluiu. Mesmo com essa interpretação generosa, os resultados foram os mesmos. Os críticos disseram que o filme era fantástico, ficando com 94% no Rotten Tomatoes, cinco pontos a mais do que o aclamado, mas exclusivamente masculino, *1917*. Enquanto *1917* ganhou o prêmio de Melhor Filme no Globo de Ouro e vários prêmios na British Academy of Film and Television Arts (BAFTA), *Adoráveis mulheres* não ganhou o prêmio de Melhor Filme nas principais premiações – provavelmente porque muitos jurados do gênero masculino nem chegaram a assisti-lo, quanto mais votar nele.

O ator que interpreta o Sr. Dashwood no filme, Tracey Letts, é mais direto. "Eu não acredito que ainda estamos debatendo essa merda, com filmes feitos por homens, sobre homens e para homens sendo considerados os padrões da indústria. Enquanto isso, os filmes femininos se enquadram nessa categoria separada e desigual. É um absurdo."

Assim como no mundo dos livros, os críticos da indústria cinematográfica são predominantemente homens, mais do que o triplo em comparação com as mulheres nos Estados Unidos.[27] Também nesse caso, os críticos de cinema homens são mais propensos a resenhar filmes com protagonistas masculinos, e 51% das resenhas escritas por mulheres e apenas 37% das críticas escritas por homens são sobre filmes com pelo menos uma protagonista feminina.

E os homens apresentam menos probabilidade do que as mulheres de escrever resenhas positivas para filmes com protagonistas femininas. As críticas mulheres dão uma avaliação média de 74% e os homens, uma avaliação média de 62% aos filmes com protagonistas femininas. Quando se trata de protagonistas masculinos, contudo, a diferença é pequena. As mulheres lhes dão 73% em média e os homens, 70%. Desse modo, parece que os críticos do gênero masculino são menos propensos a assistir a filmes sobre mulheres e, se o fazem, têm mais chances de avaliá-los negativamente. As mulheres são mais imparciais.

Não será surpresa, portanto, encontrar o mesmo padrão no mundo das artes em geral. Quando pesquisadores analisaram como jornais de elite cobriam as artes e a cultura no decorrer de mais de cinquenta anos na França, na Alemanha, na Holanda e nos Estados Unidos, eles descobriram que, apesar do maior envolvimento das mulheres nas artes nesse período, a cobertura de suas obras permaneceu estável em apenas 20% a 25% nos quatro países, sem exceção, ao longo de meio século.[28] O título do artigo diz tudo: "Esses críticos (ainda) não escrevem o suficiente sobre as mulheres artistas". E você acha que os críticos são homens ou mulheres? Você acertou: em sua maioria, homens. Então, também nesse caso, o trabalho artístico das mulheres é subestimado ou ignorado, perpetuando o estereótipo de que as mulheres são inferiores ou irrelevantes, menos dignas do nosso respeito.

A arte feita pelas mulheres é literalmente subvalorizada. Em média, as obras de artistas do sexo feminino são vendidas por 48% menos em leilões do que as obras de artistas homens. Será que as artistas mulheres não fazem uma boa arte? Um experimento mostrou a participantes algumas obras de arte geradas pelo algoritmo DeepArt com nomes masculinos e femininos atribuídos aleatoriamente a elas. Homens abastados frequentadores de galerias – em outras palavras, colecionadores de arte – deram notas mais altas às obras dos "homens" do que às das "mulheres". Como os autores escrevem: "A arte das mulheres parece ser vendida por menos por ser obra de mulheres".[29] Não é pior, é só feminino.

Nada disso é necessariamente deliberado. Se os meninos são criados para acreditar, no fundo, que são superiores às meninas e se a sociedade lhes transmite a mesma mensagem quando eles crescem, eles podem muito bem acreditar que escritores, cineastas, artistas – e por aí vai – são mais dignos de sua atenção. E, se eles acreditam que a condição humana padrão é masculina, podem muito bem achar que as histórias dos homens são universais enquanto as das mulheres são "de nicho".

No entanto, essas suposições devem ser questionadas porque se baseiam em uma premissa falsa: que os homens são melhores do que as mulheres. Se aceitarmos que elas são tão boas quanto eles em praticamente todos os campos que não exigem força física, precisamos começar a tratá-las de acordo, reconhecendo seu talento e dando a elas o respeito que conquistaram. Precisamos começar a segui-las no Twitter, ler seus livros, ver seus filmes, apreciar sua arte. Podemos até nos surpreender e nos maravilhar com a expertise delas.

Se os homens duvidam que as mulheres sejam capazes de escrever a respeito de assuntos de seu interesse, eles podem ler Pat Barker sobre a Primeira Guerra Mundial ou Hilary Mantel sobre as maquinações da corte de Henrique VIII. Nem todos os romances escritos por mulheres são histórias de amor melosas. A desatenção dos homens com relação às obras das mulheres, que contribui enormemente para a existência da lacuna de autoridade, pode ser resolvida com uma facilidade incrível. Tudo o que esses homens precisam fazer é decidir se expor ativamente às vozes das mulheres. Quando eles se acostumarem, podem até descobrir que as histórias que elas contam são de interesse universal e humano, não narrativas de nicho só para mulheres.

Os homens têm muito a ganhar abrindo a cabeça e adquirindo novos gostos. Só porque um livro foi escrito por uma mulher ou um filme é sobre mulheres não significa que não tenha nada a oferecer aos homens. Eles podem descobrir como é viver como mulher no mundo, o primeiro passo para desenvolver a empatia. E isso pode ajudar a estourar a bolha na qual muitos homens vivem sem perceber e permitir que novas ideias e insights germinem na mente deles. Afinal, não é para isso que a arte serve?

9

As mulheres fazem a mesma coisa
Como nosso cérebro reptiliano age contra nós

"QUANDO EU ESTIVER NO COMANDO, NÃO VOU SER CRUEL E MANDONA COMO ELA!"

"Foi o dia mais importante e transformador da minha vida, quando me vi cara a cara com meu próprio preconceito, com o fato de que minha mente e minhas mãos eram incapazes de coordenar e associar 'mulher' com liderança tão bem quanto eu associo 'homem' com liderança."
— *Mahzarin Banaji, psicóloga*

Quando Anne Hathaway interpretou a protagonista do filme *Um dia*, uma adaptação do livro homônimo de David Nicholls, ela foi dirigida por uma mulher, o que não é comum. E seu próprio viés inconsciente contra outras mulheres entrou em ação imediatamente. "Eu me arrependo muito de ter resistido tanto em confiar na diretora Lona Sherfig", ela admitiu em uma entrevista no programa *Popcorn with Peter Travers*. "E até hoje tenho medo de descobrir que não confiei nela como confio em alguns outros diretores com quem trabalhei porque ela é mulher. Morro de medo de tê-la tratado com base em uma misoginia internalizada. Quando via um primeiro filme dirigido por uma mulher, eu tendia a me concentrar nos defeitos e, quando via um primeiro filme dirigido por um homem, me concentrava nos acertos. Eu tentava ver para onde o diretor poderia ir no próximo filme e tentava ver aonde a diretora deixou de ir."[1] Como ela mesma admitiu, Anne estava contribuindo para a lacuna de autoridade ao subestimar a habilidade das outras mulheres.

Quando as mulheres apresentam um viés contra outras, chamamos o fenômeno de misoginia internalizada. Nossa criação, o que vemos ao nosso redor na sociedade e as atitudes predominantes do gênero que detém mais poder nos levaram a internalizar esse viés. As mulheres são tão suscetíveis a perpetuar estereótipos quanto os homens, e esses estereótipos formam a heurística que leva nosso cérebro a tomar atalhos, ou seja, a julgar as pessoas por seu gênero, e não por sua capacidade individual.

Philippa Perry é psicoterapeuta e escritora. Ela me contou como foi tóxico para ela ter crescido em um ambiente marcado pela misoginia. "Meu pai acreditava que as mulheres eram inferiores e não escondia isso. Ele queria filhos homens, e minha mãe tinha 40 anos quando eles se casaram. Eles tiveram um menino e depois eu nasci. Fui a maior decepção da vida dele porque eles não teriam outra chance de ter mais um filho homem. Ele vivia fazendo piada, dizendo coisas do tipo: 'Nesta casa até o cachorro é uma cadela'. E eu acabei absorvendo muita misoginia dele. Ele dizia coisas como: 'As mulheres me dão nojo'. A gente absorve esse tipo de coisa. Nos anos 1970, os homens podiam ter personalidades na TV, mas as mulheres não. Podíamos ser fofoqueiras, podíamos ser caprichosas, podíamos ser matronas, podíamos ser objetos sexuais, mas não podíamos ser pessoas reais. Eu vivia cercada desse tipo de coisa, mas não me dava conta. Éramos submetidas a uma lavagem cerebral para acreditar que éramos menos do que os homens."[2]

Mesmo se, de maneira consciente, acreditarmos firmemente na igualdade de gênero, podemos nos pegar reagindo de forma negativa a outras mulheres em função desse viés inconsciente. Ainda podemos ter dificuldade de associar mulheres ao trabalho ou homens à família, mesmo quando nós mesmas trabalhamos fora. Em testes de viés inconsciente – ou implícito –, uma porcentagem um pouco maior de mulheres do que de homens apresenta essa tendência (80% em comparação com 75%). O teste de associação implícita (TAI) "gênero-carreira" apresenta nomes como Rebecca e Daniel acompanhados de palavras relacionadas ao lar e ao trabalho, como "filhos" e "escritório". A ideia do teste é que a rapidez e a precisão com as quais você clica em determinadas combinações refletem a intensidade de suas associações implícitas entre mulheres e a vida doméstica, e entre homens e a vida profissional.

O TAI tem seus críticos. Você pode fazê-lo duas vezes e o resultado talvez não seja o mesmo. E o simples fato de você achar mais fácil associar uma mulher com a cozinha e um homem com um escritório – o tipo de imagem que o teste usa – não significa que você acredite que esses estereótipos são bons ou que deveriam ser encorajados. Mas o teste pelo menos nos dá uma ideia do quanto os estereótipos estão arraigados na nossa mente, gostemos deles ou não.

Considerando que escrevi um livro justamente sobre esse tema, fiquei desanimada quando meus resultados mostraram que sou moderadamente tendenciosa. E eu não sou a única. A maioria de nós leva mais tempo para associar, um nome feminino como Michelle com "liderança" ou um nome masculino como Paul com "filhos" porque, como me explicou Mahzarin Banaji, a professora da Universidade Harvard que desenvolveu o teste: "Uma marca da nossa cultura está gravada em nosso cérebro".[3] Estamos tão acostumados a associar os homens ao comando e as mulheres a cuidar dos outros que temos dificuldade de pensar de outra forma. Estamos acostumados a ver os homens na liderança e as mulheres como mães ou subordinadas. Essa tendência não envolve qualquer julgamento de valor: não significa que acreditamos que o lugar das mulheres é na cozinha. É só que achamos as combinações que fogem do estereótipo (como a associação Michelle/liderança ou Paul/filhos) são um pouco mais incongruentes e difíceis de imaginar, o que aumenta nosso tempo de resposta. Aparentemente, as mulheres tendem a demorar mais para associar homens com palavras relacionadas ao "lar".

Se pedirem a você que organize cartas de baralho colocando copas e ouros à esquerda e paus e espadas à direita, você vai conseguir realizar a tarefa com rapidez e facilidade, simplesmente separando os naipes vermelhos dos pretos. Mas, se pedirem para você separar, digamos, copas e paus à esquerda e ouros e espadas à direita, você vai levar mais tempo. É o que acontece com o TAI: associar uma mulher à cozinha é instantâneo; imaginá-la em uma sala de reunião da diretoria de uma grande empresa ou o marido passando roupa em casa leva um pouco mais de tempo.

"Foi o dia mais importante e transformador da minha vida, quando me vi cara a cara com meu próprio preconceito", a professora Banaji me contou. "Com o fato de que minha mente e minhas mãos eram incapazes de coordenar e associar 'mulher' com liderança tão bem quanto eu associo 'homem' com liderança."

A professora Banaji me contou uma charada e a resposta que ela deu. "Pai e filho sofrem um acidente de carro. O pai morre. O filho é levado ao hospital. A pessoa mais competente do centro cirúrgico vê o menino e diz: 'Não posso operar este menino. Ele é meu filho'. Você pergunta às pessoas: Como é possível? E, como eu, as pessoas quebram a cabeça e pensam nas soluções mais criativas e malucas, como a que eu inventei, que o pai que morreu era adotivo e o cirurgião era o pai biológico. Mas a resposta correta, e a mais simples, estava o tempo todo bem debaixo do meu nariz: a pessoa mais competente do centro cirúrgico era a mãe do menino."

As pessoas apresentam as mesmas chances de responder que o menino tinha dois pais homossexuais, apesar de a probabilidade ser muito maior de a mãe ser uma cirurgiã. O mais bizarro é que nem a experiência pessoal ajuda. A professora Banaji conta: "Várias pessoas me disseram: 'Fiquei chocado porque minha mãe é cirurgiã e eu não consegui pensar na resposta certa!'. Para mim, esse é um excelente exemplo do poder da cultura, que é capaz de empurrar para segundo plano a própria experiência pessoal. O fato de sua mãe ser cirurgiã não vai protegê-lo do viés de gênero, porque o que você vê no mundo reforça esse viés".

Quando apresentei um programa da BBC Radio 4 sobre o viés implícito, pedi aos ouvintes que imaginassem um sequestrador invadindo a cabine de um avião e atacando a pessoa que pilotava. Depois perguntei se, na imaginação deles, o piloto era homem ou mulher – provavelmente um homem branco, eu conjecturei. Margaret Oakes tuitou depois: "Ao voltar para casa ouvindo rádio no carro, o programa pediu aos ouvintes que imaginassem um piloto. Confesso que imaginei um homem branco, apesar de eu mesma ser pilota!".

Kristen Pressner é diretora global de recursos humanos da Roche Diagnostics, uma empresa de tecnologia médica. Ela é franca a ponto de admitir: "Tenho um preconceito contra líderes mulheres. Eu mesma me surpreendo com isso. Sou mulher, líder e, ainda por cima, trabalho na área de recursos humanos, de modo que é meu trabalho ser imparcial. Na verdade, incentivo veementemente as mulheres a assumirem cargos de liderança".

"Mas, não muito tempo atrás, dois membros da minha equipe me pediram uma revisão salarial. Minha primeira reação ao pedido do homem foi: 'Pode deixar que vou dar uma olhada nisso'. Minha primeira reação ao pedido da mulher foi: 'Tenho quase certeza de que está tudo certo e seu salário não precisa ser revisto'. [Em outras palavras, você já ganha o suficiente.] Tive duas reações muito diferentes ao mesmo pedido. Notei que vejo os homens como provedores, mas não as mulheres, o que é interessante porque sou a única provedora financeira da minha família de seis pessoas. Meu marido não trabalha e fica em casa cuidando dos nossos quatro filhos. Eu trago o dinheiro, e ele cuida da casa e da família. Então, se eu tenho um preconceito contra as mulheres líderes, tenho preconceito contra mim mesma."[4]

Muitos dos estudos que citei até agora (mas não todos) revelam que as mulheres apresentam tanto viés inconsciente quanto os homens. Professoras universitárias de ciências apresentam as mesmas chances que os professores universitários homens de preferir o candidato "homem" ao cargo de gerente de laboratório, apesar de o currículo ser idêntico ao da candidata "mulher". As mulheres têm as mesmas chances que os homens de subestimar a CEO "mulher" que fala muito, mas de superestimar o CEO "homem" que tem o mesmo comportamento.

Em outro estudo, alguns gerentes, tanto homens quanto mulheres, consideraram os candidatos "homens" mais competentes e lhes ofereceram um salário mais alto.⁵ O mais curioso, no entanto, foi que os gerentes que fizeram isso foram os que disseram acreditar que o viés de gênero não existia mais em sua profissão. Os que acreditavam que o viés ainda existia recomendaram salários praticamente iguais. A maioria dos gerentes que acreditavam que o viés de gênero não existia mais era homem. Mas as gerentes mulheres que acreditavam nisso desvalorizaram as candidatas mulheres tanto quanto os gerentes homens.

Em outro experimento, foi solicitado que empregadores homens e mulheres escolhessem quem eles contratariam para realizar uma tarefa matemática simples. Nos casos em que a única informação que eles receberam foi uma foto do candidato, tanto as mulheres quanto os homens apresentaram duas vezes mais chances de contratar um homem.⁶ Esse viés não desapareceu quando os candidatos tiveram a oportunidade de dizer como esperavam performar na tarefa aritmética, principalmente porque os homens tendem a se gabar de seu desempenho, enquanto as mulheres tendem a subestimar sua capacidade. (Na realidade, os homens e as mulheres tiveram o mesmo desempenho.) Mesmo quando os empregadores receberam informações precisas sobre o desempenho real dos candidatos, o viés não desapareceu totalmente. Quanto mais forte era o viés implícito do empregador de acordo com o TAI, menos chances ele tinha de corrigir seu viés levando em consideração as informações recebidas.

O TAI mostra um viés, em média, um pouco mais forte nas mulheres do que nos homens no que diz respeito à tendência de associar os homens ao trabalho e as mulheres ao lar, mesmo quando elas próprias trabalham fora. Esse resultado é explicado principalmente pelo fato de os homens serem mais rápidos em associar nomes masculinos com palavras relacionadas ao lar. Os únicos países em que isso não acontece são a Áustria, Dinamarca, Finlândia e Suécia. E, por incrível que pareça, os jovens (menos de 20 anos) e os mais velhos (mais de 40 anos) apresentam basicamente o mesmo viés contra associar mulheres com o trabalho; na verdade, os jovens têm um viés até um pouco mais forte: 1,17 em comparação com 1,11 no teste.⁷ Perguntei a Tessa Charlesworth, coautora, com a professora Banaji, do estudo, se ela ficou surpresa com o resultado.

"Com certeza!", ela respondeu. "Sinceramente, a pouca diferença entre quase todos os grupos demográficos (seja em termos de gênero, etnia, idade, escolaridade, religião e até orientação política) foi muito surpreendente. Na psicologia social, a expectativa é que nossas identidades sociais [como a idade] moldem fundamentalmente nossas atitudes e estereótipos, especialmente quando dizem respeito a outros grupos sociais. A descoberta de que não há *nenhuma diferença* sugere que as fontes de mudança para os estereótipos de gênero podem ser os movimentos sociais especialmente difundidos."[8] Como explica a professora Banaji, a cultura predominantemente patriarcal ficou gravada no cérebro de cada um nós, independentemente da nossa idade, gênero ou visão de mundo.

Nosso cérebro inconsciente tem muito mais controle do que o consciente. Ele gosta de organizar o mundo em padrões para ter reações mais rápidas – automáticas e involuntárias – a fim de garantir nossa segurança. Esse processo de categorização nos ajuda, em termos evolutivos, a discernir amigos de inimigos. Como Tinu Cornish, psicóloga da instituição do terceiro setor Equality Challenge Unit (Unidade de Desafios da Igualdade), me explicou: "Nosso cérebro inconsciente categoriza instantaneamente as pessoas em: 'Ela é como eu e faz parte de um grupo de alto status; ou ela não é como eu ou faz parte de um grupo de baixo status?'. Em seguida, associamos características positivas a quem é como nós ou que possui status superior, e características negativas a pessoas que não são como nós ou têm status inferior. Em seguida, vem uma associação emocional: cordialidade em relação àquelas que são como nós e que fazem parte do nosso grupo e frieza em relação às que não são como nós ou que não fazem parte do nosso grupo. Esse processo de categorização motiva o nosso comportamento".[9]

E isso, segundo Cornish, ajuda a explicar como as mulheres podem ter um viés implícito contra outras mulheres mesmo quando todas deveriam fazer parte do mesmo grupo. "Nosso grupo não consiste apenas de pessoas que são parecidas conosco, mas também daquelas que consideramos ter um status mais elevado. Podemos acreditar no que for, mas se, a cada vez que você vai ao trabalho, a cada vez que liga a TV ou ouve o rádio, os homens são associados a alto status, liderança e competência, é isso que o nosso cérebro inconsciente vai aprender." E, se as mulheres forem retratadas como volúveis, viciadas em compras ou "cobras" que não pensam duas vezes antes de puxar o tapete uma da outra à primeira oportunidade, isso também vai se imiscuir em nosso subconsciente.

"Pode ser interessante pensar em nosso cérebro inconsciente como nosso cérebro reptiliano", ela explica. "Ele não traduz em palavras o que vê, ele aprende em termos de associação e, quando vê que dois eventos estão associados, ele efetivamente cria um caminho de neurônios para conectá-los. E, se nossa sociedade associar líder com homem, essa associação será reforçada em nossa mente inconsciente, apesar de gostarmos de achar que acreditamos no contrário."

Esses atalhos ou heurísticas que nosso cérebro cria ajudam a impedir uma sobrecarga. Não temos tempo nem energia para resolver tudo do zero sempre que fazemos um julgamento. Mas os atalhos também podem nos levar a criar juízos errados sobre as pessoas. Mesmo se as mulheres, em geral, tiverem mais chances de ficar em casa cuidando dos filhos, isso não quer dizer que todas fazem isso. Mesmo se cientistas homens forem mais numerosos do que cientistas mulheres, isso não quer dizer que os homens são cientistas melhores do que as mulheres.

A boa notícia, contudo, é que esses estereótipos implícitos estão começando a perder força. Por exemplo, quando, nas décadas de 1960 e 1970, as crianças desenhavam um cientista, mais de 99% das vezes elas desenhavam um homem. Hoje, a proporção caiu para 72%.[10] Isso demonstra que mudanças na nossa percepção consciente do mundo podem alterar nossas crenças inconscientes. Um século pode bastar para eliminar a lacuna de autoridade. Mas, apesar de ser encorajador que nossos vieses inconscientes estejam perdendo força, o processo está acontecendo muito devagar e não é suficiente, por si só, para levar a uma mudança radical de comportamento enquanto eu ainda estiver neste planeta.

A professora Banaji e Tessa Charlesworth analisaram dois estereótipos implícitos de gênero, um que associa os homens mais do que as mulheres à ciência e outro que associa os homens ao trabalho e as mulheres ao lar. As pesquisadoras examinaram quase 1,4 milhão de respostas a esses dois testes de associação implícita de 2007 a 2018, a maior amostra já utilizada para investigar a mudança nos estereótipos de gênero ao longo do tempo.[11] E o que elas descobriram, para nós, que lutamos por igualdade entre os gêneros, é um tanto animador.

Parece que nossos vieses inconscientes estão começando a se dissipar aos poucos, entre todas as faixas etárias, homens e mulheres, pessoas de esquerda e de direita, em praticamente todos os países do mundo. Em geral, os estereótipos implícitos caíram sete pontos percentuais no período estudado, tanto para a associação gênero/trabalho quanto para a associação gênero/ciências. Em 82% dos países, houve uma queda da associação com as ciências e, em 91% dos países, para a associação com o trabalho. Mas os números ainda são altos: 70% das pessoas que fizeram o teste ainda apresentam um viés de gênero/trabalho e 67%, um viés de gênero/ciências.

Mesmo assim, qualquer redução no viés é bem-vinda e tem resultados concretos. Por exemplo, a professora Banaji encontrou uma forte correlação entre os níveis de viés implícito em determinados países contra mulheres que atuam nas áreas de matemática e ciências e o desempenho das meninas desses países em provas de matemática. Quanto mais fraco o viés, melhor o desempenho das garotas e vice-versa. Também foi demonstrado que elas tiram notas mais altas em provas de ciências que incluem ilustrações de cientistas do gênero feminino e não do gênero masculino.[12] Os efeitos subliminares e as expectativas dos outros fazem diferença.

Portanto, à medida que vemos mais mulheres no mundo ao nosso redor se tornando cientistas, tendo sucesso profissional e conquistando autoridade, o cérebro se reconfigura aos poucos para enfraquecer os estereótipos inconscientes e reduzir nosso viés implícito. Esse ciclo de feedback positivo deve ajudar a estreitar ainda mais a lacuna de autoridade. A capacidade e as opiniões das mulheres já são muito mais respeitadas do que foram, digamos, nos anos 1950. E isso é ótimo. Mas ainda temos um longo caminho pela frente antes de fecharmos totalmente a lacuna.

Enquanto isso, precisamos aceitar a triste realidade de que as próprias mulheres também têm preconceito contra as mulheres, o que pode contribuir para perpetuar a lacuna de autoridade no trabalho. "As mulheres nem sempre são as melhores amigas das mulheres no trabalho", disse Brenda Hale depois de me contar a história de como ela foi preterida para uma cátedra para a qual sem dúvida era qualificada porque uma mulher que ocupava um alto cargo na universidade "achou que a minha candidatura podia ser uma ameaça para ela".[13] Como veremos a seguir, não é raro haver lugar para apenas uma mulher no topo, principalmente se a organização for dirigida por homens.

Hale se aposentou como presidenta da Suprema Corte do Reino Unido, e essa síndrome da "abelha-rainha" deve ter sido mais comum na geração dela do que nas seguintes. As abelhas-rainhas são mulheres que gostam de ser a única em seu nível de atuação e não se dispõem a ajudar as outras. Pior ainda, elas são mais hostis com as outras do que com os homens, vendo-as como concorrentes. Nas últimas décadas do século XX, quando muitas mulheres se viram como a única mulher trabalhando em meio a uma multidão de homens, acontecia de elas descobrirem que a única maneira de avançar profissionalmente era fingir que compartilhavam os valores de seus colegas homens. Se elas se declarassem feministas ou exigissem mais mulheres no topo, corriam o risco de serem vítimas de ostracismo.

Essa dinâmica ficou muito clara para mim na década de 1980, quando eu estava começando minha carreira no jornalismo. Margaret Thatcher era a primeira-ministra e, nos onze anos que passou no cargo, ela nomeou para seu gabinete apenas uma mulher, que não aguentou mais de alguns meses. Meus colegas homens desdenharam abertamente da organização Women in Journalism [Mulheres no Jornalismo] que ajudei a fundar. Além disso, tive algumas colegas que não queriam ser associadas à organização e chefes mulheres que claramente se ressentiam das minhas tentativas de continuar trabalhando depois de ter filhos. Essas mulheres mais velhas foram forçadas a não ter filhos para poder avançar na carreira ou tiveram de parar de trabalhar por um tempo, abrindo mão de salários e promoções. Elas não gostavam de ver mulheres de uma geração mais jovem conseguindo ter as duas coisas.

Andrea Jung, ex-CEO da Avon, teve uma experiência parecida. "Acho errado pensar que as mulheres são as melhores e as únicas mentoras para outras mulheres. Posso dizer que tive chefes mulheres que me apoiaram menos do que meus chefes homens no começo da minha carreira. Não quero generalizar. Tive mentoras fantásticas, mas só estou dizendo que nem sempre é uma garantia, e vi algumas mulheres que não tiveram filhos ou fizeram algum outro sacrifício para chegar ao topo e esperam que todas façam o mesmo para ter as mesmas oportunidades."[14]

Se a síndrome da abelha-rainha existe mesmo, pode ter algo a ver com a maneira como os dois gêneros socializam desde a infância. Meninos e homens são mais propensos a socializar em grupos, que podem conter integrantes bastante díspares, desde os mais até os menos bem-sucedidos e/ou populares. Meninas e mulheres, por sua vez, são mais propensas a socializar em duplas, com uma melhor amiga de status bem parecido. Um estudo conduzido por biólogos evolutivos de Harvard se propôs a descobrir se essa propensão afetou a maneira como homens e mulheres tratavam seus subordinados no trabalho.[15]

Os pesquisadores examinaram publicações acadêmicas no campo da psicologia de cinquenta universidades norte-americanas e descobriram que professores universitários tanto homens quanto mulheres apresentaram a mesma propensão a escrever um artigo acadêmico em coautoria com outro professor titular do mesmo gênero. Mas os professores homens foram muito mais propensos a escrever um artigo com um professor assistente do gênero masculino do que as professoras mulheres com uma professora assistente do gênero feminino. "Os resultados corroboram", eles dizem, "a tendência dos homens de cooperar mais do que as mulheres com pessoas do mesmo gênero de status diferente." Em outras palavras, os homens de status mais elevado ajudavam os homens mais abaixo na hierarquia a subir, mas as mulheres de status mais elevado faziam isso em uma proporção muito menor.

Outro estudo, conduzido por psicólogos holandeses, analisou como professores universitários holandeses e italianos viam seus alunos de doutorado.[16] Embora os alunos tivessem similares históricos de publicação e níveis de comprometimento com o trabalho, professores de ambos os gêneros tenderam a acreditar que suas doutorandas eram menos comprometidas com a carreira do que os doutorandos homens. Mas esse viés foi mais forte em mulheres do que em homens e ainda mais forte em mulheres mais velhas.

Na geração delas, era raríssimo uma mulher chegar a professora titular. Pode ser que parte da explicação para esse comportamento esteja no contexto no qual as mulheres mais velhas subiram na hierarquia. Elas tiveram de se adequar a um ambiente muito masculino, enfrentaram mais obstáculos, mais sexismo e mais discriminação aberta do que as acadêmicas mais jovens. Elas tiveram de se adaptar, quase chegando a mostrar que eram mais masculinas do que os próprios homens, para ter uma chance de serem respeitadas e aceitas.

"As culturas organizacionais sexistas criam a abelha-rainha?", perguntava um artigo escrito em coautoria pela professora Naomi Ellemers, uma das responsáveis pelo experimento acima.[17] Dessa vez, os pesquisadores enviaram questionários a noventa e quatro mulheres holandesas que ocupavam cargos de gestão. O que os pesquisadores descobriram foi que, quanto menos as mulheres se identificaram com pessoas de seu gênero no início de sua carreira e quanto mais discriminação encontraram ao subir na hierarquia, mais probabilidade elas demonstraram de se comportar como abelhas-rainhas mais adiante na carreira. As que se identificavam fortemente com outras mulheres tendiam a se unir para combater a discriminação. Elas não tendiam a se diferenciar das outras mulheres para receber um tratamento melhor pelos homens. Se não fosse pelo sexismo, contudo, esse comportamento não seria necessário.

A professora Ellemers e seus colegas também realizaram um estudo no qual foi solicitado a policiais holandesas que se lembrassem de experiências específicas de discriminação.[18] Os pesquisadores descobriram que recordar a discriminação levou as policiais a minimizar o sexismo que vivenciaram. A memória também desencadeou o comportamento de ostracismo entre as policiais mulheres que se identificavam pouco com outras mulheres no trabalho.

"Elas estão sendo ensinadas que, para ter sucesso na organização, precisam adotar características masculinas", diz Ellemers. "Elas enfrentam o viés de gênero mostrando que são diferentes das outras."[19] Essas mulheres usam frases como: "Eu não sou como as outras, sou muito mais ambiciosa". Ellemers chama isso de "distanciamento de autogrupo" – uma tática que também é usada por outros grupos oprimidos, como homens homossexuais.

Até hoje, especialmente no caso de mulheres que atuam em áreas dominadas por homens, há uma pressão para agir como os colegas homens. E parece haver um padrão, nesses ambientes muito masculinos, de mulheres desviando os olhos do sexismo e negando que recebem um tratamento diferente, até ficarem um pouco mais velhas e admitirem que o sexismo foi uma realidade. "Se você tivesse feito essa pergunta uns dez anos atrás", disse a major-general Sharon Nesmith, "eu provavelmente teria dito que fui levada a sério tanto quanto os homens e diria que foi em grande parte porque desenvolvi uma espécie de sistema imunológico, adotando uma estratégia de abaixar a cabeça e apenas seguir em frente fechando os olhos para as barreiras. Era tão normal para mim que eu não reagia quando era tratada ou vista de uma maneira um pouco diferente. Hoje, com meu nível de maturidade pessoal e profissional, acho que tenho uma visão mais clara dessa questão e lamento não ter visto isso antes."[20]

Janet Yellen enfrentou um grande sexismo de seus colegas homens quando começou a trabalhar como professora assistente em Harvard. "Era um ambiente bem hostil e me senti muito isolada. Não era um lugar amistoso. É muito importante publicar artigos em coautoria e trabalhar em colaboração com os colegas. Mas eu não socializava com os colegas homens."[21] Mais importante, os colegas homens não socializavam com ela.

Foi só três anos depois, quando outra mulher entrou no departamento de economia, que elas começaram a escrever artigos acadêmicos juntas. "Foi um relacionamento importantíssimo para mim e acho que eu jamais teria conseguido ser efetivada em uma boa universidade se não tivesse tido a chance de trabalhar com aquela colega mulher."

"No decorrer dos vinte anos que se seguiram, se alguém tivesse me perguntado: 'Você acha que o fato de vocês serem as únicas duas mulheres daquele lugar tem algo a ver com isso?', provavelmente eu teria dito que não. Hoje, quando olho para trás, não tenho dúvida de que tem muito a ver. Mas, quando eu perguntei a essa amiga, quarenta anos depois: 'Rachel, você acha que acabamos trabalhando juntas porque éramos as únicas duas mulheres lá?' – só para confirmar, porque eu já concluí que essa foi a razão –, ela respondeu: 'Não, eu acho que não'. E achei interessante que, mesmo depois de todos aqueles anos e de tudo o que aprendemos sobre o status das mulheres no campo da economia e os problemas que elas enfrentam, ela ainda pense assim." Foi como se Rachel tivesse de sublimar qualquer sentimento de injustiça para seguir em frente: como abaixar a cabeça e avançar no meio de uma nevasca, com o capuz na cabeça e um cachecol enrolado no rosto. Você só precisa colocar um pé na frente do outro, sem se deixar abalar por nada que esteja acontecendo ao seu redor.

O problema é que as mulheres que tentam avançar na carreira enfrentam não apenas o viés de afinidade, quando os homens preferem contratar e promover outros homens (ou escrever artigos em coautoria com outros homens), como também o viés de gênero. Como Andrea S. Kramer e Alton B. Harris, autores de *It's Not You, It's the Workplace* (algo como "O problema não está em você, mas no ambiente de trabalho"), explicam: "O viés de afinidade e o viés de gênero muitas vezes atuam em conjunto para dificultar as relações entre as mulheres limitando o número de cargos de liderança para elas e forçando, assim, as pessoas que disputam esses cargos a entrar em competição direta umas com as outras. As duas formas de preconceito também geram uma grande pressão, nem sempre velada, sobre as mulheres para adotar um estilo de gestão decididamente masculino, a fim de se identificar com os homens de seu grupo e se distanciar ou se diferenciar de suas colegas. Essa dinâmica pode fomentar a hostilidade entre as mulheres, o que muitas vezes é erroneamente atribuído à natureza delas e não às circunstâncias do local de trabalho".[22] As mulheres em cargos mais altos também podem reagir promovendo só aquelas mais excepcionais, temendo que as de desempenho mediano possam apenas confirmar as crenças estereotipadas dos homens de que as mulheres não são tão boas quanto eles. E elas não querem dar a impressão, aos olhos de seus colegas homens, de que estão sendo nepotistas ao ajudar um número maior de mulheres – embora os homens em cargos mais altos façam isso constantemente com os homens.

Mas Kramer e Harris não encontraram evidências de que as mulheres eram mais malévolas ou hostis no tratamento dispensado a outras mulheres no trabalho do que os homens em relação a outros homens. É só que, em empregos de alto status, espera-se que as pessoas sejam decididas, obstinadas e assertivas e, quando as mulheres se comportam assim, muitas vezes elas são vistas como frias, cruéis e hostis. Contudo, como chamaríamos um homem decidido, obstinado e assertivo? Provavelmente de "macho alfa", que não carrega nenhuma das conotações depreciativas de "abelha-rainha".

A suposição de que outras mulheres serão abelhas-rainhas pode ser muito danosa. Pode impedir as mulheres de confiar umas nas outras no trabalho e pode alimentar o estereótipo sexista de que elas vivem para puxar o tapete e dar facadas nas costas umas das outras.

Ao mesmo tempo, esperamos que as mulheres que ocupam cargos mais altos nas organizações façam todo o trabalho pesado, assumindo o comando de programas de diversidade e liderando redes de apoio de mulheres. Muitas assumem essas funções porque querem ajudar as mais jovens, mas é um trabalho difícil e subestimado. Se os homens fizerem a mesma coisa, eles serão recompensados. Já as mulheres não apenas não são recompensadas como, ainda por cima, caso se recusarem, serão rotuladas como abelhas-rainhas.[23]

O comportamento das abelhas-rainhas pode ter uma explicação racional. Um estudo recente com 350 executivos mostrou que os homens que promoviam a diversidade recebiam avaliações de desempenho ligeiramente melhores. Eles eram vistos como os "mocinhos". Por outro lado, as mulheres que faziam o mesmo eram punidas com avaliações significativamente piores. Elas eram vistas como nepotistas, tentando beneficiar o próprio grupo. A mesma coisa aconteceu com pessoas não brancas.[24]

E essas mulheres também podem ter razão de acreditar que não há espaço para mais de uma mulher no topo. É comum que as empresas tenham de se empenhar muito para nomear uma mulher – e normalmente só uma – para um cargo de alta gestão. Cristian Dezsö e colegas da Faculdade de Administração da Universidade de Columbia pesquisaram os cinco cargos mais altos de 1.500 empresas ao longo de dez anos e descobriram que, uma vez que uma companhia nomeou uma mulher para um cargo do alto escalão, as chances de uma segunda chegar ao mesmo nível caíram 50%.[25]

A hipótese inicial dos autores foi que, uma vez que uma mulher fosse nomeada, um efeito bola de neve levaria à nomeação de muitas outras. "Na verdade, o que descobrimos foi exatamente o contrário", diz Dezsö. "Uma vez que nomearam uma mulher, parece que os homens disseram: 'Pronto. Dever cumprido'." Mas os pesquisadores não encontraram qualquer evidência confirmando esse argumento. Se a única mulher no topo estivesse impedindo outras de serem contratadas, isso ficaria claro nas poucas empresas com uma CEO mulher. Mas, nesses casos, uma segunda mulher teve *mais* chances de ser nomeada para um dos cinco cargos de alto escalão.

Na verdade, no mundo real, as mulheres se ajudam muito mais do que alegam os defensores da síndrome da abelha-rainha. Um estudo conduzido pelo Instituto de Pesquisa da Credit Suisse com 3.400 das maiores empresas do mundo descobriu que aquelas dirigidas por mulheres tinham 50% mais chances de ter uma diretora financeira do que as dirigidas por homens e 55% mais probabilidade de ter mulheres administrando unidades de negócios. "As CEOs mulheres são muito mais abertas a ajudar outras executivas mulheres a subir e fazem isso com muito mais eficácia", escrevem os pesquisadores. No Reino Unido, nas 350 maiores companhias (de acordo com o Índice FTSE 350) lideradas por mulheres, em média um terço do comitê executivo é composto de mulheres, em comparação com um quinto nas lideradas por homens.[26]

Felizmente, a maioria de nós já foi ativamente ajudada por outras mulheres no trabalho. Não é raro haver um espírito de sororidade, uma irmandade entre as mulheres, um sentimento de que precisamos nos unir para enfrentar uma ameaça em comum. Mesmo no topo, isso ainda acontece. Jadranka Kosor, ex-primeira-ministra da Croácia, me contou que tem lembranças maravilhosas da gentileza que recebeu de Angela Merkel em seu empenho pela inclusão da Croácia na União Europeia.[27]

Kosor conta a história. "Recebi um apoio enorme de Angela Merkel, que quando nos encontramos disse, muito abertamente: 'Faça seu dever de casa sobre a adesão à UE e eu a ajudarei'. Ela também disse na nossa primeira reunião: 'Espero que possamos ser boas amigas', e devo dizer que acho que foi o que aconteceu. Ela me deu um apoio enorme, principalmente em um dos dias mais importantes da minha vida."

"No dia 9 de dezembro de 2011, na cerimônia de assinatura do tratado de adesão entre a Croácia e a União Europeia, houve diversos discursos e muitos deles mencionaram que a Croácia tinha conseguido concluir as negociações graças à energia de uma mulher, Jadranka Kosor. Sempre que alguém me mencionava, a sra. Merkel, que estava sentada atrás de mim, dizia: 'Brava, Jadranka!'. Só que àquela altura eu já havia perdido a eleição e não sabia direito o que sentir: orgulho pela nomeação, mas também decepção pela derrota no pleito."

"Depois que o acordo foi assinado, a sra. Merkel se aproximou de mim, estendeu as duas mãos, me abraçou com força e me disse: 'Não se esqueça de que, sem você, isso jamais teria acontecido'. Achei que, se eu começasse a chorar naquela hora, nunca conseguiria parar! Mas me contive e aquela foi a maior emoção que senti ao longo de um dia que foi uma verdadeira montanha-russa emocional."

Minouche Shafik, hoje diretora da Faculdade de Economia da Universidade de Londres, ocupou uma série de cargos extraordinários: vice-governadora do Banco da Inglaterra, secretária permanente do Departamento de Desenvolvimento Internacional e vice-diretora-geral do FMI sob o comando de Christine Lagarde. "Em todos os lugares em que trabalhei", ela me disse, "tive uma rede de mulheres que se encontravam regularmente para se ajudar. Quando você representa uma minoria significativa em uma grande organização, é um alívio estar em uma sala onde, só para variar, você é a maioria."

"Lembro-me de uma vez no FMI. Tivemos uma grande reunião e, no intervalo, fomos todas ao banheiro. Estávamos eu, a Christine, três diretoras mulheres, e de repente o banheiro feminino virou um lugar superlegal, enquanto o normal é ver os homens, e não as mulheres, saindo para fofocar no banheiro. Você pensa: 'O que será que eles sabem que eu não sei?'. Foi bom sentir que, só para variar, dessa vez o poder estava no banheiro feminino."[28]

* * *

Nem todas as mulheres ajudam outras no trabalho. Algumas abelhas-rainhas continuam por aí. Mas elas estão em extinção e hoje em dia um número muito maior de mulheres tenta ajudar umas às outras. Quase todos nós sofremos do viés inconsciente – tanto mulheres quanto homens –, mas as mulheres provavelmente são mais motivadas a corrigir o problema. Afinal, são as mulheres que sofrem quando o problema se volta contra elas. Assim, caso se peguem reagindo mal e sendo injustas com uma mulher, elas têm mais chances de questionar seu viés e resistir a ele. E o fato de as mulheres não serem isentas do viés inconsciente não livra a cara dos homens. Todos nós precisamos civilizar e humanizar nosso cérebro reptiliano. Precisamos notar quando estamos julgando instintivamente uma pessoa com base em um estereótipo em vez de tratá-la como um indivíduo. Porque só depois de desenvolver a capacidade de nos conscientizar ativamente das coisas é que podemos fazer algo a respeito.

Também precisamos nos atentar para as influências externas que perpetuam esses estereótipos em nosso inconsciente. Como discutimos, nosso viés implícito está perdendo a intensidade aos poucos, mas continua forte e poderia enfraquecer com muito mais rapidez se não o validássemos constantemente pelo que vemos no mundo ao nosso redor. É o que discutiremos a seguir.

10

Está por toda parte
O mundo é moldado pelos homens

"A cultura não faz as pessoas. As pessoas fazem a cultura. Se for verdade que uma humanidade inteira composta de mulheres não faz parte da nossa cultura, podemos e devemos incorporá-la à nossa cultura."
— Chimamanda Ngozi Adichie, escritora

Na época em que eu editava *The Times* aos domingos, eu costumava ter uma discussão recorrente com o editor do turno da noite, que montava a primeira edição. Se uma mulher fosse o tema de uma notícia, ele sempre gritava para o pessoal das fotos, que ficava do outro lado da sala: "Ela é fotogênica?". Eu protestava: "Você nunca pergunta isso sobre um homem". Ele dava de ombros. Para ele, era óbvio que as mulheres só poderiam ilustrar o jornal se fossem um colírio para os olhos, mas bastava os homens renderem alguma notícia para ganhar uma foto. Pense nas mulheres que você vê na primeira página dos jornais sérios hoje em dia. As chances são de ela ser uma atriz ou a Kate Middleton.

Por que *nós* presumimos que os homens merecem mais autoridade do que as mulheres? Naturalmente, séculos de patriarcado incutiram essa crença em nós, mas também recebemos essa mensagem do mundo ao nosso redor, até hoje, todos os dias. No caso, o mundo nos diz que as mulheres são julgadas pela aparência e os homens, por suas realizações. Como as organizações de mídia ainda são, em sua maioria, dirigidas por homens, quando ligamos a TV, lemos o jornal ou entramos na internet, as mensagens que recebemos costumam ser as que os homens consideram importantes. Os apresentadores mais experientes, jornalistas e redatores que nos apresentam e interpretam as notícias ainda são, em sua maioria, homens. É maior a probabilidade de que os especialistas que eles entrevistam e citam sejam homens. E as mulheres que trabalham nessas organizações ainda são menosprezadas com frequência pelos colegas homens.

Filmes e novelas também nos transmitem a mesma mensagem. É bem verdade que isso começou a melhorar nos últimos anos, com personagens femininas mais fortes na tela, mas as mulheres ainda têm menos falas, têm muito mais chances de serem retratadas como objetos sexuais ou vítimas de assassinato e muito mais probabilidade de aparecer em dramas dirigidos por homens.

Vamos começar com o noticiário. Até muito recentemente em um canal de notícias ou atualidades na tv, quase todas as pessoas com seriedade, experiência e autoridade escolhidas para explicar os eventos para os espectadores eram homens. As mulheres não podem mais ser vistas na tv comentando as notícias e as atualidades quando as rugas começam a aparecer. Para manter seu lugar na tela, elas não podem abraçar a idade e são forçadas a parecer jovens. Os homens, por sua vez, podem ter um rosto que mais se parece com o mapa topográfico do Grand Canyon e mesmo assim manter seus empregos. Como os conceitos de idade e autoridade estão correlacionados na nossa mente, manter as mulheres mais velhas fora da tela ajuda a confirmar nosso viés inconsciente que associa "masculino" com "autoridade". Como já vimos, as jovens mulheres têm muita dificuldade de serem levadas a sério.

Esse cenário melhorou nos últimos anos. Laura Kuenssberg, editora política da bbc, e Katya Adler, a editora para a Europa, agora ocupam cargos seniores. E Fiona Bruce finalmente rompeu o monopólio masculino e hoje comanda o programa de debate político *Question Time*, da bbc1. Mas elas ainda são muito mais jovens – e, portanto, não tão claramente experientes e abalizadas – do que os homens eminentes que as cercam.

Por todo o mundo, ainda vemos o velho clichê da bela e jovem apresentadora ao lado do tiozinho respeitável. Ele relata as notícias sérias e ela noticia as matérias mais leves e emotivas. Certa vez, apresentei à bbc a ideia de um programa que eu – então com meus 50 e poucos anos – apresentaria ao lado de Amol Rajan, um homem que na ocasião tinha uns 30 e poucos anos (hoje ele é editor de mídia da bbc). Tínhamos nos dado bem trabalhando no *Independent*. Achamos que seria uma inversão divertida do velho estereótipo e, além de romper tabus, também seria instigante. Os executivos da bbc nos receberam com polidez, mas a ideia nunca foi adiante.

Apenas 4% das repórteres de tv têm mais de 50 anos, em comparação com 33% dos homens.[1] Miriam O'Reilly, apresentadora do *Countryfile*, um telejornal rural da bbc, que foi tirada da tela ao primeiro cabelo grisalho, abriu um processo judicial de discriminação por idade e venceu. É óbvio que também se trata de discriminação de gênero, já que os homens mais velhos não são demitidos pelo crime de passar dos 50 anos. O'Reilly tinha 52 anos quando perdeu o emprego, mas seu coapresentador de 68 anos, John Craven, permaneceu no ar.

A questão é importante, já que as mulheres mais velhas têm muito a contribuir, com insights, sabedoria, experiência – e autoridade. Quando chegam à menopausa, elas também tendem a ser mais ousadas e corajosas. Elaine Chao, de 67 anos, me disse: "Eu não fujo mais da raia como fazia antes. Acho que é a idade. Outro dia, em uma importante reunião na Casa Branca, fui a única a discordar da maioria. E alguém disse que eu basicamente peguei uma bazuca e matei todo mundo. Acho que, se eu fosse mais jovem, seria mais relutante. Mas agora eu não me importo".[2]

Na maioria das culturas, a sábia mulher mais velha, a matriarca da família, é respeitada e reverenciada. Se as emissoras presumem que os telespectadores não suportam ver uma mulher mais velha na TV, mesmo quando ninguém se incomoda de assistir a um homem mais velho, elas estão nos privando da sabedoria feminina. E estão consolidando o estereótipo do homem conhecedor e abalizado, o que aumenta ainda mais a lacuna de autoridade.

Não são apenas os apresentadores que nos dão a impressão de que os homens têm mais autoridade do que as mulheres. Os especialistas convidados pelas emissoras também reforçam essa percepção. Um estudo intitulado "Women, Men and News" (algo como "Mulheres e homens nos noticiários", em tradução livre) descobriu que apenas 16% das histórias sobre política e o governo usavam mulheres como fonte.[3] O Global Institute for Women's Leadership [Instituto Global de Liderança Feminina] analisou quinze importantes fontes de notícias no Reino Unido, na Austrália e nos Estados Unidos e descobriu que, para cada menção de uma proeminente expert nas áreas STEM (ciência, tecnologia, engenharia e matemática) em uma notícia sobre o coronavírus, houve dezenove menções de homens.[4]

Pelo menos parte disso pode ser explicada por certo desleixo no jornalismo. Ed Yong, jornalista de ciências da revista *The Atlantic*, analisou os artigos que escreveu no último ano e descobriu que apenas 24% das fontes que citou foram mulheres e que mais de um terço de seus artigos não citavam uma mulher sequer.[5] "Fiquei bastante surpreso", ele escreveu. "Eu sabia que não seria 50%, mas também nunca imaginei que seria tão pouco. A igualdade é uma questão importante para mim e me iludi achando que não faço parte do problema. Presumi que minha preocupação passiva seria o suficiente. Mas isso não é verdade."

Depois disso, ele se pôs a corrigir ativamente essa lacuna. Ele começou a se conscientizar do número de mulheres e homens a quem pedia declarações e ver se o problema não era apenas que as mulheres se mostravam mais reticentes do que os homens. Não era o caso. Em seguida, ele passou a procurar ativamente por cientistas mulheres que fossem tão qualificadas quanto os cientistas homens para serem citadas em seus artigos. Não foi difícil: ele estima que essa etapa adicional de ir um pouco além dos experts homens de sempre levava apenas uns quinze minutos a mais para redigir um texto.

E, o mais importante, ele começou a quantificar tudo em uma planilha. "Esse processo tem sido importantíssimo para mim: é uma verdadeira vacina contra a minha autoilusão. Diante dos fatos, não tenho como continuar acreditando que está tudo bem. Já faz dois anos que trabalho dessa forma. Quatro meses depois de começar, a proporção de mulheres que ganharam voz nos meus artigos chegou a 50% e permaneceu praticamente a mesma a partir daí."

E não é que as experts mulheres sejam menos qualificadas do que os homens "testados e aprovados", segundo ele. "Não contatamos os experts homens de sempre porque fizemos uma avaliação objetiva do valor deles, mas só porque eles *são as pessoas mais fáceis de entrar em contato*. Nós conhecíamos o nome deles. Eles apareciam em primeiro lugar nas buscas do Google. Outros jornalistas já os haviam citado. Eles tinham uma reputação, mas ganharam essa fama em um mundo onde as mulheres são sistematicamente rebaixadas em comparação com os homens." Assim, ao nos deixar seduzir pela preguiça e nos limitar a usar fontes que foram amplificadas por uma mídia sexista, só estamos replicando e ampliando esse viés.

E o problema não se restringe à área de exatas. Quando a organização Women in Journalism (Mulheres no Jornalismo) analisou uma semana de artigos de jornais em 2020, descobriu que apenas 16% das pessoas citadas nas primeiras páginas eram mulheres.[6] Dessas, apenas uma era negra.

Pelo menos algumas organizações de mídia estão se dando conta desse problema. Depois que o *Financial Times* descobriu que apenas 21% das pessoas citadas pela publicação eram mulheres, o jornal criou um algoritmo para analisar pronomes e nomes e verificar se a fonte da citação era do gênero masculino ou feminino.[7] Hoje, os editores responsáveis pelas diferentes seções são alertados caso não apresentem um número suficiente de mulheres nos artigos que publicam. Pode não ser coincidência que a editora do *Financial Times* seja uma mulher.

Recentemente a emissora britânica BBC começou a realizar um trabalho fantástico na tentativa de aumentar a proporção de mulheres que convida para seus programas. O 50:50 The Equality Project (Projeto Igualdade 50:50) foi lançado por Ros Atkins, um jornalista homem, depois de ouvir em seu carro um programa de rádio que não apresentava uma única mulher. O projeto se espalhou não só pela BBC como também por outras redes de TV e rádio, englobando mais de sessenta outras organizações de vinte países. A ideia é contar o número de homens e mulheres em todo conteúdo produzido, almejando atingir 50% de mulheres na TV e no rádio, em posições de destaque em toda a programação, como novelas, filmes, narração esportiva e noticiários. As organizações de mídia só contam os colaboradores sobre os quais têm controle e, não incluem, por exemplo, o primeiro-ministro ou a única testemunha ocular de um evento. Mas contam repórteres, analistas, especialistas, exemplos e outros convidados. O objetivo é alcançar a igualdade sem comprometer de maneira alguma os padrões. As convidadas mulheres devem ser tão qualificadas quanto os homens.

Os números de 2020 mostraram que, na BBC, dois terços das equipes conseguiram atingir a igualdade (50:50) e, das equipes que tiveram pelo menos dois anos de participação no projeto, 93% tiveram mais de 45% convidadas mulheres. Como Ed Yong descobriu, é indispensável monitorar os dados para não recair no padrão de convidar mais homens do que mulheres. Como os autores de um estudo sobre o projeto 50:50 escreveram: "O insight que todos os entrevistados ecoaram foi a importância de coletar os próprios dados e monitorá-los ao longo do tempo. Ouvimos esse insight de organizações que inicialmente alegaram que já estavam fazendo um bom trabalho representando as mulheres na tela e que, depois de realizarem a contagem, descobriram que só tinham cerca de 30% de representação feminina; de organizações que atingiram rapidamente a meta de 50% de mulheres, continuaram a monitorar os dados e descobriram que acabaram recaindo nos velhos hábitos; e de organizações que ainda não tinham conseguido atingir a meta. Os dados são um excelente espelho para combater o excesso de confiança, sustentar a motivação e encorajar o atingimento das metas".[8]

Os resultados mostram que é possível alcançar um equilíbrio entre os gêneros sem detrimento da qualidade e sem precisar se empenhar muito. E não se trata de um mero exercício simbólico: o efeito subliminar que isso tem sobre os telespectadores e ouvintes certamente ajudará a reduzir a lacuna de autoridade. Afinal, o que vemos no mundo ao nosso redor molda o viés inconsciente em nosso cérebro. E, como vimos no Capítulo 9, esse viés pode ser reduzido com o tempo.

Esse movimento é extremamente necessário. O Global Media Monitoring Project (Projeto de Monitoramento da Mídia Global) de 2015 – o levantamento é conduzido apenas a cada cinco anos e o de 2020 foi adiado devido à pandemia – constatou que, em todo o mundo, as mulheres representavam apenas 19% de especialistas com citação nos noticiários, uma proporção que praticamente não aumentou desde o levantamento realizado dez anos antes.[9]

Até em áreas de atuação que afetam muito mais as mulheres do que os homens, elas têm muito menos chances de serem citadas. Um estudo de coberturas jornalísticas nas eleições presidenciais dos Estados Unidos em 2012 descobriu que, sobre a questão do aborto, 81% das pessoas citadas foram homens e, sobre o controle de natalidade, 75%.[10]

As mulheres também têm quase quatro vezes mais chances do que os homens de serem descritas em termos de seu estado civil.[11] Posso dizer que não estranhei quando fiquei sabendo disso. Muitos anos atrás, escrevi um artigo para *The Times* sobre uma experiência kafkiana que tive na minha cidade: fui processada pela prefeitura por levar o lixo para a rua em uma terça-feira, sendo que o dia da coleta era... terça-feira. O tabloide *The Sun* ficou sabendo da história e a noticiou. Se eu fosse homem, o repórter sem dúvida teria me descrito como jornalista, ou talvez até como o editor-assistente de *The Times*. Só que ele se contentou em me caracterizar como "Mary Ann, mãe de dois filhos".

São os jornalistas que decidem o que vemos, ouvimos e lemos e eles ainda são predominantemente do gênero masculino. No Reino Unido e na Irlanda, 39% dos profissionais da mídia são mulheres, apenas um pouco acima da média global, de 37%. Como os jornalistas homens são menos propensos a citar mulheres, é importantíssimo combater essa disparidade se quisermos dar às mulheres mais visibilidade e autoridade.

E a desproporção é ainda maior no topo. Menos de um quarto dos editores do mundo são mulheres.[12] Se os homens comandam a mídia, o mundo refletido para leitores e espectadores será o mundo visto através dos olhos masculinos. Como afirma Eleanor Mills, presidenta da organização Women in Journalism: "A sociedade não se vê como realmente é, mas pelo prisma de um olhar predominantemente masculino, velho, branco e privilegiado".[13] Ela dá o exemplo da renúncia do secretário da Defesa britânico, Michael Fallon, depois que o #MeToo finalmente levou a numerosas alegações de má conduta sexual por parte de políticos britânicos.

"Quando os políticos se reúnem, todo mundo sabe quais parlamentares têm mãos-bobas. Como é que eles nunca foram denunciados antes? Por que as acusações foram recebidas como 'novidades'? Por que outros homens poderosos continuariam se safando enquanto Weinstein não fosse pego com a boca na botija? Será que alguns dos homens que comandam as organizações de mídia não acham que os homens poderosos têm limites mais amplos?" Em sua carta de demissão, Fallon negou muitas das acusações contra ele, mas admitiu que seu comportamento em relação às mulheres havia "ficado aquém".

Na ocasião, todos os editores políticos dos jornais britânicos, exceto um, eram homens. Os homens são mais numerosos do que as mulheres no topo das organizações de mídia em parte porque as jornalistas, como outras mulheres que trabalham fora, muitas vezes são empurradas para o segundo plano quando têm filhos. Assim que engravidei, meu chefe sugeriu que eu parasse de trabalhar em período integral como editora de opinião e passasse a ganhar por artigo produzido. Fiona Pearson, uma subeditora sênior de *The Times*, passou por algo parecido. "Em diversas ocasiões, vários colegas homens (chefes e editores-chefes) me perguntaram se eu não achava melhor me concentrar no 'meu adorável marido e nos meus filhos maravilhosos'. Sempre havia a premissa de que, por ser casada e ter filhos, eu não devia trabalhar tanto e ficava claro que meu chefe se sentia ameaçado por eu querer passar tanto tempo quanto ele no trabalho em vez de voltar correndo para casa e servir o lanche da tarde para os meus filhos. Cheguei a perguntar a um desses colegas homens se ele já tinha considerado ficar em casa com sua adorável esposa e filhos maravilhosos. Ele ficou de queixo caído."[14] Se as mulheres são encorajadas a se afastar depois de ter filhos e os homens não, sempre teremos muito mais homens no topo das organizações e a lacuna de autoridade aumentará ainda mais.

No entanto, o sexismo começa muito antes na carreira das jornalistas, inclusive nos dias de hoje, quando todo mundo gosta de falar de igualdade mesmo se for só da boca para fora. Vicky, de 28 anos, uma produtora e repórter que trabalhou em várias estações de rádio, resumiu sua vida profissional. "Já me disseram que eu nunca chegaria aonde quero chegar, mas que chegaria a algum lugar porque sou 'bonitinha'; já tive que ouvir que sou boa com 'conteúdos fofos', mas nada além disso. Esses são só alguns exemplos. Eles me davam conteúdos leves para noticiar só porque sou mulher. Já aconteceu de colegas homens me lançarem um sorrisinho maroto quando pedi ajuda; já aconteceu de eu fazer todo o trabalho por eles e eles ficarem com todos os créditos – e todo o pagamento também. Já me disseram que só consegui o emprego por causa da minha aparência. Já me disseram que minha maior contribuição para a equipe era ser bonita. Algumas pessoas presumiam que eu só teria ideias idiotas; eu era ridicularizada por fazer comentários e ter dúvidas; eu me matava no trabalho com todo o entusiasmo do mundo e não conseguia avançar na carreira nem receber o apoio do qual precisava. Homens me interrompiam para me explicar como fazer o meu trabalho; sei que perdi oportunidades só por ser mulher. Meu trabalho não era reconhecido nem valorizado porque sou mulher, enquanto o trabalho dos homens era. Tive de ouvir: 'Espero que não tenha nada a ver com sexo' quando um produtor disse a um gerente que eu havia feito um favor a ele."[15] E não para por aí. O problema é que a vivência dela não é incomum: as jornalistas mulheres tendem a receber matérias mais leves, envolvendo saúde, educação, eventos, celebridades, estilo de vida e artes.

E se as mulheres resistem a essa pressão, elas correm o risco de enfrentar muito mais dificuldade no trabalho do que seus colegas homens. Passei três décadas cobrindo a política britânica e, em meus primeiros anos, muitos ministros conservadores eram sócios do Garrick Club, um clube exclusivo para homens, assim como a maioria dos editores e colunistas políticos com quem eu convivia. Meus amigos e adversários voltavam do Garrick com excelentes histórias e furos contados por suas fontes exclusivas, mas eu não possuía a anatomia certa, o que me impossibilitava de entrar no clube.

Os jornalistas políticos e os políticos homens também tinham a tradição de jogar golfe e jogar ou assistir futebol e, também nesses casos, eu não podia competir. Conforme mais mulheres foram entrando na política (quando comecei a cobrir o Parlamento, elas representavam apenas 3,5% dos parlamentares), elas se empenharam em formar um vínculo especial com as repórteres e colunistas mulheres. Ajudou, mas elas raramente ocupavam posições tão importantes quanto os homens. E a única mulher depois de Margaret Thatcher que chegou a primeira-ministra – Theresa May – era famosa por ser a política menos gregária que qualquer um de nós já conheceu.

Na França, jornalistas mulheres e de minorias étnicas não foram apenas automaticamente excluídas, tal qual nós fomos, como também ativamente perseguidas por uma panelinha de colegas homens, que se autodenominavam Ligue du LOL. Esse grupo de cerca de trinta homens, alguns em posições muito importantes, espalhou na internet memes pornográficos de suas colegas mulheres e fotos adulteradas para humilhar suas vítimas.[16]

Quando as jornalistas mulheres ousam se aventurar em territórios tradicionalmente "masculinos", como política, negócios e esportes, elas geralmente são tratadas com menos respeito. A lacuna de autoridade nessas áreas é ainda maior. Julia era jornalista de uma revista digital de esquerda. Ela me deu um exemplo: "Tínhamos uma repórter política mulher em uma equipe de quatro pessoas. Os artigos dela costumavam ser os mais lidos. Em pelo menos duas ocasiões, o editor da revista me mandou tirar um dos textos dela da lista dos principais porque o conteúdo 'não era sério'. Ele nunca me mandou fazer isso com as matérias dos jornalistas homens. Nós duas achamos que isso aconteceu só porque ela é mulher".

"Em outra ocasião, a mesma experiente repórter passou o dia inteiro cobrindo ao vivo pela internet as eleições para a câmara municipal. O editor da revista entrou na sala e, ignorando-a por completo, pediu ao estagiário que lhe desse o resumo dos últimos acontecimentos da política local. Quando perguntei por que ele não falou diretamente com a jornalista que efetivamente tinha as informações que ele queria, ele me menosprezou."[17] Esse tipo de tratamento é muito destrutivo para a autoconfiança das mulheres.

É ainda mais difícil – e raro – ser uma jornalista política negra. Anne Alexander foi a primeira mulher negra a ingressar nesse grupo: o grupo de elite de correspondentes políticos que têm permissão para participar das coletivas diárias do Parlamento britânico. Dezoito anos depois, no momento da escrita deste livro, ela continua sendo a única mulher negra. Em uma recepção parlamentar, ela estava conversando com um grupo de pessoas quando um parlamentar que estava por perto "se virou de repente na minha direção, me lançou um olhar rápido e me entregou seu copo vazio antes de se virar e continuar sua conversa".[18] Ele presumiu que ela fosse uma garçonete.

Precisamos de mais mulheres como Anne Alexander no jornalismo político se quisermos mudar as lentes masculinas brancas de meia-idade e de classe média através das quais a mídia vê o mundo. Como ela diz: "Por ser uma mulher negra que veio de uma família pobre, minha perspectiva sobre algumas questões e notícias será diferente da visão de um homem branco que veio da classe média". Enquanto o pool de jornalistas continuar tão pequeno, nunca teremos uma compreensão completa e profunda do país como um todo. Não é à toa que, no Reino Unido, tantas pessoas tenham sido pegas cochilando na votação pelo Brexit ou pelos deslizes de segurança que causaram a tragédia do incêndio da Torre Grenfell, em Londres, que matou 72 pessoas.

Alison Kervin é editora esportiva do *Mail on Sunday*, a primeira mulher a editar a seção de esportes de um jornal britânico de circulação nacional. Ela vive sendo recebida com incredulidade, sobretudo por parte dos homens, que simplesmente não conseguem acreditar que ela sabe do que está falando. Pouco tempo depois de assumir o cargo, ela tomava um café no refeitório com um homem do departamento de TI, que estava explicando o funcionamento do sistema de despesas. "Alguém por perto fez uma pergunta sobre esportes e foi informado: 'Quem sabe a resposta está ali'. O homem que fez a pergunta se aproximou e não hesitou em perguntar ao cara de TI quem jogaria no sábado. Eu disse: 'Não, a editora esportiva sou eu'. Ele disse: 'Ah, tudo bem', se virou novamente para o sujeito de TI e repetiu a pergunta." Ele simplesmente não processou a informação. "No mundo dos esportes", ela me contou, "existe essa pressuposição sobre o conhecimento com base no gênero. De acordo com a crença popular, as mulheres são incapazes de entender o que é um impedimento. Em todos os empregos que tive, alguém me perguntou: 'Você sabe o que é um impedimento? Vai lá, use estes copos para explicar'."[19]

Em outra ocasião, ela estava em um bar de rúgbi, onde alguns homens ao balcão discutiam sobre quando Jason Leonard, o famoso atleta dessa modalidade, jogou pela primeira vez no time da Inglaterra. Kervin é coautora da autobiografia de Leonard. Ela conta a história. "Um deles disse: 'Foi em 1988, eu tenho certeza', e o outro declarou: 'Eu sei que foi em 1989', e a discussão entre eles estava ficando meio feia. Como eu sabia que tinha sido em 1990, resolvi entrar na conversa: 'Com licença, não pude deixar de ouvir a conversa de vocês. Foi em 1990'. Eles me lançaram um olhar enfurecido e disseram: 'Você está louca? De jeito nenhum!', e continuaram discutindo entre si. Fiquei lá no balcão, esperando pela minha bebida, e declarei: 'Foi em 1990, sim' enquanto me afastava."

"Um deles disse: 'Não foi, não. Como é que você sabe? Eu *sei* que foi em 1989 porque acabei de ler o livro sobre ele'. Tive aquele momento glorioso de me virar e declarar: 'Sei que foi em 1990 porque fui eu quem escreveu o livro!'. Eu só estava tentando ajudar, mas não acho que um homem teria sido menosprezado como eles fizeram comigo." Quando ela escreveu outra obra sobre a história da Copa do Mundo de Rúgbi, seus editores a aconselharam a não usar seu primeiro nome, e sim "A. Kervin" na capa. Ela se recusou e admite que essa decisão deve ter reduzido as vendas do título.

Kervin adora a história de quando contratou um encanador para fazer um serviço em sua casa. Ele perguntou o que ela fazia. "Respondi que era editora esportiva de um jornal de circulação nacional. Ele disse: 'Caramba! Você deve saber tanto sobre esportes quanto eu!'."

Jess Brammar foi editora interina do *Newsnight* da BBC2 e hoje é editora-chefe do *HuffPost Reino Unido*, um dos cargos mais importantes do jornalismo digital. Ela está farta do domínio masculino na mídia e dos sentimentos de exclusão que isso provoca nas mulheres. "Eu tendo a evitar festas e eventos do jornalismo porque são uma tortura para mim. Normalmente sou a pessoa que fica circulando por perto dos grupos de homens, sendo ignorada. Estou cansada de ser ignorada por ser mulher. Não é nada divertido."[20]

No *Newsnight*, era comum os homens falarem por cima das mulheres nas reuniões. Por ocupar um cargo importante, "Eu ficava de olho e, quando via que algum homem começava a falar por cima de uma mulher em uma conferência editorial, eu dizia: 'Espere um pouquinho. A Fulana estava tentando falar'". Ela usava a mesma estratégia de amplificação que as assessoras do governo Obama.

As organizações de mídia são famosas por ser ambientes competitivos, com muita fanfarronice e ostentação típicas de homens. Mas eu sei, com base em décadas participando de reuniões matinais e vespertinas em jornais nas quais o conteúdo é decidido, a importância de ter diversidade no topo. Se os jornais forem comandados exclusivamente por homens, eles tenderão a reportar as notícias e escolher as matérias de maneira a refletir seus próprios interesses e prioridades. Eles terão mais chances de descartar como frívolos temas que dizem respeito às mulheres. Já aconteceu de meus colegas homens literalmente revirarem os olhos quando sugeri artigos sobre creches ou equilíbrio entre trabalho e vida pessoal.

Tudo isso é importante, não apenas para as jornalistas envolvidas, mas porque a mídia reflete o mundo de volta para nós. Se o espelho for distorcido na direção masculina, continuaremos a ver o universo pelos olhos masculinos. E isso afetará nossas atitudes automáticas e nosso viés inconsciente, perpetuando a lacuna de autoridade.

Contudo, e ainda mais importante, se quisermos que as opiniões das mulheres recebam a mesma autoridade que as dos homens, essas opiniões devem ter a mesma presença nas colunas opinativas dos jornais que, mesmo nestes dias digitais, ainda incitam o debate público. Quando comecei a editar a página de opinião de *The Times* em 1988, herdei três colunistas regulares por dia, seis dias por semana. Todos esses dezoito colunistas eram homens. Precisei brigar para obter permissão de contratar a primeira mulher para escrever aquela página sacrossanta.

Quando confrontei meu editor a respeito, ele respondeu: "Encontre uma mulher que escreva tão bem quanto o William Rees-Mogg [o distinto ex-editor de *The Times*, que ainda tinha uma coluna semanal] e você pode lhe dar um espaço". Ele achou que a discussão terminaria ali.

"Tudo bem", eu retruquei. "Que tal a Libby Purves?" Ela já escrevia excelentes artigos opinativos sérios que ficavam escondidos nas páginas de artigos "leves" e "femininos". Justiça seja feita, ele concordou e até hoje, cerca de trinta anos depois, ela tem uma coluna semanal e é a única colunista daquela geração. Mesmo hoje em dia, cinco dos seis principais colunistas de *The Times* são homens e, na metade dos dias da semana, são publicados três colunistas regulares homens para cada mulher. O que isso nos diz sobre até que ponto levamos a sério as opiniões das mulheres em comparação com as dos homens?

Não é difícil encontrar mulheres que escrevem com maestria. *The Guardian* (que é editado por uma mulher) tem tantas colunistas de opinião mulheres quanto homens, incluindo escritoras premiadas como Marina Hyde e Nesrine Malik e analistas políticas sérias como Polly Toynbee. Mas, como Ed Yong fez com suas fontes científicas, talvez os editores tenham de sair à caça delas. Devido a todas as pressões sociais que sofrem, as mulheres são menos propensas do que os homens a lutar por um lugar sob os holofotes.

Isso se aplica em todas as organizações. Para alcançar a igualdade, precisamos adotar medidas conscientes e, em seguida, tomar cuidado para não recair nos velhos hábitos. Precisamos continuar verificando se estamos dando às mulheres oportunidades iguais e se os homens não estão passando por cima das mulheres feito um trator. Precisamos manter em mente que as mulheres não podem fazer o mesmo com os homens sem sofrer as consequências. Se não persistirmos, a sociedade voltará automaticamente ao padrão masculino, como um elástico. E isso não quer dizer que os homens sejam melhores do que as mulheres, mas tem a ver os vieses que moldam nosso comportamento e nossas atitudes em relação aos dois gêneros.

Nas raras vezes em que algum artigo sobre mulheres com autoridade *é* publicado nos jornais, geralmente é de uma forma que minimiza sua autoridade. Deborah Cameron e Sylvia Shaw analisaram a cobertura da imprensa de mulheres políticas e âncoras de TV durante a campanha eleitoral para o Parlamento do Reino Unido em 2015 em seu livro *Gender, Power and Political Speech* ("Gênero, poder e discurso político", em tradução livre).[21]

Como Cameron escreve, "As mulheres descritas neste livro tiveram um importante papel em um debate televisionado assistido por milhões; uma delas chegava a administrar um pequeno país. Mesmo assim, os experts as compararam com monitoras de escola, professoras primárias, diretoras escolares, enfermeiras, matronas. É assim que a autoridade feminina é representada: por meio de alusões a uma série de papéis arquetípicos nos quais as mulheres tradicionalmente exerciam o poder – poder sobre crianças ou adultos infantilizados por doenças. Não encontramos um padrão análogo de referências aos homens: a autoridade deles na esfera política é tida como garantida e não requer comentários nem explicações". E, é claro, a implicação nas entrelinhas é que qualquer homem que aceite a autoridade feminina é infantilizado e reduzido ao status de uma criança.[22]

As referências nos lembram dos estereótipos femininos depreciativos das comédias no cinema. Cameron explica: "Nesses casos, a autoridade das mulheres é ao mesmo uma piada e uma ameaça. Ou talvez seja mais correto dizer que é transformada em uma piada para neutralizar a ameaça. Essas mulheres são representadas como autoritárias (no mau sentido), tiranas, mesquinhas e, na cultura popular, muitas vezes grotescas – envelhecidas, pouco atraentes fisicamente e assexuadas ou 'comedoras de homens' patologicamente sexualizadas demais".

* * *

Se os jornais ainda retratam uma imagem desatualizada da mulher e as marginalizam tanto na redação quanto em suas páginas, o que dizer do mundo da publicidade? Afinal, os anúncios também deveriam refletir nosso mundo de volta para nós, dando-nos uma ideia de como famílias e pessoas normais agem e se relacionam entre si. Eles constituem outra lente através da qual vemos nossa vida. O problema é que a publicidade consegue ser ainda pior que o jornalismo. Uma pesquisa da rede de TV britânica Channel 4 analisou os mil anúncios televisivos mais vistos e descobriu que 41% deles mostravam mulheres como donas de casa e apenas 28% como mulheres que trabalham fora.[23]

E o problema não se restringe ao Reino Unido. Uma pesquisa de 2018 com homens e mulheres de 28 países descobriu que 64% achavam que os anunciantes deveriam se empenhar para eliminar papéis tradicionais ou antiquados de homens e mulheres em seus anúncios.[24] Quase a metade dos respondentes disse que ainda via anúncios sexistas que consideravam ofensivos. E três quartos disseram que simpatizam mais com empresas cujos anúncios retratam homens e mulheres desempenhando as mesmas funções e com as mesmas habilidades. Desse modo, os consumidores realmente querem mudanças e os anunciantes também estão mudando – mas precisam se apressar.

Na Grã-Bretanha, a Agência de Padrões Publicitários finalmente proibiu o uso de estereótipos de gênero danosos nos anúncios. É uma ótima notícia, mas o escopo é menor do que você deve estar imaginando; a ênfase está na palavra "danosos". Os anunciantes não podem mais retratar uma mulher olhando impotente para o motor de um carro nem um homem olhando impotente para uma fralda suja. Mas isso não significa que as mulheres não possam ser retratadas como donas de casa, empolgadas com o poder de um produto de limpeza, ou que os homens não serão retratados como executivos, entrando aprumados no escritório com um terno impecável enquanto as jovens secretárias esticam o pescoço para ver o chefão passar.

* * *

Um dos efeitos mais insidiosos sobre os nossos estereótipos internos dos papéis femininos e masculinos provém das histórias que assistimos em dramas no cinema e na TV. Por sorte, nesse campo, temos visto um grande progresso nos últimos anos, especialmente na TV. Séries como *Fleabag*, *Killing Eve*, *Gentleman Jack*, *I May Destroy You* e *Big Little Lies*, escritas por mulheres, dirigidas por mulheres e com personagens realmente interessantes e complexos para mulheres de todas as idades, são tão refrescantes quanto uma cerveja gelada em pleno verão. E elas também foram um sucesso, o que nos leva a ponderar por que os executivos de TV demoraram tanto para contratá-las. Quando a segunda temporada de *Killing Eve* foi disponibilizada na plataforma de streaming da BBC, 2,6 milhões de pessoas baixaram a temporada inteira em 36 horas.

Ao retratar as mulheres como poderosas, complexas, moralmente ambíguas, divertidas e dominadoras, essas séries questionam os estereótipos que as pessoas mais velhas cresceram vendo e mostram exemplos diferentes para toda uma nova geração de meninas e jovens mulheres.

Trata-se de um fenômeno recente. De 2000 a 2016, apenas 11% de todos os filmes do Reino Unido e 28% de todos os episódios de séries na TV foram escritos predominantemente por mulheres.[25] E as roteiristas mulheres ficavam restritas a novelas e à programação infantil, com dificuldade de ser contratadas para escrever dramas para o horário nobre, comédias ou entretenimento leve.

E era comum os personagens femininos serem rasos, sem qualquer complexidade. Laura Bates foi atriz antes de fundar o Everyday Sexism Project (Projeto contra o Sexismo no Dia a Dia) em 2014. Antes de um teste de casting, ela recebia um briefing sobre o personagem a ser representado. "Meu namorado também era ator na época", ela me contou, "e ele recebia briefings longos e detalhados, explicando que o personagem era tímido e introvertido em razão de uma infância difícil e assim por diante. Certa vez, recebi um briefing de casting que só dizia: '90 centímetros de busto'. Só isso. Ou eu recebia briefings que diziam: 'Ela é sexy, mas virginal' ou 'Ela é ingênua, mas dá para levar para a cama'. Só esses estereótipos inacreditáveis."[26]

Moira Buffini, dramaturga, diretora e roteirista, concorda que a televisão está mudando, apesar de ainda haver muito trabalho a fazer. "Sempre foi um mundo de homens maduros e interessantes e mulheres jovens e bonitas, e isso precisa acabar. Isso tem um efeito insidioso nas pessoas. Os personagens femininos precisam ser protagonistas da ação, da mesma forma como são protagonistas da própria vida e não meros braços direitos."[27]

Ela tem razão sobre a influência dos modelos de comportamento na TV. O Geena Davis Institute on Gender in Media (Instituto Geena Davis de Estudos de Gênero na Mídia) se propôs a descobrir se a personagem da dra. Dana Scully, interpretada por Gillian Anderson na série *Arquivo X*, mudou as atitudes de meninas e mulheres em relação à área de exatas.[28] Scully, uma médica que passou a trabalhar como detetive paranormal, foi uma das primeiras personagens femininas realmente interessantes atuando em uma área de exatas a aparecer na TV e a primeira a ser personagem principal. Ela ficou conhecida por sua inteligência, força, objetividade e ceticismo.

As descobertas do estudo foram extraordinárias. Com uma amostra de mais de 2 mil mulheres com mais de 25 anos – todas com idade para ter assistido a *Arquivo X* –, os pesquisadores descobriram que 63% das mulheres que trabalhavam em uma área de exatas citaram Scully como seu modelo. Das mulheres que conheciam Scully, metade disse que ela aumentou seu interesse nessa área de estudos e 63% disseram que ela aumentou sua confiança de que elas conseguiriam se destacar em uma profissão dominada por homens. Espectadoras regulares da série *Arquivo X* apresentaram 50% mais chances do que as espectadoras casuais de trabalhar em uma área de exatas.

Se apenas uma personagem feminina forte em um programa popular de TV consegue ter tamanho efeito em toda uma geração de meninas e mulheres, pense na diferença que faria ter muito mais dessas. Essas mudanças não são meramente simbólicas ou superficiais; elas têm o poder de transformar vidas.

O mundo do cinema também está melhorando para as mulheres, mas não tão rápido quanto o da TV. Nos cem filmes de maior bilheteria de 2019, 43% tiveram uma protagonista ou coprotagonista feminina, em comparação com 20% em 2007 e 32% em 2017.[29] Mas 42% de todos os filmes lançados em 2019 não passaram no teste de Bechdel, segundo o qual duas personagens femininas precisam ter um nome e levar uma conversa que não seja sobre homens.[30] Não é um padrão muito alto. E, em média, as telas do cinema ainda mostraram dois homens para cada mulher.[31]

Nos cem filmes de maior bilheteria, apenas três protagonistas ou coprotagonistas mulheres tinham mais de 45 anos, e apenas onze mulheres eram não brancas. Somente 16% desses filmes, em 2020, foram dirigidos por mulheres – apesar desse índice representar um grande aumento em comparação com os 4% de 2018.[32]

A diretora coreano-americana Jennifer Yuh Nelson é uma das pouquíssimas mulheres que tiveram permissão de dirigir um filme de animação, segmento em que a discrepância é ainda maior. Ela dirigiu *Kung Fu Panda 2 e 3* e *Mentes sombrias*. Ela me contou que, mesmo assim, ela esbarra nos velhos estereótipos. Apenas treze mulheres não brancas dirigiram um dos 1.300 filmes de maior bilheteria entre 2007 e 2019. Yuh Nelson é uma dentre apenas duas (a outra é Ava DuVernay) que dirigiu mais de um.[33] Ela explica: "Sou uma daquelas anomalias ambulantes que levam as pessoas a dizer: 'Uau, você é uma mulher fazendo isso, que diferente! Você é uma asiática fazendo isso, que raridade!'. É tudo tão exótico para eles e não posso deixar de ser quem eu sou. Não posso simplesmente deixar de ser asiática, não posso simplesmente deixar de ser mulher".

Desse modo, é comum as pessoas se surpreenderem quando a conhecem pessoalmente. Em uma entrevista de emprego, ela foi chamada para uma conversa com seu potencial produtor no saguão de um hotel. Ele passou por ela várias vezes, apesar de não haver ninguém no saguão e ela estar segurando um enorme portfólio de animação. Ele tinha certeza de que o artista de animação com quem se encontraria só podia estar escondido em algum canto.

E a situação não mudou agora que ela é diretora. "Estou sozinha na sala quando o ator entra para falar com 'o diretor'. Ele olha para mim, parece confuso por um segundo e dá para ver as engrenagens girando na cabeça dele: 'Quem é essa mulher? Devo falar com ela?'. Ele fica um tempo sem reação. Ou, se eu estiver ao lado de um homem, ele fica sem reação, olha para o homem primeiro e depois para mim com uma expressão totalmente confusa. As pessoas, mesmo sem ter a intenção, precisam de um momento para se dar conta de que a diretora sou eu."

Por que ainda é tão raro ter diretoras mulheres se a qualidade dos filmes que elas fazem é tão boa quanto a dos diretores homens?[34] Nem comercialmente isso faz sentido. As produções realizadas por mulheres apresentam muito mais chances de ter personagens femininas importantes. E filmes com protagonistas femininas vendem mais. Entre as maiores bilheterias de 2014 e 2017, as que tinham protagonistas femininas tiveram um desempenho melhor nos cinemas do que as que tinham protagonistas masculinos em todas as faixas de orçamento.[35] Os filmes que passaram no teste de Bechdel também tiveram um desempenho melhor nos cinemas do que os que não passaram. Na verdade, todos os filmes que arrecadaram mais de US$ 1 bilhão globalmente no período do estudo passaram no teste.

Desde o movimento #MeToo, houve uma clara pressão para ter mais personagens femininos fortes nas telas do cinema e mais mulheres experientes por trás das câmeras. O resultado foram produções excelentes como *Três anúncios para um crime*, *Estrelas além do tempo* e *Talk-show: reinventando a comédia*. Finalmente os estúdios estão sendo pressionados a dar mais chances às mulheres. Isso só pode ser uma boa notícia para todos os espectadores que gostariam de ver mulheres retratadas na tela como personagens detalhadas e tridimensionais, demonstrando força e autoridade, não apenas como objetos sexuais, esposas ou vítimas de assassinato.

Mas, nos bastidores, as mulheres ainda enfrentam resistência dos homens. Kitty, uma produtora de 30 e poucos anos, acabou pedindo as contas de seu emprego em Hollywood porque seu chefe, que se considerava um liberal e progressista, dizia coisas como: "Acho muito irritante esse seu interesse todo por personagens femininos".[36] Ele se recusou a aceitar um excelente projeto de filme apresentado por ela. "É sobre consentimento", ela me contou, "e é um filme conscientemente feminista. Foi um ponto decisivo para mim. Ele viu como o roteiro estava bem escrito, mas ficou ainda mais irritado." O roteiro que ele recusou, *Bela vingança*, de Emerald Fennell, que já era famosa por *Killing Eve*, foi retomado pela atriz e produtora Margot Robbie e estrelado por Carey Mulligan. O filme recebeu quatro indicações ao Globo de Ouro.

Kitty está animada com o progresso que vê, mas ainda acha que a vida é mais difícil para as mulheres do que para os homens em Hollywood. "Para ter sucesso como uma cineasta, uma mulher tem que ser absolutamente a melhor", diz ela. "Para ter sucesso como um cineasta, um homem pode ser medíocre e voltará a ser contratado. Os produtores, cineastas e distribuidores homens ainda comandam Hollywood e querem incluir as mulheres. Mas então alguma coisa acontece e as mulheres são deixadas de lado. É como se uma mão invisível estivesse ali, só esperando as mulheres fazerem alguma coisa errada." Infelizmente isso acontece em muitos campos. Como disse Helle

Thorning-Schmidt, saberemos que alcançamos a verdadeira igualdade quando tivermos em posições de autoridade o mesmo número de mulheres medíocres que o de homens medíocres.

* * *

Falei sobre como a mídia, a TV e os filmes moldam a visão que temos de nós mesmos e nosso lugar na sociedade, mas o que dizer da religião? Para as pessoas de fé, os ensinamentos religiosos devem guiar a maneira como elas conduzem a vida. Se a religião dessas pessoas diz que os homens são superiores às mulheres, elas não vão apresentar apenas vieses inconscientes como provavelmente também a variedade consciente.

Todas as principais religiões do mundo ensinam alguma versão da chamada Regra de Ouro. No cristianismo, é "Faça aos outros o que você gostaria que fizessem a você". O budismo aconselha: "Não fira os outros de um modo que não gostaria de ser ferido". Os hinduístas dizem: "Nunca se deve fazer ao outro aquilo que considera injurioso a si mesmo". E Maomé instruiu: "Como você gostaria que os outros fizessem a você, faça a eles; e o que você não gosta que seja feito a você, não faça a eles".

No entanto, a maioria das religiões oprime as mulheres, discrimina-as ou as coloca em posições de inferioridade que os homens odiariam se fossem submetidos ao mesmo tratamento. Como foi que isso aconteceu? A única explicação para essa hipocrisia é que as culturas preponderantes da época em que essas religiões foram fundadas eram tão patriarcais que a opressão das mulheres parecia natural – assim como muitos cristãos em determinado momento não viam problema algum com a escravidão.

O problema é que o mundo mudou, mas as escrituras não. Assim, por exemplo, o Corão ainda dá às filhas apenas metade da herança que os filhos recebem e diz que o testemunho de uma mulher no tribunal – pelo menos no que diz respeito a questões financeiras – vale apenas a metade do testemunho de um homem. Versículos similares da Bíblia dizem que as mulheres não devem ocupar cargos de liderança na Igreja.

Mulheres e meninas passaram tempo demais sendo discriminadas devido a uma interpretação distorcida da palavra de Deus. Não são palavras minhas, mas do ex-presidente dos Estados Unidos Jimmy Carter.[37] Ele foi um batista devoto por toda a sua vida, mas, depois de sessenta anos, deixou com relutância sua congregação, que dizia que as mulheres deveriam ser subservientes ao marido e que elas não podiam se tornar diaconisas (feminino de "diácono"), pastoras ou capelãs.

Carter observa que as mulheres muitas vezes serviram como líderes nas origens da Igreja Cristã, mas que, após o século 4, os homens, nas palavras dele, "distorceram e deturparam as Escrituras Sagradas para perpetuar suas posições ascendentes na hierarquia religiosa... A verdade é que os líderes religiosos do gênero masculino tiveram – e ainda têm – a opção de interpretar os ensinamentos sagrados para elevar ou para subjugar as mulheres. Em sua grande maioria, e para seus próprios fins egoístas, eles escolheram a última opção".

Com isso, os homens passaram milênios justificando seu controle sobre as mulheres em nome de uma autoridade superior. Eles puderam restringir as oportunidades de meninas e mulheres, forçá-las a se casar com homens mais velhos, impedi-las de competir por autoridade e poder com os homens e até culpar as mulheres pelas fraquezas sexuais dos homens.

Mary McAleese é católica e está tão inconformada com a recusa da Igreja Católica em conceder autoridade às mulheres que, depois de deixar o cargo de presidenta da Irlanda, fez um doutorado em direito canônico. Perguntei a ela por quê. "A exclusão das mulheres na minha Igreja me incomoda muito. Considerando que o catolicismo representa 1,2 bilhão de pessoas, uma em cada seis pessoas no mundo, não posso simplesmente fingir que o problema não existe. Minha Igreja é um império de misoginia. Ela ainda carrega atitudes de 2 mil anos que continuam profundamente arraigadas em sociedades do mundo todo."[38]

Ela diz que, apesar de, em geral, ter sido respeitada na política, "Fui recebida com ressentimento pela minha Igreja, especialmente nos escalões mais altos, por eu esperar ser levada a sério; com ressentimento por eu ter conseguido uma plataforma que eu poderia usar para falar e ser ouvida".

"As mesmas pessoas que defendiam os direitos humanos e civis dos católicos [na Irlanda do Norte] não percebiam que, dentro de sua própria Igreja, era comum os direitos humanos e civis das mulheres serem ignorados e negligenciados, deliberadamente, é claro."

Também na Igreja Anglicana, as mulheres precisam lutar muito para receber a mesma autoridade que os homens. O Movement for the Ordination of Women ("Movimento para a Ordenação de Mulheres"), que só queria que as mulheres pudessem se tornar sacerdotisas (feminino de "padre"), passou dezenove anos lutando resolutamente até que, por fim, em 1992, a moção foi aprovada por apenas dois votos a mais dos integrantes laicos que compunham o Sínodo Geral, responsável pela definição de questões relacionadas à Igreja Anglicana. A reforma foi tão controversa que 430 padres renunciaram e exigiram uma indenização. Levou mais vinte e dois anos para o Sínodo votar a favor da permissão para que as mulheres se tornassem episcopisas (feminino de "bispo").

Sarah Mullally já ocupava uma posição de autoridade quando decidiu atuar na Igreja: ela era chefe de enfermagem do governo. A Diocese de Londres é famosa por ser um foco de oposição às sacerdotisas: 13% do clero de Mullally não aceita mulheres como sacerdotisas ou episcopisas, que são forçadas a receber provisões especiais de "bispos visitantes". Em vista disso, foi uma surpresa quando ela foi nomeada Episcopisa de Londres, como ela me contou: "uma surpresa para a Igreja, mas um deleite para o mundo".[39]

"Desde que comecei a atuar como episcopisa", ela diz, "fiquei muito mais consciente do meu gênero. Eu fico na porta da igreja e, quando as pessoas saem, elas dizem coisas como: 'Eu não sabia o que esperar de uma mulher, mas até que você foi bem' ou 'Você é muito bonita'. Sei que eles estão tentando ser gentis, mas é estranho ouvir essas coisas porque não deveria ter nada a ver com meu gênero."

Muitos fiéis ainda têm dificuldade de associar "autoridade" com "mulher" na Igreja. Quando a reverenda Lucy Winkett, a primeira sacerdotisa da Catedral de São Paulo, em Londres, estava celebrando a missa, um visitante perplexo perguntou: "Por que aquele padre está falando com voz de mulher?".[40]

Mullally se lembra de visitar igrejas no condado de Devon, na Inglaterra, em seus primeiros anos como uma episcopisa. "Certa vez, fui a uma missa e eles tinham uma vaga de estacionamento reservada para os bispos. Saí do carro, tirei os cones, estacionei e um homem saiu correndo e disse: 'Sinto informar, mas essa vaga está reservada para o bispo'. Eu respondi: 'Sim, sou eu', e ele: 'Mas você é uma mulher'. 'Eu sei disso', respondi, 'e também sou a episcopisa'."

Parte dessa reação vem de uma dificuldade natural e justificável de se adequar a novidades. Mas algumas pessoas são abertamente hostis à ideia de uma mulher exercendo autoridade na Igreja. Mullally diz: "Às vezes, recebo comentários virulentos, principalmente nas redes sociais. Tendo a receber mais comentários maldosos de pessoas anônimas do que de pessoas com quem eu falo diretamente. O desafio para mim é diferenciar uma objeção teológica real de pura discriminação".

"Nem sempre é fácil, mas às vezes é absoluta e flagrantemente claro. Então, eu respondo a alguma dessas mensagens, o que sei que pode surpreender as pessoas, mas acho que, se você não confrontar o problema, vai ficando ainda mais difícil. Você não vai mudar a situação. As pessoas ficam surpresas quando eu me abro para o diálogo. Elas ficam desarmadas, porque esperam que eu evite a discussão ou não fale a respeito."

O judaísmo permite rabinas mulheres em sua ala liberal, mas não na ala ortodoxa, pelo menos no Reino Unido – embora algumas tenham sido permitidas nos Estados Unidos. E as mulheres ultraortodoxas precisam usar perucas e ter o maior número de filhos que puderem. A segregação de gênero na comunidade ultraortodoxa é comum. Mas a Bíblia hebraica contém exemplos de mulheres sábias e respeitáveis, como a Bruxa de Endor, Sara, Rebeca, Raquel, Débora e Léia.

Essas mulheres, porém, estão longe de receber tanta autoridade quanto os homens na Bíblia. Como Julia Neuberger, ex-rabina sênior da Sinagoga de West London, me explicou: "Elas são mulheres, têm um papel importante e não são tão subservientes quanto as da literatura religiosa posterior. Mas elas possuem autoridade? Bem, até certo ponto, mas não muito".[41]

Na lei judaica tradicional, um homem pode se divorciar de uma mulher, mas uma mulher não pode se divorciar de um homem. Contudo, as mulheres sempre tiveram o direito à propriedade e, ao longo da história judaica, foram encorajadas a ler e escrever e a administrar negócios, enquanto o marido estudava, de modo que, em alguns aspectos, elas tinham mais liberdade do que a maioria das mulheres cristãs.

No Islã, o preconceito é escancarado. As mulheres precisam ficar separadas dos homens nas mesquitas e, na maioria dos casos, não podem ser imames (os sacerdotes da religião). As mesquitas são administradas quase inteiramente por homens, assim como os comitês da xaria, que definem as leis islâmicas. A "voz" da comunidade muçulmana é quase sempre masculina, embora a recente eleição de Zara Mohammed como secretária-geral do Conselho Muçulmano da Grã-Bretanha tenha representado um grande avanço. Adolescentes podem ser forçadas a casar-se com homens muito mais velhos. As mulheres devem se vestir com muito mais recato do que os homens. Em muitas comunidades, espera-se que os homens – sejam eles pais, maridos ou irmãos – decidam a maneira como as meninas e mulheres de sua família conduzirão sua vida.

Gina Khan, uma destemida mulher muçulmana que mora em Birmingham, na Inglaterra, decidiu se manifestar a respeito, e a retribuição foi um tijolo jogado na janela de sua casa. "Somos tratadas como cidadãs de segunda categoria", ela me disse quando fui visitá-la em sua casa. "Sempre foi assim. Não importa se você vem de um vilarejo retrógrado ou de uma família instruída, a mentalidade é sempre a mesma."

"Você passa a vida inteira lutando contra essa mentalidade, então é difícil ser quem você é. Você pode se deixar abater, como eu fiz por trinta e quatro anos, ou pode questionar o *status quo* e dizer: 'Quer saber? Sou um ser humano, Deus me deu um cérebro igual ao de vocês e não vou me curvar e orar atrás de vocês só porque vocês são homens'."

"Não se espera que as mulheres muçulmanas questionem as coisas. Eu mesma nem cheguei a ouvir meus próprios gritos e lágrimas por trinta e quatro anos. Decidi me distanciar um pouco para entender e contestar minha religião."

Sharmeen Obaid-Chinoy é uma documentarista inabalável que ganhou dois Oscars pelos filmes que fez sobre o tratamento dispensado às mulheres no Paquistão. Os direitos das mulheres regrediram naquele país, ela me contou, graças à interpretação do islamismo pelos homens. "A regressão dos direitos das mulheres está diretamente ligada à islamização deste país. Apesar de a religião conceder acesso e direitos às mulheres, neste país a interpretação da religião é articulada pelos homens. Eles acreditam que a religião não dá às mulheres os direitos que elas alegam que a religião dá. A religião está sendo usada e distorcida pelos homens para que eles possam reprimir as mulheres. Os homens deste país descarregam sua frustração nas mulheres. Eles acreditam que as mulheres são inferiores, que devem passar a vida inteira sendo servas deles em casa. Não tem nada a ver com religião, mas a religião foi manipulada para os homens acreditarem que têm esse direito."[42]

Curiosamente, um experimento conduzido no Egito mostrou que, quando os muçulmanos foram expostos a um breve argumento religioso interpretando um versículo do Corão a favor da liderança das mulheres, eles ficaram 24% mais inclinados a aceitar argumentos em prol de mulheres em posições de liderança política, como primeira-ministra ou presidenta.[43] E isso foi mais eficaz do que usar um argumento não religioso baseado em estudos científicos. Desse modo, talvez uma interpretação mais liberal do Corão possa ser usada para promover mudanças nas comunidades muçulmanas. Mas isso requer que os líderes muçulmanos e imames do gênero masculino acreditem em uma maior igualdade entre os gêneros e preguem o valor dessa igualdade.

Jimmy Carter estava certo. É o egoísmo – a resolução dos homens de manter uma posição melhor às custas das mulheres – que perpetua a discriminação contra elas em quase todas as religiões. O que é curioso, porque o pecado que a Regra de Ouro tenta evitar é justamente o egoísmo: não se coloque em primeiro lugar, mas faça como você gostaria que fizessem a você. Todas as religiões pregam que o egoísmo é errado, mas suas instituições protegem o desejo egoísta de alguns homens de se apegar ao poder e excluir as mulheres de posições de autoridade. Enquanto esse cenário não mudar, os fiéis continuarão com os velhos estereótipos entranhados no âmago de seu ser.

Os homens continuarão achando justo acreditar – o que convém a seus interesses – que as mulheres são inferiores e subordinadas. Enquanto isso, as mulheres ficarão divididas entre os ensinamentos religiosos que absorvem e o sentimento de que o mundo não deveria ser como é.

* * *

Para resumir, ainda vivemos em um mundo moldado por homens, que os coloca em posição de superioridade e autoridade enquanto as mulheres permanecem como seres subordinados. É um mundo no qual os homens, muito mais do que as mulheres, são considerados experts. E é um mundo no qual os homens quase sempre ficam com os melhores papéis. Essas mensagens, que nos cercam o tempo todo, são absorvidas pelo nosso cérebro e transformadas em estereótipos. Acabamos aplicando esses estereótipos a mulheres e homens reais e é isso que perpetua a lacuna de autoridade.

Não podemos negar que progressos *foram* feitos em algumas áreas. A TV e o cinema estão começando a nos dar uma visão mais ampla e matizada de como as mulheres podem ser, com muito mais personagens femininas fortes tomando as próprias decisões e exercendo sua autoridade. O projeto 50:50 está aumentando muito a visibilidade de mulheres conhecedoras e abalizadas. Os anúncios publicitários estão melhorando aos poucos. Hollywood está contratando um pouco mais diretoras mulheres. As atrizes não precisam mais se limitar a ser objetos sexuais para conseguir papéis e cada vez mais mulheres mais velhas estão sendo escolhidas para o elenco de filmes no cinema.

Recentemente, mulheres assumiram o cargo de editoras em vários jornais de circulação nacional da Grã-Bretanha, como Emma Tucker (*The Sunday Times*) e Victoria Newton (*The Sun*). Se elas conseguirem mudar a cultura masculina tradicional – por vezes tóxica – em suas redações, isso ajudará a diminuir a lacuna de autoridade.

A religião, como sempre, se arrasta na lanterninha. A Igreja Anglicana mostrou que é possível reinterpretar a Palavra – mas somente depois de décadas de luta, e ainda há muitos homens (e algumas mulheres) na Igreja Anglicana que se incomodam com mulheres em posições de autoridade. Muitos fiéis acreditam categoricamente que não é papel da religião acompanhar as mudanças do mundo laico – que ela existe como um contrapeso à modernidade liberal e que as Escrituras devem prevalecer. Enquanto essa mentalidade se mantiver, as mulheres ficarão presas a práticas patriarcais opressivas de milhares de anos atrás. É difícil imaginar essas mulheres sendo libertadas em breve.

11

Uma mistura de Lady Macbeth com Medusa
Por que odiamos as mulheres que chegam ao poder?

"É difícil ser mulher na política. Na verdade, é muito pior que isso. Pode ser torturante, humilhante. Assim que uma mulher se apresenta e diz: 'Vou concorrer a um cargo', o inferno começa: o escrutínio de seu rosto, corpo, voz, comportamento; a minimização de sua autoridade, suas ideias, suas realizações, sua integridade. Pode ser absurdamente cruel."

— Hillary Clinton

Jadranka Kosor, a primeira – e até agora a única – primeira-ministra da Croácia desde que o país se tornou uma democracia, assumiu o poder em 2009, quando seu antecessor deixou o cargo subitamente. Fui visitá-la na capital Zagreb e descobri que ela ainda estava magoada com a experiência. Ela acredita que a misoginia perpassou toda a maneira como ela foi tratada pelos políticos e pela imprensa. Desde o início, eles estavam convencidos de que ela seria imprestável. Eles não podiam acreditar que uma mulher seria capaz de tirar o país de suas dificuldades econômicas e diplomáticas.

"Assim que me tornei primeira-ministra, fui recebida com escárnio e ceticismo", ela me contou. "Como é que *ela* daria conta do recado? Na época, a Croácia estava em meio a uma crise financeira. O PIB tinha despencado quase 10%, e eu era vista com descrença. As pessoas diziam: 'Ela não tem capacidade de nos tirar desta crise, ela vai destruir o nosso país'. No dia em que fui escolhida para o Parlamento, ouvi muitos insultos, principalmente em relação a mim como mulher, não como política."[1]

O escárnio espalhou-se para além da Croácia e alcançou outras partes da Europa, onde as negociações para a adesão da Croácia à União Europeia chegaram a um impasse. "Na época, o presidente da Comissão Europeia era José Manuel Barroso e, na nossa primeira reunião, ele também expressou desconfiança. A Eslovênia e alguns outros países europeus estavam dificultando as negociações para a adesão da Croácia à União Europeia. O sr. Barroso me olhou de cima a baixo e declarou que, como meu antecessor, que era homem, não tivera sucesso, ele não acreditava que eu teria."

Em três meses, Kosor conseguiu remover os impedimentos às negociações e garantiu a entrada da Croácia na União Europeia. Ela se mostrou uma negociadora tenaz e habilidosa e firmou uma parceria inesperadamente bem-sucedida com o primeiro-ministro esloveno, que antes havia lutado para impedir a Croácia de entrar na União Europeia.

Já vimos que resistimos a conceder às mulheres a mesma autoridade que aos homens por seus conhecimentos, mas isso não é nada em comparação com nossa resistência às mulheres que exercem sua autoridade na forma de poder. Apesar de, neste capítulo, eu me concentrar principalmente em mulheres na política, há um padrão semelhante em nossas atitudes em relação às mulheres com poder em qualquer área.

Basta dar uma olhada no tormento ao qual Hillary Clinton foi submetida quando concorreu contra Donald Trump na eleição de 2016, revelando a extensão da misoginia tóxica da sociedade quando se vê diante da possibilidade de ter uma mulher na presidência. Hillary Clinton foi criticada por todo tipo de coisa: sua voz, seu cabelo, suas roupas, seus modos, ela era antipática, ela era fria, ela era desagradável, ela não era confiável, ela era corrupta. Apesar de ela ter sido, possivelmente, a candidata presidencial mais qualificada de todos os tempos no papel, todas as justificativas foram usadas para demonstrar que ela era, simplesmente, *mulher demais*. Ela também teve a dificuldade adicional de incitar grandes multidões em comícios sem que fosse acusada de "gritar" ou "falar com a voz esganiçada", de dominar um debate sem que fosse chamada de "raivosa", "antipática" ou "agressiva" e impor presença diante das câmeras e ao mesmo tempo ser cordial e feminina. Imagens horrendas foram usadas na campanha do oponente republicano, incluindo uma caneca com uma ilustração de Trump segurando a cabeça decepada de Clinton como se fosse a de Medusa, um distintivo com os dizeres "Combo Hillary do KFC: 2 coxas gordas, 2 peitos pequenos, asa esquerda" e camisetas com slogans como "Trump, destrua essa vadia!" e "Chupa, Hillary... mas não como a Monica".

E o mesmo padrão foi visto nas eleições primárias presidenciais do Partido Democrata em 2020. Os adjetivos usados contra Clinton – "esganiçada, "estridente", "indiferente", "fria", "antipática" – foram repetidos em artigos sobre as senadoras Kamala Harris, Elizabeth Warren, Kirsten Gillibrand e Amy Klobuchar.

São exemplos clássicos do chamado "problema da incongruência de status". Como vimos no Capítulo 6, as qualidades "masculinas" exigidas de um líder nos incomodam quando são exibidas por uma mulher. O resultado é que temos mais chances de antipatizar com líderes mulheres do que com líderes homens e penalizamos as mulheres por demonstrarem as mesmas características de liderança que recompensamos nos homens. Os homens são dominantes, as mulheres são controladoras. Os homens são poderosos, as mulheres têm sede de poder. Os homens são decisivos, as mulheres são raivosas. Como a feminista americana Gloria Steinem chegou a dizer: "Um homem pode ser chamado de agressivo se ele provocar a Terceira Guerra Mundial. Uma mulher pode ser chamada de agressiva se ela o deixar na espera ao telefone".[2]

Caroline Heldman, professora do Occidental College em Los Angeles, estuda nossas atitudes em relação às mulheres no poder. "Faz parte de nosso DNA cultural essa ideia de que são os homens que devem estar no comando", ela me explicou. "Então, quando as mulheres buscam o poder, tanto homens quanto mulheres sentem uma aversão. Temos a tendência de antipatizar com mulheres que buscam o poder ou até de odiá-las. Esse sentimento vem mais dos homens do que das mulheres, mas, por ser uma norma cultural, tanto eles quanto elas têm aversão às mulheres que buscam poder."[3] Ela descobriu que cerca de um terço das mulheres (a maioria brancas) e cerca de dois terços dos homens têm esse viés contra as mulheres que buscam o poder. E, em 2018, apoiadores ferrenhos do Partido Republicano, de ambos os gêneros, apresentaram três vezes mais probabilidade do que apoiadores ferrenhos do Partido Democrata de dizer que os homens são mais emocionalmente capazes para a política do que as mulheres.[4]

Isso nos leva a outro aspecto da lacuna de autoridade: somos mais inclinados a conceder autoridade na forma de poder aos homens do que às mulheres. Eles, em particular, são mais relutantes em votar em candidatas mulheres. Muitos deles não gostam da ideia de seu país ser governado por uma mulher.

Ségolène Royal tinha tudo para se tornar a primeira presidenta da França em 2007, mas foi derrotada por pouco, diz ela, graças à misoginia estrutural. Os homens da política acreditavam ter o que ela chama de "direitos de propriedade sobre o cargo mais alto do Estado" e não podiam tolerar uma mulher vencendo as eleições.[5] Ela enfrentou resistência até dos homens de seu próprio partido, o Partido Socialista. "Mas quem vai cuidar das crianças?", perguntou Laurent Fabius, um ex-primeiro-ministro, quando ela anunciou sua candidatura à presidência. Outros integrantes do Partido Socialista sugeriram que ela era irrelevante, errática e nada inteligente. Ela foi chamada de "dançarina de strip-tease", um "anúncio de sabão em pó" e uma "superbabá", sendo que nenhuma dessas descrições seria usada contra homens.

Julia Gillard, a primeira primeira-ministra mulher da Austrália, fez o famoso discurso da "misoginia" em 2012, que ecoou por todo o mundo. Em sua fala, ela disse: "Fiquei ofendida quando o líder da oposição [Tony Abbott] saiu do Parlamento e posou ao lado de um cartaz que dizia: 'Queimem a bruxa'. Fiquei ofendida quando o líder da oposição posou ao lado de um cartaz que me descrevia como a vadia de um homem. Fiquei ofendida com essas coisas. Misoginia, sexismo, vindos todo dia desse líder da oposição".

Seus colegas homens ficaram chocados com o tratamento que ela recebeu quando foi primeira-ministra. Mike Rann foi governador da Austrália do Sul e presidente do Partido Trabalhista, o partido de Gillard. Em uma visita a Londres, nos encontramos para falar sobre a experiência de Gillard e fiquei impressionada com a solidariedade que esse homem de meia-idade tinha por sua colega mulher. "Foi uma vergonha", ele me contou. "Acho que nunca vi ninguém sendo mais difamado, apesar de sua enorme capacidade, por causa de seu gênero. Ela foi diminuída por causa de suas roupas, por causa de sua aparência, porque não era casada e porque não tinha filhos. E também houve uma tentativa por parte de grandes segmentos da mídia e de seus adversários políticos de tentar deslegitimá-la como primeira-ministra por causa de seu gênero."

"Foram constantes as referências ao tamanho de seus glúteos, a suas roupas, sua maquiagem, seu cabelo; coisas que nós, homens, nunca tivemos de suportar. Eu mesmo tenho sobrepeso. Nunca ninguém disse nada sobre isso! No gabinete, todos os homens estavam acima do peso."

"O que essa experiência me mostrou é que as mulheres não têm como vencer na política. Se não tiverem filhos, elas são de alguma forma inadequadas. Se tiverem, deveriam ficar em casa cuidando deles. Se forem bonitas, não são levadas sérios, são bonitinhas mas ordinárias. Se não forem bonitas, também são difamadas. As mulheres na política, não só na Austrália, mas em todo o mundo, precisam de uma dose muito maior de resiliência para aturar essa porcaria toda."[6] E isso sem falar nas trollagens horrendas e ameaças de violência das quais as políticas mulheres são vítimas nas redes sociais.

Gillard ficou famosa por denunciar o sexismo que vivenciou. Mas, em retrospecto, ela me disse que deveria ter feito isso antes. "Nas minhas fases iniciais como primeira-ministra, decidi ignorar o problema porque achei que era só uma questão de tempo. Achei que, com o tempo, a nação se acostumaria com uma primeira-ministra e que as críticas sexistas diminuiriam. Descobri que, pelo contrário, elas aumentaram. E, como ignorei o problema e não me manifestei antes, foi difícil denunciá-lo depois. Assim, a lição que aprendi por experiência própria é tentar resolver logo a questão."[7]

O cenário político australiano é notoriamente agressivo e competitivo, mas uma análise acadêmica comparando o tratamento dispensado pela mídia a Julia Gillard e a outro primeiro-ministro, Malcolm Turnbull, sendo que ambos desafiaram rivais de seu próprio partido para se tornar líderes, mostra a diferença marcante entre os dois.[8] Quando Gillard venceu Kevin Rudd para assumir a liderança do partido e se tornar primeira-ministra, quase 50% dos artigos incluíram palavras como "assassinar", "traição", "cilada", "decapitação", "brutal", "assassinato cruel" e "executar". Ela foi comparada a Lady Macbeth. Quando Turnbull venceu Tony Abbott, apenas 12% dos artigos foram negativos. Ele foi "brilhante", "bem-sucedido", "sagaz", "astuto", "ambicioso", demonstrou ter "habilidades políticas" e "seriedade" e conseguiu "retomar as rédeas".

Quando havia seis mulheres concorrendo nas prévias do Partido Democrata para a disputa presidencial de 2019-2020, muitas de nós esperávamos que, finalmente, a mídia as distinguisse e não se limitasse a usar estereótipos rasos para descrevê-las. Como Hillary Clinton me disse em 2019: "O seu livro não poderia vir em melhor hora, porque agora temos três mulheres que estão realmente na disputa pela indicação e elas são diferentes umas das outras. Não é só uma mulher sozinha sob os holofotes, como foi o meu caso em 2016. Elas têm uma aparência diferente, possuem estilos distintos de se vestir, falam de maneira diferente".[9] Mesmo assim, ela ainda temia que a hostilidade dos eleitores continuasse a mesma. "Não posso deixar de achar um pouco engraçado porque em 2016 perguntavam para as pessoas: 'Você votaria em uma mulher?', e a resposta era: 'É claro que sim! Só que não *naquela* mulher', referindo-se a mim. E, em 2019, tínhamos mulheres suficientes para montar um time de basquete, mas a resposta continuou a mesma. Diante da mesma pergunta, as pessoas respondiam: 'Mas é claro que sim! Só que não *naquelas* mulheres'." E, como seria de se esperar, quem ganhou a indicação foi um velho branco um tanto fragilizado pela idade.

"Por quê?", você pode estar se perguntando. Durante a campanha das primárias do Partido Democrata, um levantamento conduzido por *The New York Times*/Siena descobriu que 41% das pessoas que apoiaram Joe Biden e não Elizabeth Warren concordaram com a afirmação de que "a maioria das mulheres que concorrem à presidência simplesmente não é muito simpática".[10]

Quais são as chances de não apenas Clinton, mas todas as seis mulheres que concorreram à indicação quatro anos depois serem mesmo antipáticas? Será que isso não nos diz mais sobre nossas atitudes em relação às mulheres que buscam a autoridade do que sobre essas mulheres como pessoas?

Como vimos no Capítulo 7, quando uma mulher é considerada altamente competente, ela também é considerada menos simpática do que homens igualmente competentes ou mulheres menos competentes. Uma vez que apenas mulheres altamente competentes têm chances de se candidatar à presidência, muitos eleitores as considerarão automaticamente antipáticas, sobretudo quando acrescentamos características como ambição ou "busca pelo poder". Como a linguista Deborah Cameron afirma: "O problema não é que as mulheres que concorrem a altos cargos no governo tenham personalidades particularmente pouco atraentes. O problema é que tendemos a não gostar de mulheres que concorrem a altos cargos no governo".[11] E, se não gostarmos delas, teremos menos chances de voltar nelas, perpetuando a lacuna entre homens e mulheres quando se trata de exercer autoridade – a menos que sejamos capazes de superar nosso preconceito.

A aversão às mulheres "em busca de poder" é impressionante. Um estudo sobre a reação contra as mulheres na política descobriu que "os participantes tiveram sentimentos de indignação moral", como desprezo, raiva e repulsa, quando as políticas mulheres foram descritas como pessoas que buscam o poder.[12] Por outro lado, "Quando os participantes pensavam nos políticos do gênero masculino como pessoas que buscam o poder, eles os viam como tendo mais agência (isto é, sendo mais assertivos, mais fortes e mais vigorosos) e dotados de mais competência".

Faça uma busca no Google por "Biden" e "ambicioso" e você lerá sobre seu "ambicioso projeto de lei de imigração" ou seu "ambicioso plano climático". Faça uma busca no Google por "Hillary Clinton" e "ambiciosa" e você lerá coisas como "patologicamente ambiciosa", "ambição incontrolável" e "a maldita ambição de Hillary Clinton".

E não são apenas os homens que não gostam de mulheres que buscam o poder, mas as mulheres também, embora em número menor. Em 2016, a maioria das mulheres brancas (e consideravelmente mais homens brancos) votou em Trump, um agressor sexual confesso, mesmo com a opção de votar em uma mulher altamente qualificada. Qual seria a explicação para isso? Perguntei a Caroline Heldman. "As mulheres brancas votam no Partido Republicano com os homens brancos desde o movimento pelos direitos civis. Em parte, tem a ver com raça. Mas também tem a ver com a barganha patriarcal. A barganha patriarcal é a ideia de que, para serem aceitas em um sistema que inclui rigorosas regras de gênero, as mulheres macularão a identidade ou os interesses de seu grupo se tentarem, individualmente, obter o que puderem do sistema. No caso das mulheres republicanas, a barganha patriarcal tem muito a ver com depender dos homens para ter acesso a recursos econômicos e validação masculina."

"Para muitas mulheres, especialmente mulheres brancas com um nível de escolaridade mais baixo, é ameaçador ver uma mulher buscando o poder, porque, quando uma mulher busca uma posição de poder que uma sociedade patriarcal define e presume ser masculina, isso é considerado uma crítica implícita aos papéis de gênero tradicionais. Tendemos a pensar que o patriarcado é mantido pelos homens, mas, no fim das contas, mais de 90% das donas de casa são mulheres e são elas que transmitem as normas sociais no que diz respeito ao gênero." Assim, se as crianças crescerem em uma família socialmente conservadora, elas absorverão a ideia de que os homens devem ser os responsáveis pelas mulheres e que o papel das mães é cuidar da casa e da família. A lacuna de autoridade será imbuída na mente dessas crianças desde o nascimento.

Dois estudos conduzidos depois da eleição de 2016 nos Estados Unidos descobriram que o sexismo hostil – concordar com afirmações como "A maioria das mulheres interpreta comentários ou atos inocentes como sexistas" e "Muitas mulheres efetivamente buscam favores especiais, como políticas de contratação que as favoreçam em detrimento dos homens, sob o pretexto de exigir igualdade" – foi um grande fator preditivo de votar em Trump, perdendo apenas para o partidarismo.[13, 14] Não foi esse o caso em 2012, quando os candidatos eram Obama e Romney, sugerindo que o medo de ter uma presidenta mulher representou um fator muito importante em 2016.

É muito mais difícil para as mulheres que atuam em um sistema presidencial. Para um primeiro-ministro, não é tão importante ser simpático como é para um presidente. Um primeiro-ministro é apenas o chefe de governo, não o chefe de Estado. Ele ou ela não precisa ser um exemplo para a nação, fazer com que ela se sinta bem consigo mesma, fazê-la "se erguer, altiva e confiante", nas palavras de Ronald Reagan. Na Grã-Bretanha, a rainha se encarrega desse papel. Já nos Estados Unidos, o presidente é ao mesmo tempo o chefe de governo e o chefe de Estado. E o presidente, ao contrário do primeiro-ministro, é eleito por eleições diretas. Os eleitores costumam escolher para esse cargo o tipo de cara com quem gostariam de tomar uma cerveja – o que é difícil se a candidata não for um cara e não for muito de tomar cerveja.

E, como se tudo isso não bastasse, Hillary Clinton ainda me explicou: "Em um sistema parlamentarista, o candidato concorre no seu eleitorado, as pessoas têm a chance conhecê-lo e ele tem de manter a posição diante do eleitorado. Ele tem a chance de conhecer os outros membros de seu partido e eles podem realmente ver o candidato como uma pessoa, como um ator político, e têm mais condições de avaliar sua liderança."

"Já em um sistema presidencialista, tanto homens como mulheres têm de começar do zero. Mas as habilidades exigidas são ainda mais difíceis para as mulheres. Levantar esse dinheiro todo é difícil para qualquer um; para uma mulher é um pouco mais difícil. Também é mais difícil conseguir uma cobertura que não seja sexista por parte da mídia devido a um viés implícito."[15]

No sistema parlamentar da Grã-Bretanha, é um pouco mais fácil. O primeiro-ministro não é eleito por eleições diretas: ele conquista o cargo por ser o líder do partido que tem o maior número de parlamentares na Câmara dos Comuns. O Partido Conservador elegeu Margaret Thatcher e Theresa May como suas líderes, e Thatcher venceu três eleições consecutivas.

Thatcher se deparou com um enorme preconceito sexista nas décadas de 1970 e 1980 e o combateu abertamente. No começo, as pessoas acharam que uma mulher seria fraca demais para liderar. Ledo engano! Thatcher não tentou suavizar sua abordagem e usar uma autoridade cordial para evitar a hostilidade direcionada a ela: pelo contrário, fez por merecer seu apelido, "A Dama de Ferro". (Quando não estava em público, contudo, ela era perfeitamente capaz de flertar com seus colegas favoritos.)[16] Thatcher pode ter sido muito odiada, mas os eleitores ainda a admiravam e ela usufruiu de um enorme sucesso eleitoral, ajudada pelo caos da oposição. Em 2008, ela foi eleita a terceira melhor primeira-ministra britânica do pós-guerra, perdendo apenas para Churchill e Attlee, em uma pesquisa do *Newsnight*, da BBC.[17]

Quando Theresa May se tornou líder do Partido Conservador, mais de quarenta anos depois de Thatcher, ela ainda precisou lutar muito contra o sexismo. Por exemplo, o *Daily Mail* estampou, na primeira página, a manchete: "Quem se importa com o Brexit? O importante é quem vai ganhar o concurso das pernas mais compridas!", acompanhada de uma foto de May e da primeira-ministra escocesa, Nicola Sturgeon, sentadas uma ao lado da outra, com foco nas pernas delas. Uma coluna assinada por Sarah Vine trazia o título "As melhores armas que elas têm são esses belos pares de pernas!". Ela descreveu as pernas de Sturgeon como "muito mais sedutoras, provocativamente cruzadas... em uma tentativa direta de seduzir". Só podia ter sido uma brincadeira. As duas políticas de alto escalão estavam lá discutindo o futuro relacionamento entre a Grã-Bretanha e a Europa, e não os méritos de uma boate lésbica local.

Em seu livro escrito em coautoria com Sylvia Shaw, *Gender, Power and Political Speech* (algo como "Gênero, poder e discurso político"), Deborah Cameron analisou a maneira como a mídia cobriu as políticas mulheres nas eleições gerais de 2015 no Reino Unido. Ela escreveu: "Ficou claro que muitos dos exemplos mais abertamente hostis foram produzidos por colunistas mulheres de direita... Essas são 'domesticadas': acabam recompensadas por atuar como porta-vozes dos preconceitos dos homens que controlam a imprensa conservadora no Reino Unido. Seus editores sabem que, se um homem descrevesse Nicola Sturgeon como uma Lady Macbeth sedenta de poder com um corte de cabelo que lembra um bolinho escocês (tirei esse insulto infantil de uma coluna de 2015 escrita por Allison Pearson), ele seria visto como um *bully* chauvinista e grosseiro. Assim, a tarefa de ofender as mulheres é delegada às próprias mulheres, produzindo um fluxo constante de artigos de autoria feminina com o tema 'por que não suporto [entra o nome da política mulher]'".[18]

Você pode pensar que o tratamento dispensado pela imprensa às líderes mulheres deve ter melhorado nos últimos quarenta anos, desde que Thatcher subiu ao poder. Infelizmente, o que aconteceu foi o contrário. Um estudo conduzido por Blair Williams sobre a cobertura dos jornais nas primeiras três semanas de Thatcher e de May concluiu que a abordagem sobre May foi muito mais baseada no gênero do que a de Thatcher, especialmente em jornais conservadores.[19] May teve duas vezes mais artigos escritos sobre sua aparência e o dobro de textos sobre sua feminilidade. É difícil parecer respeitável e poderosa quando as pessoas estão obcecadas por seu cabelo, seus sapatos ou sua bolsa. Essa crítica incessante à aparência das políticas mulheres serve para desgastar sua autoridade.

Tudo isso, porém, foi quando May ainda estava em alta no cargo de primeira-ministra, antes de ser forçada a confrontar seu partido sobre a questão do Brexit. Quando isso aconteceu, ela enfrentou questionamentos severos à sua autoridade: ela foi abertamente desdenhada por muitos parlamentares de seu próprio partido, foi vítima de deslealdade até mesmo de seu próprio gabinete e foi horrivelmente depreciada pela mídia. O problema é que pelo menos parte disso foi merecido. Ela nunca teve vocação para ser primeira-ministra.

Apesar de encarar a missão quase impossível de retirar o Reino Unido da União Europeia sem uma maioria parlamentar, foi ela quem perdeu essa maioria quando convocou uma eleição geral desnecessária em 2017. E ela não tinha habilidades interpessoais muito boas nem inteligência emocional suficiente para o cargo. Ela foi tão ineficiente lidando com seus colegas quanto com líderes e negociadores da União Europeia. Assim, não é muito fácil distinguir os questionamentos puramente sexistas dos legítimos.

Só que, quando os líderes homens fracassam, isso nunca é considerado um reflexo de seu gênero. Ninguém disse, depois que o desastroso Iain Duncan Smith foi expulso da liderança do Partido Conservador, que o partido não deveria correr o risco de deixar outro homem ser o líder. Mas, quando pareceu que May encararia a luta pela liderança da organização, Amber Rudd, que na época atuava no gabinete de May como secretária do Departamento de Trabalho e Pensões, teve a conversa a seguir com um colega parlamentar. "Só para você saber, Amber", o colega disse a ela, "se você quiser concorrer pela liderança, pode contar com o meu apoio. Mas acho que já está bom de mulheres por enquanto."[20] Aos olhos dele, o fracasso de uma significava que nenhuma outra política mulher deveria receber uma chance. Metade da população foi automaticamente excluída da competição.

No entanto, quando as mulheres conseguem chegar ao topo da política e têm a chance de provar sua capacidade, elas podem se tornar muito populares. Nicola Sturgeon teve um sucesso eleitoral extraordinário na Escócia. Angela Merkel teve seus altos e baixos, mas ainda é vista na Alemanha como a mãe – *Mutti* – da nação e, até o momento em que estas linhas foram escritas, permaneceu quinze anos no poder. Jacinda Ardern, da Nova Zelândia, como muitas de suas colegas mulheres ao redor do mundo, foi considerada uma líder espetacular ao lidar com a crise do coronavírus e, posteriormente, obteve uma vitória eleitoral esmagadora.

E não foi apenas na resposta a uma pandemia global que as líderes políticas mulheres se destacaram. Um estudo do Global Institute for Women's Leadership (Instituto Global de Liderança Feminina) descobriu que as mulheres podem ser boas políticas em todos os critérios.[21] Em média, elas se voltam mais ao eleitorado do que os homens. Elas tendem a ser menos corruptas. Seu estilo de liderança é mais cooperativo e inclusivo. Elas levantam no debate político questões como violência doméstica e mutilação genital feminina e dedicam mais energia a áreas como família e criação dos filhos, saúde reprodutiva e direitos iguais. Elas priorizam educação, saúde e bem-estar, gastando menos em defesa e mais em ajuda aos necessitados. Em suma, segundo o relatório: "Mais líderes mulheres parecem contribuir para sociedades mais igualitárias e solidárias".

Elas também parecem ser melhores em promover o crescimento econômico em países que apresentam conflitos entre grupos étnicos. Um estudo de 188 nações no decorrer de mais de meio século descobriu que, naquelas com maior diversidade étnica, as líderes mulheres produziram uma média de 5,4% de crescimento anual do PIB, em comparação com 1,1% dos líderes homens.[22] É claro que correlação não implica causalidade, mas os autores escrevem que "há razões para acreditar que essas mulheres chefes de Estado na verdade lideraram seus países diversificados de maneira diferente em relação a seus colegas homens".

Também há um padrão de líderes políticas mulheres que usam um estilo mais humilde e democrático que atrai os eleitores. Corazon Aquino, presidenta das Filipinas, recusou-se a morar no palácio presidencial, preferindo trabalhar em um pequeno escritório. Golda Meir, primeira-ministra de Israel, insistiu que as reuniões do comitê fossem conduzidas sem hierarquias, "como um kibutz". A presidenta irlandesa Mary Robinson deixava a porta de sua casa aberta ao povo irlandês.

Quando Jadranka Kosor assumiu como primeira-ministra da Croácia, o país passava por uma crise econômica. Diante disso, ela decidiu dar o exemplo, para o horror de alguns de seus colegas, como ela me contou. "Cortei algumas mordomias, como café e refeições, que também incluíam aquelas servidas no avião presidencial. Em um voo para Bruxelas, meus colegas me perguntaram: 'Por que você fez isso?'. E eu respondi: 'Bem, não podemos pedir ao povo croata para viver com tanta austeridade se não dermos o exemplo'."

Eles reclamaram que estavam com fome. "Então, na vez seguinte que fomos viajar, parei no caminho para o aeroporto, comprei um saco de doces e de salgados na padaria e dei aos meus colegas no avião. Depois, eles mesmos passaram a comprar doces e salgados e diziam, meio que de brincadeira: 'Nossa chefe é tão austera que nem deixa a gente comer!'."

Pode não ser surpreendente que as líderes mulheres tendam a ter mais sucesso, já que as mulheres precisam ser melhores do que os homens para conseguir ser eleitas. Apesar de, em média, elas terem o mesmo desempenho eleitoral que eles quando se candidatam, se filtrarmos características como competência e integridade, as mulheres ficam em uma desvantagem de 3%.[23] Em outras palavras, as que de fato conseguem *ser* eleitas são, em média, mais competentes e honestas do que seus colegas homens. As mulheres ainda precisam transpor o abismo da lacuna de autoridade para ser eleitas, o que significa que normalmente precisam ser melhores do que seus rivais homens. E elas precisam ser melhores porque os homens relutam em votar nelas, preferindo candidatos do gênero masculino.

Foi a relutância dos homens em aceitar uma presidenta mulher que levou à derrota de Hillary Clinton em 2016. As mulheres, inclusive as brancas, votaram nela com a mesma convicção com a qual votaram em Obama em 2012. Mas muitos homens que apoiaram Obama se voltaram para Trump: o suficiente para custar a Clinton a presidência em uma disputa muito acirrada.

Talvez esses homens precisem ver o exemplo de uma mulher tendo sucesso no cargo. Um estudo conduzido no México descobriu que, em cidades que têm uma prefeita mulher, os homens demonstraram muito menos propensão a concordar com a afirmação: "Os homens são líderes políticos melhores do que as mulheres".[24] Pode acontecer, nos Estados Unidos, de a primeira mulher assumir a presidência sem concorrer nas eleições. Dada a idade avançada de Biden, Kamala Harris tem a chance de ocupar o cargo em algum momento durante o mandato do presidente. Com isso, ela teria a chance de provar seu valor no posto antes de voltar a encarar os eleitores. E, quando isso acontecer, os eleitores podem ter menos medo da perspectiva de uma presidenta mulher.

Se Harris conseguir trilhar seu caminho sem cair da corda bamba entre ser assertiva e competente o suficiente para liderar, porém calorosa e comunitária o suficiente para não provocar muita antipatia, ela terá uma chance de se tornar a primeira presidenta eleita dos Estados Unidos em 2024. E, se ela tiver sucesso nisso, facilitará muito as coisas para as mulheres que vierem depois – e para as que quiserem exercer autoridade ao redor do mundo e em outras esferas da vida.

Porque, no fim, a lacuna de autoridade só desaparecerá quando for normal ter mulheres em posições de poder em todas as organizações. Veremos que o céu não desaba na nossa cabeça quando as mulheres comandam as coisas. Quando não for mais incomum ter mulheres no comando, ficaremos muito menos incomodados com a incongruência, da mesma maneira como não sentimos mais um choque quando vemos uma mulher dirigindo um carro, apesar de eu apostar que meus avós sentiram isso na década de 1920.

Sem dúvida, é uma questão do tipo ovo e galinha: a lacuna de autoridade dificulta para as mulheres chegar ao topo. Porém, mais mulheres estão conquistando o poder, e o sucesso delas começará a corroer nossos estereótipos, o que, por sua vez, reduzirá nosso viés inconsciente, permitindo que outras sigam o exemplo. Talvez seja um processo lento, mas podemos acelerá-lo. No Capítulo 15, explicarei como.

12

Entendendo o viés
Todos os preconceitos numa coisa só

"E VOCÊ VAI TER DE SER PERSISTENTE."

"Estamos nos empenhando tanto para 'fazer acontecer' que caímos de cara no chão. Mesmo se eu continuar fazendo acontecer, preciso de alguém para abrir a porta para mim."
— *Katherine Phillips, professora da Faculdade de Administração da Universidade Columbia*

"De todos os grupos, como autênticas intelectuais, as mulheres afro-americanas são as que mais se distanciam das expectativas da sociedade em relação a seu lugar, são as que a sociedade menos espera que tenham sucesso com base no mérito e as mais vulneráveis a insultos."
— *Nellie Y. McKay, professora e autora*

"Sempre fui a primeira da classe, a primeira da minha série e a representante da turma, mas, aos 15 anos, quando tive de ir a uma psicóloga vocacional para avaliar se eu deveria continuar no caminho acadêmico, ela me disse para largar os estudos e trabalhar como costureira. Depois descobri que aquela abordagem não só era comum como também sistemática. Conversei com tantos negros que tiveram a mesma história. Era a minha cor ou o meu gênero? Talvez os dois."[1]

Por sorte, Olivette Otele ignorou o conselho da psicóloga de sua escola francesa, foi para a Sorbonne e se tornou a primeira mulher negra a ocupar um cargo de professora universitária de história no Reino Unido. Ela é professora de história da escravidão da Universidade de Bristol e marcou presença em todos os meios de comunicação após a morte de George Floyd e o ressurgimento do movimento Vidas Negras Importam. Mesmo assim, ela diz: "Preciso provar que sou duas vezes mais competente do que um homem branco para progredir na vida".[2]

Margaret Casely-Hayford se identifica com isso. Ela é uma advogada, líder e empresária extremamente talentosa. Atua como chanceler da Universidade de Coventry, presidente do centro cultural Shakespeare's Globe e foi a diretora jurídica e chefe de assuntos jurídicos do grupo varejista John Lewis. Em 2014, ela foi eleita Pessoa Negra Britânica do Ano nos Negócios. Mas passou a vida inteira enfrentando esse problema.

"A primeira vez que vi a lacuna de autoridade em toda a sua glória descarada e enervante", ela me contou, "foi quando eu trabalhava em um departamento jurídico e um estagiário estudante de Direito entrou no escritório. Fui encarregada de ensiná-lo a fazer escrituras de transferência e propus: 'Que tal você me acompanhar enquanto eu finalizo este processo?'. Examinei tudo enquanto ele observava. Depois, o advogado disse ao estagiário: 'Parece que ela se saiu muito bem, não é?'. O estagiário não disse: 'Bem, na verdade ela é que está me treinando'. Como eu era a jovem negra, a estagiária só podia ser eu."

"As pessoas sempre pensam menos dos negros", diz ela. "A lacuna de autoridade é muito maior em termos de branco para negro do que de homem para mulher. É absolutamente gigantesca. Essa é a coisa mais difícil de superar."[3]

Mamokgethi Phakeng concorda. Veemente e carismática, ela dirige a Universidade da Cidade do Cabo, que ocupa o primeiro lugar do ranking de universidades da África. "Conforme eu subia", ela me contou, "o fato de eu ser negra foi muito mais problemático do que o fato de eu ser mulher. A primeira desvantagem que vivenciei e da qual me conscientizei foi a de ser negra. As suposições que as pessoas fazem sobre você, sobre o que você consegue fazer, se você é ou não é capaz; esse tipo de coisa veio primeiro, antes do gênero ou de qualquer outra coisa."[4]

Para ver como a raça faz mais diferença do que o gênero no que diz respeito à lacuna de autoridade, basta considerar a experiência que Bernardine Evaristo me contou. "Eu estava em um restaurante com uma aluna. Estávamos fazendo uma tutoria fora da universidade e ela tinha 21 anos, era uma jovem branca. A garçonete veio, perguntou *a ela* o que queríamos comer e, depois, apresentou a conta *a ela*. Veja, eu já era uma mulher na casa dos 50 anos, mas, por ser uma mulher negra, eu era invisível para a garçonete."[5]

Como uma mulher branca, de classe média, heterossexual e sem deficiências, sou muito ciente das minhas limitações para escrever este capítulo. Desse modo, vou recorrer às experiências de muitas das mulheres que entrevistei, que combateram muito mais do que o sexismo em suas vidas, para ilustrar a complexidade dos outros vieses emaranhados com o gênero.

Já mencionei as interseções entre raça e gênero várias vezes, mas entender as maneiras insidiosas nas quais a lacuna de autoridade se manifesta requer um mergulho muito mais profundo, especialmente quando consideramos outros fatores, como a classe social.

Ser negra e de origem pobre dificulta muito mais ser levada a sério como mulher, como Evaristo descobriu. "Sabemos que o gênero é um problema, mas a raça também é e os dois estão interligados. E não é possível me descolar do fato de eu vir de uma família pobre."

"As pessoas que ocupam posições de poder em nossa sociedade foram, durante a maior parte da minha vida e a maior parte da história britânica, homens brancos da classe alta. O governo nunca foi tão diversificado como agora, mas ainda é basicamente comandado por homens brancos, muitas vezes de origem muito privilegiada. Esse é o padrão quando as pessoas pensam em indivíduos com autoridade. Então, se você tem origens negras ou asiáticas, é mulher ou vem de uma família pobre, tem uma grande batalha pela frente, porque as pessoas não pensam automaticamente que você deveria estar em uma posição de poder."[6]

Por outro lado, pertencer à classe alta pode proteger algumas mulheres. Por exemplo, a escritora Kamila Shamsie me contou que seu status de elite a protege de muito sexismo quando ela está no Paquistão, que é um país onde as pessoas dão muito valor às classes sociais. "No Paquistão, meu privilégio de classe é imenso. Quero dizer, minha classe social entra em uma sala dez passos antes de mim. Não estou dizendo que o privilégio de classe elimina o patriarcado. Mas me possibilita atuar em certas esferas de privilégio extremo."[7]

Então, o que as pesquisas nos dizem sobre o tamanho da lacuna de autoridade para mulheres não brancas, mulheres de origem pobre e outras minorias? O título de um livro de mais de quinhentas páginas sobre as interseções de raça e classe em mulheres no mundo acadêmico diz tudo: *Presumed Incompetent* ("Presumidamente incompetentes", em tradução livre). Cada uma dessas diferenças em relação ao padrão do homem branco de classe média amplia a lacuna de autoridade, embora muitas vezes de maneiras distintas para diferentes etnias. De uma forma ou de outra, a suposição é que essas mulheres serão muito menos competentes do que os homens brancos, e o tratamento que elas recebem vão desde a subestimação e o desrespeito até a hostilidade escancarada.

Como Otele, de 50 anos, me disse: "Apesar de eu aparentar a minha idade, às vezes algumas pessoas acham que sou uma estudante velha. Em uma conferência, aconteceu de uma pessoa com credenciais comparáveis às minhas me elogiar pela minha coragem de voltar a estudar. Em momento algum eu disse a essa pessoa que tinha voltado a estudar; ela simplesmente presumiu que eu era estudante porque eu estava socializando com um grupo de estudantes. Tive de informar que eu estava lá para dar a palestra. A pessoa já chega me menosprezando".[8]

Laura Bates já está cansada de ouvir essa história: "Perdi as contas das vezes em que ficamos sabendo [no Everyday Sexism Project] de uma mulher negra que estava, por exemplo, em uma conferência para dar a palestra de abertura e, enquanto esperava para subir ao palco, homens brancos a abordavam perguntando onde ficava o banheiro, presumindo que ela trabalhasse lá. Ouvimos esse tipo de coisa incontáveis vezes".[9]

Presumed Incompetent está cheio de histórias das dificuldades de mulheres acadêmicas negras de ser levadas tão a sério quanto os homens ou as mulheres brancas, quando estereótipos racistas se sobrepõem aos sexistas. Sherree Wilson é vice-reitora associada da Faculdade de Medicina da Universidade de Washington. Ela explica: "Como alguns estudantes brancos só conseguem imaginar mulheres afro-americanas como cuidadoras ou trabalhadoras não qualificadas, eles podem ser incapazes de aceitar ou se ajustar à ideia de ter de responder a mulheres afro-americanas. Esses alunos podem se ressentir de uma mulher afro-americana que tem poder sobre eles e está em posição de autoridade; o resultado pode ser avaliações de alunos abaixo da média e um aumento no número de reclamações sobre atribuições de tarefas e a competência pedagógica em geral".[10]

Não é raro professoras universitárias afro-americanas descreverem casos nos quais suas credenciais foram questionadas ou contestadas por alunos. Um exemplo é uma acadêmica afro-americana titular a quem Wilson chama de "professora Andra": "Os alunos contestavam o que estava ensinando, dizendo coisas como: 'Como é que você sabe disso?' ou eles protestavam e meio que questionavam meu direito de lhes dar menos do que a nota máxima".

Andra também tinha dificuldade de se fazer ouvir pelos colegas. "Nas reuniões do corpo docente, meus comentários eram praticamente ignorados. Um homem branco fazia o mesmo comentário e todo mundo ouvia e ainda por cima elogiava. Esse tipo de coisa acontecia muito. As pessoas simplesmente não me davam ouvidos. Eu e duas outras mulheres afro-americanas do corpo docente éramos as que mais falavam, mas as pessoas não escutavam o que dizíamos. Um professor branco repetia a mesma coisa e todo mundo reagia como se Jesus estivesse voltando à terra."

Essa dinâmica é um resultado da raça ou do gênero? "Acho que, quando as pessoas olham para nós, elas veem uma negra, não uma mulher que é negra, então a primeira coisa que veem é a raça."

"Os seus erros não passam despercebidos. De jeito nenhum. E quaisquer que sejam as suas deficiências, elas são muito, muito visíveis. As suas realizações de alguma forma são menos visíveis, mas qualquer deficiência que você tenha é ampliada ao enésimo grau." As mulheres negras precisam ter um desempenho ainda melhor do que as brancas para progredir e, mesmo quando chegam lá, não é raro serem ignoradas ou menosprezadas.

Já citei o professor John Dovidio, de Harvard, neste livro. Ele é o psicólogo que, com a professora Mahzarin Banaji, desenvolveu o teste de associação implícita para mensurar o viés inconsciente. Como ele diz: "O frequente questionamento da competência das mulheres negras, que pode ser ecoado pelas próprias mulheres e homens negros, não é um fenômeno novo. No passado, sua competência era questionada abertamente, mas agora é sussurrada ou perpetuada na forma de uma suspeita silenciosa. Mas isso não é progresso social. Pesquisas nos campos da psicologia, sociologia e ciência política mostram declínios significativos nas expressões abertas de racismo, sexismo e outras formas de 'ismos' conforme os princípios igualitários são endossados por parcelas maiores da sociedade. Mas essa tendência não significa que o viés esteja desaparecendo; ele está sendo substituído por um preconceito e uma discriminação que podem ser menos conscientes e intencionais e se manifestar de maneiras mais sutis".[11]

E esse viés pode até ser mantido pelas próprias mulheres de minorias étnicas. Como a própria Banaji me contou, falando sobre sua experiência fazendo o teste de associação implícita: "Quando me dou conta de que não consigo associar pessoas de pele escura a coisas boas com a mesma rapidez com a qual associo pessoas de pele clara a coisas boas, isso é muito diferente de apenas me conscientizar do problema. É como se alguém enfiasse uma adaga em mim exigindo que eu acorde e preste atenção".

Esses vieses – de gênero e de raça – afetam o avanço profissional, como explica Dovidio. "Nossa pesquisa e o trabalho de outros pesquisadores mostram que mulheres negras, asiáticas e brancas com qualificações impecáveis podem ser contratadas ou promovidas em proporções comparáveis às dos homens brancos, mas, caso haja qualquer deficiência em seu currículo, elas são vítimas de discriminação. Nesses casos, os tomadores de decisão dão mais peso às credenciais mais fortes dos homens brancos, enquanto mudam sistematicamente seus padrões e se concentram nos aspectos mais fracos das minorias raciais. O processo costuma ser inconsciente, mesmo entre pessoas que acreditam não ser racistas ou sexistas. Além disso, na medida em que as pessoas justificam suas decisões com base em critérios diferentes de raça ou gênero – como um item específico do currículo considerado abaixo dos padrões –, elas não conseguem ver como o racismo ou o sexismo atuou indiretamente para definir as qualidades que elas valorizaram ou desvalorizaram e, em última análise, as decisões que tomaram."

E tem mais. "Além dos vieses e obstáculos enfrentados pelas mulheres não brancas, elas também encaram um desafio adicional: ser invisíveis. Membros de grupos minoritários são percebidos principalmente por padrões exemplificados pelos homens de seu grupo, e as mulheres não brancas costumam ser julgadas por padrões exemplificados pelas mulheres brancas. Desse modo, é mais difícil entender o que significa psicologicamente ser uma mulher negra, e ela pode acabar passando despercebida. Como resultado, é mais fácil para as pessoas negligenciarem ou ignorarem o que essa mulher diz e faz."

Como ele explica, é mais complicado do que simplesmente somar as discriminações de raça e gênero. Adrien Katherine Wing, que leciona Direito na Universidade de Iowa, escreve: "Para mim, essa discriminação foi uma multiplicação, não uma soma. Em outras palavras, eu sou mulher 'vezes' negra todos os dias, não mulher 'mais' negra, o que implicaria a possibilidade de subtrair uma identidade. A discriminação que sinto é contra mim enquanto uma *mulher negra* como um todo".[12]

Essas interseções entre racismo e sexismo podem ser muito dolorosas para suas vítimas. Linda Trinh Võ, uma americana de ascendência vietnamita, é professora de Estudos Asiático-Americanos na Universidade da Califórnia, em Irvine. Ela diz: "Tive de me preparar mentalmente para o ambiente hostil que enfrentei a cada vez que entrava na sala de aula. Os alunos faziam questão de deixar claro que se opunham a mim, usando desde a postura corporal até comentários abertamente racistas em sala de aula, e eram aplaudidos pelos colegas. Muitos desses estudantes nunca haviam tido contato com um asiático-americano em posição de autoridade, especialmente uma mulher".[13]

Maggie Aderin-Pocock é uma cientista espacial britânica negra. "Quando eu era mais jovem", ela conta, "eu cursava o doutorado, e estava almoçando ao lado de um holandês que também fazia doutorado na mesma instituição. Tivemos um bom almoço e, quase no fim da refeição, ele se virou para mim e perguntou: 'Você é a secretária de quem mesmo?'. Todas as outras pessoas àquela mesa faziam doutorado, mas ele presumiu que eu fosse a secretária de alguém."[14]

Esse viés é muito comum. Quando um professor universitário pertencente a um grupo minoritário entra em sala de aula, parte-se da premissa de que ele ou ela não tem qualificação suficiente.[15] Docentes negras – ainda mais do que professoras brancas – dizem que os alunos brancos não raro contestam tanto sua competência quanto sua autoridade. JoAnn Miller e Marilyn Chamberlin, em um artigo intitulado "Women are Teachers, Men are Professors" (algo como "Mulheres são professoras, homens são docentes"), descobriram que os alunos subestimaram sistematicamente as credenciais pedagógicas e acadêmicas de docentes mulheres e pertencentes a grupos minoritários.[16]

O viés enfrentado pelas professoras universitárias negras provém quase inteiramente de alunos brancos do gênero masculino que muitas vezes têm um comportamento grosseiro e intimidador. Vejamos o relato de Alice, uma professora universitária negra: "Os homens brancos entram no meu escritório sem bater... Ninguém mais faz isso. Eles são sarcásticos, permanecem de braços cruzados, ficam rabiscando em um papel e dão um jeito de se sentar bem na frente, com um comportamento definitivamente passivo-agressivo. Os e-mails que eles mandam às vezes têm um tom... é o tipo de coisa que eu nem consigo explicar direito. Mas sei que, se eu fosse um homem branco, eles não ousariam utilizar esse tom".[17]

Não é apenas a hostilidade dos alunos que essas mulheres precisam enfrentar, mas também a de seus colegas. Homens brancos as excluem das redes de contatos com base em sua raça e gênero, mulheres brancas as excluem com base na raça; e homens não brancos, com base no gênero. Na maioria das organizações, não apenas nas universidades, não há mulheres não brancas em número suficiente, principalmente em cargos importantes, para ajudar umas às outras.

Às vezes as mulheres não brancas podem formar alianças com as brancas, mas nem sempre dá certo, já que as brancas, mesmo sendo aliadas em termos de gênero, se beneficiam de um privilégio racial que as não brancas não possuem. Mamokgethi Phakeng me explicou essa dinâmica. "Aconteceu muito, em muitas ocasiões, de eu estar do mesmo lado que as mulheres brancas. Tive muita sorte de começar minha carreira acadêmica na Universidade de Witwatersrand porque havia mulheres fortes, todas brancas, e fiz amizade com elas. Mas, mesmo tendo essa aliança com essas mulheres, chega um momento em que elas têm acesso a certas coisas e você não, elas recebem um tratamento diferenciado e você não, então, em alguns momentos, tive confrontos com elas porque a branquitude lhes dava um acesso que eu não tinha como obter. Em outras ocasiões, estávamos do mesmo lado porque os homens tinham acesso a coisas que nós não tínhamos. Então é uma jornada de lidar com as questões de raça e depois com as questões de gênero, de às vezes estar com as aliadas brancas e às vezes estar sozinha, porque são poucas as pessoas da minha raça e do meu gênero no meu departamento".[18] É crucial que as mulheres brancas (e os homens brancos) ajam como aliadas das colegas não brancas, assim como as mulheres precisam que os homens ajam como aliados se quisermos diminuir a lacuna de autoridade como um todo.

Olivette Otele se deparou com uma hostilidade aberta por parte de seus colegas quando foi promovida a professora universitária. "Nenhum professor assistente ou temporário me parabenizou quando fui promovida", ela me contou. "A reação inicial foi de surpresa e contrariedade. A reação dos homens da minha idade e mais velhos foi horrível. Eles não achavam que eu era qualificada para a promoção. Alguns mandaram mensagens dizendo que consideravam cedo para eu ser promovida. Eu disse a eles: 'Vocês trouxeram 1,6 milhão de libras para a instituição? Pois eu trouxe!'. Foi mais ou menos essa quantia que eu tinha conseguido em bolsas ao longo dos anos. 'Podem voltar para a caverna de vocês', era o que eu queria dizer. Eles basicamente acharam que eu só fui promovida porque a universidade queria mostrar que era politicamente correta."

"Querer mostrar que é politicamente correto", também chamado de "cotas de ações afirmativas", é a acusação muitas vezes dirigida a mulheres negras que são contratadas ou promovidas. É verdade que contratar uma mulher negra é uma boa tática para organizações que desejam melhorar sua diversidade, mas isso não significa que essas mulheres sejam menos merecedoras do cargo ou menos qualificadas para ele. No entanto, a acusação as persegue no decorrer de toda a sua vida profissional, dão a seus colegas uma licença para desrespeitá-las e tem o potencial de destruir a autoconfiança dessas mulheres.

Como Yolanda Flores Neimann escreve: "Uma ampla documentação sugere que um estigma de incompetência resulta do rótulo da ação afirmativa, especialmente quando o rótulo carrega uma conotação negativa no departamento responsável pela contratação. Uma vez rotulado como uma contratação de ação afirmativa, os colegas podem minimizar as qualificações do contratado e presumir que [o candidato ou a candidata] foi selecionado principalmente devido a sua condição de minoria, levando, assim, à suposição e ao estigma de incompetência".[19]

E tudo isso caso as mulheres negras consigam ser contratadas ou promovidas. Essas têm mais chances do que as brancas (44% contra 30%) de reportar o sentimento de estagnação na carreira e de que seus talentos não são reconhecidos por seus superiores (26% contra 17%).[20]

Todos os anos, consultores da McKinsey e a Lean In fazem um grande estudo sobre mulheres no local de trabalho ("Women in the Workplace").[21] Em 2020, eles entrevistaram mais de 40 mil funcionários. Na diretoria – os cargos mais altos das organizações – havia apenas 3% de mulheres negras, em comparação com uma porcentagem ainda bastante pequena de 19% de mulheres brancas.

Não é que as mulheres negras sejam menos ambiciosas; na verdade, elas são muito mais ambiciosas. De acordo com um levantamento recente da Nielsen,

64% das mulheres negras dos Estados Unidos concordam que têm como meta chegar ao topo de sua profissão, constituindo quase o dobro da porcentagem de mulheres brancas não hispânicas que dizem ter a mesma meta.[22] E as mulheres negras são muito mais confiantes do que as brancas de sua capacidade de ter sucesso em uma posição de poder (43% contra 30%).

Mas são poucas as mulheres negras que conseguem chegar ao topo e, analisando suas respostas às perguntas do levantamento "Women in the Workplace", podemos ter uma ideia do porquê. Apenas 42% das mulheres negras, contra 57% de todas as mulheres, afirmam ter oportunidades iguais de avanço profissional. Apenas 35% (contra 48%) dizem que as promoções são justas e objetivas. E apenas 29% (contra 37%) dizem que seu superior luta para que elas tenham novas oportunidades. Em todas essas categorias, as mulheres asiáticas e latinas dizem que se saem melhor do que as mulheres negras, mas pior do que as brancas. Como uma executiva sênior negra disse aos pesquisadores: "Muitas mulheres negras acham que diversas iniciativas de gênero na verdade se voltam para mulheres brancas. Será que essas iniciativas também se voltam a mulheres não brancas? Muitas vezes parece que não".[23]

Isso ocorre, em parte, porque é comum elas serem excluídas das oportunidades de networking e mentoring das quais os homens brancos em particular, mas também, em certa medida, as mulheres brancas, se beneficiam. Desse modo, por exemplo, os homens brancos reportam ter acesso aos líderes seniores de suas organizações três vezes mais do que as mulheres negras, e as mulheres brancas, duas vezes mais. Apenas 19% das mulheres negras afirmam ter tido um mentor ou defensor em sua carreira, em comparação com 30% das mulheres brancas.[24]

Enquanto isso, as evidências da lacuna de autoridade são desoladoras. Quarenta por cento das mulheres negras dizem que precisam fornecer mais evidências de sua competência, em comparação com 28% das mulheres brancas e 14% dos homens. E 26% das mulheres negras disseram que alguém manifestou surpresa com suas habilidades de linguagem ou outras competências em comparação com 11% das mulheres brancas e 8% dos homens.

Um estudo sobre mulheres que decidiram sair da área de exatas encontrou exatamente esse problema. Dois terços das entrevistadas relataram precisar provar repetidamente sua competência, tendo seus sucessos minimizados e sua experiência questionada. "'As pessoas simplesmente presumem que você é incapaz de dar conta do recado', nos disse uma estatística, em um comentário que ouvimos muito. As mulheres negras apresentaram consideravelmente mais chances do que as outras mulheres de relatar que enfrentam esse tipo de viés. (E poucas mulheres asiático-americanas disseram achar que o estereótipo de que os asiático-americanos são bons em ciências as ajudou; esse estereótipo pode muito bem beneficiar principalmente os homens asiático-americanos)."[25]

Em 2016, um post da médica negra Tamika Cross no Facebook viralizou. Ela contou a história de como foi impedida de ajudar um passageiro que estava passando mal em um avião porque a comissária de bordo não acreditou que ela era uma médica. "Ah, não, querida", disse a comissária de bordo, "pode abaixar a mão; estamos procurando médicos ou enfermeiros de verdade ou algum tipo de profissional da saúde. Não temos tempo para falar com você." A dra. Cross escreveu: "Estou certa de que muitas jovens mulheres negras como eu que trabalham nos Estados Unidos na área corporativa entendem a minha frustração quando digo que estou farta de ser desrespeitada". Depois que sua história veio à tona, outras médicas negras fizeram fila para contar ao mundo como elas também haviam sido depreciadas da mesma forma.

Kadijah Ray, uma anestesiologista, escreveu: "A mesma coisa aconteceu comigo em dois voos diferentes, em 2006 e em 2008, quando tentei ajudar pessoas que estavam passando mal. Eles preferiram escolher brancos: uma farmacêutica, um enfermeiro e um técnico de radiologia, se não me engano. Lembro que o radiologista disse aos comissários de bordo: 'Uma anestesiologista tem muito mais condições de ajudar do que eu'. E, não, eu não estava com as minhas credenciais comigo para provar que era qualificada. Elas são muito maiores que os requisitos de peso e tamanho da companhia aérea".[26]

Ashley Denmark, uma médica negra, foi preterida por comissários de bordo a favor de duas enfermeiras brancas, mesmo depois que ela lhes mostrou seu crachá do hospital. "A gravidade da situação caiu na minha cabeça como um piano", ela disse. "Pelo jeito as enfermeiras e os comissários de bordo não acreditaram que eu fosse médica. O que mais explicaria enfermeiros assumindo o comando em uma situação médica na presença de um médico? Não pode ser por causa da cor da minha pele, não é mesmo? Então, lá estava eu, uma médica com onze anos de estudo, sendo orientada a voltar para o meu lugar e não cuidar do passageiro que passava mal."

"Sou uma médica afro-americana e já estou acostumada com esse tipo de coisa. Apesar de me destacar academicamente e ter conquistado o título de 'doutora' que antecede meu nome, ainda recebo olhares desconfiados quando me apresento como dra. Denmark. Acontece muito de eu ser confundida com uma assistente, faxineira, secretária, enfermeira ou estudante, mesmo quando estou usando meu jaleco branco."[27]

Um estudo feito nos Estados Unidos intitulado "Who Benefits from the White Coat?" ("Quem se beneficia do jaleco branco?") concluiu que as médicas indianas mulheres têm muito mais dificuldade do que os homens.[28] Como a profissão de médico é muito valorizada nos Estados Unidos, os médicos indianos são imediatamente respeitados e aceitos assim que dizem às pessoas o que fazem. Para as mulheres com a mesma formação, a situação é bem diferente, diz a autora Lata Murti: "As médicas disseram que é comum serem questionadas em público se realmente fazem parte do grupo de médicos, uma profissão considerada masculina, mesmo quando elas estão usando seus jalecos brancos e crachás de identificação do hospital. O estereótipo de que médicos são homens é tão comum em âmbitos não clínicos que americanos de todas as etnias têm dificuldade de conceituar as mulheres como médicas. Some-se a isso o estereótipo de que as mulheres imigrantes não brancas são submissas, financeiramente dependentes e restritas a papéis tradicionalmente femininos e a ideia de uma mulher de pele escura usando um jaleco branco não tem lugar no imaginário dos americanos.

"Quando as mulheres asiáticas de pele escura, como as entrevistadas, têm um status profissional superior ao de muitos homens brancos, elas estão, na prática, contestando as expectativas raciais e de gênero dos americanos. Elas se tornam socialmente indesejáveis porque são percebidas como tendo alcançado a igualdade profissional com os homens brancos sem 'se camuflar', ou seja, sem suprimir seus traços femininos negativamente racializados. A médica asiático-indiana representa uma espécie de feminilidade pária nos Estados Unidos, a saber, a 'chata' agressiva e autoritária. Diferentemente dos médicos homens, elas correm o risco de perder a aceitação social e a desejabilidade sempre que revelam sua profissão."

Vejamos o relato de Deepti, uma médica indiana: "Sempre que entro em um novo emprego, ou quando estava fazendo residência e meus estudos acadêmicos, fica mais do que claro para mim que a medicina é vista como uma profissão masculina. Desse modo, por ser uma mulher, você é forçada a superar obstáculos adicionais para se estabelecer. Feito isso, se você se parecer comigo e falar como eu, você não tem como passar despercebida... se você for uma nova integrante da equipe, não vai ser aceita por ninguém... Eu tenho que provar o meu valor, certo? Eu tenho que provar que sou capaz de cuidar dos vinte pacientes que foram designados a mim. Então, quando você é médica, e você é mulher 'não caucasiana', você definitivamente precisa se provar duas vezes mais antes de ser aceita como parte do grupo".[29]

O papel dos estereótipos é tão forte para a raça quanto para o gênero. Já falamos aqui do estereótipo da mulher asiática recatada e submissa. Mas, para as mulheres negras, é muito diferente. Um estudo que pediu para os respondentes sugerirem dez características para diferentes grupos raciais e gêneros descobriu que "confiante", "assertiva" e "agressiva" estavam entre as quinze características mais atribuídas a mulheres negras. Nenhum desses adjetivos chegou aos quinze primeiros na lista de características atribuídas a mulheres brancas, latinas, do Oriente Médio ou asiáticas.[30]

Isso reforça o estereótipo prejudicial da mulher negra raivosa. Muitas mulheres negras falaram da dificuldade de evitar esse estereótipo. Vejamos o relato de Anita Martin, uma psiquiatra do norte da Inglaterra. "Quando eu era uma médica ainda sem muita experiência, me manifestei em nome de meus colegas sobre uma questão de saúde e segurança. Não só fui ignorada como fui muito criticada. Passei por isso vez após vez após vez. Como ouso ter uma opinião e agir como se eu fosse uma pessoa branca? Se você tiver pele escura, for mulher, e tiver uma personalidade assertiva, é imediatamente tachada de negra raivosa e atrevida. Os homens brancos em geral ficam furiosos ao ver que não me considero inferior."[31]

Bernardine Evaristo acha que esse estereótipo é uma manobra deliberada para conservar as mulheres negras em seus lugares. "É uma maneira de nos manter passivas e dóceis. De nos privar de nosso poder. É muito tóxico."[32]

"Mulheres negras e latinas, em especial, correm o risco de ser vistas como raivosas", escreve Joan C. Williams, autora de um estudo sobre os vieses que levam as mulheres a abandonar sua carreira na área de exatas.[33] "Uma bióloga contou que tende a dizer diretamente o que pensa, assim como seus colegas homens. Mas, depois que o chefe de seu departamento lhe disse com raiva: 'Não fale assim comigo', ela adotou uma atitude submissa, formulando seus pedidos em termos de: 'Não vou conseguir fazer isso sem a sua ajuda'." Ela explica: "Eu tive de colocá-lo naquele papel masculino do 'Pode deixar que eu cuido disso' e tive de assumir o papel feminino do 'Preciso que você me ajude, preciso que você me salve'".

No entanto, curiosamente, e de acordo com a descoberta de que as mulheres negras podem demonstrar mais agência, apenas 8% das mulheres negras do estudo concordaram que, no trabalho, elas se sentem pressionadas a desempenhar um papel estereotipicamente feminino – muito menos que os 41%

das mulheres asiáticas e os 36% das mulheres brancas que sentem esse tipo de pressão. E apenas 8% das mulheres negras disseram que os colegas sugeriram que elas deveriam trabalhar menos depois de ter filhos, em comparação com 37% das mulheres asiáticas.

Em outro estudo sobre estereótipos, as mulheres asiáticas apresentaram duas vezes mais possibilidades do que as mulheres negras ou brancas de ser consideradas inteligentes.[34] Elas contabilizaram dez vezes mais chances do que as mulheres negras e brancas de serem descritas como "afáveis" e três vezes mais de serem caracterizadas como "subservientes". Já as mulheres negras receberam uma pontuação mais alta do que as asiáticas ou brancas nos critérios de raiva, força, dominância, orientação às realizações e ser interessantes. Contudo, se as mulheres negras têm permissão para ser mais fortes e resolutas do que as de outras etnias, quando fracassam elas são julgadas com mais severidade do que os homens brancos, as mulheres brancas e os homens negros.[35]

"Por que eu não deveria ser raivosa?", Mamokgethi Phakeng me perguntou. Ela me contou como cresceu durante o apartheid em um país que havia sido colonizado. Ela nasceu em uma família pobre, mas conquistou a escolaridade que seu pai lhe disse que seria uma saída para ela. Ela galgou cada um dos degraus da escada acadêmica. "Fiz questão de cumprir todos os critérios porque achava que, se eu fizesse isso, poderia escapar do racismo. Só que eu cheguei lá, eu já estou aqui e não tenho como vencer. Agora que eles não conseguem encontrar defeitos no meu trabalho, dizem que sou narcisista, sou uma *bully*. Homens que não têm doutorado são promovidos a vice-reitores das melhores universidades e não são criticados da mesma forma."

"Por que eu não ficaria com raiva? Por quê? Me diga por quê. Só pelo fato de eu ainda ser capaz de ficar em uma sala conversando tranquilamente com pessoas brancas e ter amigos brancos, abraçá-los e colaborar com eles, o mundo deveria prestar atenção e dizer: 'Esses negros são realmente incríveis!'. Ninguém deveria se surpreender com essa raiva toda. Eles deveriam ficar surpresos com a nossa enorme capacidade de perdoar. Por que as mulheres negras não deveriam ficar com raiva quando ainda estão no fim do que chamo de procissão colonial? Por quê? Deveríamos ficar com *mais* raiva. Na verdade, somos muito pacíficas."[36]

* * *

Phakeng cresceu em uma família pobre e – como Bernardine Evaristo observou – as intersecções de classe e raça são poderosas e não raro negligenciadas. Constance G. Anthony é cientista política negra da Universidade de Seattle. Ela escreve: "Minha jornada pela academia como uma mulher gay e pobre em um campo quase exclusivamente heterossexual masculino de classe média e média alta foi restrita por cada um desses estados sociais, mas, apesar da interseccionalidade dessas identidades, a classe é a menos reconhecida socialmente e, talvez por essa razão, a mais corrosiva".[37]

Ela tem razão. Pelo menos na Grã-Bretanha, assim que alguém abre a boca e começa a falar, tendemos a julgá-lo pelo sotaque, que pode ser um marcador de classe. Um estudo do Social Mobility and Child Poverty Commission (Comitê de Mobilidade Social e Pobreza Infantil) encontrou evidências de que os recrutadores favoreciam pessoas que tinham alguns sotaques em detrimento de outras, independentemente de seu desempenho acadêmico.[38] E o que eles estavam procurando em particular era uma certa "polidez", que é uma maneira de dizer "classe média". Embora o preconceito a favor da chamada "pronúncia padrão" esteja perdendo a força, um entrevistado contou aos pesquisadores: "Na minha primeira avaliação de desempenho com meu sócio na época, ele comentou que, por eu ser do norte da Inglaterra, eu precisava tomar muito cuidado para que as pessoas não achassem que eu fosse um... idiota".

Lance Workman e Hayley-Jane Smith decidiram colocar isso à prova. Eles pediram aos participantes que avaliassem a inteligência de uma jovem com base apenas na leitura de um trecho usando um de três sotaques do inglês do Reino Unido: de Yorkshire, de Birmingham ou a pronúncia padrão. Eles também incluíram uma opção silenciosa, na qual os participantes viram o rosto, mas não ouviram a jovem falar. Em ordem de inteligência, as pessoas classificaram o sotaque de Yorkshire como o melhor, seguido da pronúncia padrão. O sotaque de Birmingham ficou abaixo da opção silenciosa.

Isso sugere que a pronúncia padrão pode não ser mais o sotaque preferencial, talvez porque um número muito maior de pessoas com sotaque regional esteja ingressando na universidade. Os sotaques da região de Yorkshire são considerados mais confiáveis, sendo que a confiabilidade é associada à inteligência. Hayley-Jane Smith, coautora do artigo, fala com o sotaque de Birmingham e, de acordo com seu colega, Lance Workman, ela é "extremamente inteligente".

Uma pesquisa semelhante conduzida nos Estados Unidos descobriu que as mulheres com sotaque hispânico eram consideradas menos instruídas do que as mulheres com sotaque norte-americano, principalmente pelos homens.[39] Em quase todas as culturas, as pessoas das classes alta e média são vistas como mais competentes, porém frias, enquanto as pessoas da classe baixa são vistas como menos competentes, porém calorosas.[40] A percepção de incompetência das pessoas mais pobres é ainda mais acentuada em sociedades altamente desiguais.

Parte disso pode ter relação com a autoconfiança. Um estudo conduzido no México e nos Estados Unidos encontrou uma forte correlação entre classe social alta e o excesso de confiança.[41] E esse excesso de confiança (como vimos no início deste livro) levou os recrutadores a pensar que os candidatos pertencentes à classe alta eram mais competentes. Devido a sua dupla desvantagem, as mulheres pobres têm ainda menos chances de ser muito autoconfiantes.

A escritora Bel Mooney vem de uma família pobre e sempre se achou uma espécie de fraude. "Passei toda a minha vida adulta me sentindo assim", ela me disse, "desde os seminários na faculdade até o meu primeiro casamento e por toda a minha carreira no jornalismo e no rádio. No meu caso, o que me impediu de avançar foi uma mistura de classe e gênero. Eu admito que tinha um problema com a consciência de classe (no começo); mas a arrogância dos homens fazendo o *mansplaining* para mim o tempo todo é um problema deles."[42]

As mulheres de origem mais humilde sabem o quanto têm de se empenhar para ser reconhecidas como iguais. Cherie Booth, uma advogada de direitos humanos extremamente inteligente (e, a propósito, esposa de Tony Blair), foi criada na pobreza por uma mãe solteira e uma avó em Liverpool. "Quando entrei na faculdade, menos de 10% da minha turma de Direito era de mulheres, porque não era algo que as garotas estudavam", ela me contou.[43] "Mas fui eu que tirei as melhores notas nas provas do primeiro, do segundo e do terceiro ano, em parte porque eu sabia que, se não tirasse notas boas, eu não teria nenhuma chance de conseguir um emprego. A única maneira de justificar minha presença ali era sendo mais inteligente do que todo mundo. Era uma coisa de classe, não por eu ser mulher. Todo mundo na minha família já trabalhava aos 16 anos."

Mas não demorou muito para se transformar em uma coisa de gênero também. "Fui a melhor nos exames finais da Ordem dos Advogados, mas muitas das pessoas que passam nessas provas são as melhores e sem dúvida muitas delas *acham* que são as melhores! E sem dúvida muitas dessas pessoas achavam que os homens eram os melhores e de repente me disseram que, por eu ser mulher, era óbvio que eu não tinha autoridade. Eu ia ao tribunal e as pessoas achavam que eu era a secretária. Quando as câmaras precisavam escolher entre mim e Tony, eles tinham duas opções: o rapaz de classe média alta formado com média 75 pela Oxford e que ficou em terceiro lugar nos exames da Ordem dos Advogados ou a garota pobre de Liverpool que se formou em primeiro lugar com a nota máxima e tirou o primeiro lugar nos exames da Ordem dos Advogados. É claro que o escolhido era ele. Foi quando, de repente, eu pensei: 'Caramba, o problema é que eu sou mulher'."

* * *

Analisamos as intersecções de raça e classe, mas e a sexualidade? Será que as mulheres não heterossexuais sofrem uma dupla desvantagem quando se trata de autoridade? O cenário, nesse caso, é mais complexo.

O relatório "Mulheres no Trabalho 2019", da McKinsey/Lean In, que realizou um levantamento com mais de 38.500 funcionários, descobriu que a experiência das lésbicas é ao mesmo tempo negativa e positiva. Em afirmações gerais sobre a carreira, como "Tenho oportunidades iguais de crescimento e desenvolvimento"; "Tenho acesso igualitário a verbas no meu trabalho"; ou "Meu superior me dá oportunidades de gerenciar pessoas e projetos", as lésbicas têm uma pontuação mais alta do que as mulheres heterossexuais e são quase tão positivas quanto os homens.

No entanto, quando se trata de experiências cotidianas da lacuna de autoridade, as lésbicas relatam um tratamento pior. Em relação às mulheres heterossexuais, há mais chances de que as homossexuais precisem fornecer evidências de sua competência, que tenham sua capacidade de julgamento questionado em sua área de expertise, que sejam interrompidas ou ignoradas e que outras pessoas assumam ou recebam o crédito por suas ideias. E, como talvez não seja de surpreender, também há muito mais probabilidade de que essas mulheres ouçam comentários degradantes sobre elas ou pessoas como elas e que sintam que, no ambiente de trabalho, não podem falar sobre si mesmas ou a respeito de sua vida pessoal.

Em certos aspectos, as lésbicas tendem a progredir mais no trabalho do que as mulheres heterossexuais. Elas ganham, em média, mais do que as mulheres heterossexuais, com ou sem filhos.[44] Isso acontece em parte porque há mais probabilidade de que elas trabalhem em período integral, mesmo se forem mães. E de que atuem em campos tradicionalmente masculinos. De acordo com um estudo: "Algumas delas descobriram que ser lésbica constituía uma clara vantagem em um ambiente masculino. Elas disseram que não eram vítimas de agressões sexuais e assédio com a mesma frequência que suas colegas que trabalhavam em secretariado e funções administrativas. Em geral, elas relataram que se sentiam muito à vontade com seus colegas homens e interagiam com eles como amigos".[45]

A tendência é de que as lésbicas tenham de se encarregar menos da "dupla jornada" do que as mulheres heterossexuais, porque suas parceiras são mais propensas a dividir igualmente o trabalho não remunerado em casa. E elas não raro conseguem escapar dos estereótipos femininos que são usados para restringir o avanço profissional das outras mulheres. As lésbicas, em média, tendem a receber avaliações melhores do que as mulheres heterossexuais nos critérios de independência, assertividade, competitividade e autoconfiança – qualidades que são úteis para uma mulher no trabalho.[46] Vejamos o relato de uma lésbica com MBA de Harvard: "Para a maioria das pessoas, ser lésbica significa que você está focada na carreira, não no marido e nos filhos, e que você tem um estilo forte e agressivo – tal qual os outros executivos de alto escalão".[47]

Assim, as lésbicas parecem ocupar na hierarquia, no que diz respeito aos estereótipos, um degrau acima das mulheres heterossexuais, mas abaixo dos homens heterossexuais. Além disso, usufruem de benefícios em comparação com as mulheres heterossexuais quando começam uma família. Em um estudo intitulado "The Paradox of the Lesbian Worker" (algo como "O paradoxo das lésbicas no trabalho"), os pesquisadores pediram aos participantes para avaliar a competência e a orientação profissional de um homem, uma mulher heterossexual e uma mulher lésbica – todos eles hipotéticos – em um emprego que requer muito dinamismo e energia (no caso, consultor da McKinsey), tanto sem filhos quanto com filhos pequenos.[48] A competência percebida e a dedicação profissional da mulher heterossexual caíram drasticamente quando os participantes eram informados de que ela tinha um filho pequeno. Para os homens, por outro lado, a percepção dos dois fatores aumentou depois que eles tiveram filhos. Para as mulheres lésbicas, a competência aumentou e a dedicação profissional permaneceu inalterada. Assim, parece que as lésbicas – ao contrário das mulheres heterossexuais – não são penalizadas pela maternidade: a suposição de que a maternidade as torna piores no trabalho ou menos comprometidas com seus deveres profissionais.

No entanto, lésbicas e mulheres bissexuais têm mais chances de sofrer bullying e assédio sexual. O estudo "Women in the Workplace" descobriu que

62% das bissexuais e 53% das lésbicas disseram ter sofrido assédio sexual, em comparação com 41% de todas as mulheres. (É interessante notar que a porcentagem de mulheres não brancas foi de apenas 34%.)

Pode ser por isso que, no trabalho, as lésbicas tendem a ser mais reservadas do que os gays a respeito de sua sexualidade. Elas têm muito menos exemplos de figuras públicas abertamente lésbicas e diversas vezes são excluídas dos debates públicos sobre a homossexualidade. Um livro intitulado *The G Quotient: Why Gay Executives are Excelling as Leaders... and What Every Manager Needs to Know* (algo como "O quociente G: por que os executivos gays se destacam na liderança... e o que todo gestor precisa saber") estabelece sete princípios básicos, incluindo foco na inclusão e colaboração, mas não chega a mencionar as lésbicas.[49] Como a autora de um estudo sobre lésbicas e liderança diz: "A alegação de que esses princípios são de domínio exclusivo dos gays reforça ainda mais o patriarcado".[50] Mais uma vez, as mulheres são vistas como inferiores e não merecedoras de atenção.

Não raro, as mulheres bissexuais sentem que são levadas menos a sério do que as lésbicas. É como se a sociedade esperasse que as mulheres optassem por ser homossexuais ou heterossexuais e visse a bissexualidade como algo vago ou indeciso, em vez de uma escolha válida. Beth Watson, de 33 anos, é cofundadora do Bechdel Theatre, uma organização que defende uma representação mais diversificada no palco. Ela é bissexual e me disse: "Uma das coisas que nos afetam e não afetam os gays e as lésbicas é que a nossa sexualidade não é levada a sério. As pessoas nos dizem: 'É só uma fase' ou 'É uma coisa adolescente, você ainda está se descobrindo'. Muitas vezes é por causa dessa experiência de não ser levada a sério que eu acho melhor não revelar a minha sexualidade às pessoas, e esse é um problema que os gays não têm. A sensação de se expor ao público como uma pessoa bissexual. A bissexualidade é vista como algo não completamente formado, pertencente a um espaço de insegurança ou incerteza".[51] E, se as mulheres são vistas como inseguras ou de alguma forma imaturas, isso reduz sua autoridade e aumenta a lacuna.

* * *

O grupo mais desfavorecido de todos, contudo, são as mulheres com deficiência, que são "invisíveis, tanto para os defensores dos direitos das mulheres quanto para os defensores dos direitos das pessoas com deficiência", de acordo com um documento de referência apresentado à ONU Mulheres.[52] No estudo "Women in the Workplace", as mulheres com deficiência, de todos os grupos, apresentaram menos propensão a dizer que tinham oportunidades iguais no trabalho. Elas também demonstraram menos probabilidade de afirmar que seus superiores as ajudaram a progredir na carreira e apresentaram mais chances de vivenciar os aborrecimentos cotidianos da lacuna de autoridade, como ter sua experiência questionada e ver outras pessoas recebendo ou assumindo os créditos por suas ideias. Lamentavelmente, elas também são as que têm mais chances de ouvir comentários degradantes sobre elas ou pessoas como elas.

Durante a pandemia do coronavírus, elas foram as mais afetadas. Sessenta e um por cento delas disseram que estavam estressadas, 46% exaustas e 40% estafadas: cerca de dez pontos percentuais acima das mulheres como um todo.[53]

As mulheres com deficiência que trabalham fora ganham, em média, apenas 83% do salário de um homem com deficiência que trabalha fora e 67% do salário de um homem sem deficiência que trabalha fora. Elas também recebem apenas 80% do que as mulheres sem deficiência ganham. Os estereótipos negativos contribuem para isso: pessoas com deficiência – especialmente mulheres – não raro são vistas como fracas, dependentes ou incapazes.[54] Como resultado, muitas delas precisam se empenhar ainda mais no trabalho do que seus colegas para provar sua capacidade. E estamos falando de um grande número de pessoas. No Reino Unido, 19% das mulheres em idade produtiva têm alguma deficiência.[55]

Emma Lewell-Buck, parlamentar do Partido Trabalhista e uma das únicas cinco pessoas com deficiência no Parlamento britânico, diz que costumava levar trabalho para casa nos fins de semana, trabalhar até tarde da noite e começar o expediente de manhã cedinho porque, como muitas outras pessoas com deficiência, ela achava que tinha que "fazer mais do que o esperado" e "se empenhar mais para provar sua capacidade ou acompanhar os outros".[56]

Chloe, de 27 anos, instrutora de improvisação teatral, é lésbica e portadora de deficiência. "É uma grande parte da minha vida", ela me disse. "Às vezes a minha deficiência é quase pior do que meu gênero. É algo tão pessoal que pode minar qualquer autoridade. Tenho alunos mais velhos do que eu, então pode ser muito difícil ser uma jovem mulher com deficiência. Acontece muito de as pessoas desconfiarem do que eu sei. Pesquiso bastante e as pessoas não gostam quando cito pesquisas para elas."[57]

Sal Brinton é a presidenta dos Liberais Democratas do Reino Unido. Devido à artrite reumatoide, ela passou a última década em uma cadeira de rodas e viu como a lacuna de autoridade aumenta para as mulheres com deficiência. "Para algumas pessoas, você se torna completamente invisível", ela me disse.[58] "Você precisa aprender a ser audaz, a se impor, a fazer as pessoas olharem para você, não ignorarem você, não falarem com seu subordinado só porque você está em uma cadeira de rodas e, portanto, só pode ser burra." Dá muito trabalho. Tudo dá muito trabalho porque seus relacionamentos interpessoais são completamente diferentes em comparação com as pessoas capazes de transitar livremente e olhar ao redor com facilidade.

"Tenho uma personalidade bastante contundente, então já começo deixando bem claro que sei do que estou falando, que li os relatórios, o que for. Mas a reação inicial é sempre se dirigir à pessoa que eles veem como meu cuidador. Sempre."

Foi o que aconteceu em uma ocasião quando ela estava sendo levada para o avião em um aeroporto. "Um membro da equipe disse a outro integrante, me ignorando por completo: 'Ela consegue ir até o portão?'. E o membro da equipe que me ajudou a passar pela segurança do aeroporto disse: 'Não faço a menor ideia. Por que você não pergunta a ela? Acho que ela fala'." Pense na dificuldade de persuadir as pessoas a lhe conceder autoridade se elas não se dispõem ao menos a dirigir-se diretamente a você.

As mulheres neurodiversas são ignoradas com frequência. O autismo e o TDAH são diagnosticados quatro vezes mais em meninos do que em meninas, mas a prevalência real pode não diferir tanto. Como as meninas são mais pressionadas a serem conciliatórias e sociáveis desde cedo, isso pode camuflar qualquer comportamento inapropriado. Lily, de 29 anos, que tem TDAH, me contou: "Na escola, eu tinha uma dificuldade enorme de medir o tempo, administrar minhas tarefas e fazer meu dever de casa a tempo. Nunca vou me esquecer de uma professora que me puxou de lado depois de eu ter ficado de castigo mais uma vez e me disse que parasse de fingir que sou a menina bobinha, porque isso não me ajudaria em nada. Posso ser tudo, menos bobinha. Na verdade, para me reapropriar de um termo sexista, eu tenho colhões enormes. Acontece que também tenho um déficit nas minhas funções executivas. Será que os meninos (em grande parte neurotípicos) que ficavam de castigo eram chamados de bobinhos? É claro que não".[59] Desse modo, os meninos com TDAH eram vistos como inteligentes, mas com um distúrbio neurológico, enquanto as meninas com TDAH eram vistas como bobas ou um pouco avoadas. A propósito, Lily faz filosofia na Universidade de Cambridge.

* * *

Se já é exaustivo para mulheres brancas de classe média e saudáveis lutarem contra os velhos estereótipos de gênero, é muito difícil para as mulheres que também são forçadas a enfrentar outros preconceitos. Elas precisam provar ainda mais sua competência e, se alcançarem o sucesso, enfrentam suposições de que só são bem-sucedidas devido a alguma cota de ação afirmativa.

Cabe a nós, que contamos com os privilégios brancos e/ou de classe nos aliarmos às mulheres que não se beneficiam desses privilégios. É claro que a melhor abordagem é perguntar a elas como ajudar. Mas podemos deliberadamente orientar e patrocinar mais mulheres de diferentes etnias e origens que estão abaixo de nós na hierarquia e podemos garantir que mulheres não brancas ou lésbicas, de origem pobre ou com deficiência no trabalho sejam incluídas em nossas redes de contatos. Podemos lhes dar mais visibilidade diante de colegas mais seniores e pedir a nossas empresas para monitorar separadamente o progresso de mulheres de diferentes origens para garantir que todas tenham as mesmas oportunidades.

Acima de tudo, como ocorre em relação aos outros vieses sobre os quais aprendemos, precisamos reconhecer que, por mais liberais e compassivos que nos consideremos, provavelmente ainda somos inconscientemente racistas, homofóbicos, classistas e capacitistas, além de sexistas. Precisamos nos conscientizar desses vieses assim que eles tentarem enganar nosso cérebro e dar um jeito de corrigi-los em todas as nossas interações com as pessoas.

13

É possível ser inteligente e bonita
Ou será que, se você for bonita, não pode ser inteligente?

NEM PRECISA PERGUNTAR PARA ELA... EU SEI O QUE FAZER.

"Matemática é difícil." "Eu adoro me arrumar."
"Quer fazer uma trança no meu cabelo?"
— Boneca Barbie Que Fala

"Ataquem o Esquadrão Cobra com todo o poder de fogo!"
"Quando eu der as ordens, obedeçam ou sejam capturados."
— GI Joe

Certa vez, eu estava na plateia de uma grande conferência de empresas de investimento em Londres quando um homem no palco perguntou por que o *Financial Times* não previu a crise financeira global. Quando lhe disseram que Gillian Tett, então editora-assistente do jornal, tinha feito exatamente isso, ele comentou: "Bem, ela era bonita demais para ser levada a sério". Puxei uma vaia baixa que – para minha satisfação – se espalhou pelo grande salão.

Desde a infância, absorvemos a noção de que meninas e mulheres são feitas para serem decorativas, enquanto meninos e homens são feitos para serem instrumentais. Na idade adulta, reforçamos esses estereótipos, muitas vezes de maneira inconsciente, quando interagimos com crianças. "Que vestido lindo!", podemos exclamar para uma menina. "Você joga futebol muito bem!", podemos dizer a um menino. Para obter a aprovação do mundo, meninas e mulheres precisam ter uma boa aparência, mas meninos e homens precisam ter um bom desempenho.

"Educamos nossos meninos para ver o corpo como ferramenta para dominar o ambiente, e as meninas como projetos de melhoria", explicou Caroline Heldman, do Occidental College.[1] "Pegamos o bastão de mulheres adultas, de nosso corpo, e o passamos para as meninas, dizendo: 'Esse é o valor que você tem no mundo' a cada vez que afirmamos: 'Ah, você é tão bonita'."

E isso pode ter consequências danosas para as meninas quando elas crescem, segundo Heldman. "Em duas décadas de pesquisas, descobrimos que, quanto mais as mulheres se veem como objetos sexuais, maiores são suas chances de desenvolver transtornos alimentares, mais baixo é seu funcionamento cognitivo, menos felizes elas são, menor é sua eficácia política [a ideia de que sua voz é importante na política], maiores são suas chances de ficar deprimidas e de engajar-se em monitoramento corporal habitual. Portanto, sabemos que, quanto mais você se considera um objeto sexual, mais ramificações negativas isso terá em sua vida. Mas aprendemos isso muito antes de nos conscientizar de que nosso corpo é nossa principal forma de valor."

É nesse contexto que as mulheres precisam se engajar na esfera pública. A aparência das mulheres é muito mais importante do que a dos homens. Dependendo de sua exterioridade, elas são levadas mais ou menos a sério. Seu aspecto é avaliado o tempo todo e pode ser impiedosamente criticado. Em um estudo sobre a maneira como a mídia britânica cobre os políticos, os autores escreveram que os julgamentos feitos sobre as mulheres nunca foram aplicados aos homens: "Políticos homens iam ao Parlamento com cabelos ensebados e sujos, caspa nos ombros, gravatas manchadas, incertos sobre o posicionamento preciso das calças na cintura (por cima ou por baixo da pança) ou com ternos que mais pareciam sacos de dormir. Se uma mulher fosse ao trabalho no mesmo estado de desalinhamento, ela sairia na primeira página dos jornais e as pessoas questionariam se ela realmente estaria apta para ser parlamentar".[2]

Não dá para questionar isso. Certa vez, escrevi uma coluna em *The Times* sobre os dois pesos e as duas medidas usados para julgar a aparência de homens e mulheres na vida pública. Lamentei o fato de um pouco de celulite na perna da princesa Diana sair em todas as primeiras páginas, enquanto o então vice-primeiro-ministro, Michael Heseltine, *o segundo homem mais poderoso do país*, era visto com frequência com verdadeiras nevascas de caspa nos ombros e ninguém jamais mencionara isso. Ele ficou furioso e mal falou comigo a partir de então, mas notei que, na vez seguinte que o vi, seus ombros estavam imaculados...

Além de sua aparência ser monitorada minuciosamente, há também uma tendência preocupante de esperar que as mulheres bem-sucedidas no trabalho sejam, ao mesmo tempo, sexy – uma confusão de categorias absolutamente desconcertante. Quando o *Observer*, de todos os jornais, publicou um artigo sobre Christine Lagarde, então a nova presidenta do Fundo Monetário Internacional (FMI), o título do artigo foi "Esta é a mulher mais sexy (e a mais poderosa) do mundo?"[3] Observe a ordem dos adjetivos. Antes mesmo de o artigo mencionar os altos cargos que ela ocupou e que a qualificaram para comandar o FMI – ministra das Finanças da França, presidenta de um escritório global de advocacia –, o segundo parágrafo dizia: "Ela tem belos dentes... alinhados e brancos, eles brilham em um rosto permanente e, quase, alarmantemente bronzeado. Alta – ela tem quase 1,80 metro – e esguia, Lagarde, de 55 anos, se veste com o élan casual de uma parisiense, leva patrioticamente terninhos Chanel e lenços Hermès, combinados com pulseiras coloridas e ponchos forrados de pele. Lagarde atenua a severidade de seus trajes pretos e brancos com lenços de seda, um colar de pérolas ou um broche. Ela tem olhos verdes bem espaçados emoldurados por cabelos prateados".

Estamos falando de um jornal sério e progressista. Lá estava uma mulher escolhida por sua inteligência, capacidade de liderança, expertise financeira e o respeito que ela tinha conquistado entre chefes de governos do mundo inteiro, e a publicação sugeria aos leitores que ela fosse julgada por ser uma mulher sexy. As pernas dela são bonitas? Ela tem um belo traseiro?

Não esperaríamos que o secretário-geral da ONU, António Guterres, tivesse uma aparência sexy, muito menos que fosse o homem mais sexy do mundo. Ou David Malpass, o presidente do Banco Mundial. Não é como se Lagarde tentasse alavancar sua sexualidade. Tanto que o mesmo artigo de *The Observer* incluiu a seguinte citação de Andrew Hussey, professor do Instituto da Universidade de Londres em Paris: "Ela é incomum entre as mulheres políticas francesas porque nunca flerta com ninguém".

Usei as experiências contrastantes de Heseltine e Lagarde para ilustrar o perigoso fio da navalha que as mulheres precisam percorrer quando se trata de sua aparência e como isso afeta o grau de seriedade com a qual elas são vistas. Eu mesma nunca tive qualquer desejo especial de comandar o mundo livre, de modo que a única vez que invejei Barack Obama foi quando ele disse que nunca tinha que decidir o que vestir pela manhã porque todas as suas roupas eram iguais. Terno azul ou cinza, camisa clara, gravata sem graça. Como a vida seria simples se todo o estresse e esforço que as mulheres se sentem obrigadas a dedicar a sua aparência desaparecesse como em um passe de mágica.

As mulheres são obrigadas a passar muito tempo pensando no que vão vestir. Como disse a fabulosa escritora feminista Caitlin Moran: "Todo dia de manhã, quando uma mulher se veste, ela analisa cada roupa potencial em função de uma série de fatores antes de tomar uma decisão. Essas roupas me farão parecer profissional *e* magra *e* 'boazinha' *e* 'original' *e* 'na moda' – *e, ainda por cima, me manterão segura?* Se você já se perguntou por que as mulheres costumam dizer: 'Não tenho nada para vestir', mesmo tendo um guarda-roupa repleto de roupas, a resposta é que, na verdade, o que ela quer dizer é o seguinte: 'Não tenho nada para vestir *para ser a pessoa que preciso ser e para onde preciso ir hoje*'".[4]

Se você for uma mulher na vida pública, ainda precisa enfrentar o problema de que, se repetir a mesma roupa algumas vezes (ou até uma vez), será ridicularizada por isso. Como Angela Merkel descobriu, "Para um homem, não é problema algum usar um terno azul-escuro cem dias seguidos, mas, se eu usar o mesmo blazer quatro vezes em duas semanas, uma torrente de cartas começa a chegar".[5]

Além do enorme desperdício, considerando que se espera que as mulheres usem o mesmo vestido apenas uma vez, como elas encontrarão tempo e dinheiro para comprar e usar roupas completamente diferentes todos os dias? Acrescente a isso o tempo, o dinheiro e o esforço que uma mulher precisa despender para ter uma aparência bem-cuidada e elegante quando os homens só precisam tomar banho, fazer a barba e pentear os cabelos (ou não, no caso de Boris Johnson) e dá para entender por que as mulheres ficam frustradas com esse escrutínio constante com relação a sua aparência. Pense no que elas poderiam fazer com todo esse tempo, energia e dinheiro!

"Nunca me acostumei com todo o esforço necessário só para ser uma mulher aos olhos do público", escreveu Hillary Clinton em seu relato da campanha presidencial de 2016, *What Happened*.[6] "Certa vez, calculei quantas horas eu passava fazendo o cabelo e maquiagem durante a campanha. Chegou a umas 600 horas, ou 25 dias. Fiquei tão chocada que refiz as contas."

Os padrões de atratividade também são muito mais elevados para as mulheres. Foi o que notei quando presidi um revival do programa *The Brains Trust*, um painel de especialistas convidados para responder a perguntas dos espectadores, na BBC2. Entre os célebres intelectuais que recebemos estava a romancista A. S. Byatt. Ela era sábia, erudita e atenciosa e uma excelente contribuição ao painel. Mas, quando fui ver o programa depois da transmissão, fiquei chocada a cada vez que a câmera parava nela, porque percebi como era raro para mim ver uma mulher mais velha não especialmente atraente na tela. Ainda assim, na época, John Sergeant – que, apesar de todos os seus talentos, parecia o primo humano de um buldogue francês – tinha presença garantida em nosso televisor quase todos os dias como o principal correspondente político da BBC.

Também se espera que as mulheres, muito mais do que os homens, pareçam mais jovens do que são. Como Susan Sontag escreveu em um ensaio intitulado "The Double Standard of Aging" (algo como "Dois pesos e duas medidas do envelhecimento"): "[Para as mulheres], apenas um padrão de beleza feminina é sancionado: a menina. A grande vantagem dos homens é que nossa cultura permite dois padrões de beleza masculina: o menino e o homem. A beleza de um menino se assemelha à beleza de uma menina. Em ambos os gêneros, é um tipo de beleza frágil e floresce naturalmente apenas no primeiro estágio do ciclo de vida. Para a sorte deles, os homens podem se aceitar com outro padrão de boa aparência – mais pesados, mais brutos, mais corpulentos. Um homem não sofre quando perde a pele macia, sem rugas e sem pelos de um menino. Afinal, ele só trocou uma forma de atratividade por outra: a pele mais escura do rosto de um homem, maltratada pelo barbear diário, mostrando as marcas de expressão e as rugas naturais da idade".

"Não há equivalente desse segundo padrão para as mulheres. O único padrão de beleza para as mulheres impõe que elas continuem a ter uma pele clara e impecável. Cada ruga, cada linha de expressão, cada fio de cabelo grisalho é uma derrota. Não é de admirar que nenhum menino se incomode em se tornar um homem, enquanto até a passagem da infância para a juventude de uma mulher é vista por muitas como sua ruína, pois todas as mulheres são criadas para querer manter a aparência de meninas."[7]

As implicações dessa forma de pensar são que as mulheres tendem a ser levadas menos a sério. As meninas são levadas menos a sério do que as mulheres de meia-idade, mas se espera que as mulheres de meia-idade façam o possível para se parecer mais com as meninas. Como Elaine Chao me explicou: "As mulheres mais velhas são muito mais pressionadas do que os homens a parecerem mais jovens. O que é horrível. É um paradoxo. Por um lado, conforme envelhecemos, ficamos mais sábias, mais assertivas e mais capazes de ocupar posições de igualdade. Por outro lado, com a idade, acabamos sendo prejudicadas pela nossa aparência".[8] Mary Beard ecoa essa ideia em *Mulheres e poder*: "Rostos ásperos ou enrugados sinalizam uma sabedoria madura no caso de um homem, mas 'fora do prazo de validade' no caso de uma mulher".[9] Não é de admirar que mais de 90% dos usuários de Botox e 92% dos pacientes de cirurgias estéticas sejam mulheres.[10]

Além de todo o empenho para manter uma aparência mais jovem, as mulheres precisam calibrar todas as manhãs, ao se vestir e se maquiar, o efeito que sua aparência naquele dia terá sobre sua autoridade. Elas serão levadas mais ou menos a sério se pintarem as unhas? Se usarem batom? Se usarem o cabelo preso ou solto? Se optarem por calça ou vestido?

Helle Thorning-Schmidt me explicou alguns desses cálculos. Ela ainda parece jovem, é loira e bonita – mantenha todas essas características em mente ao ler o que ela diz. "Quando eu tinha quase 40 anos, e me tornei líder do meu partido, eu me sentia muito jovem e mudei meu visual para parecer um pouco mais séria. As mulheres que querem parecer mais sérias usam cabelos presos, saias mais compridas, roupas mais bem-ajustadas. Aquele não era bem o meu estilo e me livrei dele depois, mas foi algo que achei necessário sendo tão jovem e atuando como líder da oposição."[11]

Mesmo assim ela enfrentou críticas maliciosas por parecer tão glamorosa. "Fui chamada de 'Helle Gucci' porque minha aparência não se encaixava bem com a imagem que as pessoas têm de uma política. Nunca usei roupas da Gucci, mas tinha uma bolsa dessa marca, e foi daí que tiraram o nome, mas nunca me arrependi. Quero dizer, eu gosto de uma boa bolsa e acho que as mulheres precisam continuar sendo mulheres na política."

"Mas ser chamada de 'Helle Gucci' não ajudou muito a minha imagem como líder política, especialmente considerando que eu liderava um partido de centro-esquerda. As implicações são que você é chique demais para o partido (o que, é claro, nunca foi o meu caso), que não é uma verdadeira social-democrata, que se interessa por coisas superficiais, que não serve para a política. Foi um apelido perfeito para quem queria me prejudicar tanto dentro quanto fora do meu partido e foi por isso que o apelido pegou."

Michelle Bachelet, ex-presidenta do Chile, conversou sobre essas críticas injustas com muitas outras líderes políticas mulheres e me disse que a ênfase exagerada na aparência delas é uma tentativa deliberada de deslegitimá-las. "Eles tentaram apequenar o poder das mulheres criticando coisas que não são relevantes, como o tamanho de suas bolsas ou as roupas que usavam."[12]

No entanto, se a situação é ruim para as políticas mulheres eleitas, pode ser ainda pior para as esposas dos políticos homens. Cherie Booth é uma advogada de enorme sucesso, mas também é casada com Tony Blair. A transição para um estilo de se vestir conservador adequado à esposa do primeiro-ministro do Reino Unido foi particularmente difícil para ela, sobretudo porque ela nunca havia demonstrado qualquer interesse por roupas, cabelo ou maquiagem antes de ele assumir o cargo. Como advogada no Reino Unido, ela trabalhava usando uma peruca branca tradicional e uma beca preta. Ela nunca usou maquiagem. E, de repente, ela passou a ser criticada por jornalistas sempre que aparecia em público.

Foi incrivelmente frustrante, ela confidenciou. "Como eu estava acostumada a falar e sempre fiz isso, foi muito fácil para mim continuar discorrendo sobre questões que não entravam em conflito com a política governamental e que, em certa medida, eram consideradas seguras por serem vistas como temas femininos: o papel das mulheres, o equilíbrio entre a vida profissional e pessoal, coisas sobre crianças. Mesmo assim, eu chegava para dar uma palestra e tudo o que eles queriam falar era sobre o que eu estava vestindo, o que é um tanto quanto ofensivo se você for uma mulher inteligente, porque não espera ser julgada por suas roupas."[13]

Será que as mulheres na vida pública têm alguma maneira de escapar disso? Julia Gillard e Ngozi Okonjo-Iweala entrevistaram oito mulheres que lideraram países (e, no caso de Christine Lagarde, o FMI e o Banco Central Europeu).[14] Todas reclamaram do foco desnecessário em sua aparência. Algumas recorreram ao equivalente feminino do uniforme, usando praticamente a mesma coisa todos os dias, para não chamar mais atenção. Pense nos conjuntos de blazer e calças de Hillary Clinton – ou até de Angela Merkel.

No entanto, há uma solução muito mais fácil que corta o problema pela raiz. Se todo jornalista político simplesmente se perguntasse a cada vez que comentasse sobre a aparência de uma mulher: "Eu escreveria isso sobre um homem?", o problema seria resolvido em cinco minutos. Se aplicássemos os mesmos padrões a homens e mulheres, esse fenômeno desnecessário e degradante simplesmente desapareceria. A mídia molda tanto as nossas percepções que faria uma enorme diferença nas nossas atitudes em relação às mulheres no poder.

Não é preciso atuar na política para uma mulher se preocupar em ser julgada por sua aparência. Jess Brammar, do HuffPost Reino Unido, me contou: "Adotei um corte de cabelo mais curto porque achava que não seria levada a sério se usasse o cabelo comprido. Lembro que, quando eu estava no *Newsnight*, passei um tempo evitando pintar as unhas com cores chamativas porque achava que poderia parecer muito frívola. Eu uso roupas coloridas. Eu uso vestidos. E às vezes me pergunto se isso afeta a percepção que as pessoas têm de mim".

"Na verdade, em vez de tentar esconder quem eu sou, minha feminilidade, o fato de eu gostar de moda, prefiro mostrar que uma mulher pode ser superinteligente, uma boa jornalista, comandar uma equipe e ter esse tipo interesse, porque nenhum editor homem é caluniado por se interessar por críquete ou futebol. Mas, até eu trabalhar com [a apresentadora do *Newsnight*] Kirsty Wark, nunca me ocorreu que fosse possível ser uma mulher respeitável ocupando um cargo de autoridade e falar sobre roupas e o quanto você gosta de se vestir. E ela não via nada de errado nisso. A postura dela era simplesmente: 'Eu adoro moda. Para mim é uma forma de arte que me interessa muito'. Mas é uma forma de arte negligenciada, ao passo que tudo bem se interessar por outros tipos de artes e criatividade."[15]

Para as mulheres mais jovens, é ainda mais difícil. Pandora Sykes, uma jovem autora e podcaster cultural, me contou: "Só porque sou loira e gosto de roupas coloridas, as pessoas presumem que o que eu faço é frívolo e superficial. Aconteceu muito de julgarem, só com base na minha aparência, que eu não me interessaria por algo ou não saberia alguma coisa. As mulheres que gostam de se embelezar não são levadas tão a sério. O tempo que você passa fazendo isso poderia ser usado em alguma atividade intelectual".[16] Só que, se você não dedica tempo e energia à sua aparência, é descartada como uma desmazelada.

O podcast que Sykes apresentou até 2020 com Dolly Alderton, *The High Low*, falava sobre a alta e a baixa cultura, com muitas discussões sobre ficção literária. Mas as pessoas automaticamente presumiam que se tratava de um podcast fútil exclusivamente sobre moda, e ele entrava na lista dos melhores de moda, apesar de as duas apresentadoras terem decidido desde o início de que não falariam sobre roupas. "A cada duas semanas", disse Alderton quando ainda estava em produção, "falamos sobre política, sobre questões sociais, sobre os problemas enfrentados pelas minorias, sobre feminismo e ainda somos rotuladas como um podcast sobre moda!"[17]

Se uma mulher, especialmente uma jovem, for atraente, ela tem muita dificuldade de convencer as pessoas a ouvir o que ela tem a dizer em vez de se focar em sua aparência. Laura Bates lembra-se vividamente do editor de fotografia de um jornal de circulação nacional que a procurou para falar sobre a foto que acompanharia um artigo a respeito de seu trabalho. Ela conta a história. "Ele disse: 'A coisa mais importante é fazer você parecer o mais sexy possível'. E depois ele disse: 'Pensamos em várias opções, como você de microssaia passando por um canteiro de obras com os operários assobiando para você ou uma espécie de vampira sexy de escritório usando um terninho justo, com saltos altos prestes a morder o pescoço de um homem'. Foi fascinante, porque o artigo era sobre o meu trabalho e sobre a minha expertise na área. E ficou claro que o que ele estava dizendo era que nada disso realmente importava, que queriam que eu parecesse sexy – 'a coisa mais importante', foram as palavras que ele usou –, mas também, curiosamente, ele acabou passando a mensagem de que uma mulher falando sobre desigualdade de gênero só podia ser uma vítima ou uma bruxa que odeia homens, mas nada entre esses dois extremos."[18]

* * *

Em alguns empregos, as mulheres podem parecer incongruentes, pelo menos no começo, se ocuparem funções que sempre foram associadas aos homens. Quando Sarah Mullally se tornou episcopisa de Londres, 132 homens haviam ocupado a posição antes dela no decorrer de muitos séculos. Seu antecessor, Richard Chartres – um homem alto, com uma barba pontuda e uma voz profunda e sonora – parecia um arcebispo da corte de Henrique VIII. Em termos de aparência física, era difícil ficar à altura dele.

"Eu sabia muito bem que eu simplesmente não tinha como competir com isso, que esse não é meu estilo", ela me disse. "Preciso respeitar quem eu sou e não vou mudar muito minha voz. Mas as catedrais são ambientes amplos e sei que preciso impor certa presença, preencher o espaço de alguma maneira. Decidi me aprumar mais e manter uma boa postura. Tomo muito cuidado com o que visto. Como impor presença sem ser maior? Porque eu não tenho como ser muito maior."[19]

Janet Yellen, de 1,50 metro, também teve esse problema. Tudo indica que sua altura foi uma das principais razões para que Donald Trump não a renomeasse como presidente do Federal Reserve (o Banco Central norte-americano), apesar de ela ter sido, de acordo com o *Washington Post*, "a presidenta do Federal Reserve mais qualificada que já tivemos e talvez a de maior sucesso". Fui conversar com ela em Washington meses depois e ela ainda estava em choque. "O *Washington Post* publicou um artigo dizendo que Trump não me renomeou principalmente por causa da minha altura e porque eu não pareço presidente de um Banco Central. Nem sei o que pensar. Acho que ele não me renomearia de qualquer jeito, mas é simplesmente inacreditável. Fiquei pasma quando soube, mas acho que ficou claro que, sim, esse tipo de coisa ainda existe."[20]

* * *

O que as pesquisas dizem sobre o efeito da aparência na avaliação que as pessoas fazem de nós? Bem, para uma mulher, definitivamente ajuda ter uma aparência bem-cuidada. A má notícia para mim é que as mulheres com cabelos encaracolados são consideradas menos profissionais do que as de cabelos lisos.[21] E a má notícia para as mulheres negras é que as que mantêm o cabelo natural são consideradas menos competentes e menos profissionais em relação às que os alisam. Na verdade, as negras com o cabelo natural também constituíram o grupo que teve a menor chance de ser chamado para uma entrevista neste estudo. As negras muitas vezes sentem que precisam alisar o cabelo para uma entrevista ou até depois de ter passado um tempo no emprego, para provar sua competência antes de correr o risco de serem vítimas desse viés ridículo do cabelo.[22]

Para as mulheres, cuidar da aparência parece ser extremamente importante. Ao investigar por que pessoas atraentes de ambos os gêneros tendem a ser mais bem-pagas e mais promovidas, Jaclyn Wong, professora da Universidade de Chicago, descobriu que o que consideramos "atraentes" envolve dois aspectos: as características com as quais nascemos (nosso rosto, nosso corpo, nossa altura) e o que podemos mudar (cabelo, maquiagem, roupas, Botox).[23] Sua pesquisa indicou que este último aspecto faz a maior diferença na percepção que as pessoas têm das mulheres. Cuidar mais do visual ajuda as mulheres a ter sucesso. Como sempre, contudo, elas precisam encontrar o equilíbrio certo, porque mulheres com maquiagem pesada são consideradas menos competentes, experientes e calorosas.[24]

Elas também precisam tomar muito cuidado para evitar roupas provocativas, especialmente se ocuparem cargos importantes. O simples fato de abrir um botão a mais de uma camisa pode fazer a diferença, assim como usar uma saia um pouco mais curta.[25] Essas duas pequenas alterações fazem as executivas seniores serem vistas como menos inteligentes, confiáveis, responsáveis e respeitáveis. Mas não faz diferença para cargos menos importantes, como uma recepcionista.

À medida que as mulheres sobem na hierarquia, elas podem acabar prejudicadas por sua atratividade natural. "Uma vez que as mulheres assumem cargos de gestão, posições de liderança, posições de poder, a beleza passa a ser uma desvantagem, porque nossos estereótipos são que ela e competência são incompatíveis", diz Wong. "Então, se você for bonita demais, pode não ser tão competente. Você pode ser uma 'loira burra'. Os homens, por sua vez, não passam tanto por esse problema."

Se as pessoas acham difícil acreditar que uma mulher bonita também pode ser inteligente, elas ficarão incomodadas quando ela prova que isso é verdade. Elizabeth Healey, atriz, me contou a história do teste de elenco para um filme. "O diretor olhou para o meu currículo e notou meu doutorado no fim, na seção de 'informações adicionais' e meio que riu baixinho. Ele me olhou, apontou para o papel e perguntou: 'Isto aqui é uma piada, certo?'. Eu disse que não, que era verdade. Ele ficou sem graça e, naquele momento, eu soube que jamais conseguiria aquele papel."[26]

As mulheres bonitas também são consideradas menos confiáveis. Leah D. Sheppard, da Universidade Estadual de Washington, e Stefanie K. Johnson, da Universidade de Colorado em Boulder, criaram uma série de artigos fictícios sobre uma onda de demissões que incluíam fotos dos executivos anunciando os cortes aos funcionários.[27] As pesquisadoras pediram aos participantes que avaliassem a honestidade dos líderes retratados e decidissem se eles também deveriam ser dispensados. Quando a executiva era uma mulher, os participantes do estudo a consideraram menos sincera e mais participantes disseram que ela deveria perder o emprego se também fosse muito atraente. Esse efeito não foi identificado para os executivos homens.

Se a beleza é punida, o viés também pode pesar para o outro lado. Alguns homens não conseguem acreditar que uma mulher não atraente possa ser competente ou pelo menos sabem que não querem dividir o andar da diretoria com ela. Um presidente do conselho de uma empresa da FTSE 100 me contou que recomendou a seu CEO uma executiva mulher extremamente talentosa, mas não muito atraente, para ser diretora não executiva da empresa. O CEO tentou vetá-la, alegando que o fato de ela não ser nada bonita prejudicaria sua credibilidade. Felizmente, o presidente se manteve firme em sua posição e ela acabou se revelando uma excelente conselheira.[28]

* * *

As mensagens são contraditórias. É uma vantagem ou uma desvantagem ser bonita? No caso das mulheres, o viés parece ir nas duas direções, o que pode ser muito confuso. Jayne-Anne Gadhia, ex-CEO da Virgin Money e hoje fundadora da startup de tecnologia financeira Snoop, acredita que o fato de ela ser muito alta – quase 1,90 metro – a ajudou, porque tirou a atração sexual da equação. "Acho que faz diferença se você é atraente ou não e, em geral, por causa da minha altura, eu não sou considerada atraente", ela me disse.[29] "Se os homens não são sexualmente atraídos por você, é mais fácil falar com eles de igual para igual. Acho que as mulheres muito bonitas têm mais dificuldade de serem levadas a sério."

"Na época em que eu trabalhei no Royal Bank of Scotland, meu chefe me disse: 'Uma das suas vantagens é que você pode ser levada a sério'. E eu pensei: 'Como assim?' Com a minha altura, sou notada assim que entro em uma sala, então, sim, suspeito que faça uma diferença."

Comentei que, quando ela fala com homens, seus olhos ficam no mesmo nível que os deles ou ela pode até olhar de cima para baixo, enquanto nós, mulheres de estatura média, sempre temos de olhar para cima, o que, por si só, parece submisso.

"Sim, com certeza", ela reconheceu. "Eu noto isso de vez em quando, quando estou conversando com um homem muito alto e preciso olhar para cima. E eu penso: 'Caramba, para muitas amigas minhas, a sensação é sempre essa', sendo que para mim não é. Então, sim, com certeza é diferente."

Christine Lagarde também disse que é alta demais e já passou da idade de ser alvo de sexismo. "É difícil ser sexista com alguém que é mais velho e mais alto do que você", diz ela.[30] Ter passado da idade do interesse sexual por parte dos homens pode ser uma vantagem quando se trata da autoridade das mulheres, desde que isso não as torne completamente invisíveis.

Lesley Stahl é uma experiente jornalista política do *60 Minutes* da CBS News. Você se lembra de quando Donald Trump saiu no meio de uma entrevista na TV durante a campanha eleitoral de 2020? Pois é, a entrevistadora que fez as perguntas difíceis foi ela. Ela me recebeu em seu apartamento em Nova York com vista para o Central Park e perguntei quando ela começou a sentir que era levada tão a sério quanto seus colegas homens. "Não sei se alguma vez fui tratada com total igualdade até muito, muito recentemente, e estou na casa dos 70!", ela respondeu.[31] Stahl acredita que a idade é a chave: a resistência de alguns homens à autoridade feminina está associada à atração sexual, um fator que se dissipa com a idade. "A diretora de uma escola para meninas me disse que sempre teve mais problemas com os pais do que com as mães. Se uma criança tivesse algum problema e o pai e a mãe fossem juntos falar com a diretora, era o pai que falava com agressividade, com o dedo na cara dela, vociferando coisas como: 'Você não pode fazer isso, você não pode fazer aquilo'. E ela disse: 'Muito recentemente, percebi que não estava mais tendo problemas com os pais. E pensei, nossa, eu sei mesmo fazer este trabalho, devo ser muito boa nisso porque os pais pararam de me atacar. Devo ter aprendido alguma coisa para eles me respeitarem'. Depois ela percebeu: 'Tenho mais de 65 anos, não posso mais ter filhos, essa questão biológica entre homens e mulheres é que eles não estão mais tentando me dominar porque já passei da idade reprodutiva. Não sou mais um desafio, então tudo isso perde a relevância'."

Sim, a idade definitivamente ajuda. Nancy Pelosi, porta-voz da Câmara dos Representantes dos Estados Unidos, de 80 anos, conversou com Stahl sobre isso. "Ela faz muita questão de mostrar que uma mulher pode ser determinada, exigente, forte, rigorosa, usar saltos altíssimos e roupas lindas, estar sempre arrumada e tudo isso sem qualquer contradição. Ela me disse que está muito empenhada em provar isso."

É irritante que as mulheres tenham de pensar tanto sobre sua aparência. Mas o mundo – pelo menos por enquanto – é assim e, se elas quiserem ser levadas a sério, provavelmente faz sentido cuidar da aparência e evitar roupas provocativas. Como não se sabe ao certo se é uma vantagem ou uma desvantagem ser atraente ou não para uma mulher no trabalho, provavelmente podemos parar de nos preocupar tanto com a aparência com a qual nascemos. E podemos nos consolar sabendo que, em certos aspectos, fica mais fácil com a idade.

Uma área na qual seria possível fazer mudanças com muita rapidez e facilidade – se fosse do interesse dos tomadores de decisão – é a maneira como a mídia retrata as mulheres. Os jornalistas deveriam tentar resistir a dedicar mais espaço para comentar sobre o visual das mulheres do que o dos homens. E os editores deveriam sempre analisar os adjetivos usados em relação às mulheres nos artigos e se perguntar se o mesmo seria dito a respeito de um homem. Se a resposta for não, é melhor cortar os adjetivos.

14

Cala a boca, vadia!
Os perigos de ter uma opinião e uma vagina

"Os homens têm medo de que as mulheres vão rir deles. As mulheres têm medo de que os homens vão matá-las."
— *Margaret Atwood*

"O verdadeiro problema não é a negação, mas o ressentimento pela autoridade feminina – um ressentimento que nenhuma mulher deveria considerar um elogio, já que por trás disso está a misoginia."
— *Deborah Cameron*

Não muito tempo atrás, estive em uma conferência de finanças no Dia Internacional da Mulher e fiquei surpresa e um tanto aborrecida ao ver que o painel de quatro economistas era composto só de homens. Era o segundo painel exclusivamente masculino consecutivo e postei um tuíte que considerei bastante inofensivo: "Estou em uma conferência no Dia Internacional da Mulher e tem um painel aqui com quatro economistas homens e nenhuma mulher. Só pode ser brincadeira. Não faltam economistas mulheres espetaculares". Alguém comentou: "Sinceramente, se a minha mulher fosse um pouco parecida com essa Sieghart, eu abusaria dela".

Foi a resposta desmedida que me pegou de surpresa. Se eu tivesse tuitado: "Os homens deveriam ter os testículos cortados", eu poderia ter merecido aquela resposta. Hoje em dia, até o argumento mais contido em prol de uma maior igualdade garante uma reação (às vezes literalmente) violenta.

Antes de chegarmos às ameaças violentas, contudo, vejamos como a autoridade das mulheres é atacada nas redes sociais. Quando a jornalista australiana Julia Baird tuitou sobre o tratamento diferenciado da imprensa em relação à vida privada de políticos homens e mulheres, ela recebeu a seguinte resposta: "Você tem provas disso ou só está sendo uma velha amarga e sexista?".[1]

"Sim, eu tenho um doutorado sobre o tema", ela respondeu. "Então pode me chamar de DOUTORA velha amarga e sexista."

E esse foi o início de uma discussão ridícula no Twitter. Outros usuários da rede social disseram que ela era uma esnobe elitista, que cinco anos de pesquisa não passavam da "opinião" dela, que um doutorado não era sinal de inteligência e que ela deveria se envergonhar.

Ela imediatamente mudou seu nome no Twitter para Dra. Julia Baird.

Os trolls vieram com tudo. Mas muitos acadêmicos homens, perplexos com o fato de as pessoas não só notarem como objetarem, também entraram na discussão. Alan Nixon, pesquisador de sociologia da religião da Universidade do Oeste de Sydney, disse: "Uso 'dr.' no meu perfil desde 2015 e nunca ninguém me questionou sobre isso". Stephen Maclean, professor de anatomia da Universidade de Edimburgo, escreveu: "Eu não fazia ideia de que alguém deveria se envergonhar de ter um doutorado!".

A historiadora britânica Fern Riddell passou por algo parecido. Quando um jornal decidiu restringir o título de "doutor" aos médicos, excluindo pessoas que têm um título de doutorado, ela tuitou: "Meu título é doutora Fern Riddell, não senhorita Riddell. Conquistei esse título porque sou especialista, e minha vida pessoal e profissional consistem em ser uma especialista de muitas maneiras diferentes. Suei muito a camisa para conquistar essa autoridade e me recuso a abrir mão dela".

Um homem tuitou em resposta: "Se você precisa dizer às pessoas que é uma autoridade ou uma especialista, provavelmente não é". Um tal "David Green" sugeriu que os comentários dela poderiam ser "legitimamente considerados arrogantes". Inúmeras outras respostas, muito mais ofensivas, foram postadas, mas a dra. Riddell decidiu lançar a hashtag #immodestwoman ("mulher imodesta", em tradução literal), que se espalhou rapidamente pelo mundo.

"Dá para ver com clareza que as mulheres foram ensinadas a ter dificuldade de admitir sua própria autoridade, e a enorme reação dos lunáticos na internet mostra como as mulheres são instruídas a 'saber qual é o seu devido lugar'", ela disse.[2]

Esse tipo de retaliação pode resultar da menor das provocações, como Caroline Criado Perez recebendo ameaças de estupro e morte pela mera sugestão de ter a imagem de uma mulher em uma nota de dinheiro para quebrar o monopólio masculino.

Em apenas um fim de semana, a polícia reuniu ameaças de estupro e morte contra ela suficientes para encher 300 páginas de papel A4. A maioria dessas ameaças foi vetada nas mídias sociais por ser obscenas demais, de maneira que não temos como saber a verdadeira dimensão do problema. Desse modo, acho importante reproduzir alguns desses ataques na íntegra para que as pessoas saibam até que ponto essas mensagens podem ser hediondas. Veja apenas alguns exemplos dentre os milhares que Perez recebeu. Pule esta parte se não tiver estômago para isso:

PRIMEIRO VAMOS USAR UMA TESOURA PARA MUTILAR SEUS GENITAIS E DEPOIS VAMOS TACAR FOGO NA SUA CASA

VAI SER HOJE À NOITE, ENQUANTO VOCÊ IMPLORA PARA MORRER.

Estou com um rifle de precisão apontado pra sua cabeça neste exato momento. Quer dizer alguma coisa antes de morrer, sua vagabunda? Fica esperta, vadia.

MULHERES QUE FALAM DEMAIS PRECISAM SER ESTUPRADAS

PEGA NO MEU PAU E BATE UMA PUNHETA ATÉ EU GOZAR NA TUA CARA. FAÇA O QUE ESTOU MANDANDO OU EU CORTO A TUA GARGANTA.

Vou bater na tua cabeça com a minha pistola até você desmaiar na frente dos seus filhos e depois vou queimar o teu corpo

TEM UMA BOMBA NO SEU QUINTAL. ELA VAI EXPLODIR EXATAMENTE ÀS 22H47 E DESTRUIR TUDO

CALA ESSA TUA BOCA, SUA VADIA... OU VOU ENFIAR MEU PAU NA TUA BOCA ATÉ VOCÊ ENGASGAR, ENTENDEU?

Não é de admirar que dois de seus trolls tenham sido presos. E mesmo assim, ela foi acusada de "mimimi" por reclamar. A vida dessa mulher estava em perigo e ela foi justificadamente reduzida a uma pilha de nervos. Não cabe às mulheres o ônus de se tornar menos sensíveis a esse tipo de agressão; são os trolls que precisam mudar esse comportamento vil.

No pior dia dos ataques, ela contou que teve "uma crise de nervos" temendo que aquele pesadelo nunca chegasse ao fim. "Àquela altura, já vinha acontecendo por uma semana... Eu não estava conseguindo comer, dormir, trabalhar. Perdi mais de cinco quilos em questão de dias. Eu estava exausta, aquelas imagens vívidas ficavam rodando na minha cabeça, aquela onda de ódio da qual eu não tinha como fugir... Até hoje sinto os efeitos psicológicos dos ataques. Parece que uma bomba está prestes a explodir; que sou uma panela de pressão e qualquer coisinha me faz cair no choro – ou gritar."[3]

As mulheres avançaram bastante nas últimas décadas. A sociedade é muito mais igualitária do que antes. Muitos homens aceitaram essa nova realidade, mas alguns poucos machistas optaram por combatê-la da maneira mais abusiva possível. Eles querem silenciar as mulheres que se manifestam, colocá-las de volta "a seu devido lugar". Nos dias de hoje, é perigoso ter uma opinião e uma vagina, impor sua autoridade. Quanto mais autoridade as mulheres conquistam, mais violenta é a reação.

É o que acontece com o assédio sexual. Mulheres assertivas, dominantes ou independentes são as que têm mais chances de ser assediadas.[4] Elas são punidas por serem "arrogantes", por não se restringirem ao papel social esperado.

Na internet a situação é bem pior. As mulheres têm 27 vezes mais probabilidade de sofrer abuso on-line do que os homens.[5] Em 2015, a redatora Alex Blank Millard mudou a foto de seu perfil no Twitter para a de um homem branco, mas manteve o conteúdo inalterado – especialmente tuítes de conscientização sobre o sexismo, racismo e gordofobia. Quando tuitava como Lady Alex, ela recebia uma montanha de ameaças de estupro e morte. Quando comentou sobre as mesmas coisas com o perfil do White Dude Alex (o "Alex Branco"), ela foi retuitada, favoritada e até citada pelo Buzzfeed.

"Por uma semana inteira", ela escreveu, "tive a chance de sentir como é ser tratada com respeito. Como homem, pude usar as mesmas palavras e ser recebida com diálogo, desacordos ou até silêncio, mas não insultos. Eu me tornei um ser humano igual, cuja voz merecia ser ouvida."[6]

Por outro lado, o colunista de fitness James Fell nunca recebe ameaças na internet, apesar de ser um feminista declarado. "Você quer mais um exemplo de privilégio masculino?", ele escreve. "É poder expressar sua opinião sem ter de enfrentar ameaças de morte e estupro como resultado."[7]

Um tipo específico de misoginia discrimina as mulheres na internet. Nas palavras da colunista Laurie Penny: "Ter uma opinião... é o equivalente a usar uma microssaia na internet. Ter uma e ostentá-la é, de alguma forma, pedir a uma massa amorfa de críticos quase todos homens para lhe dizer como gostariam de estuprá-la, matá-la e urinar em você".[8]

Em 2016, *The Guardian* analisou dez anos de comentários em seus posts na internet, totalizando 70 milhões, e descobriu que, dos dez jornalistas regulares que receberam mais comentários abusivos, oito eram mulheres (quatro brancas, quatro não brancas) e dois eram homens não brancos.[9] Duas mulheres e um homem eram homossexuais. Quanto mais tradicionalmente masculina a era seção – por exemplo, esporte e tecnologia –, mais comentários abusivos as jornalistas mulheres recebiam. E quem você acha que foram os dez jornalistas que receberam menos comentários abusivos? Todos homens.

O projeto Troll Patrol da Anistia Internacional usou inteligência artificial para analisar milhões de tweets recebidos por jornalistas e políticos britânicos e americanos em 2017.[10] As mulheres não brancas tiveram 34% mais chances de ser mencionadas em tuítes abusivos ou problemáticos do que as brancas; e as negras, 84% mais chances.

As mulheres poderosas são particularmente vulneráveis. Um estudo recente com prefeitos americanos descobriu que 79% foram vítimas de assédio, ameaças ou outros abusos psicológicos.[11] Treze por cento foram vítimas de violência física. E um fator se destacou acima de todos os outros como preditivo de um prefeito específico ser alvo: o gênero. Observando outros fatores, os pesquisadores calcularam que as prefeitas mulheres tinham duas vezes mais probabilidade de sofrer abuso psicológico que os prefeitos homens e quase três vezes mais probabilidade de sofrer violência física.

Na Grã-Bretanha, durante as desavenças em torno do Brexit, algumas parlamentares mulheres foram forçadas a se mudar de casa e contratar guarda-costas. Elas foram aconselhadas pela polícia a não dirigir sozinhas, não sair de casa à noite e não ir se exercitar no parque.[12]

Em alguns casos, os abusadores são homens importantes e respeitáveis. Um exemplo vem dos Estados Unidos, quando a jovem congressista democrata Alexandria Ocasio-Cortez foi verbalmente agredida por Ted Yoho, colega republicano de 65 anos, em 2020. Veja como ela descreveu o incidente em um discurso contundente na Câmara dos Representantes: "Eu estava subindo os degraus do Capitólio quando o congressista Yoho apareceu de repente, na companhia do congressista Roger Williams, e me abordou nos degraus bem aqui, em frente ao Capitólio da nossa nação. Eu estava só cuidando da minha vida, subindo as escadas, e o congressista Yoho chegou botando o dedo na minha cara, me chamando de nojenta, me chamando de doida, disse que eu tinha enlouquecido, que eu era perigosa... Na frente dos repórteres, o congressista Yoho me chamou de, entre aspas, 'uma vaca escrota'".

Mas você não precisa ser uma mulher de destaque na vida pública para ser vítima desse tipo de agressão. Karen Cohen, que foi executiva do YouTube, diz que até os vídeos mais triviais de meninas e mulheres comuns são submetidos a ataques horrendos: "Criadoras de conteúdo postavam vídeos para ensinar a fazer tranças e algumas pessoas escreviam coisas como: 'Quero te estuprar' na seção de comentários".[13]

Basta ser mulher com conexão à internet. Em 2006, pesquisadores da Universidade de Maryland criaram várias contas falsas na internet e entraram em salas de bate-papo. Contas com nomes de usuário femininos receberam uma média de cem mensagens sexualmente explícitas ou ameaçadoras por dia. Os nomes masculinos receberam 3,7 (isso mesmo, em média menos de quatro mensagens).[14]

E as mulheres também não precisam dizer nada provocativo. Elas são vítimas de abuso verbal e ameaçadas de violência sexual por comentarem sobre andar de bicicleta, capas de revistas em quadrinhos e receitas de pretzels, diz Emma A. Jane, autora de *Misogyny Online: A Short (and Brutish) History* (algo como "Misoginia na internet: uma história breve... e brutal").[15]

A história é breve por se tratar de um fenômeno muito recente. Jane, jornalista, estava acostumada a receber pelo correio cartas de leitores contestando as opiniões expressas em seus artigos. Mas, quando cometeu o erro de publicar seu endereço de e-mail no fim da coluna, ela começou a receber uma montanha de ameaças violentas. "Fiquei me perguntando que tipo de pessoa falava daquele jeito. Que tipo de pessoa lia um jornal e pensava: 'Quer saber? Não gostei do que o Jornalista X escreveu. Acho que vou mandar alguns e-mails de pornografia explícita recomendando um bom estupro. Isso sim é uma resposta apropriada e proporcional!'. Só que eu não era o Jornalista X. Eu era *a* Jornalista X. Comecei a perguntar aos meus colegas homens se eles recebiam e-mails de leitoras descontentes ameaçando sodomia grupal, corte dos testículos e violência sexual. E é claro que eles disseram que não."

Os homens que enviam essas ameaças violentas e sexualizadas a mulheres que se atrevem a expressar uma opinião estão tentando impor um preço alto ao ingresso dessas mulheres na esfera pública. Os agressores não se engajam com argumentos; eles simplesmente querem fazer com que seja custoso demais para essas mulheres – e outras que são desencorajadas pelo medo de serem atacadas – participar do debate nacional. Eles querem silenciá-las para que o mundo só dê ouvidos aos homens.

É possível ver isso na natureza das ameaças grotescas que eles fazem. Há uma obsessão com bocas e a fala: cortar línguas, sexo oral, estrangulamento, estupro oral, decapitação e todos os outros atos que eles gostariam de usar para obstruir ou tapar a boca da vítima. A fantasia deles é que as mulheres sejam caladas – se necessário à força.

E a terrível verdade é que funciona. As mulheres são aconselhadas a não falar abertamente sobre o abuso que sofrem, porque isso só "alimenta os trolls". As mulheres têm muito medo de entrar na política ou de expressar suas opiniões na TV, na internet ou na mídia impressa porque temem ser perseguidas, ser alvo de *doxxing* ou até assassinadas, como aconteceu com a parlamentar Jo Cox.

O *doxxing* – publicar detalhes privados de uma vítima, como seu endereço residencial ou número de telefone – pode colocar seriamente em risco a segurança de uma mulher e destruir sua vida. Kathy Sierra, designer de software e desenvolvedora de games, já foi uma das mulheres mais proeminentes no setor da tecnologia. Ela recebeu centenas de ameaças de estupro e morte em seu blog. Os trolls postaram fotos adulteradas dela sendo sufocada por roupas íntimas e com laços corrediços perto de sua cabeça. Eles divulgaram seu endereço residencial e documentos de identidade e declarações falsas sobre ela ter sido uma prostituta e vítima de violência doméstica. Em seu último post no blog, ela escreveu: "Cancelei todas as palestras que eu tinha para dar. Tenho medo de sair de casa. Nunca mais me sentirei como antes. Nunca mais *serei* a mesma". Depois disso, ela abandonou a carreira e passou anos desaparecida, não apenas do mundo on-line, mas também da vida pública off-line. Posteriormente, ela escreveu: "Na época, eu não tinha vontade alguma de descobrir o que vem depois do *doxxing*, especialmente com a minha família".

Muitas mulheres também recebem ameaças de estupro ou morte em seu endereço residencial, com a mensagem, explícita ou implícita, de "Eu sei onde você mora". É impossível ter uma vida normal depois disso. Vejamos a experiência de Van Badham, uma colunista de *The Guardian*: "Um homem me disse que iria a um protesto, do qual eu participaria, para cortar minha garganta. Você correria esse risco? Sabe-se lá quantas pessoas me seguiram do trabalho até a minha casa, ficaram do outro lado da rua espionando meu apartamento e comentando no Twitter... E outro dia mesmo, uma pilha de papéis apareceu na minha casa – na minha casa! – com representações de estupros coletivos, mutilação genital feminina e a maior de todas as ameaças implícitas: eu sei onde você mora. Desde aquilo, foram raras as noites em que passei na minha própria casa. Vou me mudar em breve".[16]

De onde vem esse ódio todo? Quais são as raízes dessa misoginia execrável? Devo enfatizar que apenas uma pequena minoria dos homens tem esse problema, em geral aqueles que são profundamente inseguros quanto à sua masculinidade, que têm um senso de "masculinidade frágil". São homens que se sentem ameaçados pelas mulheres, que se sentem emasculados por elas, que sentem que sua masculinidade está em perigo pelo fato de as mulheres terem poder sobre eles ou por sentirem que elas estão invadindo seus domínios. Alguns deles têm dificuldade de encontrar parceiras sexuais, os chamados "incels" (celibatários involuntários), e culpam as mulheres por rejeitá-los. A psicoterapia está muito longe de ser uma ciência exata, de modo que cada psicoterapeuta com quem conversei possui a própria teoria, que não tem como ser comprovada. Mas vejamos algumas respostas possíveis – e eu deliberadamente optei por conversar com psicoterapeutas homens, que provavelmente teriam insights mais relevantes sobre a psique masculina.

Phillip Hodson, autor de *Os machões: o comportamento do homem diante da nova mulher*, disse-me: "Os homens que mais se interessam por essa questão já se encontram na extremidade mais insegura/ansiosa/machista do espectro da masculinidade clássica. 'Emasculação' significa literalmente a perda do pênis e, em termos mais amplos, implica castração. O problema aparece quando uma mulher tem mais poder do que o homem; ou mais poder do que ele acredita que ela deveria ter; ou mais poder do que ele acha que ela deveria ter nas áreas de atuação erradas".

"Em vez de considerar admirável uma mulher poderosa (por ela ser um bom exemplo a ser seguido), neutra (porque o papel dos chefes é dar ordens) ou irritante (porque ela sempre parece assertiva), o homem sente-se ameaçado. É bastante claro que o fenômeno envolve um tema sexual e de algum modo simbólico em sua própria mente, de modo que ele teme que a situação resulte em sua impotência. Em consequência, uma mulher que possui mais poder e autoridade do que esse tipo de homem tende a provocar nele uma enorme fúria sexual. Ele não teria razões para esperar se tornar o amante dela, mas, mesmo se houvesse essa abertura, ele provavelmente não daria conta do recado."[17]

Quando a masculinidade dos homens é ameaçada, eles podem se tornar agressivos com facilidade. Os psicólogos Jennifer K. Bosson e Joseph A. Vandello, da Universidade do Sul da Flórida, fizeram um experimento no qual pediram a alguns participantes homens para trançar cabelos e a outros, para trançar cordas.[18] Em seguida, os homens puderam escolher entre socar um saco de areia ou montar um quebra-cabeça; quase todos os trançadores de cabelos escolheram a primeira opção. Em um teste, quando alguns homens trançaram cabelos e outros não, e todos eles socaram o saco de areia, quem trançou cabelos socou com mais força. Quando todos trançaram cabelos e apenas alguns tiveram a chance de socar o saco de areia, quem não trançou ficou mais ansioso. A agressão, escrevem os autores, é uma "tática de restauração da masculinidade".

A dificuldade para os homens é a masculinidade ser vista por eles como algo a ser conquistado, não simplesmente concedido pelo processo de crescimento da infância à idade adulta. As meninas automaticamente se tornam mulheres; os meninos não se tornam homens de maneira automática. Tanto que, em algumas culturas, eles ainda têm de passar por dolorosas provas de iniciação para conquistar seu status de homem. Metaforicamente, isso ainda acontece. No poema "Se", Rudyard Kipling descreve uma série de obstáculos, que incluem ser calmo, corajoso, paciente, confiante, resiliente e determinado, e declara que somente depois de superá-los: "Você será um Homem, meu filho!".

A masculinidade não apenas deve ser conquistada como também pode ser facilmente perdida ao agir de maneira feminina (e, portanto, inferior). É um estilo de vida precário. A feminilidade, por sua vez, não pode ser perdida apenas pelo comportamento. E os homens são os principais fiscais das violações dos papéis de gênero, de modo que vivem preocupados com o que os outros homens vão pensar deles. Será que eles vão achar que eu sou gay? Viadinho? Efeminado? Uma mulherzinha?

O que gera essa masculinidade frágil em alguns homens? De acordo com psicoterapeutas, o problema remonta à primeira infância. Um bebê (menino ou menina) é totalmente dependente de seu cuidador, geralmente a mãe, não apenas para obter alimentação e conforto, mas pela própria sobrevivência. E, como diz Adam Phillips: "Todo mundo ama e odeia as pessoas de quem mais depende; tradicionalmente, era uma mulher, apesar de hoje em dia nem sempre ser assim. O que eles realmente odeiam, como a psicanálise sugere, e às vezes insiste, é o lado dependente deles mesmos. E eles protegem essa parte de si mesmos atacando seu objeto: os homens não odeiam as mulheres – eles odeiam sua necessidade de mulheres".[19]

Porém, as meninas são tão dependentes da mãe quanto os meninos, não é mesmo? Sim, mas à medida que as meninas crescem, elas não precisam se separar da mãe, não precisam se definir como algo diferente, como os meninos devem fazer. Adam Jukes escreveu muitos livros sobre o assunto, incluindo *Why Men Hate Women* ("Por que os homens odeiam as mulheres") e *Is There a Cure for Masculinity?* ("A masculinidade tem cura?"). Ele me explicou a diferença: "A menina, para se tornar mulher, só precisa imitar a mãe. O menino quer ficar perto da mãe, não quer se afastar dela. Para ser um menino e depois um homem, ele tem de se identificar com o pai, mas esse não é um processo natural, porque ele começou se identificando com a mãe. Os meninos não só precisam passar a se identificar com o pai como também precisam se 'desidentificar' com a mãe".

"Há uma ruptura na personalidade masculina porque, uma vez que um menino toma a decisão de se 'desidentificar' com a mãe, ele não pode se livrar da identificação. Tudo o que ele pode fazer é reprimi-la, negá-la e enterrá-la, mas está sempre lá, o anseio, a dependência, o amor não correspondido, tudo continua lá."

"Quanto mais distante no espectro masculino um homem estiver, mais medo ele terá das mulheres e, portanto, mais importante será para ele ter controle sobre ela, porque ela tem o poder de fazer algo que o apavora, que é forçá-lo a sair desse espaço de masculinidade e levá-lo ao espaço do anseio reprimido, da dependência fracassada ou vulnerabilidade, da dissolução."[20]

Quantas vezes você já ouviu um homem reclamar de uma chefe mulher dizendo algo do tipo: "Ela parece a minha mãe"? Nunca é um elogio. Mas raramente ouvimos uma mulher dizer: "Ele parece o meu pai". E, se ela dissesse algo nesse sentido, não tomaríamos como um comentário depreciativo.

Para muitos meninos, a dificuldade é agravada pela ausência ou distância do pai. Como me explicou Nick Duffell, fundador do Center for Gender Psychology (Centro de Psicologia de Gênero): "O pai muitas vezes é distante, de modo que a psique masculina tem isso profundamente entranhado desde muito cedo".[21] Essa distância dificulta para esses meninos ficarem à vontade com a própria masculinidade, porque eles nunca se sentiram próximos o suficiente do pai para ter um modelo masculino. Com isso, eles não apenas se dissociam dos próprios sentimentos como também dos sentimentos das mulheres que encontram – que eles submetem ao bullying.

Outro fator, de acordo com Phillip Hodson, é que alguns meninos e homens sofrem do que podemos chamar, em uma homenagem a Sigmund Freud, de inveja do útero. "Um menino", ele me disse, "vai perceber que ele – em comparação com sua irmã – tem um déficit biológico. Enquanto as meninas podem se tornar cientistas e presidentas da Royal Society (a sociedade científica mais antiga do mundo), elas também podem, se quiserem, escolher dar à luz a seus substitutos em um ato potencialmente gratificante de criação física. Já os meninos são incapazes dessa façanha, são excluídos do mistério e, em termos evolutivos básicos, suas sementes têm menos valor do que os óvulos de sua irmã."

"Em consequência, os meninos – agitados pela testosterona – são levados, por padrão, a buscar alguma forma de poder no mundo para consumar sua existência e justificar seu valor. De que outra forma poderia transmitir seu sobrenome e provar que você esteve neste planeta? Mesmo se sua situação econômica for opressiva, ou sua família for criminosa, você tentará subir na hierarquia de seu grupo de colegas, conquistar o respeito deles e obter alguma reputação. Melhor ter má fama do que passar despercebido pela vida. Melhor ser o "El Chapo" por cinco minutos do que um zé-ninguém irrelevante.

"Eu sugeriria que não são as meninas que sofrem de inveja do pênis, e sim os meninos. São os meninos que vivem comparando seu desempenho na cama ou fora dela; são os homens que ficam obcecados com a hierarquia social e com o direito de usar uma vaga executiva no estacionamento. São os homens que estão sempre contando os pontos, de olho no placar. E são os homens que, conscientemente ou não, invejam e se ressentem da capacidade de criação biológica das mulheres. Forçados a competir no mundo externo, aterrorizados com a possibilidade de rejeição, sem nenhum dos atributos do James Bond, Super-Homem ou Simon Cowell,* o jovem macho nem tem a opção de engravidar."

"Assim, os homens se voltam para essa busca estressante de domínio sobre o planeta, sobre seus irmãos e sobre si mesmos. E, no processo, tendem a depreciar as tentativas das mulheres que alegam ter algo a dizer na mesma esfera."[22]

Esses homens inseguros geralmente sofrem de um caso grave de senso de privilégio masculino: a noção de que os homens de alguma forma *merecem* estar em uma posição de superioridade em relação às mulheres e que elas têm o *dever* de servi-los, massagear seus egos e ser submissas. Quando as mulheres se recusam a desempenhar o papel de submissas, a conspirar com essa noção de inferioridade, esses homens atacam.

"Esses homens", diz Hodson, "não conseguiram obrigar a própria mãe ou irmãs a se comportar dessa maneira – e agora, na idade adulta, impõem essas demandas a outras mulheres – ou foram muito mimados pela mãe e irmãs e, portanto, consideram normal receber esse tratamento das mulheres. Nos dois casos, sugiro que eles foram privados de cuidados *ideais* (que criariam uma confiança mais sólida). Assim, em vez de serem capazes de desenvolver a independência e lidar com as críticas traçando limites em torno de sua própria identidade pessoal, eles se definem como um arquétipo mais amplo de uma masculinidade social genérica que, a seu ver, deve ser sustentada e defendida a qualquer custo."

O sociólogo Michael Kimmel chama isso de "senso de privilégio dos oprimidos".[23] Agora que as mulheres entraram em áreas nas quais no passado os homens competiam apenas com outros homens, alguns deles nutrem um res-

---

* Simon Cowell é produtor e jurado de programas como *American Idol* e *The X Factor*, entre outros, e um dos homens mais ricos do Reino Unido. (N. E.)

sentimento enorme. Como Kimmel diz, com base nas muitas entrevistas que ele conduziu com homens brancos, quando uma mulher negra é contratada em vez de um homem branco com qualificação semelhante, o homem tende a reclamar que a mulher roubou seu emprego. Por que o emprego *dele*, não *aquele* emprego? Porque o homem tem um senso de privilégio patriarcal injusto e obsoleto (e, no caso, racista).

No entanto, não é que as mulheres queiram dominar o mundo e empurrar os homens para uma posição de inferioridade. Muitos homens podem temer isso, mas não é assim que a psique feminina geralmente funciona. A maioria delas só quer ter uma chance verdadeiramente igualitária, ao lado deles. Elas não querem virar o jogo e dominá-los para fazê-los sofrer.

Mas os movimentos da direita alternativa estão encorajando homens – e adolescentes – inseguros a acreditar que é isso que as mulheres querem e a concluir que as feministas são a causa de tudo o que há de errado em suas vidas. Eles não estão conseguindo arranjar um emprego? A culpa é das mulheres presunçosas. Eles não conseguem arranjar uma namorada? A culpa é das mulheres que odeiam homens.

Laura Bates se infiltrou na chamada "machosfera" na internet, onde as piores mensagens misóginas são propagadas, para escrever seu livro *Men Who Hate Women* ("Homens que odeiam mulheres"). Ela ficou horrorizada ao perceber que muitos adolescentes estão sendo seduzidos por essa mensagem. "Uma das coisas mais preocupantes que descobri", ela me contou, "foi que esses grupos estão ativamente recrutando e doutrinando meninos de 11 anos, usando métodos muito inteligentes e eficazes. Eles usam de tudo, incluindo vídeos virais do YouTube, memes do Instagram, apresentações de slides que divulgadas entre seus membros, sites de musculação, transmissões de games ao vivo e salas de bate-papo privadas, para transmitir aos adolescentes a mensagem de que uma conspiração feminista no centro do nosso governo está ativamente discriminando os homens brancos. Eles alegam que os homens brancos estão em perigo de extinção; que as mulheres estão roubando os empregos dos homens e seu sustento; que cerca de 90% das denúncias de estupro são falsas e que essas alegações estão colocando os homens em um risco enorme; que dezenas de milhares de homens estão criando filhos que não são deles porque são traídos por mulheres infiéis que os forçam a sustentar financeiramente o filho de outra pessoa; que as disparidades salariais entre homens e mulheres são um mito. E a lista continua. O impacto que eles estão provocando é chocante, e em grande parte desconhecido."

"Então, temos essa situação na qual as pessoas estão muito atentas a outras formas de recrutamento e radicalização, na qual temos uma estratégia nacional para tentar prevenir isso, na qual professores do ensino médio são treinados para identificar e reportar qualquer indício de que alguém entrou em contato, por exemplo, com o extremismo islâmico na internet, mas na qual a grande maioria dos professores e pais não faz ideia de que essa outra forma de extremismo sequer existe. E cooptação e radicalização é exatamente o que está acontecendo com esses meninos. Mas não usamos essas palavras para descrever uma forma de extremismo que envolve a misoginia extrema."[24]

Essa radicalização dos meninos adolescentes, que só começou no fim dos anos 2010, está tendo um efeito terrível também nas meninas adolescentes. Laura Bates dá palestras em escolas britânicas duas vezes por semana há quase uma década e não pôde deixar de notar a mudança. "Em uma escola na qual essas ideias são particularmente difundidas ou arraigadas, a característica mais impressionante das meninas adolescentes é o silêncio. Elas não levantam a mão, não fazem perguntas, não se engajam na discussão porque sabem que fazer isso significaria ser tachada de feminazi, de vadia que odeia os homens. Por exemplo, em um colégio, uma garota que se manifestou sobre essas questões e levantou alguns argumentos bastantes razoáveis e moderados sobre a igualdade de gênero mais tarde me enviou cópias de mensagens de texto que recebeu dos meninos no decorrer de um ano depois daquilo, acusando-a de ser uma feminista amarga que odeia homens, uma vadia que se arrependia das próprias decisões erradas e dizendo coisas como: 'Não é culpa nossa, somos biologicamente superiores a vocês, vocês só precisam aprender que o mundo é assim'. E acho absolutamente chocante ver essas crenças ultrapassadas saindo da boca de garotos adolescentes em 2020. Mas é com esse tipo de coisa que estamos lidando. Esse movimento está ensinando os meninos adolescentes a desumanizar suas colegas do gênero feminino e cultivando uma intolerância a qualquer outro de ponto de vista, à abertura a novas ideias, ao debate, o que faz com que seja muito difícil reverter o problema."

É aterrorizador para as mulheres, mas essa mensagem também pode ser vista em ação na política populista. Basta dar uma olhada nos slogans gravados em camisetas, canecas e adesivos quando Trump estava concorrendo contra uma mulher em 2016: emblemas dizendo "Trump, destrua essa vadia" e "A vida já é uma merda: não vote em uma", uma imagem representando um menino urinando na palavra "Hillary", uma camiseta que mostra Trump como um boxeador que acabou de nocautear Clinton, que está deitada de barriga para cima usando um top minúsculo. Você conseguiria imaginar qualquer uma dessas imagens sendo usada na campanha contra Joe Biden? As piores ofensas direcionadas a ele são "sonolento" ou "idiota".

Nada menos que 49% dos eleitores de Trump em 2016 disseram que os homens sofriam "muita" discriminação ou "um grau razoável" de "discriminação", em comparação com apenas 30% que disseram o mesmo das mulheres.[25] (Eles também afirmaram que os homens tinham mais dificuldade do que gays, imigrantes e afro-americanos.) É difícil entender essa dissonância cognitiva. Basta dar uma olhada no mundo para ver que ele ainda é comandado em grande parte por homens brancos heterossexuais. É difícil sustentar a crença de que é fake news que todos os presidentes americanos foram homens ou que 93% dos CEOs da Fortune 500 são homens.

No entanto, essas atitudes sexistas hostis dão força aos líderes nacionalistas populistas de direita. O presidente do Brasil, Jair Bolsonaro, disse a uma deputada: "Não te estupro porque você não merece". Ele chamou a ministra da Secretaria de Políticas para as Mulheres de "sapatona" e disse que as mulheres não deveriam ganhar o mesmo salário que os homens. Quando votou pelo impeachment da primeira presidenta mulher do Brasil, Dilma Rousseff, que havia sido torturada durante a ditadura militar, ele dedicou seu voto a um dos torturadores. Enquanto isso, os apoiadores de Bolsonaro em seus comícios entoam que dariam ração de cachorro para as feministas.

Nas Filipinas, sob o governo do presidente Rodrigo Duterte, os ataques às mulheres são igualmente cruéis. Ele "brincou" que os soldados que fazem cumprir a lei marcial na Ilha de Mindanau teriam o direito de estuprar até três mulheres impunemente. Quando uma missionária australiana foi vítima de um estupro coletivo e assassinada, ele disse que, como ela era "bonita", ele deveria ter sido o primeiro da fila. Ele disse aos soldados para atirar na vagina das mulheres rebeldes porque "elas não são nada sem isso". Na Itália, Matteo Salvini, o líder do partido Liga Norte e ex-vice-primeiro-ministro, comparou a presidenta da câmara dos deputados a uma boneca inflável.

Os líderes populistas querem colocar as mulheres de volta a "seu devido lugar", restringindo o acesso ao controle da natalidade e ao aborto e encorajando as mulheres a serem esposas e mães, de preferência com muitos filhos. Viktor Orbán, primeiro-ministro da Hungria, costuma ser desdenhoso e desrespeitoso com relação às mulheres. Quando lhe perguntaram por que ele não tinha mulheres em seu gabinete, ele disse que poucas delas são capazes de aguentar o estresse da política. Mas ele prometeu que as mulheres com quatro ou mais filhos nunca mais terão de pagar imposto de renda. Enquanto isso, o governo nacionalista da Polônia veiculou anúncios instando os poloneses a "procriar como coelhos", proibiu a pílula do dia seguinte e quase criminalizou completamente o aborto.

Essas mensagens são populares entre muitos homens e algumas mulheres socialmente conservadoras – e não raro católicas. E representam um enorme perigo aos direitos reprodutivos das mulheres, além de ameaçar reverter as últimas décadas de conquistas das mulheres no trabalho. É lamentável, mas o que isso mostra é que as mulheres nunca podem se dar ao luxo de baixar a guarda. O progresso não é automaticamente irreversível e as mulheres precisam continuar lutando, às vezes só para não regredir.

* * *

Essa reação contra as mulheres, sua voz e autoridade é profundamente deprimente e, em alguns casos, aterrorizante. Mas nenhuma batalha na história da humanidade foi vencida sem resistência, por vezes violenta. Para alguns homens, as mulheres que exigem se fazer ouvir parecem mudar a ordem natural das coisas. Só podemos modificar essa ordem natural se tivermos mais mulheres em cargos de chefia para normalizar essa nova proporção; e, nas gerações futuras, se os pais passarem mais tempo com a família compartilhando igualmente a autoridade com as mães, para que os meninos possam se aproximar dos pais e os filhos não cresçam acreditando que os homens têm o direito de mandar nas mulheres.

Também precisamos exigir que as empresas de mídias sociais levem os ataques on-line mais a sério. E escolas, pais, mães e governos devem começar a agir com urgência contra a cooptação e a radicalização de meninos adolescentes que busca transformá-los em misóginos extremistas.

Será um processo lento e doloroso, mas capitular aos misóginos tóxicos certamente é a pior e a mais covarde escolha.

15

Não se desespere
É possível reduzir a lacuna de autoridade em uma geração

"VOCÊ NEM VAI PERCEBER QUE ESTÁ ESTUDANDO."

"A maior barreira à igualdade de gênero é o fato de que temos um mundo dominado pelos homens e muitos deles nem percebem isso. Muitos homens acham que o mundo deve ser assim mesmo e consideram a igualdade de gênero quase uma aberração."

— António Guterres

Até agora, vimos que a lacuna de autoridade é real e reduz a importância das mulheres no mundo, bem como suas perspectivas de remuneração e promoção. Em geral não percebemos que estamos contribuindo para isso, em razão dos truques que nosso viés prega em nosso cérebro. Como meninos e homens são ensinados a ser mais confiantes e ocupar mais espaço conversacional do que meninas e mulheres, acreditamos, equivocadamente, que os homens merecem mais respeito e autoridade. No entanto, as mulheres não têm como compensar essa discrepância sem serem punidas no processo. E a diferença é ainda maior para aquelas que também sofrem com as desvantagens adicionais de raça, classe social, sexualidade ou deficiência.

Acontece muito de os homens simplesmente não se darem ao trabalho de ler ou ouvir as vozes das mulheres, o que dificulta ainda mais para elas conquistar a autoridade. E a lacuna é perpetuada pela maneira como as mulheres e os homens são retratados na imprensa, na publicidade e na cultura em geral. Mas a situação começou a melhorar, à medida que mais especialistas mulheres são citadas nas notícias e diretoras e roteiristas de cinema criam papéis femininos mais respeitáveis para serem interpretados pelas atrizes.

Ainda somos muito resistentes a líderes mulheres conquistando o poder, embora isso esteja diminuindo aos poucos. E uma pequena minoria de homens defende com ferocidade que as mulheres não devem ter qualquer autoridade.

Mas não quero deixar os leitores deprimidos, porque tenho duas notícias muito boas:

1. Há *muito* o que podemos fazer para reduzir a lacuna de autoridade.

2. Como vimos, o mundo será um lugar melhor, *tanto para os homens quanto para as mulheres*, se fizermos isso.

Neste capítulo, enumerarei coisas que todos nós – como indivíduos, parceiros, pais e mães, colegas, organizações, professores e instituições de ensino, jornalistas, governos e sociedade – podemos fazer para reduzir a lacuna e, se tudo der certo, nos livrar dela por completo.

No entanto, nada mudará enquanto não reconhecermos que a lacuna existe e que queremos fazer algo a respeito. É sempre muito mais fácil identificar os vieses nos outros do que em nós mesmos.[1] Para os homens, em particular, pode ser difícil admitir a existência de qualquer problema. Os cientistas homens, por exemplo, que passaram a vida aprendendo a analisar e interpretar as evidências de maneira objetiva, ainda tendem a avaliar pesquisas para investigar o viés de gênero menos positivamente do que as cientistas mulheres. Isso é especialmente verdadeiro entre os professores universitários homens de disciplinas STEM.[2] E as próprias pesquisas recebem menos verbas e são publicadas em periódicos de menos prestígio do que aquelas sobre o viés racial.[3] Tudo indica que o viés de gênero ainda é visto como uma verdade inconveniente por alguns homens.

Esses homens provavelmente sofrem do que Tony Hockley, da Universidade de Oregon, chama de *aversão à solução*.[4] Como ele explica: "O conceito de aversão à solução é a ideia de que as pessoas são motivadas a rejeitar os problemas e as evidências científicas que corroboram a existência dos problemas quando elas são avessas às soluções". Se a solução para a lacuna de autoridade envolvesse apenas os homens cedendo o poder às mulheres, consigo entender por que eles seriam avessos a perder sua posição privilegiada no mundo. Não nego que seja necessário promover *algum* reequilíbrio de poder, mas há inúmeras outras maneiras de reduzir essa lacuna que não ameaçam os homens, bem como outras que os beneficiam. Então, por favor, continue lendo.

Sugerirei várias formas de fechar a lacuna e será impossível lembrar-se de fazer tudo, o tempo todo. Pode ser interessante escolher apenas algumas para começar e consultar estas páginas nos próximos meses ou anos para ir incluindo outras e se recordar do que você se comprometeu a fazer. Você pode se surpreender e se alegrar ao descobrir que algumas ações se tornaram automáticas.

O que podemos fazer individualmente?

Nossas interações cotidianas com as mulheres nos dão exemplos incessantes da lacuna de autoridade em ação. Sempre que ignoramos o que uma mulher diz, olhamos por cima do ombro dela em busca de alguém mais interessante para conversar ou falamos animadamente com o parceiro dela nos recusando a incluí-la na conversa, estamos explicitamente demonstrando nossa suposição implícita de que as mulheres são menos interessantes do que os homens e que as opiniões delas são menos importantes e válidas. Podemos fazer isso instintiva ou automaticamente, mas é possível mudar nosso comportamento, assim como é possível parar de roer as unhas ou corrigir nossa postura. Basta nos conscientizar do problema, nos esforçar um pouco e praticar o novo comportamento.

Sei que pode ser difícil. Sou branca e, portanto, privilegiada pela minha raça. É fácil para mim deixar de notar que nunca preciso me preocupar em ser parada pela polícia simplesmente por dirigir meu velho Mercedes. Quando li a descrição feita pela afro-americana Claudia Rankine de como ela entrou na reunião da associação de pais e mestres da escola de sua filha, se deparou com um grande grupo de professores brancos e perguntou a si mesma se algum daqueles pais brancos havia notado a ausência de diversidade, percebi que eu fazia parte desse grupo de pais brancos.[5] Eu teria percebido se todos os professores das minhas filhas fossem homens, mas, se todos fossem brancos, nunca me daria conta disso.

Ler o relato de Rankine e muitos outros depoimentos sobre questões raciais me abriu os olhos. Eu nem sempre acerto, mas pelo menos estou tentando me livrar de alguns maus hábitos e premissas automáticas. Espero que os leitores deste livro também tenham se identificado de alguma forma. Porque há muito o que podemos fazer para reduzir a lacuna de autoridade.

Então, o que eu e você podemos fazer, individualmente?

- Admitir que, por mais liberais e inteligentes que acreditamos ser, provavelmente sofremos de algum viés inconsciente, seja contra mulheres, pessoas não brancas, pessoas de uma classe social diferente, de um país diferente, de uma sexualidade diferente. Se formos extrovertidos, podemos ter um viés contra os introvertidos. Se moramos no campo, podemos ter um viés contra pessoas que moram em cidades ou vice-versa.
- Não podemos impedir esse viés inconsciente nem tapar o sol com a peneira. Não precisamos nos envergonhar disso. Mas podemos reconhecer que o viés se baseia em premissas incorretas e rever nossos conceitos. Quanto mais nos conscientizamos do nosso viés nas nossas interações cotidianas, mais fácil fica.

- Assim que conhecemos uma mulher, devemos resistir a partir da premissa de que ela será menos informada, competente ou interessante do que um homem. Ao avaliar a capacidade de uma mulher, podemos nos perguntar se pensaríamos o mesmo se ela fosse homem.
- Tentar integrar as evidências de que as mulheres são tão inteligentes, qualificadas e abalizadas quanto os homens às nossas suposições sobre as pessoas no trabalho.
- Observar se, ao nos aproximarmos de um homem e uma mulher que estão juntos, nos dirigimos primeiro ao homem.
- Ouvir as mulheres com a mesma atenção e consideração que dedicamos aos homens.
- Reparar se interrompemos mais as mulheres do que os homens e, nesse caso, tentar não fazer mais isso.
- Refletir se refutamos ou questionamos mais as mulheres do que os homens e, se for o caso, nos perguntar por que fazemos isso.
- Não devemos presumir que uma mulher sabe menos do que um homem sobre um assunto estereotipicamente masculino. O simples fato de menos mulheres do que homens, em média, acompanharem algum esporte não significa que nenhuma mulher pode ter um profundo conhecimento sobre essa modalidade.
- Se formos homens, tentar internalizar a noção de que não há nada de humilhante em aceitar a expertise ou autoridade de uma mulher e sermos influenciados pelas opiniões dela.
- Se formos mulheres tentando conquistar autoridade, podemos usar o senso humor e a cordialidade para neutralizar qualquer hostilidade.
- Observar o quanto do espaço conversacional estamos ocupando. Se estivermos monopolizando a conversa e falando muito mais do que uma mulher, podemos nos conter, fazer algumas perguntas a ela e dividir igualmente o tempo de fala com ela.
- Ao conversar com uma mulher não branca, com deficiência, de uma classe social ou sexualidade diferente, podemos tomar muito mais cuidado para nos conscientizar de nossos vieses.
- Se uma mulher competente nos causa algum incômodo, podemos nos perguntar por quê. Será que o problema é dela ou nosso? Será que nos sentiríamos da mesma maneira se ela fosse um homem?
- Se nos pegarmos julgando as pessoas por seu sotaque, podemos tentar ouvir o conteúdo do que elas estão dizendo antes de rotulá-las.

- Podemos nos conscientizar dos adjetivos que nos vêm à mente quando descrevemos uma mulher. Nós os usaríamos para um homem?
- Se formos homens, procurar ativamente consumir livros, filmes e programas de TV sobre mulheres ou feito por mulheres. Podemos ficar agradavelmente surpresos.
- Pressionar a imprensa, as agências de publicidade e a indústria cinematográfica para que representem as mulheres de maneira mais igualitária.
- Notar quem seguimos e com quem interagimos nas redes sociais e tentar estabelecer o equilíbrio se houver muito mais homens do que mulheres.
- Parar de confundir confiança com competência. Não devemos presumir que o homem sabe do que está falando só porque ele fala mais ou mais alto. Não devemos acreditar automaticamente em uma mulher quando ela só está sendo modesta.
- Se formos mulheres e não tivermos muita autoconfiança, podemos nos forçar a nos manifestar e assumir tarefas mais difíceis e mais responsabilidades.
- Se percebermos que uma mulher está falando menos do que os homens ao seu redor, podemos convidá-la para falar.
- Se você for homem, pode repreender outros homens quando eles estiverem sendo sexistas e lhes dizer que esse comportamento é inaceitável; na verdade, é tão horrível quanto o racismo. Quando fizer isso, você poderá descobrir que tem mais aliados do gênero masculino do que pensa: pesquisas sugerem que os homens superestimam o sexismo dos outros homens.[6]
- As mulheres podem se dispor a fazer perguntas e dizer o que pensam mesmo sem ter absoluta certeza do que dizem.
- Podemos tentar não julgar tanto as mulheres por sua aparência ou tom de voz. Quando nos pegarmos fazendo isso, podemos desconsiderar deliberadamente esses critérios de julgamento.
- Ainda mais importante, podemos tratar cada pessoa que encontrarmos como um indivíduo e não a julgar com base em um modelo distorcido formado por estereótipos obsoletos.

O que podemos fazer como parceiros?

As mulheres se encarregam muito mais do trabalho não remunerado do que os homens – cerca de 60% a mais no Reino Unido –, de modo que é muito mais difícil para elas progredirem no trabalho na mesma velocidade que os homens. É comum elas não terem como trabalhar tanto quanto seus colegas do gênero masculino se tiverem de cuidar da casa e da família. Talvez elas não tenham como aceitar uma transferência para trabalhar em outra cidade ou país se não tiverem um parceiro compreensivo. Se trabalharem meio período, elas normalmente são preteridas para uma promoção. E, além de todas as responsabilidades no trabalho, elas também precisam cuidar de cada membro da família e da casa.

Se essas tarefas não forem divididas igualmente entre os parceiros, a mulher fica insuportavelmente sobrecarregada. Mas acontece muito de homens em relacionamentos heterossexuais esperarem que suas parceiras carreguem esse fardo, mesmo quando as mulheres ocupam cargos importantes no trabalho. Uma pesquisa com formandos da Faculdade de Administração de Harvard descobriu que, embora as mulheres começassem esperando que sua carreira fosse tão importante quanto a de seu parceiro, os homens eram muito menos propensos a pensar o mesmo – inclusive os millennials.[7] Enquanto não tivermos igualdade em casa, não podemos esperar ter igualdade no trabalho.

O pai de Malala Yousafzai, Ziauddin, colocou isso na prática: "Em casa, eu e minha esposa tratamos nossos três filhos da mesma maneira e tentamos exemplificar uma parceria mais equilibrada. Nossos filhos me veem cozinhar, limpar a casa e buscá-los na escola – tarefas que muitas vezes são consideradas trabalho de mulher. Eu já era feminista antes mesmo de conhecer a palavra. Não somos perfeitos, mas espero que um dia nossos filhos peguem o melhor do que estamos ensinando e melhorem ainda mais... Em uma geração, transformamos nossa família de patriarcal em igualitária". Não é de admirar que sua filha seja tão corajosa e especial.

Então, o que podemos fazer como parceiros?

- Podemos partir da premissa de que nosso relacionamento é igualitário.
- Se estivermos em um relacionamento com uma mulher, dar o mesmo valor à carreira dela, se for o que ela quiser.
- Sempre ouvir com respeito o que ela tem a dizer.
- Assumir a mesma responsabilidade que ela pelo trabalho não remunerado em casa e não achar que estamos "ajudando" ela. Isso inclui assumir a mesma parcela do planejamento envolvido na administração de uma casa e de uma família.

- Podemos nos planejar para trabalhar em horários flexíveis, se necessário, quando tivermos filhos. Homens que têm flexibilidade no trabalho são mais satisfeitos com o equilíbrio entre trabalho e vida pessoal do que os que não contam com essa flexibilidade.[8]
- Os homens podem tirar toda a licença-paternidade à qual têm direito. Isso não só ajuda a mãe a continuar trabalhando, como também traz enormes benefícios para o pai e os filhos.
- Se formos mulheres em um relacionamento heterossexual e quisermos que nosso parceiro faça a mesma contribuição em casa, podemos resistir à tentação de criticar a maneira como ele faz as tarefas domésticas ou cuida dos filhos.
- Se formos mulheres, podemos seguir o conselho de Sheryl Sandberg: "Faça do seu parceiro um verdadeiro parceiro". Escolha seu companheiro ou companheira com muito critério e, antes de se comprometer um com o outro, não deixem de conversar a respeito de como pretendem compartilhar as responsabilidades da casa.

O que podemos fazer como pais e mães?

Será muito difícil abolir a lacuna de autoridade nesta geração, considerando que todos nós temos preconceitos que nos foram imbuídos desde a infância. Mas é possível criar uma geração que sofrerá muito menos com esse problema. É claro que não conseguimos controlar as experiências dos nossos filhos na escola ou o que eles aprendem com os colegas ou a sociedade em geral, mas podemos fazer o que pudermos com o objetivo de equipá-los para contestar esses estereótipos externos. E podemos manter em mente que a educação que damos aos nossos filhos – particularmente os meninos – terá um enorme impacto na maneira como eles tratarão as meninas e as mulheres à medida que crescerem. Quase todas as mulheres poderosas que entrevistei disseram que foram tratadas da mesma forma que seus irmãos, que seus pais tinham grandes expectativas para elas e – o que é imprescindível – que seu pai acreditou muito no potencial delas.

Então, o que podemos fazer como pais e mães?

- Garantir que nossos filhos cresçam vendo que seus pais e mães têm a mesma autoridade em casa.
- Dividir igualmente as tarefas domésticas e o cuidado dos filhos. Pesquisas mostram que os homens que fazem isso criam filhas mais ambiciosas com relação à carreira.[9]

- Dar aos nossos filhos e filhas um tratamento absolutamente igualitário.
- Ensinar nossos filhos a respeitar as meninas e mulheres.
- Tentar neutralizar as crenças de nossos filhos de que os meninos são superiores. Quando os autores de *Still Failing at Fairness* ("Ainda longe da equidade", em tradução livre) perguntaram a meninos do ensino médio nos Estados Unidos qual era a maior vantagem de ser um menino, a segunda resposta mais comum (logo depois dos esportes) foi "não ser uma menina".[10] É esse senso de superioridade que perpetua a lacuna de autoridade.
- Criar nossas filhas para ter autoconfiança e para acreditar em seu valor e seu potencial.
- Evitar perpetuar estereótipos, como dizer às nossas filhas que elas são bonitas e aos nossos filhos que eles são inteligentes.
- Se acharmos que nosso filho é mais inteligente do que nossa filha, devemos nos certificar disso antes de acreditar que seja verdade. É bem provável que estejamos sendo tendenciosos.
- Oferecer todo tipo de brinquedos, jogos e atividades para nossos filhos e filhas: por exemplo, ensinar nossos filhos a cozinhar e nossas filhas a consertar carros, e não só o contrário.
- Encorajar atividades físicas corajosas, como subir em árvores, tanto para meninas quanto para meninos.
- Evitar que o viés se insinue nos afazeres que esperamos que eles realizem.
- Incentivar os meninos a lerem livros sobre meninas.
- Se não conseguirmos encontrar livros suficientes com personagens femininas interessantes, podemos mudar o gênero do personagem enquanto lemos em voz alta para as crianças pequenas.
- Apontar e discutir clichês e premissas sexistas na TV e nos filmes a que assistimos com nossos filhos e filhas.
- Transmitir a ideia de que o sexismo é tão inaceitável quanto o racismo e outras formas de discriminação. Podemos incutir em nossos filhos a coragem moral de contestar o sexismo por parte dos colegas.
- Ensinar nossos filhos a respeitar as opiniões das meninas, chamar a atenção deles quando eles interromperem as irmãs e estimular nossas filhas a falar abertamente, dentro e fora de casa.
- Incentivar nossos filhos e filhas a estudar uma ampla variedade de disciplinas na escola e na universidade e trabalhar em profissões não

estereotipadas. Por que seu filho não pode ser professor do ensino fundamental e sua filha, engenheira?

O que podemos fazer como colegas?

Para as mulheres, encontrar a lacuna de autoridade na vida social cotidiana é irritante e encontrá-la no trabalho é exasperador, porque elas sabem como isso prejudica suas chances de avanço profissional. É no trabalho que a lacuna de autoridade é mais nociva. Parte da responsabilidade de reduzi-la recai sobre as organizações para as quais trabalhamos, como veremos a seguir. Mas cada um de nós pode, individualmente, como colegas, fazer muito a fim de mitigar essa lacuna para as mulheres com quem trabalhamos.

Então, o que podemos fazer como colegas?

- Receber positivamente o que nossas colegas mulheres dizem nas reuniões. Se as mulheres representarem apenas 20% ou 40% de um grupo, elas terão menos da metade das chances que os homens de obter a aprovação dos outros e muito mais chances de ser interrompidas.[11] Não é de admirar que elas se sintam menos inclinadas a opinar.
- Se estivermos conduzindo uma reunião, podemos garantir que as mulheres tenham o mesmo tempo de fala, e se elas apresentarem um bom argumento, dizer isso para todos saberem. Podemos chamar a atenção dos homens por falarem demais ou interromperem as mulheres. Se uma mulher der sua opinião e for ignorada, e um homem disser a mesma coisa depois, você pode lembrar os participantes de que foi a mulher quem expressou isso primeiro.
- Recordar que, quando uma mulher conduz uma reunião, outras mulheres contribuirão muito mais.[12] Se as decisões tiverem de ser tomadas por unanimidade, de modo que a opinião de todos seja igualmente importante, as mulheres também falarão mais.[13]
- Se estivermos conduzindo uma sessão de perguntas e respostas, podemos chamar uma mulher para fazer a primeira pergunta. Pesquisas sugerem que, se fizermos isso, mais mulheres seguirão o exemplo.
- Se formos homens, podemos socializar com as colegas mulheres, e não só com os colegas homens, de preferência na hora do almoço se elas tiverem filhos, porque elas podem ter de voltar para casa logo depois expediente e não ter tempo para participar de um happy hour.

- Se estivermos realizando uma avaliação de desempenho, podemos lembrar que o feedback sobre as mulheres tende a ser mais breve, menos positivo, mais vago e se focar mais na personalidade delas do que em suas realizações. Uma maneira de eliminar o viés nas avaliações e depois das entrevistas de emprego é usar a técnica da "evocação livre estruturada": passar cinco minutos anotando as características positivas dos candidatos e cinco minutos anotando as características negativas.[14] Em seguida, comparamos as características com o que estamos procurando no candidato a emprego ou promoção.
- Recompensar o empenho, a preparação e a atenção aos detalhes mais do que o pavoneamento e a fanfarronice.
- Tomar cuidado com os adjetivos que nos vêm à mente ao avaliar uma colega mulher. Achamos que ela é "chata", "estridente", "mandona", "esganiçada", "agressiva" ou "antipática"? Nesse caso, já vimos que isso pode dizer mais sobre nosso desconforto com a incongruência de status do que sobre a mulher em si.
- Antes de entrevistar uma mulher para um emprego, podemos passar alguns momentos imaginando em detalhes uma mulher em uma posição de liderança. Ao fazer isso, é possível reduzir um pouco nosso viés. Nas entrevistas de emprego, podemos tomar cuidado com as perguntas que fazemos. As mulheres crescem aprendendo a não se vangloriar e sabem que as pessoas talvez não gostem delas se o fizerem. Desse modo, perguntas como "Qual foi uma realização ou conquista pessoal ou profissional que demonstra seus pontos fortes?" podem ser problemáticas. Uma mulher talvez não queira se gabar e responder que se orgulha dos filhos, enquanto um homem tenderá a dar uma resposta relacionada ao trabalho e, portanto, poderá impressionar mais.
- Reduzir o viés avaliando várias pessoas ao mesmo tempo umas em relação às outras e em comparação a um conjunto específico de critérios.[15]
- Fazer um curso sobre os vieses inconscientes. O conhecimento em si não mudará necessariamente nosso comportamento e precisaremos nos comprometer a colocá-lo em prática, da mesma forma como um livro sobre os males do açúcar e dos alimentos gordurosos por si só não nos fará perder peso. Mas o conhecimento nos ajudará a aumentar nossa conscientização.
- Atribuir tarefas desafiadoras tanto para mulheres quanto para homens no trabalho. Em uma empresa, podemos fazer que as mulheres tenham

funções operacionais com responsabilidade por lucros e perdas e não apenas vagas no marketing e no RH.
- Se nos pegarmos pensando que uma mulher está falando "demais", podemos cronometrá-la sem que ninguém perceba, para constatar se é só uma impressão ou realidade.
- Resistir a presumir que uma mulher na casa dos 20 ou 30 anos vai parar de trabalhar para ter filhos e à tentação de penalizá-la por isso. Homens dessa faixa etária têm a mesma probabilidade de deixar o emprego. Quando uma mulher engravida, não devemos imaginar que o comprometimento dela com a carreira diminuirá ou que ela vai querer trabalhar menos ou com menos empenho. O correto seria perguntar a ela antes.
- Devemos permitir que funcionários de ambos os gêneros trabalhem com horários flexíveis caso prefiram e evitar punições restringindo seu avanço profissional se optarem por essa modalidade. A pandemia do coronavírus mostrou que os trabalhadores – se a função permitir – podem ser tão produtivos, ou até mais, trabalhando em casa ou no horário que mais lhes convém.
- Não devemos penalizar colegas mulheres por serem confiantes demais ou de menos. Precisamos entender que elas são forçadas a andar em uma corda bamba que não se aplica aos homens.
- Não devemos atribuir todas as tarefas "femininas" do escritório às mulheres – fazer o café, organizar a festa de Natal – ou censurá-las se não quiserem se encarregar dessas ações. Lembre-se de que os homens são avaliados mais positivamente por ajudar os colegas, e as mulheres são avaliadas mais negativamente por não ajudar.[16]
- Dar feedback útil e específico tanto para colegas mulheres quanto homens. Em um estudo de duzentas avaliações de desempenho em uma empresa de tecnologia, os pesquisadores descobriram que as mulheres tinham muito mais probabilidade de receber elogios vagos do que os homens, incluindo comentários que não ajudam em nada, como: "Você teve um ano espetacular".[17] Houve mais chances de que os homens recebessem orientações voltadas a seu desenvolvimento profissional, relacionadas especificamente aos resultados do negócio. Quando as mulheres receberam orientações para seu desenvolvimento profissional, estas geralmente se relacionavam com a personalidade delas, não com seu desempenho.

- Recordar que os homens tendem mais a recompensar outros homens no trabalho e, se formos homens, tentar corrigir isso. Um estudo comparando algoritmos objetivos com avaliações humanas descobriu que 70% dos homens atribuem avaliações mais positivas a outros homens por atingir os mesmos objetivos do que às mulheres, chegando a 75% no caso de homens em cargos importantes.[18] O algoritmo – assim como as mulheres – atribuiu a mesma pontuação a homens e mulheres por um desempenho similar.
- Evitar colocar mulheres em equipes exclusivamente masculinas ou nas quais os homens são a grande maioria. O desempenho delas será pior, elas contribuirão menos, falarão menos e ficarão mais ansiosas. O comportamento dos homens com relação às mulheres também vai ser pior.[19]
- Tentar não ser mais rigorosos com as mulheres do que com os homens quando elas erram. Pesquisas sugerem que isso acontece muito, sobretudo em profissões tradicionalmente masculinas.[20]
- Incentivar ativamente as mulheres a pedir uma promoção. Acontece muito de elas serem claramente qualificadas, mas lhes faltar autoconfiança.
- Definir com muito critério as características que esperamos de homens e mulheres ao tomar decisões de promoção e contratação. Acontece muito de exigirmos apenas a competência nos homens, mas toda uma gama de outras características além da competência nas mulheres.[21] Podemos definir de antemão os critérios que serão exigidos e avaliar todas as pessoas que se candidatam com base nos mesmos critérios. Em um estudo, os pesquisadores perguntaram aos responsáveis pela avaliação para o cargo de chefe de polícia o que era mais importante, a escolaridade ou a experiência.[22] Quando o candidato homem tinha um nível mais alto de escolaridade, os responsáveis disseram que a escolaridade era mais importante. Quando a candidata mulher tinha mais escolaridade, os responsáveis priorizaram a experiência.
- Quando escrevemos cartas de recomendação, podemos tomar cuidado para usar o mesmo tipo de adjetivos e comentar sobre as mesmas qualidades para as mulheres e para os homens. Observa-se, nas cartas de recomendação a mulheres, mais chances de levantar dúvidas, conter elogios vagos e usar palavras elogiando o empenho ou a garra, como "trabalhadora", "escrupulosa", "meticulosa" e "diligente". Já as cartas

recomendando homens, em geral, apresentam mais palavras como "sucesso", "realização" e "conquistas" e mais adjetivos como "excelente", "espetacular", "acima da média" e "excepcional".[23]
- Se formos homens, podemos tentar reconsiderar o que nos parece injusto. Katherine W. Phillips, professora de gestão organizacional da Universidade Columbia, conta sobre uma conversa que teve com um grupo de novos diretores-gerais de um banco de Nova York. "Uma pergunta que eles fizeram foi: 'Como explicar a um homem branco que tem qualificações equivalentes às de uma mulher ou às de uma pessoa não branca a decisão de contratar ou promover o outro candidato em vez dele?'. Eu respondi: 'Bem, o que você diria à mulher ou à pessoa não branca que tem qualificações equivalentes? Por que vocês presumem que o cargo pertenceria naturalmente ao homem branco?'."[24] O senso de direito ao privilégio pode ser tão inconsciente quanto o viés.
- Os homens podem denunciar o machismo quando o virem. O sexista vai pensar duas vezes antes de repetir a ofensa, e a mulher que foi alvo de machismo vai se sentir melhor consigo mesma.[25]
- Os homens podem se recusar a participar de painéis exclusivamente masculinos em conferências. Em geral, os homens podem se ver como aliados das colegas mulheres e participar de iniciativas em prol da diversidade e da inclusão para que as mulheres não tenham de fazer todo o trabalho pesado sozinhas.
- Se formos homens, podemos pedir orientações de uma "mentora reversa" do gênero feminino, que nos ajude a entender como o que dizemos ou fazemos, provavelmente sem intenção, contribui para a lacuna de autoridade.
- Podemos nos conscientizar dos perigos do viés de afinidade: preferir pessoas parecidas conosco. Se formos homens, podemos fazer questão de trabalhar com uma jovem colega promissora, em vez de escolher instintivamente um colega do mesmo gênero. A vantagem resultante de homens promovendo homens (um chefe homem promovendo um subordinado homem) responde por um terço da disparidade salarial entre os gêneros.[26]
- Os homens podem observar se têm alguma hostilidade automática com relação a uma chefe mulher e tentar corrigir isso. Não há nada de humilhante em ter uma mulher com autoridade acima de você, e você pode descobrir que ela é uma chefe melhor e mais inclusiva do que um chefe homem.

O que podemos fazer como empregadores?

Costumávamos pensar que havia um "teto de vidro" no trabalho que as mulheres não tinham como superar. A metáfora do teto de vidro não ajuda em nada. Para começar, algumas mulheres conseguem chegar até o topo. Mas é muito importante manter em mente que o que impede outras mulheres de ter sucesso não é um obstáculo isolado, mas um acúmulo de pequenas desvantagens no decorrer de sua carreira, sendo que muitas dessas desvantagens resultam de vieses inconscientes (e às vezes até conscientes).[27] Desde a primeira promoção a um cargo de chefia, que acontece muito antes para os homens do que para as mulheres, até todas as outras incontáveis maneiras por meio das quais o avanço das mulheres é injustamente refreado, os efeitos combinados desses entraves se multiplicam, fazendo uma grande diferença ao longo da vida profissional das mulheres. Desse modo, não há uma única solução para reduzir a lacuna de autoridade no trabalho, e sim uma série de pequenas ações. Juntas, elas podem fazer uma grande diferença.

Então, o que podemos fazer como empregadores?

- Monitorar com muita atenção o progresso das mulheres em comparação com os homens em nossa organização. Devemos desagregar os dados para incluir fatores interseccionais, como etnia, classe social, sexualidade e deficiência. Não podemos fazer nada sem conhecer os fatos.
- Informar todos os gestores, por toda a organização, das desvantagens enfrentadas pelas mulheres para que se responsabilizem pela eliminação desses obstáculos.
- Encorajar ativamente o trabalho flexível, inclusive em cargos importantes. Devemos garantir que os funcionários – homens ou mulheres – não sejam punidos por escolherem essa opção e usar homens em posições de autoridade trabalhando desse modo para servir como exemplos para os que estão mais abaixo na hierarquia. Também podemos disponibilizar condições flexíveis de trabalho para todos os cargos da organização.
- Dar atenção especial aos funcionários, homens e mulheres, no ponto crucial de suas vidas, que é quando eles têm filhos. Não presuma que vão querer desacelerar suas carreiras, mas, se for o caso, não os descarte para promoções quando quiserem retomar o ritmo de antes. Abra sua mente para acreditar que eles continuam comprometidos com o trabalho.

- Evitar, em nossos anúncios de emprego, termos carregados de implicações de gênero. Não anuncie que sua organização está procurando candidatos "competitivos", "assertivos" ou "ambiciosos", muito menos "um programador ninja destruidor de problemas" (exemplo real).
- Informar no anúncio de emprego que o salário é negociável. As mulheres serão encorajadas a negociar.[28] (E, se a candidata fizer isso, não devemos permitir que nosso viés nos leve a antipatizar com ela.)
- Podemos usar cartas de apresentação e currículos "cegos" para que os responsáveis pela seleção não tenham como saber se a pessoa que se candidata é homem ou mulher. Em um estudo que sobre a candidatura de cientistas para solicitar tempo de uso do telescópio espacial Hubble, os homens superaram as mulheres quando seu gênero era conhecido. Depois de tornar a inscrição anônima, as mulheres superaram os homens.[29] Também sabemos que uma candidata mulher tem 30% menos probabilidade de ser chamada para uma entrevista de emprego do que um homem com qualificação idêntica.[30]
- Insistir em incluir mais de uma mulher em cada lista de seleção. Estatisticamente, uma mulher que compete com três homens não tem absolutamente qualquer chance de ser contratada.[31] O problema é que essa proporção envia a mensagem implícita de que um homem é mais apropriado para o trabalho. Incluir outra mulher na lista aumenta setenta e nove vezes as chances de uma mulher ser contratada. O efeito é ainda maior para pessoas não brancas.
- Garantir que pelo menos duas mulheres sejam incluídas em um painel de seleção de candidatos a emprego. Um painel com apenas uma mulher chega a *reduzir* as chances de uma mulher ser contratada. O problema é que os homens acabam achando que não precisam se preocupar com a diversidade porque podem delegá-la à mulher. E a mulher teme que, se defender uma candidata mulher, os homens pensarão que ela está sendo nepotista.
- Além da entrevista, podemos pedir aos candidatos que realizem tarefas relevantes para o cargo ao qual estão se candidatando e usar seu desempenho na tarefa como uma medida de sua adequação à vaga.[32]
- Usar entrevistas de emprego estruturadas, fazendo exatamente as mesmas perguntas na mesma ordem a todos os candidatos e aplicando um rigoroso esquema de avaliação de critérios estabelecidos de antemão.[33] Esse processo ajuda a reduzir o viés inconsciente, como contratar homens por seu potencial e as mulheres apenas por suas realizações no passado.

- Implementar a transparência sobre salários e promoções, o que ajuda os funcionários a saber com clareza em que ponto estão e aonde podem chegar e encoraja os gerentes a serem objetivos e agir com base em evidências, sabendo que suas decisões serão esquadrinhadas.[34]
- Se a organização for grande o suficiente, podemos nomear gestores de diversidade responsáveis por monitorar os processos de recrutamento e promoção e responsabilizar os gerentes pela garantia de diversidade em suas áreas. Os gestores de diversidade devem pertencer à alta administração e ter acesso a todos os dados necessários.[35]
- Nomear "mentoras reversas" mulheres para gerentes homens, a fim de ajudá-los a entender como seu comportamento pode contribuir para a lacuna de autoridade.
- Incentivar os homens que têm filhos a sair de licença parental compartilhada* e tranquilizá-los de que isso não afetará suas chances de promoção. Cada mês que o pai fica em licença-paternidade aumenta os rendimentos da mãe.[36] Se dermos uma boa remuneração aos homens com filhos, eles terão muito mais chances de sair de licença-paternidade. Depois que a Aviva disponibilizou uma licença parental de seis meses com salário integral para pais e mães, os pais de primeira viagem tiraram uma média de 21 semanas de licença, em comparação com apenas duas semanas no ano anterior.
- Recrutar "repatriadas": mulheres que se afastaram do mercado de trabalho para cuidar dos filhos e não estão empregadas no momento ou trabalham em funções para as quais são superqualificadas. Elas são uma grande fonte de talento para a organização.
- Oferecer programas de mentoria e patrocínio para mulheres e não presumir que os melhores mentores e patrocinadores para elas sempre serão outras mulheres. Pode ajudar ter um mentor ou patrocinador homem em um cargo superior, que talvez tenha mais influência sobre os outros homens da organização.
- Definir metas de progresso específicas e monitorar se a organização está conseguindo atingi-las.

---

* No Reino Unido, existe a possibilidade de pais e mães compartilharem a licença entre si, juntos ou um por vez, durante até 50 semanas. No Brasil, isso (ainda) não é uma realidade, mas há um projeto de lei conhecido como "Estatuto da Parentalidade", que busca igualar a licença parental para pais, mães ou qualquer pessoa responsável pelos cuidados da criança. (N. E.)

O que os professores e as instituições de ensino podem fazer?

Depois dos pais e das mães, são os professores que mais influenciam o desenvolvimento de uma criança. Se quisermos reduzir a lacuna de autoridade na próxima geração, as escolas e universidades têm um importante papel a desempenhar. As meninas tendem a ir bem nos estudos e não está no escopo deste livro discutir por que tantos meninos brancos vindos de famílias pobres estão ficando para trás nos estudos. Mas, em termos sociais e comportamentais, muitas das atitudes que perpetuam a lacuna de autoridade são formadas na escola, tanto pelos professores quanto pelos colegas, e reforçadas na universidade. As forças que silenciam as meninas, que as levam a acreditar que são esforçadas, mas não talentosas, que reduzem a autoconfiança delas e reforçam o privilégio dos meninos, só podem ser revertidas se professores, escolas e universidades tomarem conhecimento disso e fizerem algo a respeito.

Então, o que os professores e as instituições de ensino podem fazer?

- Os professores podem pedir para fazer cursos sobre o viés de gênero como parte de seu desenvolvimento profissional. Em um estudo que examinou alunos de professores que fizeram cursos como esses, as meninas não esperavam mais ser chamadas pelos professores para falar, e a razão entre meninos e meninas gritando para chamar a atenção, que antes favorecia os meninos, caiu para quase zero.[37]
- Esperar que os próprios alunos se ofereçam para responder é uma receita garantida para ter uma sala de aula dominada por meninos e homens. Meninas que sabem a resposta têm mais chances de esperar ser chamadas para responder, enquanto os meninos são mais propensos a gritar a resposta sem esperar. Além disso, se os professores esperarem vários segundos a mais depois de fazer uma pergunta à classe, mais meninas, mais alunos não brancos e mais crianças tímidas entrarão na discussão.[38]
- Pode ajudar apontar o problema para a turma. Os professores podem chamar a atenção dos meninos quando eles estiverem dominando a discussão e exigindo mais atenção.
- Convidar cientistas mulheres para conversar com estudantes tem um enorme impacto sobre o entusiasmo das meninas pela ciência. E humanizar a ciência, tornando-a relevante para o dia a dia dos alunos, instiga o interesse de meninas e meninos por esse campo.[39]

- Se os professores se empenharem ativamente para incluir as meninas na área de ciência da computação, como criar clubes ou reservar horários especiais para elas usarem o laboratório de informática, a utilização das meninas decola, chegando a superar a dos meninos em alguns casos.[40] Redecorar os laboratórios de informática para remover estereótipos masculinos também incentiva as meninas a usá-los sem desencorajar os meninos.[41]
- Os professores podem analisar seus próprios vieses. Um estudo descobriu que sete em cada dez professores atribuíam ao talento o sucesso dos meninos na tecnologia, enquanto minimizavam o sucesso das meninas atribuindo-o à sorte ou ao empenho.[42] Constatou-se que o viés dos professores a favor dos meninos e contra as meninas nos primeiros anos de escolaridade desacelerava o progresso das meninas até a idade adulta.[43]
- Os professores podem questionar sua capacidade de avaliar a inteligência. Incontáveis estudos mostram que os adultos – professores e pais – subestimam a inteligência das meninas. Os educadores também acham mais difícil identificar meninas superdotadas do que meninos superdotados. Pode ser porque as meninas superdotadas tendem a esconder suas habilidades, por saber que os meninos não gostam que as meninas sejam mais inteligentes do que eles.[44]
- Os professores podem mudar os retratos que penduram nas paredes da instituição. Paredes cobertas de fotografias de homens brancos transmitem uma mensagem específica que não ajuda as meninas nem os alunos não brancos.
- As escolas podem examinar os livros didáticos e materiais de ensino em busca de vieses. Os livros de ciências estão cheios de fotos de homens usando jalecos de laboratório? Nesse caso, as meninas podem achar que a ciência é um campo exclusivamente masculino.
- Os professores podem denunciar o sexismo, que ainda é muito presente nas escolas. Oitenta e um por cento das meninas e mulheres (de 11 a 21 anos) que participaram de um levantamento da Girlguiding testemunharam ou vivenciaram algum tipo de sexismo na semana anterior, principalmente vindo de meninos ou homens da mesma idade.[45] Três em cada cinco ouviram piadas ou comentários que depreciavam as mulheres ou desdenhavam delas. E 64% dos professores ouvem termos e expressões sexistas pelo menos uma vez por semana.[46] O sexismo deve ser tratado com a mesma seriedade nas escolas que o

racismo, já que é tão danoso quanto. Ainda assim, na Inglaterra e no País de Gales, apenas um em cada cinco professores do ensino médio já fez algum curso para identificar e combater o sexismo em sua área.[47]
- Os professores podem tomar medidas severas para combater com rigor o assédio sexual. Em escolas mistas, 37% das meninas foram assediadas sexualmente.[48]
- As instituições podem evitar separar a turma por gêneros. Sempre que fazem isso, elas passam a mensagem de que meninos e meninas devem receber um tratamento diferente.
- Os professores podem se conscientizar de como e por que disciplinam as crianças. É comum as meninas bagunceiras serem punidas por atrapalhar as aulas enquanto os meninos passam impunes porque "garotos são assim mesmo"?
- As escolas podem nomear uma professora titular para promover a conscientização sobre o tema, reunindo a escola toda em uma campanha para contestar os estereótipos de gênero. A diretoria também deve se envolver na campanha, para mostrar que a instituição leva a iniciativa a sério.
- Todas as disciplinas devem ser apresentadas igualmente a todos os alunos, evitando qualquer sugestão de que algumas, como física, podem ser difíceis demais para as meninas.
- Cursos extracurriculares como educação pessoal, financeira, social e sexual devem incluir aulas sobre gênero e diversidade, encorajando os meninos a entender os pontos de vista das meninas.
- Escolas e professores precisam ficar atentos para identificar meninos que estão sendo cooptados para serem misóginos extremistas.
- Os professores devem fazer de tudo para evitar os estereótipos de gênero. Quando a BBC realizou um experimento de apenas seis semanas para remover os estereótipos de gênero da vida de crianças de 7 anos, os resultados foram surpreendentes. Antes do experimento, as meninas subestimavam enormemente a própria inteligência e tinham autoestima e autoconfiança mais baixas do que os meninos. Os meninos superestimavam sua capacidade e tinham dificuldade de expressar emoções. Depois de seis semanas, a diferença de autoestima entre meninas e meninos despencou de 8% para 0,2%, a automotivação das meninas aumentou 12% e elas previram suas notas nas provas com 40% mais precisão. Enquanto isso, os meninos passaram a ser mais solidários e seu mau comportamento caiu 57%.[49]

- Docentes universitários podem analisar os livros e artigos que indicam para leitura a fim de garantir que os textos não sejam de autores predominantemente masculinos.
- Docentes universitários podem usar todas as táticas descritas acima aos professores do ensino fundamental e médio para garantir que as alunas tenham igualdade de expressão nas aulas e nos seminários.
- As universidades podem fazer pequenos ajustes na maneira como oferecem disciplinas STEM e colher excelentes frutos resultantes da participação feminina. Por exemplo, a Universidade da Califórnia, em Berkeley, mudou o nome de uma disciplina para "A beleza e a alegria da computação". Hoje, a proporção de mulheres nessa matéria é de 50% e elas se saem tão bem quanto os homens. A Universidade Carnegie Mellon aumentou a proporção de mulheres que fazem cursos de ciência da computação de 4% para 42% em apenas cinco anos concentrando-se em aplicações no mundo real, deixando de exigir experiência no ensino médio e permitindo que os alunos combinassem essa carreira com outras disciplinas.

O que a mídia pode fazer?

A mídia tem um papel importantíssimo para ajudar a diminuir a lacuna de autoridade. Afinal, o que vemos ao nosso redor molda o que pensamos das mulheres e dos homens. Se os homens sempre forem apresentados como figuras de autoridade e as mulheres, como objetos sexuais mais jovens em novelas e filmes, esse padrão ficará gravado em nossa mente. Se os comentaristas ou apresentadores mais experientes na imprensa forem do gênero masculino, isso consolidará nossa suposição de que os homens sabem mais do que as mulheres e têm mais autoridade. Se as vozes e os pontos de vista das mulheres receberem menos peso na mídia, a mensagem que isso implica tem um poder de influência enorme. E, se os especialistas citados pelos jornalistas normalmente forem homens, a sugestão também é de que os homens têm mais autoridade.

A mídia também cria as bases sobre as quais as mulheres na vida pública são julgadas. Se os jornais dedicarem mais espaço ao cabelo ou aos sapatos de uma primeira-ministra do que à sua política tributária, seu poder e sua autoridade serão reduzidos. Se os editores políticos da imprensa forem homens (o que costuma acontecer), a política e as mulheres na política sempre serão vistas pela perspectiva dos homens.

Então, o que a mídia pode fazer?

- As emissoras podem dar espaço na TV a mulheres mais velhas e abalizadas. Os órgãos reguladores de meios de comunicação devem insistir que as emissoras incluam esse requisito em suas políticas de diversidade.
- Os jornais podem ter mais jornalistas mulheres cobrindo assuntos sérios e mais mulheres em altos cargos de edição.
- A mídia pode parar de usar velhos clichês sexistas sobre as políticas mulheres e sempre se perguntar: "Eu diria isso sobre um homem?". Se a resposta for negativa, não diga.
- A imprensa pode entrevistar o mesmo número de mulheres e de homens e monitorar os colaboradores em tempo real para garantir que isso seja feito.
- Os jornalistas políticos podem se perguntar se estão usando dois pesos e duas medidas e tratando as mulheres com mais rigor do que os homens.
- A mídia pode parar de comentar mais sobre a aparência das mulheres do que dos homens. É muito fácil fazer isso, basta querer. Os editores deveriam sempre analisar os adjetivos usados em referência às mulheres nas matérias e se perguntar se o mesmo seria dito sobre um homem. Se a resposta for negativa, é melhor cortar os adjetivos.
- Os anunciantes podem tentar retratar mulheres e homens como são na vida real.
- A indústria cinematográfica pode se abrir a mais diretoras mulheres e dar às personagens femininas mais poder de ação e influência, profundidade e tempo de fala.
- Os estúdios de cinema podem produzir filmes com protagonistas femininas e alocar os mesmos recursos financeiros, de distribuição e marketing investidos em produções com protagonistas masculinos.

O que os governos devem fazer?

Muitos dos obstáculos que impedem as mulheres de alcançar a igualdade de respeito e autoridade se devem à maneira como elas são tratadas pelos outros, seja em casa ou no trabalho. Mas algumas diferenças estruturais dificultam ainda mais que as mulheres alcancem posições iguais de autoridade no mundo, sendo que a maioria dessas disparidades está relacionada com a decisão da mulher de ter filhos. Nesse quesito, as leis e as prioridades do governo podem ajudar muito.

Governos esclarecidos, especialmente no norte da Europa, já estão tomando muitas das medidas a seguir. A América ainda está muito atrasada.

Então, o que os governos devem fazer?

- Licença-maternidade remunerada obrigatória.
- Oferecer licença parental compartilhada, com um salário razoável, mas principalmente com a condição de que o pai deve "usar ou perder" o benefício: ele não pode simplesmente transferi-lo à mãe. (Na ausência desse quesito, como vimos no Reino Unido, poucos pais saíam de licença parental.) Se pais e mães tiverem a mesma chance de tirar licença quando têm um filho, os empregadores serão menos propensos a discriminar as mulheres em idade reprodutiva. E, se os pais também tirarem licença, as mães levarão menos tempo para voltar ao mercado de trabalho.
- Garantir a disponibilidade de creches de qualidade e acessíveis a todos. O custo das creches deve ser dedutível do imposto de renda, por ser uma despesa de trabalho necessária.
- Dar aos funcionários o direito, sempre que possível, de trabalhar em horários flexíveis.
- Se nenhuma medida funcionar, criar um sistema de cotas de gênero. O sistema de cotas teve um grande sucesso para a entrada de um número muito maior de mulheres em conselhos de administração. No Reino Unido, as cotas conseguiram garantir a paridade na proporção entre homens e mulheres dos parlamentares do Partido Trabalhista. As cotas não são ideais, mas geralmente são a opção menos pior.
- Coletar dados sobre o tempo gasto com o trabalho não remunerado fora do ambiente corporativo e como essas tarefas são divididas entre mulheres e homens. Usar essas informações para formular políticas e tomar decisões orçamentárias.
- Exigir que as empresas divulguem dados sobre as disparidades salariais entre homens e mulheres. Essa medida ajuda a reduzir a diferença.[50]
- Reprimir a misoginia extrema, que muitas vezes é a porta de entrada para a supremacia branca de extrema direita.
- Processar *trolls* que ameaçam agir com violência contra as mulheres.
- Nomear um número semelhante de homens e mulheres como ministros. Com isso, em uma democracia representativa, a voz e os interesses das mulheres podem ser ouvidos de igual para igual em relação aos dos homens, e se normaliza a noção de que homens e mulheres devem ter autoridade igualitária.

O que a sociedade civil pode fazer?

Se realmente quisermos reduzir o viés inconsciente que nos leva a relutar em conceder autoridade às mulheres mais do que aos homens, temos de agir para que ninguém mais estranhe ou se espante ao ver mulheres em posições de autoridade. Esse movimento já está acontecendo e – até certo ponto – já está entrando em nosso inconsciente, como vimos no Capítulo 9. Para acabar completamente com o viés inconsciente (um processo que pode levar várias gerações), precisamos lidar com o problema da incongruência de status, fazendo com que não seja mais dissonante ter mulheres na liderança – assim como no passado era muito estranho ver uma mulher usando calças e hoje é algo tão comum que nem sequer notamos.

A maioria das soluções sugeridas até aqui tem como objetivo colocar mais mulheres em posições de liderança. Com o tempo, nossas atitudes em relação às mulheres com autoridade vão mudar. Uma alteração nas leis da Índia proporcionou um maravilhoso experimento de controle para os pesquisadores: em 1993, o governo indiano aprovou uma emenda constitucional para lidar com o problema de escassez de líderes mulheres na política local. A cada ciclo eleitoral de cinco anos, um terço dos distritos era selecionado aleatoriamente para nomear uma *pradhan* (chefe) do gênero feminino.

O que acabou acontecendo foi que, depois de dois ciclos com uma *pradhan* mulher, a percepção de mulheres na liderança melhorou tanto entre os homens quanto entre as mulheres do local. Além disso, as aspirações dos pais e das mães em relação às filhas aumentaram: eles apresentaram 45% mais chances de querer que as suas filhas fizessem um curso técnico ou superior do que os pais e mães que moravam em localidades que nunca tiveram uma líder mulher. Enquanto isso, as próprias meninas passaram a ter ambições maiores, melhoraram na escola e dividiram as tarefas domésticas de maneira mais igualitária com os irmãos do gênero masculino.[51]

À medida que nos acostumamos com a ideia, cada mulher que ocupa uma posição de liderança abre o caminho para a próxima. Como Jacinda Ardern diz: "Nunca me passou pela cabeça que o povo da Nova Zelândia pudesse não me aceitar porque sou mulher. Afinal, o país já tinha tido duas primeiras-ministras (Helen Clark e Jenny Shipley), o que fez uma enorme diferença. Eu sabia que poderia ser eleita, ser uma excelente primeira-ministra e ser mulher".[52]

E não estamos falando apenas no nível de primeiro-ministro, é claro. Uma vez que a ideia de uma mulher ocupar qualquer posição de liderança for normalizada, a vida ficará muito mais fácil para suas sucessoras. Elas poderão ser mais autênticas e não precisarão mais fingir ser homens para ter sucesso na organização.

O general Nick Carter, chefe das Forças Armadas da Grã-Bretanha, entende a dificuldade enfrentada pelas mulheres que ainda são vistas como anomalias em uma força de trabalho predominantemente masculina. "A tragédia", ele me disse, "é que muitas vezes as mulheres que têm sucesso sentem que precisam se transformar em homens para ter sua autoridade reconhecida, o que é muito triste. Acho que só saberemos que tivemos sucesso quando as mulheres não precisarem mais agir como homens."[53]

Michelle Bachelet estava decidida a não deixar isso acontecer quando se tornou a primeira mulher a assumir o comando do Ministério da Defesa do Chile, supervisionando os mesmos militares que a torturaram e que mataram seu pai no regime de Pinochet. "Pouco depois de assumir o Ministério da Defesa", ela me contou, "eu estava conversando com minha mãe ao telefone e o coronel, o chefe do Estado-maior, entrou na sala e me fez uma pergunta. Eu disse [docemente]: 'Ah, por favor, sr. Coronel, você pode fazer isso e isso e aquilo?'. Depois minha mãe disse: 'Você acha que eles vão respeitá-la se você falar assim?'. E eu disse: 'Eu tenho o meu estilo. Eu sou assim e ponto-final. Não vou ser como um homem para impor respeito. Se eu tiver de fazer isso, não quero esse cargo'."[54] Valeu a pena. Tanto que depois ela se tornou presidenta.

Também saberemos que tivemos sucesso quando os homens sentirem que podem agir um pouco mais como as mulheres. "Acho que devemos cobrar dos homens as mesmas boas qualidades de liderança que esperamos das mulheres", disse-me a empresária americana Anne Mulcahy.[55] "Coisas como empatia e sensibilidade, e ver as pessoas por quem elas são, ser humilde e admitir quando você está errado e tudo que representa um bom perfil de liderança."

Essa atitude não apenas criaria líderes melhores como deixaria os homens mais felizes, de acordo com o psicoterapeuta Nick Duffell. "Os homens, em geral, precisam aprender a não se incomodar com sua vulnerabilidade. Eles precisam descobrir o paradoxo de que a vulnerabilidade traz consigo uma força incrível."[56]

Ele se entusiasmou com o tema. "Nós precisamos nos unir, não é mesmo? Agora, devemos criar algo totalmente diferente. De certa forma, temos que fazer o que Jung chamou de 'o casamento interior': fazer isso dentro de nós mesmos e na sociedade, para os homens entrarem muito mais em contato com seu lado feminino e as mulheres se reconciliarem com seu lado masculino. Quando isso acontecer, vamos parar de culpar uns aos outros e vamos trabalhar juntos."

Acredito que esse seja o cerne da questão. Homens e mulheres realmente se dão bem juntos. Eles se complementam. Suas diferentes perspectivas se unem criando ideias e maneiras mais interessantes de fazer as coisas. Se todos os níveis de todas as organizações fossem gerenciados em conjunto por uma mulher e um vice masculino ou por um homem e uma vice feminina, não só teríamos uma liderança melhor, mais resolvida e mais criativa como também teríamos mais igualdade de gênero no processo. Se a liderança mista passasse a ser a norma, a lacuna de autoridade diminuiria muito em uma geração.

* * *

Comecei este livro com uma citação da ex-presidenta da Irlanda Mary McAleese e vou terminar com outra citação dela, já que ela foi uma das mulheres mais eloquentes com quem conversei sobre este tema tão importante. "Se os homens não levarem as mulheres a sério tanto quanto fazem com os outros homens, acabaremos com um mundo que só tem uma asa. Você já viu um pássaro tentando voar com uma asa só?", ela perguntou. "Ele não sai do chão, perde a direção e só fica lá, batendo a única asa sem sair do lugar. É triste de ver. Esse é o nosso mundo, batendo deploravelmente uma asa só, sem se beneficiar da elevação, da direção e da confiança resultante de voar com as duas asas."

"E o mais triste é que muitas vezes a asa masculina parece achar que precisa fazer de tudo para manter a outra asa abaixada. É um desperdício de energia, um desperdício de vidas. Essa atitude tem provocado disfunções nos relacionamentos, disfunções nas famílias, em comunidades, em empresas, na política, na política internacional, na guerra. Precisamos botar na nossa cabeça que, quando as mulheres prosperam, seus talentos e sua criatividade prosperam, o mundo e os homens também prosperam."

"Nós todos prosperamos."[57]

Agradecimentos

Tenho dois grandes agradecimentos a fazer: ao All Souls College, da Universidade de Oxford, e às mulheres inspiradoras – e excepcionalmente ocupadas – que abriram um espaço em suas agendas para me contar como a lacuna de autoridade afetou suas vidas.

Foi graças ao All Souls, que me recebeu por um ano como pesquisadora visitante, que pude me dedicar a este livro no ambiente mais perfeito possível para a pesquisa acadêmica. A faculdade cuida muito bem de seus pesquisadores visitantes, recebendo-os com primor, e a oportunidade de lapidar minhas ideias conversando com algumas das mentes mais brilhantes do planeta foi um privilégio extraordinário. Gostaria de agradecer, em especial, a John Vickers, Celia Heyes, Ruth Harris, Keith Thomas, Catriona Seth, Kevin O'Rourke, Cecile Fabre, Amy Singer, Max Harris, Wolfgang Ernst, Noel Malcolm, Anthony Gottlieb, Anthony Geraghty, Lucia Zedner, Angela McLean, Dmitri Levitin, Lisa Lodwick, Clare Bucknell e Tess Little pelo encorajamento e por me apresentar a tantas pessoas. Sou especialmente grata a Edward Mortimer, que me encorajou a me inscrever para ser pesquisadora visitante, e a William Waldegrave, que me garantiu que um livro sobre a autoridade das mulheres era uma proposta muito mais interessante do que os títulos enfadonhos sobre a política britânica, que eram minhas propostas alternativas. Também sou grata ao Nuffield College, que me aceitou como membra associada, e ao Oriel College, que me recebeu como visitante acadêmica sênior, permitindo-me concluir minha pesquisa e terminar o livro.

Recebi uma grande ajuda de outros acadêmicos, incluindo Ros Ballaster, Dorothy Bishop, Sue Dopson, Roger Goodman, Jane Green, Trish Greenhalgh, Gina Neff, Richard Ovenden, Brian Parkinson, Olivia Spiegler e Jon Stokes. Sou grata a Mahzarin Banaji e Tessa Charlesworth, que compartilharam comigo suas pesquisas sobre o teste de associação implícita antes de serem publicadas. Também gostaria de agradecer a Philip Stone, da Nielsen Book Research, por vasculhar seu banco de dados para mim, e a Ben Page e Kelly Beaver, da Ipsos MORI, por incluir perguntas em seus questionários.

Conversei com cerca de cem mulheres para este livro, metade delas extremamente notáveis e a outra metade com uma ampla variedade origens, formações e experiências. Todas me falaram abertamente sobre suas histórias de vida, insights e aborrecimentos e sou imensamente grata a elas. Nem todas entraram no livro, mas todas contribuíram para moldar o que penso sobre o assunto, e este livro não seria o mesmo sem elas. Lamento não ter tido espaço para fazer justiça a todas, mas, mesmo em um livro tão longo, tive de fazer algumas escolhas difíceis.

Algumas das mulheres eu já conhecia; outras me foram generosamente apresentadas por amigos e conhecidos. Gostaria de agradecer em especial a Bonnie Arnold, Cherie Booth, John Dennehy, Giles Edwards, Shari Finkelstein, Bob Flanagan, Sarvath El Hassan, Bea Hollond, Darren Hughes, James Kirkup, Deborah Kolar, Maya Lin, Bobby McDonagh, Justus O'Brien, Andrew Roberts e Karl Rove por me apresentar a algumas mulheres brilhantes, e a Electra Wang, por compartilhar as experiências de jovens mulheres na China, que infelizmente não entraram no livro.

Meu agente literário, Will Francis, foi uma grande fonte de incentivo ao longo da escrita deste livro, e minha editora na Transworld, Helena Gonda, fez observações tão ponderadas no primeiro rascunho que espero ter conseguido incorporá-las para produzir um livro muito melhor. Kathryn Lamb criou charges incríveis e Anna Morrison produziu o excelente design da capa da versão original. As equipes de edição e produção usaram de todo seu conhecimento para melhorar o texto, e Alison Barrow, Emma Burton e Ella Horne têm sido grandes promotoras do livro para o mundo.

Sou muito grata a Deborah Cameron, a acadêmica mais eminente no campo de mulheres e autoridade, que leu o manuscrito inteiro e me garantiu que o conteúdo é confiável e que não é simplista demais, exatamente o selo de qualidade que um acadêmico deseja. Hannah Dawson, Katie Hickman e

Norah Perkins foram espetaculares em me encorajar sempre que eu desanimava com o projeto. E Lara von der Brelie foi de grande ajuda nas pesquisas para o capítulo sobre a interseccionalidade.

Acima de tudo, sou grata à minha família. Meu irmão William me apresentou a algumas mulheres importantes de Nova York e leu alguns capítulos do rascunho. Meu irmão Alister vivia de olho em artigos interessantes para me mandar. Minhas filhas, Evie e Rosa, passaram anos me ouvindo falar sem parar sobre este livro, me encorajaram, me apresentaram a suas fascinantes amigas e Evie também leu e comentou o primeiro rascunho inteiro. E meu marido Dai, o "improvável feminista" a quem este livro é dedicado, tem sido um aliado inabalável e passou 35 anos me apoiando de todas as maneiras que recomendo no último capítulo: respeitando-me de igual para igual, valorizando minha carreira, compartilhando o cuidado das nossas filhas e as tarefas da casa, orgulhando-se das minhas conquistas, ficando igualmente irritado com cada evento de lacuna de autoridade que testemunhava e trazendo-me uma xícara de chá e um cookie de chocolate todo dia à tarde enquanto eu escrevia este livro. Sou uma mulher de muita sorte.

Se deixei algumas pessoas de fora, peço desculpas desde já. Serei sempre grata às muitas mulheres que compartilharam suas vidas e frustrações comigo e elas sempre serão uma fonte de inspiração para mim. E aproveito a oportunidade para assumir a responsabilidade por quaisquer erros.

Bibliografia

Abele, Andree E.; Woiciszke, Bogdan. *Agency and Communion in Social Psychology*. Routledge, 2019.

Abelson, Miriam J. *Men in Place: transmasculinity, race, and sexuality in America*. University of Minnesota Press, 2019.

Adams, Julia; Brückner, Hannah; Naslund, Cambria. "Who counts as a notable sociologist on Wikipedia? Gender, race, and the 'professor test'". *Socius: Sociological Research for a Dynamic World*, 5, 2019. Disponível em: <https://doi.org/10.1177/2378023118823946>.

Adams, Renée B.; Kraeussl, Roman; Navone, Marco A.; Verwijmeren, Patrick. "Is gender in the eye of the beholder? Identifying cultural attitudes with art auction prices", 6 dez. 2017. Disponível em: <https://ssrn.com/abstract=3083500>.

Adegoke, Yomi; Uviebinené, Elizabeth. *Slay in Your Lane: the black girl bible*. Fourth Estate, 2018.

Aitkenhead, Decca. "The interview: Everyday Sexism founder Laura Bates on how teenage boys are being raised on a diet of misogyny", *Sunday Times*, 17 fev. 2019.

Alexander, Anne. "Why our democracy needs more black political journalists", *Each Other*, 25 ago. 2020.

Alter, Charlotte. "Cultural sexism in the world is very real when you've lived on both sides of the coin", *Time*, 2018. Disponível em: <https://time.com/transgender-men-sexism>.

Amnesty International. *Troll Patrol Findings*, 2018. Disponível em: <https://decoders.amnesty.org/projects/troll-patrol/findings>.

Annenberg Inclusion Initiative. *Inequality across 1,300 Popular Films: examining gender and race/ethnicity of leads/co leads from 2007 to 2019*, 2020. Disponível em: <http://assets.uscannenberg.org/docs/aii-inequality-leads-co-leads-20200103.pdf>.

Anzia, Sarah F.; Berry, Christopher R. "The Jackie (and Jill) Robinson effect: why do congresswomen outperform congressmen?", *American Journal of Political Science*, v. 55, n. 3, 2011, p. 478-93.

Artz, Benjamin; Goodall, Amanda H.; Oswald, Andrew J. "Do women ask?", *Industrial Relations*, v. 57, n. 4, 2018, p. 611-36.

Ashley, Louise; Duberley, Jo; Sommerlad, Hilary; Scholarios, Dora. *A Qualitative Evaluation of Non-Educational Barriers to the Elite Professions*. Social Mobility and Child Poverty Commission, 2015.

Audette, Andre P.; Lam, Sean; O'Connor, Haley; Radcliff, Benjamin. "(E)quality of life: a cross-national analysis of the effect of gender equality on life satisfaction", *Journal of Happiness Studies*, n. 20, 2019, p. 2173-2188.

Badham, Van. "A man lost his job for harassing a woman online? Good", *The Guardian*, 2 dez. 2015.

Baird, Julia. "Women, own your 'Dr' titles", *The New York Times*, 28 jun. 2018.

Ballew, Matthew; Marlon, Jennifer; Leiserowitz, Anthony; Maibach, Edward. *Gender Differences in Public Understanding of Climate Change*. Yale Program on Climate Change Communication, 20 nov. 2018.

Bamman, David. "Attention in 'By the book'", 27 ago. 2018. Disponível em: <http://people.ischool.berkeley.edu/~dbamman/btb.html>.

Barres, Ben A. "Does gender matter?", *Nature*, v. 442, n. 7099, 2006, p. 133-6.

Barthelemy, Ramon S.; McCormick, Melinda; Henderson, Charles. "Gender discrimination in physics and astronomy: graduate student experiences of sexism and gender microaggressions", *Physical Review Physics Education Research*, v. 12, n. 2, 2016, p. 020119-1-14.

Bates, Laura. "We must act to stop sexism that starts in the classroom", *Independent*, 24 set. 2015.

Bauer, Cara C.; Baltes, Boris B. "Reducing the effect of stereotypes on performance evaluations", *Sex Roles*, v. 47, n. 9-10, 2002, p. 465-76.

Bauer, Nichole M. "The gendered qualifications gap", *Behavioral Public Policy* (blog), 30 jul. 2020. Disponível em: <https://bppblog.com/2020/07/30/the-gendered-qualifications-gap>.

Bauer, Nichole M. *The Gendered Qualifications Gap: why women must be better than men to win political office*. Cambridge University Press, 2020.

Bazelon, Emily. "A seat at the head of the table", *The New York Times*, 21 fev. 2020.

BBC. "Churchill tops PM choice", *Newsnight*, 1 out. 2008. Disponível em: <http://news.bbc.co.uk/1/hi/programmes/newsnight/7647383.stm>.

BBC Media Centre. "No more boys and girls: can our kids go gender free?", 16 ago. 2017. Disponível em: <https://www.bbc.co.uk/mediacentre/proginfo/2017/33/no-more-boys-and-girls>.

BBC News. "Black MP Dawn Butler 'mistaken for cleaner' in Westminster", 29 fev. 2016. Disponível em: <https://www.bbc.co.uk/news/uk-england-london-35685169>.

BBC Reality Check. "Queen bees: do women hinder the progress of other women?", 4 jan. 2018. Disponível em: <www.bbc.co.uk/news/uk-41165076>.

Beaman, Lori; Duflo, Esther; Pande, Rohini; Topalova, Petia. "Female leadership raises aspirations and educational attainment for girls: a policy experiment in India", *Science*, v. 335, n. 6068, 2012, p. 582-6.

Beard, Mary. *Women and Power: a manifesto*. Profile, 2017.

Beattie, Geoffrey W. "Turn-taking and interruption in political interviews: Margaret Thatcher and Jim Callaghan compared and contrasted", *Semiotica*, v. 39, n. 1-2, 1982, p. 93-114.

Begeny, Christopher T.; Ryan, Michelle K.; Moss-Racusin, Corinne A.; Ravetz, Gudrun. "In some professions, women have become well represented, yet gender bias persists: perpetuated by those who think it is not happening", *Science Advances*, v. 6, n. 26, 24 jun. 2020, p. 1-10.

Beinart, Peter. "Fear of a female president", *The Atlantic*, out. 2016.

Belmi, Peter; Neale, Margaret A.; Reiff, David; Ulfe, Rosemary. "The social advantage of miscalibrated individuals: the relationship between social class and overconfidence and its implications for class-based inequality", *Journal of Personality and Social Psychology*, v. 118, n. 2, 2019, p. 254-82.

Benenson, Joyce F.; Markovits, Henry; Wrangham, Richard. "Rank influences human sex differences in dyadic cooperation", *Current Biology*, v. 24, n. 5, 2014, p. R190-1.

Bennedsen, Morten; Simintzi, Elena; Tsoutsoura, Margarita; Wolfenzon, Daniel. *Do Firms Respond to Gender Pay Gap Transparency?* National Bureau of Economic Research, 2019.

Bennett, Arnold. *Our Women: chapters on the sex-discord*. Cassell, 1920.

Berkers, P.; Verboord, M.; Weij, F. "'These critics (still) don't write enough about women artists': gender inequality in the newspaper coverage of arts and culture in France, Germany, the Netherlands, and the United States, 1955-2005", *Gender and Society*, v. 30, n. 3, 2016, p. 515-39.

Bernard, Philippe; Content, Joanne; Servais, Lara; Wollast, Robin; Gervais, Sarah. "An initial test of the cosmetics dehumanization hypothesis: heavy makeup diminishes attributions of humanness-related traits to women", *Sex Roles*, v. 83, n. 1, 2020, p. 315-27.

Berne, Eric. *Games People Play: the psychology of human relationships*. Grove, 1964.

Bhatt, Wasudha. "The little brown woman: gender discrimination in American medicine", *Gender and Society*, v. 27, n. 5, 2013, p. 659-80.

Bialik, Carl. "How unconscious sexism could help explain Trump's win", *Five Thirty-Eight*, 21 jan. 2017.

Bian, Lin; Leslie, Sarah-Jane; Cimpian, Andrei. "Evidence of bias against girls and women in contexts that emphasize intellectual ability", *American Psychologist*, v. 73, n. 9, 2018, p. 1139-53.

Bian, Lin; Leslie, Sarah-Jane; Cimpian, Andrei. "Gender stereotypes about intellectual ability emerge early and influence children's interests", *Science*, v. 355, n. 6323, 2017, p. 389-91.

Bilton, Isabelle. "Women are outnumbering men at a record high in universities worldwide", *Study International*, 7 mar. 2018.

Birger, Jon. "Xerox turns a new page", CNN *Money Magazine*, 16 mar. 2004.

Bohnet, Iris; Van Geen, Alexandra; Bazerman, Max. "When performance trumps gender bias: joint versus separate evaluation", *Management Science*, v. 62, n. 5, 2016, p. 1225-34.

Bosson, Jennifer K.; Vandello, Joseph A. "Precarious manhood and its links to action and aggression", *Current Directions in Psychological Science*, v. 20, n. 2, 2011, p. 82-6.

Bowles, Hannah Riley; Babcock, Linda; Lai, Lei. "Social incentives for gender differences in the propensity to initiate negotiations: sometimes it does hurt to ask", *Organizational Behavior and Human Decision Processes*, v. 103, n. 1, 2007, p. 84-103.

Boyne, John. "'Women are better writers than men': novelist John Boyne sets the record straight", *The Guardian*, 12 dez. 2017.

Brackett, Marc A.; Rivers, Susan E.; Shiffman, Sara; Lerner, Nicole; Salovey, Peter. "Relating emotional abilities to social functioning: a comparison of self-report and performance measures of emotional intelligence", *Journal of Personality and Social Psychology*, v. 91, n. 4, 2006, p. 780-95.

Brazelton, T. Berry. *The Earliest Relationship: parents, infants, and the drama of early attachment*. Da Capo Lifelong, 1991.

Breda, Thomas; Napp, Clotilde. "Girls" comparative advantage in reading can largely explain the gender gap in math-related fields", *Proceedings of the National Academy of Sciences of the United States of America*, v. 116, n. 31, 2019, p. 15435-40.

Brescoll, Victoria L. "Who takes the floor and why: gender, power, and volubility in organizations", *Administrative Science Quarterly*, v. 56, n. 4, 2012, p. 622-41.

Brescoll, Victoria L.; Dawson, Erica; Uhlmann, Eric Luis. "Hard won and easily lost: the fragile status of leaders in gender-stereotype-incongruent occupations", *Psychological Science*, v. 21, n. 11, 2010, p. 1640-2.

Breznican, Anthony. "*Little Women* has a little man problem", *Vanity Fair*, 17 dez. 2019.

Burgess, Adrienne; Davies, Jeremy. *Cash or Carry? Fathers combining work and care in the UK*. Fatherhood Institute, dez. 2017.

Burris, Ethan R. "The risks and rewards of speaking up: managerial responses to employee voice", *Academy of Management Journal*, v. 55, n. 4, 2011, p. 851-75.

Byrnes, James P.; Miller, David C.; Schafer, William D. "Gender differences in risk taking: a meta-analysis", *Psychological Bulletin*, v. 125, n. 3, 1999, p. 367-83.

Cabrera, M. A. "Situational judgment tests: A review of practice and constructs assessed", *International Journal of Selection and Assessment*, v. 9, n. 1-2, 2001, p. 103-13.

Cameron, Deborah. "Imperfect pitch", *Language: a feminist guide*, 7 jun. 2019. Disponível em: <https://debuk.wordpress.com/2019/06/07/imperfect-pitch>.

_____. *Language: a feminist guide*, [s.d.]. Disponível em: <https://debuk.wordpress.com>.

_____. "Tedious tropes: the sexist stereotyping of female politicians", *Language: a feminist guide*, 18 dez. 2019. Disponível em: <https://debuk.wordpress.com/2019/12/18/tedious-tropes-the-sexist-stereotyping-of-female-politicians>.

_____. "Mind the respect gap", 26 nov. 2017. Disponível em: <https://debuk.wordpress.com/2017/11/26/mind-the-respect-gap>.

Cameron, Deborah; Shaw, Sylvia. *Gender, Power and Political Speech*. Palgrave Macmillan, 2016.

Carli, Linda L. "Gender differences in interaction style and influence", *Journal of Personality and Social Psychology*, v. 56, n. 4, 1989, p. 565-76.

_____. "Gender, interpersonal power and social influence", *Journal of Social Issues*, v. 55, n. 1, 1999, p. 81-99.

_____. "Gender, language and influence", *Journal of Personality and Social Psychology*, v. 59, n. 5, 1990, p. 941-51.

Carli, Linda L.; Lafleur, Suzanne J.; Loeber, Christopher C. "Nonverbal behavior, gender, and influence", *Journal of Personality and Social Psychology*, v. 68, n. 6, 1995, p. 1030-41.

Carlson, Daniel L.; Hanson, Sarah; Fitzroy, Andrea. *The Division of Childcare, Sexual Intimacy, and Relationship Quality in Couples*. Universidade do Estado da Georgia, Sociology Faculty Publications, 2015.

Carmichael, Sarah Green. "Women at work: make yourself heard", *HBR IdeaCast*, 30 jan. 2018. Disponível em: <https://hbr.org/podcast/2018/01/women-at-work-make-yourself-heard.html>.

Carnevale, Anthony P.; Smith, Nicole; Campbell, Kathryn Peltier. *May the best woman win?* Georgetown University, 2019.

Carter, Alecia; Croft, Alyssa; Lukas, Dieter; Sandstrom, Gillian. "Women's visibility in academic seminars: women ask fewer questions than men", *PLoS One*, v. 13, n. 9, 2018, e0202743.

Carter, Jimmy. "Losing my religion for equality", *The Age*, 15 jul. 2009.

Carter, Nancy M.; Silva, Christine. *Pipeline's Broken Promise*. Catalyst, 2010.

Casselman, Ben; Tankersley, Jim. "Women in economics report rampant sexual assault and bias", *The New York Times*, 18 mar. 2019.

Castilla, Emilio J. "Accounting for the gap: a firm study manipulating organizational accountability and transparency in pay decisions", *Organization Science*, v. 26, n. 2, 2015, p. 311-33.

Catalyst. *Women and Men in US Corporate Leadership: same workplace, different realities?* Catalyst, 2004.

Cecco, Leyland. "Female Nobel Prize winner deemed not important enough for Wikipedia entry", *The Guardian*, 3 out. 2018.

Chamorro-Premuzic, Tomas. "Why do so many incompetent men become leaders?", *Harvard Business Review*, ago. 2013.

Channel 4. "Winning ad from Channel 4's £1 million Diversity in Advertising award airs tonight", 15 fev. 2019. Disponível em: <https://www.channel4.com/press/news/winning-ad-channel-4s-ps1-million-diversity-advertising-award-airs-tonight>.

Charlesworth, T. E. S.; Banaji, M. R. "Patterns of implicit and explicit attitudes II: long-term change and stability, regardless of group membership", no prelo, 2020.

_____. "Patterns of implicit and explicit stereotypes III: gender-science and gender-career stereotypes reveal long-term change", no prelo, 2020.

Chaudhary, Mayuri. "New survey reports black women continue to face major barriers to career advancement", *HR Technologist*, 23 ago. 2019.

Cheng, Joey T.; Tracy, Jessica L.; Ho, Simon; Henrich, Joseph. "Listen, follow me: dynamic vocal signals of dominance predict emergent social rank in humans", *Journal of Experimental Psychology General*, v. 145, n. 5, 2016, p. 536-47.

Cheryan, S.; Plaut, V. C.; Davies, P. G.; Steele, C. M. "Ambient belonging: how stereotypical cues impact gender participation in computer science", *Journal of Personality and Social Psychology*, v. 97, n. 6, 2009, p. 1045-60.

Cihangir, Sezgin; Barreto, Manuela; Ellemers, Naomi. "Men as allies against sexism: the positive effects of a suggestion of sexism by male (vs. female) sources", *SAGE Open*, abr.–jun. 2014. Disponível em: <https://journals.sagepub.com/doi/pdf/10.1177/2158244014539168>.

Cislak, Aleksandra; Formanowicz, Magdalena; Saguy, Tamar. "Bias against research on gender bias", *Scientometrics*, n. 115, 2018, p. 189-200.

Clift, E.; Brazaitis, T. *Madam President: shattering the last glass ceiling*. Scribner, 2000.

Clinton, Hillary Rodham. *What Happened*. Simon & Schuster, 2016.

Cohan, Peter. "When it comes to tech start-ups, do women win?", *Forbes*, 25 fev. 2013.

Cohn, Nate. "One year from election, Trump trails Biden but leads Warren in battlegrounds", *The New York Times*, 4 nov. 2019.

Colom, Roberto; Juan-Espinosa, Manuel; Abad, Francisco; García, Luís F. "Negligible sex differences in general intelligence", *Intelligence*, v. 28, n. 1, 2000, p. 57-68.

Colyard, K. W. "A breakdown of 'By the book' columns shows that male authors are four times more likely to recommend books by men than by women", *Bustle*, 27 ago. 2018. Disponível em: <www.bustle.com/p/a-breakdown-of-by-the-book-columns-shows-that-male-authors-are-four-times-more-likely-to-recommend-books-by-men-than-by-women10244493?campaign_id=10&instance_id=10791&segment_id=15163&user_id=7510d1034d465a7dab3a390fbd8dc692&regi>.

Cook, Nathan J.; Grillos, Tara; Andersson, Krister P. "Gender quotas increase the equality and effectiveness of climate policy interventions", *Nature Climate Change*, v. 9, n. 4, 2019, p. 330-4.

Cooke, Rachel. "Beth Rigby: 'I'm going to have to get off telly soon, because I'll be too old'", *The Guardian*, 31 maio 2020.

Correll, S.; Simard, C. "Vague feedback is holding women back", *Harvard Business Review*, abr. 2016.

Costa, Paul T.; Terracciano, Antonio; McCrae, Robert R. "Gender differences in personality traits across cultures: robust and surprising findings", *Journal of Personality and Social Psychology*, v. 81, n. 2, 2001, p. 322-31.

Cowen, Tyler. "Rebecca Kukla on moving through and responding to the world", 2 jan. 2019. Disponível em: <https://medium.com/conversations-with-tyler/tyler-cowen-rebecca-kukla-feminism-philosophy-efaac99ac2af>.

Cowper-Coles, Minna. *Women Political Leaders: the impact of gender on democracy*. Global Institute for Women's Leadership, 2020.

Cox, Daniel; Jones, Robert P. "Hillary Clinton opens up a commanding 11-point lead over Donald Trump", 11 out. 2016. Disponível em: <www.prri.org/research/prri-atlantic-oct-11-poll-politics-election-clinton-leads-trump>.

Crespo-Sancho, Catalina. *Can Gender Equality Prevent Violent Conflict?* World Bank, 28 mar. 2018.

Criado Perez, Caroline. "She called the police. They said that there was nothing they could do", *Mamamia*, 13 nov. 2013. Disponível em: <www.mamamia.com.au/caroline-criado-perez-cyber-harassment-speech>.

Crockett, Emily; Frostenson, Sarah. "Trump interrupted Clinton 51 times at the debate. She interrupted him just 17 times", *Vox*, 27 set. 2016. Disponível em: <www.vox.com/policy-and-politics/2016/9/27/13017666/presidential-debate-trump-clinton-sexism-interruptions>.

Croft, Alyssa; Schmader, Toni; Block, Katharina; Baron, Andrew Scott. "The second shift reflected in the second generation: do parents' gender roles at home predict children's aspirations?", *Psychological Science*, v. 25, n. 7, 2014, p. 1418-28.

Cross, Emily J.; Overall, Nickola C. "Women experience more serious relationship problems when male partners endorse hostile sexism", *European Journal of Social Psychology*, v. 49, n. 5, 2019, p. 1022-41.

Crystal, David; Crystal, Hilary. *Words on Words: quotations about language and languages*. Penguin, 2001.

Cullen, Zoe; Perez-Truglia, Ricardo. *The Old Boys' Club: schmoozing and the gender gap*, documento de trabalho 26530. National Bureau of Economic Research, 2019.

Cutler, Anne; Scott, Donia R. "Speaker sex and perceived apportionment of talk", *Applied Psycholinguistics*, v. 11, n. 3, 1990, p. 253-72.

Damour, Lisa. "Why girls beat boys at school and lose to them at the office", *The New York Times*, 7 fev. 2019.

Dariel, A.; Kephart, C.; Nikiforakis, N.; Zenker, C. "Emirati women do not shy away from competition: evidence from a patriarchal society in transition", *Economic Science Association*, v. 3, n. 2, 2017, p. 121-36.

Darrah, Kim. *A Week in British News: how diverse are the UK's newsrooms?* Women in Journalism, 2020.

Dean, Steven. "Understanding gender, disability and the protection gap", *FT Adviser*, 22 jul. 2019. Disponível em: <www.ftadviser.com/protection/2019/07/22/understanding-gender-disability-and-the-protection-gap>.

Deedes, W. F. "Blair's Babes are still on the warpath", *Daily Telegraph*, 14 ago. 2000.

De Looze, M. E.; Huijts, T.; Stevens, G. W. J. M.; Torsheim, T.; Vollebergh, W. A. M. "The happiest kids on Earth: gender equality and adolescent life satisfaction in Europe and North America", *Journal of Youth and Adolescence*, n. 47, 2018, p. 1073-85.

Del Río, M. F.; Strasser, K. "Preschool children's beliefs about gender differences in academic skills", *Sex Roles*, v. 68, n. 3-4, 2013, p. 231-8.

Derks, Belle; Ellemers, Naomi; Van Laar, Colette; De Groot, Kim. "Do sexist organizational cultures create the queen bee?", *British Journal of Social Psychology*, v. 50, n. 3, 2011, p. 519-35.

Derks, Belle; Van Laar, Colette; Ellemers, Naomi; De Groot, Kim. "Gender-bias primes elicit queen bee responses among senior policewomen", *Psychological Science*, v. 22, n. 10, 2011, p. 1243-9.

Dex, S.; Ward, K. *Parental Care and Employment in Early Childhood*. Equal Opportunities Commission, 2007.

Dezsö, Cristian L.; Ross, David Gaddis; Uribe, Jose. "Is there an implicit quota on women in top management? A large-sample statistical analysis", *Strategic Management Journal*, v. 37, n. 1, 2016, p. 98-115.

Dixon-Fyle, Sundiatu; Dolan, Kevin; Hunt, Vivian; Prince, Sara. *Diversity Wins: how inclusion matters*. McKinsey, 19 maio 2020. Disponível em: <www.mckinsey.com/featured-insights/diversity-and-inclusion/diversity-wins-how-inclusion-matters>.

Dobbin, F.; Kalev, A. "Why diversity programs fail", *Harvard Business Review*, jul.-ago. 2016, p. 52-60.

Doran, George H.; Berdahl, J. L. "The sexual harassment of uppity women", *Journal of Applied Psychology*, v. 92, n. 2, 2007, p. 425-37.

Dunne, G. A. *Lesbian Lifestyles: women's work and the politics of sexuality*. Macmillan, 1997.

Durante, F.; Tablante, C. Bearns; Fiske, S. T. "Poor but warm, rich but cold (and competent): social classes in the stereotype content model", *Journal of Social Issues*, v. 73, n. 1, 2017, p. 138-57.

Eagly, Alice H.; Carli, Linda L. "The female leadership advantage: an evaluation of the evidence", *Leadership Quarterly*, v. 14, n. 6, 2003, p. 807-34.

Eagly, Alice; Carli, Linda L. "Women and the labyrinth of leadership", *Harvard Business Review*, set. 2007.

Eagly, Alice H.; Nater, Christa; Miller, David I.; Kaufmann, Michèle; Sczesny, Sabine. "Gender stereotypes have changed: a cross-temporal meta-analysis of US public opinion polls from 1946 to 2018", *American Psychologist*, 18 jul. 2019.

Eakins, B.; Eakins, G. "Verbal turn-taking and exchanges in faculty dialogue". In: Betty L. Dubois e Isabel Crouch (eds.). *Proceedings of the Conference on the Sociology of the Languages of American Women*. Trinity University, 1976.

Eaton, Asia A.; Saunders, Jessica F.; Jacobson, Ryan K.; West, Keon. "How gender and race stereotypes impact the advancement of scholars in STEM: professors' biased evaluations of physics and biology postdoctoral candidates", *Sex Roles*, v. 82, n. 3-4, 2020, p. 127-41.

Economist/YouGov. *The Economist/YouGov Poll*, 14-16 out. 2018. Disponível em: <https://d25d2506sfb94s.cloudfront.net/cumulus_uploads/document/7dh1943i0z/econTabReport.pdf>.

Eilperin, Juliet. "White House women want to be in the room where it happens", *Washington Post*, 13 set. 2016.

Elborough, Travis. "Two letters of one's own", *Boundless*, [s.d.]. Disponível em: <https://unbound.com/boundless/2019/03/28/virginia-woolf>.

Elizabeth. "Sex and reading: a look at who's reading whom", *Goodreads*, 19 nov. 2014. Disponível em: <www.goodreads.com/blog/show/475-sex-and-reading-a-look-at-who-s-reading-whom>.

Ellemers, Naomi; Van den Heuvel, Henriette; De Gilder, Dick; Maass, Anne; Bonvini, Alessandra. "The underrepresentation of women in science: differential commitment or the queen bee syndrome?", *British Journal of Social Psychology*, v. 43, n. 3, 2004, p. 315-38.

Elliott, Francis. "Brexit abuse forces MPs to move house", *The Times*, 16 fev. 2019.

Elliott, James R.; Smith, Ryan A. "Race, gender and workplace power", *American Sociological Review*, v. 69, n. 3, 2004, p. 365-86.

Ely, Robin J.; Stone, Pamela; Ammerman, Colleen. "Rethink what you 'know' about high-achieving women", *Harvard Business Review*, dez. 2014.

Enright, Anne. "Diary", *London Review of Books*, 21 set. 2017.

Eriksson, Mårten; Marschik, Peter B.; Tulviste, Tiia; Almgren, Margareta; Pereira, Miguel Pérez; Wehberg, Sonja; Marjanovič-Umek, Ljubica; Gayraud, Frederique; Kovacevic, Melita; Gallego, Carlos. "Differences between girls and boys in emerging language skills: evidence from 10 language communities", *British Journal of Developmental Psychology*, v. 30, n. 2, 2012, p. 326-43.

Esposito, Anita. "Sex differences in children's conversation", *Language and Speech*, v. 22, n. 3, 1979, p. 213-20.

Esquire. "The 80 best books every man should read", 1 abr. 2015.

Evans, Patrick. "'It's Dr, not Ms,' insists historian", *BBC News*, 15 jun. 2018. Disponível em: <www.bbc.co.uk/news/uk-44496876>.

Fallon, Amy. "VS Naipaul finds no woman writer his literary match – not even Jane Austen", *The Guardian*, 2 jun. 2011.

Files, Julia A.; Mayer, Anita P.; Ko, Marcia G.; Friedrich, Patricia; Jenkins, Marjorie; Bryan, Michael J.; Vegunta, Suneela; Wittich, Christopher M.; Lyle, Melissa A.; Melikian, Ryan; Duston, Trevor; Chang, Yu-Hui H.; Hayes, Sharonne N. "Speaker introductions at internal medicine grand rounds: forms of address reveal gender bias", *Journal of Women's Health*, v. 26, n. 5, 2017, p. 413-19.

Flood, Alison. "Readers prefer authors of their own sex, survey finds", *The Guardian*, 25 nov. 2014.

Foran, Clare. "The curse of Hillary Clinton's ambition", *The Atlantic*, 17 set. 2016.

Friskopp, A.; Silverstein, S. *Straight Jobs, Gay Lives*. Touchstone, 1995.

Frith, Bek. "Women progress when childcare duties are shared more equally", *HR Magazine*, 5 dez. 2016. Disponível em: <www.hrmagazine.co.uk/content/other/women-progress-when-childcare-duties-are-shared-more-equally >.

Fulton, Sarah A. "When gender matters: macro-dynamics and micromechanisms", *Political Behaviour*, v. 36, n. 3, 2014, p. 605-30.

Furnham, Adrian; Reeves, Emma; Budhani, Salima. "Parents think their sons are brighter than their daughters: sex differences in parental self-estimations and estimations of their children's multiple intelligences", *Journal of Genetic Psychology*, v. 163, n. 1, 2002, p. 24-39.

Gallup. "State of the American manager: analytics and advice for leaders", 2014. Disponível em: <www.gallup.com/services/182216/state-american-manager-report.aspx>.

Ganley, Colleen M.; George, Casey E.; Cimpian, Joseph R.; Makowski, Martha B. "Gender equity in college majors: looking beyond the STEM/non-STEM dichotomy for answers regarding female participation", *American Educational Research Journal*, v. 55, n. 3, 2018, p. 453-87.

Gardiner, Becky; Mansfield, Mahana; Anderson, Ian; Holder, Josh; Louter, Daan; Ulmanu, Monica. "The dark side of *Guardian* comments", *The Guardian*, 12 abr. 2016.

Garikipati, Supriya; Kambhampati, Uma. "Women leaders are better at fighting the pandemic", *VoxEU/CEPR*, 21 jun. 2020. Disponível em: <https://voxeu.org/article/women-leaders-are-better-fighting-pandemic>.

Gaubatz, John A.; Centra, Noreen B. "Is there gender bias in student evaluations of teaching?", *Journal of Higher Education*, v. 70, n. 1, 2000, p. 17-33.

Gedro, Julie. "Lesbian presentations and representations of leadership, and the implications for HRD", *Journal of European Industrial Training*, v. 34, n. 6, 2010, p. 552-64.

Gerhart, B.; Rynes, S. "Determinants and consequences of salary negotiations by male and female MBA graduates", *Journal of Applied Psychology*, v. 76, n. 2, 1991, p. 256-62.

Ghavami, Negin; Peplau, Letitia Anne. "An intersectional analysis of gender and ethnic stereotypes: testing three hypotheses", *Psychology of Women Quarterly*, v. 37, n. 1, 2012, p. 113-27.

Gillard, Julia; Okonjo-Iweala, Ngozi. *Women and Leadership: real lives, real lessons*. Bantam, 2020.

Glass, Ira. "If you don't have anything nice to say, say it in all caps", *This American Life*, 23 jan. 2015.

Global Institute for Women's Leadership. "Women have been marginalised in Covid-19 media coverage", *King's College London News Centre*, 30 out. 2020. Disponível em: <www.kcl.ac.uk/news/women-have-been-marginalised-in-covid-19-media-coverage>.

Global Media Monitoring Project. *Who Makes the News?*, relatório de 2015. Disponível em: <https://whomakesthenews.org/gmmp-2015-reports>.

Gneezy, Uri; Leonard, Kenneth L.; List, John A. "Gender differences in competition: evidence from a matrilineal and a patriarchal society", *Econometrica*, v. 77, n. 5, 2009, p. 1637-64.

Gompers, Paul; Kovvali, Silpa. "The other diversity dividend", *Harvard Business Review*, jul.-ago. 2018.

Good, Jessica; Woodzicka, Julie; Wingfield, Lylan. "The effects of gender stereotypic and counter-stereotypic textbook images on science performance", *Journal of Social Psychology*, v. 150, n. 2, 2010, p. 132-47.

Griffeth, Rodger W.; Hom, Peter W.; Gaertner, Stefan. "A meta-analysis of antecedents and correlates of employee turnover: update, moderator tests, and research implications for the next millennium", *Journal of Management*, v. 26, n. 3, 2000, p. 463-88.

Griffith, Nicola. "Books about women don't win big awards: some data", 26 maio 2015. Disponível em: <https://nicolagriffith.com/2015/05/26/books-about-women-tend-not-to-win-awards>.

Groff, Lauren. "Lauren Groff: By the book", *The New York Times*, 24 maio 2018.

Grunspan, Daniel Z.; Eddy, Sarah L.; Brownell, Sara E.; Wiggins, Benjamin L.; Crowe, Alison J.; Goodreau, Steven M. "Males underestimate academic performance of their female peers in undergraduate biology classrooms", *PLoS One*, 10 fev. 2016. Disponível em: <https://journals.plos.org/plosone/article?id=10.1371/journal.pone.0148405>.

Guinness, Molly. "Is this the world's sexiest woman (and the most powerful)?", *The Guardian*, 17 jul. 2011.

Gutiérrez y Muhs, Gabriella; Flores Neimann, Yolanda; González, Carmen G.; Harris, Angela P. *Presumed Incompetent: the intersections of race and class for women in academia*. Utah State University Press, 2012.

Hadjivassiliou, Kari; Manzoni, Chiara. "Discrimination and access to employment for female workers with disabilities", 1 jun. 2017. Disponível em: <www.researchgate.net/publication/319999703_Discrimination_and_Access_to_Employment_for_Female_Workers_with_Disabilities_DIRECTORATE_GENERAL_FOR_INTERNAL_POLICY_DEPARTMENT_A_ECONOMIC_AND_SCIENTIFIC_POLICY_Study_on_Discrimination_and_Access_to_E>.

Handley, Ian M.; Brown, Elizabeth R.; Moss-Racusin, Corinne; Smith, Jessi L. "Quality of evidence revealing subtle gender biases in science is in the eye of the beholder", *Proceedings of the National Academy of Sciences of the United States of America*, v. 112, n. 43, 2015, p. 13201-6.

Hannon, John M.; Milkovich, George T. "The effect of human resource reputation signals on share prices: an event study", *Human Resource Management*, v. 35, n. 3, 1996, p. 405-24.

Harlow, Roxanna. "Race doesn't matter, but...: the effect of race on professors' experiences and emotion management in the undergraduate college classroom", *Social Psychology Quarterly*, v. 66, n. 4, 2003, p. 348-63.

Harvey, Melinda; Lamond, Julieanne. "Taking the measure of gender disparity in Australian book reviewing as a field, 1985 and 2013", *Australian Humanities Review*, n. 60, 2016, p. 84-107.

Haslanger, Sally. "Changing the ideology and culture of philosophy: not by reason (alone)", *Hypatia*, v. 23, n. 2, 2008, p. 210-23.

Hazell, Will. "A-level results: girls tip gender balance in science", *Times Educational Supplement*, 15 ago. 2019.

Heil, Bill; Piskorski, Mikolaj. "New Twitter research: men follow men and nobody tweets", *Harvard Business Review*, jun. 2009.

Heilman, Madeline E.; Chen, Julie J. "Same behavior, different consequences: reactions to men's and women's altruistic citizenship behavior", *Journal of Applied Psychology*, v. 90, n. 3, 2005, p. 431-41.

Hekman, David R.; Johnson, Stefanie K.; Foo, Maw-Der; Yang, Wei. "Does diversity-valuing behavior result in diminished performance ratings for non-white and female leaders?", *Academy of Management Journal*, v. 60, n. 2, 2016, p. 771-97.

Hengel, Erin. "Evidence from peer review that women are held to higher standards", *Vox EU/CEPR*, 22 dez. 2017. Disponível em: <https://voxeu.org/article/evidence-peer-review-women-are-held-higher-standards>.

Hensel, Jana. "Gender parity in all areas just seems logical", *Die Zeit*, 28 jan. 2019.

Herbert, Jennifer; Stipek, Deborah. "The emergence of gender difference in children's perceptions of their academic competence", *Journal of Applied Developmental Psychology*, v. 26, n. 3, 2005, p. 276-95.

Hess, Amanda. "Why women aren't welcome on the internet", *Pacific Standard*, 14 jun. 2017. Disponível em: <https://psmag.com/social-justice/women-arent-welcome-internet-72170>.

Hewlett, Sylvia Ann; Green, Tai. *Black Women Ready to Lead*. Centre for Talent Innovation, 2015.

Hockley, Tony. "Solution aversion", *Behavioral Public Policy* blog, 27 mar. 2018. Disponível em: <https://bppblog.com/2018/03/27/solution-aversion>.

Hodson, Phillip. *Men: an investigation into the emotional male*. Ariel, 1984.

Holmes, Janet. "Women's talk in public contexts", *Discourse & Society*, v. 3, n. 2, 1992, p. 131-50.

Holter, Øystein Gullvåg. "'What's in it for men?' Old question, new data", *Men and Masculinities*, v. 17, n. 5, 2014, p. 515-48.

Horowitz, Jason. "Girding for a fight, McConnell enlists his wife", *The New York Times*, 13 maio 2014.

Horvath, Michael; Ryan, Ann Marie. "Antecedents and potential moderators of the relationship between attitudes and hiring discrimination on the basis of sexual orientation", *Sex Roles*, v. 48, n. 3-4, p. 115-29.

Hosie, Rachel. "Transgender people reveal how they're treated differently as a man or woman", *Independent*, 13 abr. 2017.

Howlett, Neil; Pine, Karen J.; Cahill, Natassia; Orakçioğlu, İsmail; Fletcher, Ben C. "Unbuttoned: the interaction between provocativeness of female work attire and occupational status", *Sex Roles*, v. 72, n. 3-4, 2015, p. 105-16.

Huang, Jess; Krivkovich, Alexis; Starikova, Irina; Yee, Lareina; Zanoschi, Delia. "Women in the workplace 2019". McKinsey, out. 2019. Disponível em: <www.mckinsey.com/~/media/McKinsey/Featured%20Insights/Gender%20Equality/Women%20in%20the%20Workplace%202019/Women-in-the-workplace-2019.ashx>.

Hughes, Sarah. "*The Golden Rule* by Amanda Craig, review: a perfect murder 'mythtery'", *i*, 3 jul. 2020.

Hyde, Janet S.; Mertz, Janet E. "Gender, culture and mathematics performance", *Proceedings of the National Academy of Sciences of the United States of America*, v. 106, n. 22, 2009, p. 8801-7.

Institute of Physics, *It's Different for Girls: the influence of schools*. Institute of Physics, 2012.

Ipsos, Global Institute for Women's Leadership and King's College London. "International Women's Day 2019: global attitudes towards gender equality", 2019. Disponível em: <www.kcl.ac.uk/giwl/assets/iwd-giwl-parenting.pdf >.

Jacobi, Tonja; Schweers, Dylan. "Justice, interrupted: the effect of gender, ideology and seniority at Supreme Court oral arguments", *Virginia Law Review*, n. 103, 2017, p. 1379-485.

Jane, Emma A. *Misogyny Online: a short (and brutish) history*. Sage Swifts, 2016.

Jerrim, John; Shure, Nikki. "Young men score highest on 'bullshit calculator'", University College London, 1 abr. 2019. Disponível em: <www.ucl.ac.uk/ioe/news/2019/apr/young-men-score-highest-bullshit-calculator>.

Johansson, Elly-Ann. *The Effect of Own and Spousal Parental Leave on Earnings*. Institute for Labour Market Policy Evaluation, 2010.

Johnson, Stefanie K.; Hekman, David R.; Chan, Elsa T. "If there's only one woman in your candidate pool, there's statistically no chance she'll be hired", *Harvard Business Review*, abr. 2016.

Johnson, Stefanie K.; Kirk, Jessica F. "Dual-anonymization yields promising results for reducing gender bias: a naturalistic field experiment of applications for Hubble Space Telescope time", *Publications of the Astronomical Society of the Pacific*, v. 132, n. 034503, mar. 2020. Disponível em: <https://iopscience.iop.org/article/10.1088/1538-3873/ab6ce0/pdf>.

Johnson, Wendy; Carothers, Andrew; Deary, Ian J. "Sex differences in variability in general intelligence: a new look at the old question", *Perspectives on Psychological Science*, v. 3, n. 6, 2008, p. 518-31.

Jones, Kristen P.; Peddie, Chad I.; Gilrane, Veronica L.; King, Eden B.; Gray, Alexis L. "Not so subtle: a meta-analytic investigation of the correlates of subtle and overt discrimination", *Journal of Management*, v. 42, n. 6, 2013, p. 1-26.

Joshi, Aparna; Son, Jooyeon; Roh, Hyuntak. "When can women close the gap? A meta-analytic test of sex differences in performance and rewards", *Academy of Management Journal*, v. 58, n. 5, 2014, p. 1516-45.

Jost, John T.; Rudman, Laurie A.; Blair, Irene V.; Carney, Dana R.; Dasgupta, Nilanjana; Glaser, Jack; Hardin, Curtis D. "The existence of implicit bias is beyond reasonable doubt: a refutation of ideological and methodological objections and executive summary of ten studies that no manager should ignore", *Research in Organizational Behavior*, n. 29, 2009, p. 39-69.

Julé, A. *Gender, Participation and Silence in the Language Classroom: shshushing the girls*. Palgrave Macmillan, 2004.

JWT. *The State of Men*. J. Walter Thompson Intelligence, 2013.

Karpf, Anne. *The Human Voice: the story of a remarkable talent*. Bloomsbury, 2011.

Karpowitz, Christopher F.; Mendelberg, Tali. *The Silent Sex: gender, deliberation and institutions*. Princeton University Press, 2014.

Kay, Katty; Shipman, Claire. *The Confidence Code*. HarperCollins, 2015.

Kerevel, Yann P.; Atkeson, Lonna Rae. "Reducing stereotypes of female leaders in Mexico", *Political Research Quarterly*, v. 68, n. 4, 2015, p. 732-44.

Killeen, Lauren A.; López-Zafra, Esther; Eagly, Alice H. "Envisioning oneself as a leader: comparisons of women and men in Spain and the United States", *Psychology of Women Quarterly*, v. 30, n. 3, 2006, p. 312-22.

Kilmartin, Christopher; Smith, Tempe; Green, Alison; Heinzen, Harriotte; Kuchler, Michael; Kolar, David. "A real time social norms intervention to reduce male sexism", *Sex Roles*, v. 59, n. 3, 2008, p. 264-73.

Kimmel, Michael. *Angry White Men: American masculinity at the end of an era*. National, 2013.

Klofstad, Casey A.; Anderson, Rindy C.; Peters, Susan. "Sounds like a winner: voice pitch influences perception of leadership capacity in both men and women", *Proceedings of the Royal Society B*, 14 mar. 2012. Disponível em: <https://doi.org/10.1098/rspb.2012.0311>.

Knobloch-Westerwick, S.; Glynn, C. J.; Huge, M. "The Matilda effect in science communication: an experiment on gender bias in publication quality perceptions and collaboration interest", *Science Communication*, v. 35, n. 5, 2013, p. 603-25.

Knox, Richard. "Study: men talk just as much as women", NPR, 5 jul. 2007. Disponível em: <www.npr.org/templates/story/story.php?storyId=11762186&t=159222113880>.

Kogan, Deborah Copaken. "My so-called 'post-feminist' life in arts and letters", *The Nation*, 29 abr. 2013.

Koolen, C. W. *Reading Beyond the Female*. University of Amsterdam, 2018.

Kramer, Andrea S.; Harris, Alton B. "The persistent myth of female office rivalries", *Harvard Business Review*, dez. 2019.

Kreager, Alexis; Follows, Stephen. *Gender Inequality and Screenwriters*. Writers' Union, 2018.

Kristof, Nicholas. "What the pandemic reveals about the male ego", *The New York Times*, 13 jun. 2020.

Lagarde, Christine; Ostry, Jonathan D. "The macroeconomic benefits of gender diversity", *VoxEU/CEPR*, 5 dez. 2018. Disponível em: <https://voxeu.org/article/macroeconomic-benefits-gender-diversity>.

Larivière, Vincent; Ni, Chaoqun; Gingras, Yves; Cronin, Blaise; Sugimoto, Cassidy R. "Bibliometrics: global gender disparities in science", *Nature*, v. 504, n. 7479, 2013, p. 211-13.

Latu, Ioana M.; Schmid Mast, Marianne; Lammers, Joris; Bombari, Dario. "Successful female leaders empower women's behavior in leadership tasks", *Journal of Experimental Social Psychology*, v. 49, n. 3, 2013, p. 444-8.

Lauzen, Martha M. "The Celluloid Ceiling: behind-the-scenes employment of women on the top US films of 2020", Center for the Study of Women in Television and Film, 2021. Disponível em: <https://womenintvfilm.sdsu.edu/wp-content/uploads/2021/01/2020_Celluloid_Ceiling_Report.pdf>.

Lauzen, Martha M. "It's a man's (celluloid) world: portrayals of female characters in the top grossing films of 2019", *Center for the Study of Women in Television and Film*, 2020. Disponível em: <https://womenintvfilm.sdsu.edu/wp-content/uploads/2020/01/2019_Its_a_Mans_Celluloid_World_Report_REV.pdf>.

Lauzen, Martha M. "Thumbs down 2018: film critics and gender, and why it matters", *Center for the Study of Women in Television and Film*, 2018. Disponível em: <https://womenintvfilm.sdsu.edu/wp-content/uploads/2018/07/2018_Thumbs_Down_Report.pdf>.

Lavy, Victor; Sand, Edith. *On the Origins of Gender Human Capital Gaps: short and long term consequences of teachers' stereotypical biases* (documento de trabalho). National Bureau of Economic Research, 2015.

Layser, Nikki; Holcomb, Jessie; Litmann, Justin. "Twitter makes it worse: political journalists, gendered echo chambers, and the amplification of gender bias", *International Journal of Press/Politics*, v. 23, n. 2, 2018, p. 1-21.

Lean In. *How Outdated Notions about Gender and Leadership are Shaping the 2020 Presidential Race*. Lean In, 2020.

Lean In; McKinsey. "Women in the Workplace 2019". Lean In/McKinsey, 2019.

_____. "Women in the Workplace 2020". Lean In/McKinsey, 2020.

Leibbrandt, Andreas; List, John A. "Do women avoid salary negotiations? Evidence from a large-scale natural field experiment", *Management Science*, v. 61, n. 9, 2015, p. 2016-24.

Levashina, Julie; Hartwell, Christopher J.; Morgeson, Frederick P.; Campion, Michael A. "The structured employment interview: narrative and quantitative review of the research literature", *Personnel Psychology*, v. 67, n. 1, 2014, p. 241-93.

Levin, Sam. "Delta accused of 'blatant discrimination' by black doctor after incident on flight", *The Guardian*, 13 out. 2016.

Levon, Erez. "Gender, interaction and intonational variation: the discourse functions of high rising terminals in London", *Journal of Sociolinguistics*, v. 20, n. 2, 2016, p. 133-63.

LinkedIn. *Language Matters: how words impact men and women in the workplace*, 2019. Disponível em: <www.kcl.ac.uk/giwl/assets/linkedin-language-matters-report-final.pdf>.

Lipman, Joanne. *Win Win: when business works for women, it works for everyone*. John Murray, 2018.

Livingston, Robert W.; Rosette, Ashleigh Shelby; Washington, Ella F. "Can an agentic black woman get ahead? The impact of race and interpersonal dominance on perceptions of female leaders", *Psychological Science*, v. 23, n. 4, 2012, p. 354-58.

Livni, Ephrat. "Your workplace rewards men more and AI can prove it", *Quartz at Work*, 7 dez. 2017. Disponível em: <https://qz.com/work/1149027/your-workplace-rewards-men-more-and-an-ai-can-prove-it>.

Lopez, German. "Study: racism and sexism predict support for Trump much more than economic dissatisfaction", *Vox*, 4 jan. 2017. Disponível em: <www.vox.com/identities/2017/1/4/14160956/trump-racism-sexism-economy-study>.

Loughland, Amelia. "Female judges, interrupted: a study of interruption behaviour during oral argument in the High Court of Australia", *Melbourne University Law Review*, v. 43, n. 2, 2020, p. 822-51.

Loveday, Leo. "Pitch, politeness and sexual role: an exploratory investigation into the pitch correlates of English and Japanese politeness formulae", *Language and Speech*, v. 24, n. 1, 1981, p. 71-89.

Lyness, Karen S.; Judiesch, Michael K. "Are female managers quitters? The relationships of gender, promotions, and family leaves of absence to voluntary turnover", *Journal of Applied Psychology*, v. 86, n. 6, 2001, p. 1167-78.

McBee, Thomas Page. *Amateur: a true story about what makes a man*. Scribner, 2018.

McBee, Thomas Page. "Until I was a man, I had no idea how good men had it at work", *Quartz*, 13 maio 2016. Disponível em: <https://qz.com/680275/until-i-was-a-man-i-had-no-idea-how-good-men-had-it-at-work>.

McClean, Elizabeth J.; Martin, Sean R.; Emich, Kyle J.; Woodruff, Todd. "The social consequences of voice: an examination of voice type and gender on status and subsequent leader emergence", *Academy of Management Journal*, v. 61, n. 5, 2018, p. 1869-91.

McDaniel, Michael A.; Nguyen, Nhung T. "Situational judgment tests: a review of practice and constructs assessed", *International Journal of Selection and Assessment*, v. 9, n. 1-2, 2001, p. 103-13.

McDonagh, Margaret; Fitzsimons, Lorna. *WOMENCOUNT2020: role, value, and number of female executives in the FTSE 350*. The Pipeline, 2020. Disponível em: <https://www.nedaglobal.com/assets/files/New_site_PDFs/The-Pipeline-Women-Count-2020-FINAL-VERSION.pdf>.

MacNell, Lillian; Driscoll, Adam; Hunt, Andrea N. "What's in a name: exposing gender bias in student ratings of teaching", *Innovative Higher Education*, v. 40, n. 4, 2015, p. 291-303.

Maddocks, Fiona. "Marin Alsop, conductor of Last Night of the Proms, on sexism in classical music", *The Guardian*, 6 set. 2013.

Mailer, Norman. *Advertisements for Myself*. Harvard University Press, 1959.

Maliniak, Daniel; Powers, Ryan; Walter, Barbara F. "The gender citation gap in International Relations", *International Organization*, v. 67, n. 4, 2012, p. 889-922.

Manne, Kate. *Down Girl: the logic of misogyny*. Oxford University Press, 2017.

Masoud, Tarek; Jamal, Amaney; Nugent, Elizabeth. "Using the Qu'rān to empower Arab women? Theory and experimental evidence from Egypt", *Comparative Political Studies*, v. 49, n. 12, 2016, p. 1555-98.

Matschiner, Melannie; Murnen, Sarah K. "Hyperfemininity and influence", *Psychology of Women Quarterly*, v. 23, n. 3, 1999, p. 631-42.

Maume, David J.; Hewitt, Belinda; Ruppanner, Leah. "Gender equality and restless sleep among partnered Europeans", *Journal of Marriage and Family*, v. 80, n. 4, 2018, p. 1040-58.

Mavin, Sharon. "Queen bees, wannabees and afraid to bees: no more 'best enemies' for women in management?", *British Journal of Management*, v. 19, n. S1, 2008, p. S75-84.

Mavisakalyan, Astghik; Tarverdi, Yashar. "Gender and climate change: do female parliamentarians make difference?", *European Journal of Political Economy*, n. 56, 2019, p. 151-64.

Mazei, Jens; Hüffmeier, Joachim; Freund, Philipp Alexander; Stuhlmacher, Alice F.; Bilke, Lena; Hertel, Guido. "A meta-analysis on gender differences in negotiation outcomes and their moderators", *Psychological Bulletin*, v. 141, n. 1, 2015, p. 85-104.

Meeussen, Loes; Van Laar, Colette; Verbruggen, Marijke. "Looking for a family man? Norms for men are toppling in heterosexual relationships", *Sex Roles*, v. 80, n. 7, 2018, p. 429-42.

Mehl, Matthias R.; Vazire, Simine; Ramírez-Esparza, Nairán; Slatcher, Richard B.; Pennebaker, James W. "Are women really more talkative than men?", *Science*, v. 317, n. 5834, 6 jul. 2007, p. 82.

Merrit, Deborah Jones. "Bias, the brain, and student evaluations of teaching", *St John's Law Review*, v. 82, n. 1, 2008, p. 251-2.

Miller, David I.; Halpern, Diane F. "The new science of cognitive sex differences", *Trends in Cognitive Sciences*, v. 18, n. 1, 2014, p. 37-45.

Miller, David I.; Nolla, Kyle M.; Eagly, Alice H.; Uttal, David H. "The development of children's gender-science stereotypes: a meta-analysis of 5 decades of US draw-a-scientist studies", *Child Development*, v. 89, n. 6, 2018, p. 1943-55.

Miller, JoAnn; Chamberlin, Marylin. "Women are teachers, men are professors: a study of student perceptions", *Teaching Sociology*, v. 28, n. 4, 2000, p. 283-98.

Mills, Eleanor. "How to deal with men", *British Journalism Review*, v. 28, n. 4, 2017, p. 5-7.

Mills, Eleanor; Hind, Kate; Quinn, Aine. "The tycoon and the escort: the business of portraying women in newspapers", *Women in Journalism*, 19 set. 2017. Disponível em: <https://womeninjournalism.co.uk/the-tycoon-and-the-escort-the-business-of-portraying-women-in-newspapers-2>.

Moran, Caitlin. "I have 50 facemasks and I intend to use them", *The Times*, 26 jun. 2020.

Moscatelli, Silvia; Menegatti, Michela; Ellemers, Naomi; Mariani, Marco Giovanni; Rubini, Monica. "Men should be competent, women should have it all", *Sex Roles*, v. 83, n. 5-6, 2020, p. 269-88.

Moss-Racusin, Corinne A.; Dovidio, John F.; Brescoll, Victoria L.; Graham, Mark J.; Handelsman, Jo. "Science faculty's subtle gender biases favor male students", *Proceedings of the National Academy of Sciences of the United States of America*, v. 109, n. 41, 2012, p. 16474-9.

Muir, Kate. "*Killing Eve* and the rise of the older screen queen", *Financial Times*, 14 jun. 2019.

Mulholland, Valentine. "Why are there disproportionately few female school leaders and why are they paid less than their male colleagues?", *Times Educational Supplement*, 8 mar. 2018.

Muller-Heyndyk, Rachel. "Female and younger leaders more susceptible to imposter syndrome", *HR Magazine*, 28 out. 2019. Disponível em: <www.hrmagazine.co.uk/article-details/female-and-younger-leaders-more-susceptible-to-imposter-syndrome>.

Murphy, Heather. "Picture a leader. Is she a woman?", *The New York Times*, 16 mar. 2018.

Murti, Lata. "Who benefits from the white coat? Gender differences in occupational citizenship among Asian-Indian doctors", *Ethnic and Racial Studies*, v. 35, n. 12, 2013, p. 2035-53.

National Rehabilitation Information Center. "Working women with disabilities share strategies for countering stereotypes in the workplace", 9 set. 2018. Disponível em: <www.naric.com/?q=en/rif/working-women-disabilities-share-strategies-countering-stereotypes-workplace>.

Neimann, Yolanda Flores. *Chicana Leadership: the frontiers reader*. University of Nebraska Press, 2002.

Nelson, Larry R., Jr; Signorella, Margaret L.; Botti, Karin G. "Accent, gender, and perceived competence", *Hispanic Journal of Behavioural Sciences*, v. 38, n. 2, 2016, p. 166-85.

Nichols, Catherine. "Homme de plume: what I learned sending my novel out under a male name", *Jezebel*, 4 ago. 2015. Disponível em: <https://jezebel.com/homme-de-plume-what-i-learned-sending-my-novel-out-und-1720637627>.

Nielsen. *African-American Women: our science, her magic*, 21 set. 2017. Disponível em: <www.nielsen.com/us/en/insights/report/2017/african-american-women-our-science-her-magic/#>.

Nittrouer, Christine L.; Hebl, Michelle R.; Ashburn-Nardo, Leslie; Trump-Steele, Rachel C. E.; Lane, David M.; Valian, Virginia. "Gender disparities in colloquium speakers at top universities", *Proceedings of the National Academy of Sciences of the United States of America*, v. 115, n. 1, 2018, p. 104-8.

Noland, Marcus; Moran, Tyler. "Study: firms with more women in the C-suite are more profitable", *Harvard Business Review*, fev. 2016.

Nordell, Jessica. "Why aren't women advancing at work? Ask a transgender person", *New Republic*, 28 ago. 2014.

Okahana, Hironao; Zhou, Enyu. *Graduate Enrollment and Degrees: 2007 to 2017*. Council of Graduate Schools, 2018.

O'Kane, Caitlin. "'Mr Vice President, I'm speaking': Kamala Harris rebukes Pence's interruptions during debate", *CBS News*, 7 out. 2020. Disponível em: <www.cbsnews.com/news/kamala-harris-mr-vice-president-pence-interruptions>.

Okimoto, Tyler G.; Brescoll, Victoria L. "The price of power: power-seeking and backlash against female politicians", *Personality and Social Psychology Bulletin*, v. 36, n. 7, 2010, p. 923-36.

Oleszkiewicz, Anna; Pisanski, Katarzyna; Lachowicz-Tabaczek, Kinga; Sorokowszka, Agnieska. "Voice-based assessments of trustworthiness, competence, and warmth in blind and sighted adults", *Psychonomic Bulletin and Review*, v. 24, n. 3, 2017, p. 856-62.

Ones, Deniz S.; Viswesvaran, Chockalingam. "Gender, age and race differences on overt integrity tests: results across four large-scale job applicant data sets", *Journal of Applied Psychology*, v. 83, n. 1, 1998, p. 35-42.

Organisation for Economic Co-operation and Development. *Reading performance (PISA)*, 2019. Disponível em: <https://data.oecd.org/pisa/reading-performance-pisa.htm>.

Park, G.; Yaden, D. B.; Schwartz, H. A.; Kern, M. L.; Eichstaedt, J. C.; Kosinski, M.; Stillwell, D.; Ungar, L. H.; Seligman, M. E. "Women are warmer but no less assertive than men: gender and language on Facebook", *PLoS One*, v. 11, n. 5, 2016, e0155885. Disponível em: <https:journals.plos.org/plosone/article?id=10.1371%2Fjournal.pone.0155885>.

Parke, Ross D. *Fatherhood*. Harvard University Press, 1996.

Parker, Adam. "Comparative analysis of gender on Twitter in relation to UK politics journalists", *Lissted*, out. 2017. Disponível em: <https://drive.google.com/file/d/1CoMkc455RvI49Kr0Qzf_xk-dXyovW1A4/view>.

Parker, Ceri. "'When the woman starts talking, the men switch off': Christine Lagarde on why gender parity is taking so long", *World Economic Forum Annual Meeting*, 18 jan. 2017. Disponível em: <www.weforum.org/agenda/2017/01/when-the-woman-starts-talking-the-men-switch-off-davos-participants-on-why-gender-parity-is-taking-so-long>.

Parker, Kim. *Women and Leadership: public says women are equally qualified, but barriers persist*. Pew Research Center, 2015.

Paustian-Underdahl, Samantha C.; Walker, Lisa Slattery; Woehr, David J. "Gender and perceptions of leadership effectiveness: a meta-analysis of contextual moderators", *Journal of Applied Psychology*, v. 99, n. 6, 2014, p. 1129-45.

Pearce, Edward. "Sir Gordon Reece", obituário, *The Guardian*, 27 set. 2001.

Peck, Emily. "Half the men in the US are uncomfortable with female political leaders", *Huffington Post*, 19 nov. 2019.

Pemberton, Cecilia; McCormack, Paul; Russell, Alison. "Have women's voices lowered across time? A cross sectional study of Australian women's voices", *Journal of Voice*, v. 12, n. 2, 1998, p. 208-13.

Penny, Laurie. "A woman's opinion is the mini-skirt of the internet", *Independent*, 4 nov. 2011. Disponível em: <www.independent.co.uk/voices/commentators/laurie-penny-a-womans-opinion-is-the-mini-skirt-of-the-internet-6256946.html>.

Peplau, Letitia Anne; Fingerhut, Adam. "The paradox of the lesbian worker", *Journal of Social Issues*, v. 60, n. 4, 2004, p. 719-35.

Perkins, Susan; Phillips, Katherine W. "Research: are women better at leading diverse countries than men?", *Harvard Business Review*, fev. 2019.

Petruzalek, Daniela. "Gender bias? A transgender perspective!", *Medium*, 17 jan. 2018. Disponível em: <https://medium.com/@danielapetruzalek/gender-bias-a-transgender-perspective-de27f2cd3837>.

Petter, Olivia. "Tackling workplace sexism could boost economy by 35%, IMF chief says", *Independent*, 2 mar. 2019.

Petts, Richard J.; Knoester, Chris; Waldfogel, Jane. "Fathers' paternity leavetaking and children's perceptions of father–child relationships in the United States", *Sex Roles*, v. 82, n. 1, 2019, p. 173-88.

Phillips, Adam. "Unforgiven", *London Review of Books*, 7 mar. 2019.

Phillips, Katherine W.; Liljenquist, Katie A.; Neale, Margaret A. "Better decisions through diversity", *Kellogg Insight*, 1 out. 2010. Disponível em: <https://insight.kellogg.northwestern.edu/article/better_decisions_through_diversity>.

Pittman, Chavella T. "Race and gender oppression in the classroom: the experiences of women faculty of color with white male students", *Teaching Sociology*, v. 38, n. 3, 2010, p. 183-96.

Pressner, Kristen. "Are you biased? I am", TEDxBasel, 30 ago. 2016. Disponível em: <www.youtube.com/watch?v=Bq_xYSOZrgU>.

Pring, John. "MP speaks of pride at being dyspraxic at launch of Neurodivergent Labour", 14 fev. 2019. Disponível em: <https://www.disabilitynewsservice.com/mp-speaks-of-pride-at-being-dyspraxic-at-launch-of-neurodivergent-labour>.

Pronin, Emily; Lin, Daniel Y.; Ross, Lee. "The bias blind spot: perceptions of bias in self versus others", *Personality and Social Psychology Bulletin*, v. 28, n. 3, 2002, p. 369-81.

Propp, Kathleen M. "An experimental examination of biological sex as a status cue in decision-making groups and its influence on information use", *Small Group Research*, v. 26, n. 4, 1995, p. 451-74.

pwc. *Winning the Fight for Female Talent: how to gain the diversity edge through inclusive recruitment*. pwc, 2017.

Quadlin, Natasha. "The mark of a woman's record: gender and academic performance in hiring", *American Sociological Review*, v. 83, n. 2, 2018, p. 331-60.

Ramakrishna, Anil; Martínez, Victor R.; Malandrakis, Nikolaos; Singla, Karan; Narayanan, Shrikanth. "Linguistic analysis of differences in portrayal of movie characters", *Proceedings of the 55th Annual Meeting of the Association for Computational Linguistics* (Association for Computational Linguistics), 2017, p. 1669-78.

Rankin, Sarah. "New York Times 'By the book' interviews", *GitHub*, 14 jun. 2018. Disponível em: <https://github.com/srhrnkn/btb/blob/master/btb.md#new-york-times-by-the-book-interviews>.

Rankine, Claudia. *Just Us: an American conversation*. Allen Lane, 2020.

Rattan, Aneeta; Chilazi, Siri; Georgeac, Oriane; Bohnet, Iris. "Tackling the underrepresentation of women in media", *Harvard Business Review*, jun. 2019.

Raw, Louise. "When women experts are not taken seriously", *BBC News*, 20 maio 2019. Disponível em: <www.bbc.co.uk/news/uk-48333945>.

Reuben, Ernesto; Sapienza, Paola; Zingales, Luigi. "How stereotypes impair women's careers in science", *Proceedings of the National Academy of Sciences of the United States of America*, v. 111, n. 12, 2014, p. 4403-8.

Rigby, Jennifer; Newey, Sarah; Gilbert, Dominic. "Why do female leaders seem so good at tackling the coronavirus pandemic?", *Daily Telegraph*, 28 abr. 2020.

Roberts, Laura Morgan; Mayo, Anthony J.; Ely, Robin J.; Thomas, David A. "Beating the odds", *Harvard Business Review*, mar.-abr. 2018.

Robertson, Katie. "Kamala Harris cartoon in Murdoch paper is denounced as racist", *The New York Times*, 17 ago. 2020.

Rodionova, Zlata. "What happened when a man and woman switched names at work for a week", *Independent*, 10 mar. 2017.

Rosenthal, Cindy Simon. *When Women Lead: integrative leadership in state legislatures*. Oxford University Press, 1998.

Rosette, Ashleigh Shelby; Koval, Christy Zhou; Ma, Anyi; Livingston, Robert. "Race matters for women leaders: intersectional effects on agentic deficiencies and penalties", *Leadership Quarterly*, v. 27, n. 3, 2016, p. 429-45.

Rosette, Ashleigh Shelby; Livingston, Robert W. "Failure is not an option for black women: effects of organizational performance on leaders with single versus dual-subordinate identities", *Journal of Experimental Social Psychology*, v. 48, n. 5, 2012, p. 1162-7.

Ross, Karen; Boyle, Karen; Carter, Cynthia; Ging, Debbie. "Women, men and news: it's life, Jim, but not as we know it", *Journalism Studies*, v. 19, n. 6, 2018, p. 824-45.

Ross, Karen; Sreberny-Mohammadi, Annabelle. "Playing house—gender, politics and the news media in Britain", *Media, Culture & Society*, v. 19, n. 1, 1997, p. 101-9.

Rudman, L. A. "Self-promotion as a risk factor for women: the costs and benefits of counter-stereotypical impression management", *Journal of Personality and Social Psychology*, v. 74, n. 3, 1998, p. 629-45.

Sadker, David; Sadker, Myra; Zittleman, Karen R. *Still Failing at Fairness: how gender bias cheats girls and boys in school and what we can do about it*. Scribner, 2009.

Sadker, Myra; Sadker, David. *Final Report: project effect (effectiveness and equity in college teaching)*. US Department of Education, 1986.

Sage, Adam. "How misogyny, infidelity and betrayal destroyed Ségolène Royal's bid to become president of France", *The Times*, 10 nov. 2018.

SAGE Publications. "Gay and lesbian job seekers face discrimination", 5 abr. 2015. Disponível em: <https://phys.org/news/2015-04-gay-lesbian-job-seekers-discrimination.html>.

Salerno, Jessica M.; Peter-Hagene, Liana C. "One angry woman: anger expression increases influence for men, but decreases influence for women, during group deliberation", *Law and Human Behaviour*, v. 39, n. 6, p. 581-92.

Sandberg, Sheryl. *Lean In: women, work, and the will to lead*. W. H. Allen, 2013.

Schilt, Kristen. "Just one of the guys? How transmen make gender visible at work", *Gender and Society*, v. 20, n. 4, 2006, p. 465-90.

Schilt, Kristen. *Just One of the Guys? Transgender men and the persistence of gender inequality*. University of Chicago Press, 2010.

Schumaker, Erin. "Progressive gender views among teen boys could protect against violence: study", *ABC News*, 27 dez. 2019. Disponível em: <https://abcnews.go.com/Health/progressive-gender-views-teen-boys-protect-violence-study/story?id=67897133>.

Sesko, Amanda K.; Biernat, Monica. "Prototypes of race and gender: the invisibility of Black women", *Journal of Experimental Social Psychology*, v. 46, n. 2, 2010, p. 356-60.

Shashkevich, Alex. "Stanford researcher examines how people perceive interruptions in conversation", *Stanford News Service*, 2 maio 2018. Disponível em: <https://news.stanford.edu/press-releases/2018/05/02/exploring-interrion-conversation>.

Shift7. "Female-led films outperform at box office for 2014-2017", dez. 2018. Disponível em: <https://shift7.com/media-research>.

Siegel, Ed. "Could a good choice for the BSO turn into a great choice for Boston?", *WBUR*, 6 set. 2019. Disponível em: <www.wbur.org/artery/2019/09/06/conductor-andris-nelsons-bso-five-years>.

Sieghart, Mary Ann. "Are you taken less seriously than men?", *Mumsnet*, 29 maio 2020. Disponível em: <www.mumsnet.com/Talk/womens_rights/3923344-Are-you-taken-less-seriously-than-men-Contribute-to-my-book>.

Sieghart, Mary Ann. "Why are even women biased against women?", *Analysis*, BBC Radio 4, 28 abr. 2019. Disponível em: <www.bbc.co.uk/programmes/articles/312fXcsr5T1V9p509XNMYC4/why-are-even-women-biased-against-women>.

Simge, Andí; Selva, Meera; Nielsen, Rasmus Kleis. "Women and leadership in the news media 2020: evidence from ten markets", *Reuters Institute for the Study of Journalism*, 8 mar. 2020. Disponível em: <https://reutersinstitute.politics.ox.ac.uk/sites/default/files/2020-03/Andi_et_al_Women_and_Leadership_in_Media_FINAL.pdf>.

Smith, David. "Women are still a closed book to men", *The Guardian*, 29 maio 2005.

Smith, Stacy L.; Choueiti, Marc; Yao, Kevin; Clark, Hannah; Pieper, Katherine. *Inclusion in the Director's Chair: analysis of director gender & race/ethnicity across 1,300 top films from 2007 to 2019*. ReFrame e Annenberg Inclusion Initiative, jan. 2020.

Smith, Stacy L.; Weber, Rene; Choueiti, Marc; Pieper, Katherine; Case, Ariana; Yao, Kevin; Lee, Carmen. *The Ticket to Inclusion: gender & race/ethnicity of leads and financial performance across 1,200 popular films*. ReFrame e Annenberg Inclusion Initiative, fev. 2020.

Snow, Jon, *Maggie & Me*, Channel 4, 8 abr. 2013. Disponível em: <www.channel4.com/programmes/maggie-me>.

Snyder, Kieran. "The abrasiveness trap: high-achieving men and women are described differently in reviews", *Fortune*, 26 ago. 2014.

Snyder, Kieran. "Boys learn to interrupt. Girls learn to shut up", *Slate*, 14 ago. 2014. Disponível em: <https://slate.com/human-interest/2014/08/child-interruption-study-boys-learn-to-interrupt-girls-as-young-as-4-years-old.html>.

Snyder, Kieran. "How to get ahead as a woman in tech: interrupt men", *Slate*, 23 jul. 2014. Disponível em: <https://slate.com/human-interest/2014/07/study-men-interrupt-women-more-in-tech-workplaces-but-high-ranking-women-learn-to-interrupt.html>.

Snyder, Kirk. *The G Quotient: why gay executives are excelling as leaders... and what every manager needs to know*. Wiley, 2006.

Soderlind, Laura. "Lesbians earn more than heterosexual women while gay men lag in wages", 31 mar. 2015. Disponível em: <https://phys.org/pdf347005749.pdf>.

Solnit, Rebecca. *Men Explain Things to Me*. Haymarket, 2014.

Sontag, Susan. "The double standard of aging", *Saturday Review*, 23 set. 1972.

Spender, Dale. *Learning to Lose: sexism and education*. Women's Press, 1980.

Steinpreis, Rhea E.; Anders, Katie A.; Ritzke, Dawn. "The impact of gender on the review of curricula vitae of job applicants and tenure candidates: a national empirical study", *Sex Roles*, v. 41, n. 7-8, 1999, p. 509.

Stephens-Davidowitz, Seth. "Google, tell me. Is my son a genius?", *The New York Times*, 18 jan. 2014.

Steuter-Martin, Marilla. "Sue Montgomery calls out gender disparity at city council, one stitch at a time", *CBC News*, 14 maio 2019. Disponível em: <www.cbc.ca/news/canada/montreal/montreal-city-council-gender-sue-montgomery-1.5135001>.

Storage, Daniel; Charlesworth, Tessa; Banaji, Mahzarin; Cimpian, Andrei. "Adults and children implicitly associate brilliance with men more than women", *Journal of Experimental Social Psychology*, n. 90, 2020, art. 104.120. Disponível em: <www.sciencedirect.com/science/article/abs/pii/S0022103120303607>.

Storage, Daniel; Horne, Zachary; Cimpian, Andrei; Leslie, Sarah-Jane. "The frequency of 'brilliant' and 'genius' in teaching evaluations predicts the representation of women and African Americans across fields", *PLoS One*, 3 mar. 2016. Disponível em: <https://journals.plos.org/plosone/article?id=10.1371/journal.pone.0150194>.

Subtirelu, Nicholas. "Bashing Hillary Clinton's voice: 'screeching', 'shrieking', and 'shrill'", *Linguistic Pulse*, 8 fev. 2016. Disponível em: <https://linguisticpulse.com/2016/02/08/bashing-hillary-clintons-voice-screeching-shrieking-and-shrill>.

Swacker, M. "The sex of the speaker as a sociolinguistic variable". In: Barrie Thorne e Nancy Henley (eds.). *Language and Sex: difference and dominance*. Newbury House, 1975.

Tannen, Deborah. "The truth about how much women talk – and whether men listen", *Time*, 28 jun. 2017.

Thomas, Sue; Herrick, Rebekah; Franklin, Lori D.; Godwin, Marcia L.; Gnabasik, Eveline; Schroedel, Jean R. "Not for the faint of heart: assessing physical violence and psychological abuse against US mayors", *State and Local Government Review*, v. 51, n. 1, 2019, p. 57-67.

Thomas-Hunt, Melissa C.; Phillips, Katherine W. "When what you know is not enough: expertise and gender dynamics in task groups", *Personality and Social Psychology Bulletin*, v. 30, n. 12, 2004, p. 1585-98.

Tinsley, Catherine H.; Ely, Robin J. "What most people get wrong about men and women", *Harvard Business Review*, maio-jun. 2018.

Titlow, John Paul. "These women entrepreneurs created a fake male cofounder to dodge startup sexism", *Fast Company*, 29 ago. 2017. Disponível em: <www.fastcompany.com/40456604/these-women-entrepreneurs-created-a-fake-male-cofounder-to-dodge-startup-sexism>.

Tivnan, Tom. "Women dominated the top literary bestsellers last year", *Bookseller*, 15 jan. 2018.

Tramontana, Mary Katharine. "Why are men still explaining things to women?", *The New York Times*, 9 set. 2020.

Travers, Peter. Interview with Anne Hathaway, *Popcorn*, 19 abr. 2017.

Treneman, Ann. "Media families: 11. the Siegharts", *Independent*, 28 abr. 1997.

Trix, F.; Psenka, C. "Exploring the color of glass: letters of recommendation for female and male medical faculty", *Discourse & Society*, v. 14, n. 2, 2003, p. 191-220.

Twenge, Jean M. "Changes in masculine and feminine traits over time: a meta-analysis", *Sex Roles*, v. 36, n. 5-6, 1997, p. 305-25.

21st Century Fox; Geena Davis Institute on Gender in Media; J. Walter Thompson Intelligence. "The Scully Effect: I want to believe in STEM", 2020. Disponível em: <https://seejane.org/research-informs-empowers/the-scully-effect-i-want-to-believe-in-stem>.

Uhlmann, Eric Luis; Cohen, Geoffrey L. "Constructed criteria: redefining merit to justify discrimination", *Psychological Science*, 2005. Disponível em: <pubmed.ncbi.nlm.nih.gov/15943674>.

UK Feminista; National Education Union. *"It's Just Everywhere"*: a study on sexism in schools – and how we tackle it, 2017. Disponível em: <https://ukfeminista.org.uk/wp-content/uploads/2017/12/Report-Its-just-everywhere.pdf>.

Universitat Pompeu Fabra, Barcelona. "Women are 30 percent less likely to be considered for a hiring process than men", *Phys.org*, 26 mar. 2019. Disponível em: <https://phys.org/news/2019-03-women-percent-hiring-men.html>.

University of Sussex. "Female bosses favour gay and lesbian job-seekers, research finds", *Phys.org*, 23 fev. 2017. Disponível em: <https://phys.org/news/2017-02-female-bosses-favour-gay-lesbian.html>.

Unstereotype Alliance. "Advertising is out of sync with world's consumers", 2 out. 2018. Disponível em: <https://www.unstereotypealliance.org/en/resources/research-and-tools/ipsos-study---advertising-is-out-of-sync-with-worlds-consumers>.

Van Bezooijen, Reneé. "Sociocultural aspects of pitch differences between Japanese and Dutch women", *Language and Speech*, v. 38, n. 3, 1995, p. 253-65.

Vedantam, Shankar. *The Hidden Brain*. Spiegel & Grau, 2010.

VIDA, *The 2018 VIDA Count*, 2019. Disponível em: <www.vidaweb.org/the-count/the-2018-vida-count>.

Voronova, Liudmila. "'Send pretty girls to the White House': the role of gender in journalists–politicians' interactions", *Journal for Communication Studies*, v. 7, n. 2, 2014, p. 145-72.

Voyer, Daniel; Voyer, Susan D. "Gender differences in scholastic achievement: a meta-analysis", *Psychological Bulletin*, v. 140, n. 4, 2014, p. 1174-204.

Wagner, Claudia; Graells-Garrido, Eduardo; Garcia, David; Menczer, Filippo. "Women through the glass ceiling: gender asymmetries in Wikipedia", *EPJ Data*

Science, v. 5, n. 1, 2016. Disponível em: <https://epjdatascience.springeropen.com/articles/10.1140/epjds/s13688-016-0066-4>.

Waterson, Jim. "*Financial Times* tool warns if articles quote too many men", *The Guardian*, 14 nov. 2018.

Wayne, Carly; Valentino, Nicholas; Oceno, Marzia. "How sexism drives support for Donald Trump", *Washington Post*, 23 out. 2016.

Weinberg, Dana B.; Kapelner, Adam. "Comparing gender discrimination and inequality in indie and traditional publishing", *PLoS One*, 9 abr. 2018. Disponível em: <https://journals.plos.org/plosone/article?id=10.1371/journal.pone.0195298>.

Weiss, Suzannah. "Is this the only way to escape trolls?", *Bustle*, 7 abr. 2015. Disponível em: <www.bustle.com/articles/74778-tweeting-troll-free-is-a-form-of-male-privilege-and-alex-blank-millard-just-proved-it>.

Weitz, Rose. "Women and their hair: seeking power through resistance and accommodation", *Gender and Society*, v. 15, n. 5, 2001, p. 667-86.

West, Candace. "When the doctor is a 'lady': power, status and gender in physician–patient encounters", *Symbolic Interaction*, v. 7, n. 1, 1984, p. 87-106.

Wible, Pamela. "Her story went viral. But she is not the only black doctor ignored in an airplane emergency", *Washington Post*, 20 out. 2016.

Wieckowski, Ania G. "For women in business, beauty is a liability", *Harvard Business Review*, nov.-dez. 2019.

Wikipedia. "Gender bias on Wikipedia", 2020. Disponível em: <https://en.wikipedia.org/wiki/Gender_bias_on_Wikipedia>.

Williams, Blair. "A gendered media analysis of the prime ministerial ascension of Gillard and Turnbull: he's 'taken back the reins' and she's 'a backstabbing' murderer", *Australian Journal of Political Science*, v. 52, n. 4, 2017, p. 1036-146.

Williams, Blair E. "A tale of two women: a comparative gendered media analysis of UK prime ministers Margaret Thatcher and Theresa May", *Parliamentary Affairs*, abr. 2020. Disponível em: <www.researchgate.net/publication/340954023_A_Tale_of_Two_Women_A_Comparative_Gendered_Media_Analysis_of_UK_Prime_Ministers_Margaret_Thatcher_and_Theresa_May>.

Williams, Joan C. "The 5 biases pushing women out of STEM", *Harvard Business Review*, mar. 2015.

Williams, Paula Stone. "I've lived as a man & a woman – here's what I learned", *TEDx Talks*, 19 dez. 2017. Disponível em: <www.youtube.com/watch?v=lrYx7HaUlMY>.

Willsher, Kim. "French 'boys' club' of journalists accused of bullying women online", *The Guardian*, 11 fev. 2019.

Winkett, Lucy. "Thank God for women priests!", *The Oldie*, 8 jan. 2020.

Woetzel, Jonathan; Madgavkar, Anu; Ellingrud, Kweilin; Labaye, Eric; Devillard, Sandrine; Kutcher, Eric; Manyika, James; Dobbs, Richard; Krishnan, Mekala. *How Advancing Women's Equality Can Add $12 Trillion to Global Growth*. McKinsey, 1 set. 2015. Disponível em: <www.mckinsey.com/featured-insights/employment-and-growth/how-advancing-womens-equality-can-add-12-trillion-to-global-growth>.

Woman Interrupted, *Woman Interrupted*, 2020. Disponível em: <www.womaninterruptedapp.com/en>.

Woolcock, Nicola. "GCSE results 2019: top grades on the increase in reformed, harder exams", *The Times*, 23 ago. 2019.

Wright, Oliver. "Theresa May making £100,000 a speech on lecture circuit", *The Times*, 22 jun. 2020.

Wu, Alice H. "Gender stereotyping in academia: evidence from economics job market rumors forum", ago. 2017. Disponível em: <http://calwomenofecon.weebly.com/uploads/9/6/1/0/96100906/wu_ejmr_paper.pdf>.

Xinyue Xiao, Sonya; Cook, Rachel E.; Martin, Carol Lynn; Nielson, Matthew G.; Field, Ryan D. "Will they listen to me? An examination of in-group gender bias in children's communication beliefs", *Sex Roles*, v. 80, n. 3-4, 2019, p. 172-85.

Yang, Jiang; Counts, Scott; Morris, Meredith Ringel; Hoff, Aaron. "Microblog credibility perceptions: comparing the United States and China", ACM Conference on Computer Supported Cooperative Work, San Antonio, 2013.

Yong, Ed. "I spent two years trying to fix the gender imbalance in my stories", *The Atlantic*, 6 fev. 2018.

Yoon, Carol Kaesuk. "Scientist at work: Joan Roughgarden; a theorist with personal experience of the divide between the sexes", *The New York Times*, 17 out. 2000.

Zimmerman, Don H.; West, Candace. "Sex roles, interruptions and silences in conversation". In: Barrie Thorne; Nancy Henley (eds.). *Language and Sex: difference and dominance*. Newbury House, 1975.

Notas

Introdução

1. Entrevista com a autora, 2019.
2. Livni, "Your workplace rewards men more".
3. Joshi et al., "When can women close the gap?".
4. Veja: <www.lexico.com/definition/authority>.
5. Entrevista com a autora, 2019.
6. Entrevista com a autora, 2020.
7. Jost et al., "The existence of implicit bias".
8. Entrevista com a autora, 2019.
9. Entrevista com a autora, 2019.
10. Entrevista com a autora, 2019.
11. Entrevista com a autora, 2020.
12. Entrevista com a autora, 2019.
13. Entrevista com a autora, 2019.
14. Entrevista com a autora, 2020.
15. Bennett, *Our Women*.
16. Elborough, "Two letters of one's own".
17. Fallon, "VS Naipaul finds no woman writer his literary match".
18. Mailer, *Advertisements for Myself*.
19. Ramakrishna et al., "Linguistic analysis of differences".
20. Sieghart, "Why are even women biased against women?".
21. Furnham et al., "Parents think their sons are brighter".
22. Del Río e Strasser, "Preschool children's beliefs about gender differences".
23. Bian et al., "Evidence of bias against girls and women".
24. Stephens-Davidowitz, "Google, tell me".
25. Furnham et al., "Parents think their sons are brighter".
26. Spender, *Learning to Lose*.
27. Manne, *Down Girl*.
28. Entrevista com a autora, 2019.
29. Birger, "Xerox turns a new page".
30. Entrevista com a autora, 2019.
31. Lean In e McKinsey, "Women in the Workplace 2019". Um levantamento menos abrangente conduzido pela Ipsos MORI também descobriu que as mulheres eram mais submetidas a esse tratamento do que os homens, mas em menor número.

Capítulo 1

1. Nichols, "Homme de plume".
2. Sieghart, "Why are even women biased against women?".
3. Nichols, "Homme de plume".
4. Sieghart, "Why are even women biased against women?".
5. Moss-Racusin et al., "Science faculty's subtle gender biases".
6. Sieghart, "Why are even women biased against women?".
7. MacNell et al., "What's in a name".
8. Steinpreis et al., "The impact of gender on the review of curricula vitae".
9. Entrevista com a autora, 2019.
10. Entrevista com a autora, 2019.
11. Entrevista com a autora, 2019.
12. Eriksson et al., "Differences between girls and boys".
13. Voyer e Voyer, "Gender differences in scholastic achievement".
14. Bilton, "Women are outnumbering men at a record high".
15. Okahana e Zhou, *Graduate Enrollment and Degrees*.
16. Colom et al., "Negligible sex differences in general intelligence".
17. Johnson et al., "Sex differences in variability in general intelligence".
18. Bian et al., "Gender stereotypes about intellectual ability".
19. Miller e Halpern, "The new science of cognitive sex differences".
20. Hyde e Mertz, "Gender, culture and mathematics performance".
21. Ibid.
22. Woolcock, "GCSE results 2019".
23. OECD, *Reading performance (PISA)*.
24. Breda e Napp, "Girls' comparative advantage in reading".
25. Hazell, "A-level results".
26. Institute of Physics, *It's Different for Girls*.
27. Ganley et al., "Gender equity in college majors".
28. Barthelemy et al., "Gender discrimination in physics and astronomy".
29. Costa et al., "Gender differences in personality traits across cultures".
30. Twenge, "Changes in masculine and feminine traits".
31. Park et al., "Women are warmer but no less assertive than men".
32. Byrnes et al., "Gender differences in risk taking".
33. Brackett et al., "Relating emotional abilities to social functioning".
34. Ones e Viswesvaran, "Gender, age and race differences".
35. Gneezy et al., "Gender differences in competition".
36. Catalyst, *Women and Men in US Corporate Leadership*.
37. Killeen et al., "Envisioning oneself as a leader".
38. Carter e Silva, *Pipeline's Broken Promise*.
39. Griffeth et al., "A meta-analysis of antecedents and correlates".
40. Lyness e Judiesch, "Are female managers quitters?".
41. Elliott e Smith, "Race, gender and workplace power".
42. Lean In e McKinsey, "Women in the Workplace 2020".
43. Mulholland, "Why are there disproportionately few female school leaders".
44. Ibid.
45. Paustian-Underdahl et al., "Gender and perceptions of leadership effectiveness".
46. Eagly e Carli, "The female leadership advantage".
47. Rigby et al., "Why do female leaders seem so good at tackling the coronavirus pandemic?".
48. Kristof, "What the pandemic reveals about the male ego".
49. Garikipati e Kambhampati, "Women leaders are better at fighting the pandemic".
50. Entrevista com a autora, 2019.
51. Entrevista com a autora, 2019.
52. Entrevista com a autora, 2019.
53. Entrevista com a autora, 2019.

Capítulo 2

1. Vedantam, *The Hidden Brain*.

2. Barres, "Does gender matter?".
3. Nordell, "Why aren't women advancing at work?".
4. Vedantam, *The Hidden Brain*.
5. Barres, "Does gender matter?".
6. Vedantam, *The Hidden Brain*.
7. Entrevista com a autora, 2018.
8. Yoon, "Scientist at work".
9. Schilt, *Just One of the Guys?*
10. Abelson, *Men in Place*.
11. Schilt, *Just one of the Guys?*
12. Alter, "Cultural sexism in the world is very real".
13. Williams, "I've lived as a man & a woman".
14. McBee, *Amateur*.
15. Rodionova, "What happened when a man and woman switched names".
16. Titlow, "These women entrepreneurs created a fake male cofounder".
17. Barres, "Does gender matter?".

Capítulo 3

1. Entrevista com a autora, 2020.
2. Entrevista com a autora, 2020.
3. Entrevista com a autora, 2019.
4. Entrevista com a autora, 2020.
5. Sieghart, "Why are even women biased against women?".
6. Sieghart, "Why are even women biased against women?".
7. Entrevista com a autora, 2019.
8. Entrevista com a autora, 2019.
9. Solnit, *Men Explain Things to Me*.
10. Entrevista com a autora, 2019.
11. Entrevista com a autora, 2020.
12. Entrevista com a autora, 2019.
13. Entrevista com a autora, 2020.
14. Sieghart, "Are you taken less seriously than men?".
15. Sesko e Biernat, "Prototypes of race and gender".
16. Entrevista com a autora, 2020.
17. Entrevista com a autora, 2019.
18. Sieghart, "Are you taken less seriously than men?".
19. Entrevista com a autora, 2019.
20. Entrevista com a autora, 2019.
21. Zimmerman e West, "Sex roles, interruptions and silences".
22. Jacobi e Schweers, "Justice, interrupted".
23. Loughland, "Female judges, interrupted".
24. Entrevista com a autora, 2019.
25. West, "When the doctor is a 'lady'".
26. Manne, *Down Girl*.
27. Shashkevich, "Stanford researcher examines how people perceive interruptions".
28. Karpowitz e Mendelberg, *The Silent Sex*.
29. Esposito, "Sex differences in children's conversation".
30. Parke, *Fatherhood*.
31. Entrevista com a autora, 2020.
32. Sessão de perguntas e respostas com a autora, 2020.
33. Snyder, "How to get ahead as a woman in tech".
34. Entrevista com a autora, 2019.
35. Carmichael, "Women at work".
36. Entrevista com a autora, 2019.
37. Woman Interrupted, *Woman Interrupted*.
38. Eilperin, "White House women want to be in the room".
39. Parker, "'When the woman starts talking, the men switch off'".
40. Entrevista com a autora, 2019.
41. Entrevista com a autora, 2020.
42. Entrevista com a autora, 2018.
43. Entrevista com a autora, 2019.
44. Entrevista com a autora, 2019.
45. Entrevista com a autora, 2019.
46. BBC News, "Black MP Dawn Butler 'mistaken for cleaner'".
47. Entrevista com a autora, 2019.
48. Jones et al., "Not so subtle".

Capítulo 4

1. Maume et al., "Gender equality and restless sleep".
2. Meeussen et al., "Looking for a family man?".
3. Hodson, *Men*.
4. Carlson et al., *The Division of Childcare*.
5. Dex e Ward, *Parental Care and Employment*.
6. LinkedIn, *Language Matters*.
7. Burgess e Davies, *Cash or Carry?*
8. Frith, "Women progress when childcare duties are shared".

9. Petts et al., "Fathers' paternity leavetaking".
10. Ipsos et al., "International Women's Day 2019".
11. JWT, *The State of Men*.
12. Croft et al., "The second shift reflected in the second generation".
13. Schumaker, "Progressive gender views among teen boys".
14. Entrevista com a autora, 2020.
15. Entrevista com a autora, 2018.
16. Holter, "'What's in it for men?'".
17. Gallup, "State of the American manager".
18. Entrevista com a autora, 2019.
19. Hengel, "Evidence from peer review".
20. Dixon-Fyle et al., *Diversity Wins*.
21. McDonagh e Fitzsimons, *WOMENCOUNT2020*.
22. pwc, *Winning the Fight for Female Talent*.
23. Hengel, "Evidence from peer review".
24. Phillips et al., "Better decisions through diversity".
25. Cohan, "When it comes to tech start-ups".
26. Lagarde e Ostry, "The macroeconomic benefits of gender diversity".
27. Woetzel et al., *How Advancing Women's Equality Can Add $12 Trillion*.
28. Anzia e Berry, "The Jackie (and Jill) Robinson effect".
29. Crespo-Sancho, *Can Gender Equality Prevent Violent Conflict?*
30. Audette et al., "(E)quality of life".
31. De Looze et al., "The happiest kids on Earth".
32. Ballew et al., *Gender Differences in Public Understanding of Climate Change*.
33. Cook et al., "Gender quotas increase the equality and effectiveness".
34. Mavisakalyan e Tarverdi, "Gender and climate change".

Capítulo 5

1. Entrevista com a autora, 2019.
2. Muller-Heyndyk, "Female and younger leaders".
3. Entrevista com a autora, 2019.
4. Kay e Shipman, *The Confidence Code*.
5. Brazelton, *The Earliest Relationship*.
6. Furnham et al., "Parents think their sons are brighter".
7. Ibid.
8. Entrevista com a autora, 2019.
9. Grunspan et al., "Males under-estimate academic performance".
10. Bian et al., "Evidence of bias against girls and women".
11. Storage et al., "Adults and children implicitly associate brilliance with men".
12. Entrevista com a autora, 2019.
13. Casselman e Tankersley, "Women in economics report rampant sexual assault and bias".
14. Wu, "Gender stereotyping in academia".
15. Haslanger, "Changing the ideology and culture of philosophy".
16. Sadker et al., *Still Failing at Fairness*.
17. Julé, *Gender, Participation and Silence*.
18. Damour, "Why girls beat boys at school".
19. Cameron, Deborah, "Mind the respect gap".
20. Jerrim e Shure, "Young men score highest on 'bullshit calculator'".
21. Chamorro-Premuzic, "Why do so many incompetent men become leaders?".
22. Belmi et al., "The social advantage of miscalibrated individuals".
23. Artz, et al., "Do women ask?".
24. Bowles et al., "Social incentives for gender differences".
25. Gerhart e Rynes, "Determinants and consequences of salary negotiations".
26. Bowles et al., "Social incentives for gender differences".
27. Rudman, "Self-promotion as a risk factor for women".
28. Sandberg, *Lean In*.
29. Cameron, *Language: a feminist guide*.
30. Treneman, "Media families".
31. Horowitz, "Girding for a fight".
32. Entrevista com a autora, 2019.
33. Entrevista com a autora, 2019.
34. Entrevista com a autora, 2019.
35. Entrevista com a autora, 2019.
36. Entrevista com a autora, 2018.

37. Entrevista com a autora, 2019.
38. Entrevista com a autora, 2018.
39. Entrevista com a autora, 2019.
40. Kay e Shipman, *The Confidence Code*.
41. Entrevista com a autora, 2019.
42. Entrevista com a autora, 2020.
43. Treneman, "Media families".

Capítulo 6
1. Entrevista com a autora, 2020.
2. Mehl et al., "Are women really more talkative than men?".
3. Tannen, "The truth about how much women talk".
4. Entrevista com a autora, 2020.
5. Eakins e Eakins, "Verbal turn-taking and exchanges".
6. Entrevista com a autora, 2019.
7. Steuter-Martin, "Sue Montgomery calls out gender disparity".
8. Carter et al., "Women's visibility in academic seminars".
9. Entrevista com a autora, 2020.
10. Latu et al., "Successful female leaders empower women's behavior".
11. Entrevista com a autora, 2019.
12. Swacker, "The sex of the speaker".
13. Tramontana, "Why are men still explaining things to women?".
14. Tinsley e Ely, "What most people get wrong".
15. Karpowitz e Mendelberg, *The Silent Sex*.
16. Deedes, "Blair's Babes are still on the warpath".
17. Cutler e Scott, "Speaker sex and perceived apportionment of talk".
18. Entrevista com a autora, 2019.
19. Brescoll, "Who takes the floor and why".
20. Brescoll, "Who takes the floor and why".
21. Entrevista com a autora, 2019.
22. Karpf, *The Human Voice*.
23. Cameron, "Imperfect pitch".
24. Beard, *Women and Power*.
25. Pemberton et al., "Have women's voices lowered across time?".
26. Van Bezooijen, "Sociocultural aspects of pitch differences".
27. Loveday, "Pitch, politeness and sexual role".
28. Wright, "Theresa May making £100,000 a speech".
29. Veja: <https://libquotes.com/keith-waterhouse/quote/lby9y5d>.
30. Entrevista com a autora, 2020.
31. Hensel, "Gender parity in all areas".
32. Entrevista com a autora, 2019.
33. Entrevista com a autora, 2020.
34. Oleszkiewicz et al., "Voice-based assessments of trustworthiness".
35. Klofstad et al., "Sounds like a winner".
36. Cheng et al., "Listen, follow me".
37. Entrevista com a autora, 2019.
38. Sessão de perguntas e respostas com a autora, 2020.
39. Levon, "Gender, interaction and intonational variation".
40. Subtirelu, "Bashing Hillary Clinton's voice".
41. Clinton, *What Happened*.

Capítulo 7
1. Propp, "An experimental examination of biological sex as a status cue in decision-making groups".
2. Thomas-Hunt e Phillips, "When what you know is not enough".
3. Burris, "The risks and rewards of speaking up".
4. Entrevista com a autora, 2019.
5. Cooke, "Beth Rigby: 'I'm going to have to get off telly soon'".
6. Carli, "Gender, interpersonal power and social influence".
7. Entrevista com a autora, 2019.
8. McClean et al., "The social consequences of voice".
9. Livingston et al., "Can an agentic black woman get ahead?".
10. Matschiner e Murnen, "Hyperfemininity and influence".
11. Veja: <https://pubmed.ncbi.nlm.nih.gov/26322952>.
12. Entrevista com a autora, 2020.
13. Cowen, "Rebecca Kukla on moving through".
14. Quadlin, "The mark of a woman's record".

Capítulo 8
1. Layser et al., "Twitter makes it worse".
2. Flood, "Readers prefer authors of their own sex".
3. Smith, "Women are still a closed book to men".
4. Boyne, "'Women are better writers than men'".
5. Enright, "Diary".
6. Entrevista com a autora, 2019.
7. Entrevista com a autora, 2019.
8. Hughes, "*The Golden Rule* by Amanda Craig".
9. Entrevista com a autora, 2019.
10. Koolen, *Reading Beyond the Female*.
11. Tivnan, "Women dominated the top literary bestsellers".
12. Elizabeth, "Sex and reading".
13. Entrevista com a autora, 2020.
14. Griffith, "Books about women".
15. Entrevista com a autora, 2020.
16. "The 80 best books every man should read", *Esquire*, 1 abr. 2015.
17. VIDA, *The 2018 VIDA Count*.
18. Enright, "Diary".
19. Entrevista com a autora, 2020.
20. Entrevista com a autora, 2019.
21. Bamman, "Attention in 'By the book'".
22. Colyard, "A breakdown of 'By the book' columns".
23. Groff, "Lauren Groff: By the book".
24. Weinberg e Kapelner, "Comparing gender discrimination and inequality".
25. Entrevista com a autora, 2020.
26. Breznican, "*Little Women* has a little man problem".
27. Lauzen, "Thumbs down 2018".
28. Berkers et al., "'These critics (still) don't write enough'".
29. Adams et al., "Is gender in the eye of the beholder?".

Capítulo 9
1. Travers, entrevista com Anne Hathaway.
2. Entrevista com a autora, 2020.
3. Sieghart, "Why are even women biased against women?".
4. Pressner, "Are you biased?".
5. Begeny et al., "In some professions".
6. Reuben et al., "How stereotypes impair women's careers in science".
7. Charlesworth e Banaji, "Patterns of implicit and explicit attitudes II".
8. Troca de e-mails com a autora.
9. Entrevista com a autora, 2019.
10. Miller et al., "The development of children's gender-science stereotypes".
11. Charlesworth e Banaji, "Patterns of implicit and explicit stereotypes III".
12. Good et al., "The effects of gender stereotypic and counter-stereotypic textbook images".
13. Entrevista com a autora, 2019.
14. Entrevista com a autora, 2019.
15. Benenson et al., "Rank influences human sex differences".
16. Ellemers et al., "The underrepresentation of women in science".
17. Derks et al., "Do sexist organizational cultures create the queen bee?".
18. Derks et al., "Gender-bias primes elicit queen bee responses".
19. BBC Reality Check team, "Queen bees".
20. Entrevista com a autora, 2019.
21. Entrevista com a autora, 2019.
22. Kramer e Harris, "The persistent myth of female office rivalries".
23. Mavin, "Queen bees, wannabees and afraid to bees".
24. Hekman et al., "Does diversity-valuing behavior result in diminished performance ratings".
25. Dezsó et al., "Is there an implicit quota".
26. McDonagh e Fitzsimons, *WOMENCOUNT2020*.
27. Entrevista com a autora, 2019.
28. Entrevista com a autora, 2019.

Capítulo 10
1. Ross et al., "Women, men and news".
2. Entrevista com a autora, 2019.
3. Ross et al., "Women, men and news".
4. Global Institute for Women's Leadership, "Women have been marginalised".
5. Yong, "I spent two years trying to fix the gender imbalance".

6. Darrah, *A Week in British News*.
7. Waterson, "*Financial Times* tool warns if articles quote too many men".
8. Rattan et al., "Tackling the underrepresentation of women in media".
9. Global Media Monitoring Project, *Who Makes the News?*
10. Veja: <https://vtdigger.org/2012/06/17/4th-estate-infographic-womens-voices-arent-heard-in-media-election-coverage>.
11. Global Media Monitoring Project, *Who Makes the News?*
12. Simge et al., "Women and leadership in the news media 2020".
13. Mills, "How to deal with men".
14. Entrevista com a autora, 2019.
15. Entrevista com a autora, 2019.
16. Willsher, "French 'boys' club' of journalists".
17. E-mail para a autora, 2019.
18. Alexander, "Why our democracy needs more black political journalists".
19. Entrevista com a autora, 2019.
20. Entrevista com a autora, 2019.
21. Cameron e Shaw, *Gender, Power and Political Speech*.
22. Sugestão de Evie Prichard para a autora.
23. Channel 4, "Winning ad".
24. Unstereotype Alliance, "Advertising is out of sync".
25. Kreager e Follows, *Gender Inequality and Screenwriters*.
26. Ibid.
27. Entrevista com a autora, 2020.
28. 21st Century Fox et al., "The Scully Effect".
29. Annenberg Inclusion Initiative, *Inequality across 1,300 Popular Films*.
30. Veja: <www.bechdeltest.com>.
31. Lauzen, "It's a man's (celluloid) world".
32. Lauzen, *The Celluloid Ceiling*.
33. Smith et al., *Inclusion in the Director's Chair*.
34. Shift7, "Female-led films outperform at box office".
35. Ibid.
36. Entrevista com a autora, 2019.
37. Carter, "Losing my religion for equality".
38. Entrevista com a autora, 2019.
39. Entrevista com a autora, 2019.
40. Winkett, "Thank God for women priests!".
41. Entrevista com a autora, 2019.
42. Entrevista com a autora, 2019.
43. Masoud et al., "Using the Qu'rān to empower Arab women?".

Capítulo 11
1. Entrevista com a autora, 2020.
2. Veja: <https://worldwitandwisdom.com/author/gloria-steinem>.
3. Entrevista com a autora, 2019.
4. Carnevale et al., *May the best woman win?*
5. Sage, "How misogyny, infidelity and betrayal destroyed".
6. Entrevista com a autora, 2019.
7. Entrevista com a autora, 2020.
8. Williams, "A gendered media analysis".
9. Sessão de perguntas e respostas com a autora, 2019.
10. Cohn, "One year from election".
11. Cameron, "Tedious tropes".
12. Okimoto e Brescoll, "The price of power".
13. Wayne et al., "How sexism drives support for Donald Trump".
14. Lopez, "Study".
15. Sessão de perguntas e respostas com a autora, 2019.
16. Snow, *Maggie & Me*.
17. BBC, "Churchill tops PM choice".
18. Cameron, "Tedious tropes".
19. Williams, "A tale of two women".
20. Entrevista com a autora, 2019.
21. Cowper-Coles, *Women Political Leaders*.
22. Perkins e Phillips, "Research".
23. Fulton, "When gender matters".
24. Kerevel e Atkeson, "Reducing stereotypes of female leaders".

Capítulo 12
1. Entrevista com a autora, 2019.
2. Entrevista com a autora, 2019.
3. Entrevista com a autora, 2019.
4. Entrevista com a autora, 2020.
5. Entrevista com a autora, 2020.
6. Entrevista com a autora, 2020.

7. Entrevista com a autora, 2020.
8. Entrevista com a autora, 2019.
9. Entrevista com a autora, 2020.
10. Gutiérrez y Muhs et al., *Presumed Incompetent*.
11. Ibid.
12. Ibid.
13. Ibid.
14. Adegoke e Uviebinené, *Slay in Your Lane*.
15. Harlow, "Race doesn't matter, but…".
16. Miller e Chamberlin, "Women are teachers, men are professors".
17. Pittman, "Race and gender oppression in the classroom".
18. Entrevista com a autora, 2020.
19. Neimann, *Chicana Leadership*.
20. Hewlett e Green, *Black Women Ready to Lead*.
21. Lean In e McKinsey, "Women in the Workplace 2020".
22. Nielsen, *African-American Women*.
23. Huang et al., "Women in the workplace 2019".
24. Chaudhary, "New survey reports black women continue to face major barriers".
25. Williams, "The 5 biases pushing women out of STEM".
26. Wible, "Her story went viral".
27. Ibid.
28. Murti, "Who benefits from the white coat?".
29. Bhatt, "The little brown woman".
30. Ghavami e Peplau, "An intersectional analysis of gender and ethnic stereotypes".
31. Entrevista com a autora, 2020.
32. Entrevista com a autora, 2020.
33. Williams, "The 5 biases pushing women out of STEM".
34. Rosette et al., "Race matters for women leaders".
35. Livingston et al., "Can an agentic black woman get ahead?".
36. Entrevista com a autora, 2020.
37. Gutiérrez y Muhs et al., *Presumed Incompetent*.
38. Ashley et al., *A Qualitative Evaluation of Non-Educational Barriers*.
39. Nelson et al., "Accent, gender, and perceived competence".
40. Durante et al., "Poor but warm, rich but cold (and competent)".
41. Belmi et al., "The social advantage of miscalibrated individuals".
42. Entrevista com a autora, 2020.
43. Entrevista com a autora, 2018.
44. Soderlind, "Lesbians earn more than heterosexual women".
45. Dunne, *Lesbian Lifestyles*.
46. Peplau e Fingerhut, "The paradox of the lesbian worker".
47. Friskopp e Silverstein, *Straight Jobs, Gay Lives*.
48. Peplau e Fingerhut, "The paradox of the lesbian worker".
49. Snyder, *The G Quotient*.
50. Gedro, "Lesbian presentations and representations of leadership".
51. Entrevista com a autora, 2020.
52. Dean, "Understanding gender".
53. Lean In e McKinsey, "Women in the Workplace 2020".
54. National Rehabilitation Information Center, "Working women with disabilities".
55. Hadjivassiliou e Manzoni, "Discrimination and access to employment".
56. Pring, "MP speaks of pride at being dyspraxic".
57. Entrevista com a autora, 2020.
58. Entrevista com a autora, 2020.
59. Entrevista com a autora, 2020.

Capítulo 13

1. Sieghart, "Why are even women biased against women?".
2. Ross e Sreberny-Mohammadi, "Playing house".
3. Guinness, "Is this the world's sexiest woman".
4. Moran, "I have 50 facemasks and I intend to use them".
5. Hensel, "Gender parity in all areas".
6. Clinton, *What Happened*.
7. Sontag, "The double standard of aging".
8. Entrevista com a autora, 2019.

9. Beard, *Women and Power*.
10. Veja: <https://nationalpost.com/health/why-a-growing-number-of-young-women-are-using-botox-before-they-have-wrinkles>.
11. Entrevista com a autora, 2019.
12. Entrevista com a autora, 2018.
13. Entrevista com a autora, 2019.
14. Gillard e Okonjo-Iweala, *Women and Leadership*.
15. Entrevista com a autora, 2019.
16. Entrevista com a autora, 2019.
17. Entrevista com a autora, 2020.
18. Entrevista com a autora, 2019.
19. Entrevista com a autora, 2019.
20. Entrevista com a autora, 2019.
21. Rosette et al., "Race matters for women leaders".
22. Weitz, "Women and their hair".
23. Wieckowski, "For women in business, beauty is a liability".
24. Bernard et al., "An initial test of the cosmetics dehumanization hypothesis".
25. Howlett et al., "Unbuttoned".
26. Entrevista com a autora, 2020.
27. Wieckowski, "For women in business, beauty is a liability".
28. Entrevista com a autora, 2019.
29. Entrevista com a autora, 2019.
30. Petter, "Tackling workplace sexism could boost economy".
31. Entrevista com a autora, 2019.

Capítulo 14

1. Baird, "Women, own your 'Dr' titles".
2. Evans, "'It's Dr, not Ms'".
3. Criado Perez, "She called the police".
4. Doran e Berdahl, "The sexual harassment of uppity women".
5. Jane, *Misogyny Online*.
6. Weiss, "Is this the only way to escape trolls?".
7. Ibid.
8. Penny, "A woman's opinion".
9. Gardiner et al., "The dark side of *Guardian* comments".
10. Amnesty International, *Troll Patrol Findings*.
11. Thomas et al., "Not for the faint of heart".
12. Elliott, "Brexit abuse forces MPs to move house".
13. Jane, *Misogyny Online*.
14. Hess, "Why women aren't welcome on the internet".
15. Ibid.
16. Badham, "A man lost his job for harassing a woman online?".
17 E-mail para a autora, 2019.
18. Bosson e Vandello, "Precarious manhood".
19. Phillips, "Unforgiven".
20. Entrevista com a autora, 2019.
21. Entrevista com a autora, 2019.
22. Entrevista com a autora, 2020.
23. Kimmel, *Angry White Men*.
24. Entrevista com a autora, 2020.
25. *Economist*/YouGov, *The Economist/YouGov Poll*.

Capítulo 15

1. Pronin et al., "The bias blind spot".
2. Handley et al., "Quality of evidence revealing subtle gender biases".
3. Cislak et al., "Bias against research on gender bias".
4. Hockley, "Solution aversion".
5. Rankine, *Just Us*.
6. Kilmartin et al., "A real time social norms intervention".
7. Ely et al., "Rethink what you 'know' about high-achieving women".
8. Burgess e Davies, *Cash or Carry?*
9. Croft et al., "The second shift reflected in the second generation".
10. Sadker et al., *Still Failing at Fairness*.
11. Karpowitz e Mendelberg, *The Silent Sex*.
12. Ibid.
13. Ibid.
14. Bauer e Baltes, "Reducing the effect of stereotypes".
15. Bohnet et al., "When performance trumps gender bias".
16. Heilman e Chen, "Same behavior, different consequences".
17. Correll e Simard, "Vague feedback is holding women back".
18. Livni, "Your workplace rewards men more".

19. Karpowitz e Mendelberg, *The Silent Sex*.
20. Brescoll et al., "Hard won and easily lost".
21. Moscatelli et al., "Men should be competent, women should have it all".
22. Uhlmann e Cohen, "Constructed criteria".
23. Trix e Psenka, "Exploring the color of glass".
24. Bazelon, "A seat at the head of the table".
25. Cihangir et al., "Men as allies against sexism".
26. Cullen e Perez-Truglia, *The Old Boys' Club*.
27. Eagly e Carli, "Women and the labyrinth of leadership".
28. Leibbrandt e List, "Do women avoid salary negotiations?".
29. Johnson e Kirk, "Dual-anonymization yields promising results".
30. Universitat Pompeu Fabra, Barcelona, "Women are 30 percent less likely to be considered".
31. Johnson et al., "If there's only one woman in your candidate pool".
32. Cabrera, "Situational judgment tests".
33. Levashina et al., "The structured employment interview".
34. Castilla, "Accounting for the gap".
35. Dobbin e Kalev, "Why diversity programs fail".
36. Johansson, *The Effect of Own and Spousal Parental Leave on Earnings*.
37. Sadker e Sadker, *Final Report*.
38. Sadker et al., *Still Failing at Fairness*.
39. Ibid.
40. Ibid.
41. Cheryan et al., "Ambient belonging".
42. Ibid.
43. Lavy e Sand, *On the Origins of Gender Human Capital Gaps*.
44. Ibid.
45. Bates, "We must act to stop sexism".
46. UK Feminista e National Education Union, "It's Just Everywhere".
47. Ibid.
48. Ibid.
49. BBC Media Centre, "No more boys and girls".
50. Bennedsen et al., *Do Firms Respond to Gender Pay Gap Transparency?*
51. Beaman et al., "Female leadership raises aspirations".
52. Gillard e Okonjo-Iweala, *Women and Leadership*.
53. Entrevista com a autora, 2020.
54. Entrevista com a autora, 2019.
55. Entrevista com a autora, 2019.
56. Entrevista com a autora, 2019.
57. Entrevista com a autora, 2019.

Índice remissivo

1917 (filme) 158

A
Abbott, Tony 207
Abelson, Miriam 54
Aderin-Pocock, Maggie 223
Adichie, Chimamanda Ngozi 177
Adler, Katya 179
adolescentes 82
    "bullshitters" (fanfarrões) 99
    e bissexualidade 235
    muçulmanos 198
    radicalização de 268
Adoráveis mulheres (filme) 158
advocacia 74
    advogadas mulheres 84-85, 105-106, 124-125, 139-141, 245
    veja também juízes
agência, mulheres e 101, 105, 120, 133, 137, 141, 194, 200-201, 229, 290
agentes literários 34-35
Albright, Madeleine 72
Alderton, Dolly 151, 247
    Tudo o que sei sobre o amor 151
Alemanha 45, 87, 159, 213
Alexander, Anne 186
Alibaba 77
Allianz Global Investors 76

Al-Mashat, Rania 139
Alphabet (empresa) 64
Alter, Charlotte 55
ambição 43, 83, 97, 103, 104, 209
ambiente de trabalho *veja* funcionárias mulheres
ameaças de morte 255, 257, 260
American Economic Association 94
    pesquisa 93, 94
Amnesty International: Troll Patrol 257
Anderson, Gillian 192
Anthony, Constance G. 231
anúncios publicitários 200
    sexistas 181, 190
aparência das mulheres 240-242, 243, 252, 275
    comentários na mídia 178, 241-242, 245, 247-248, 290-291
    cuidados com a aparência 249-250, 252
    e altura 248, 250-251
    e idade 243-244, 251
    e roupas 242, 244, 245, 246-247, 249-250, 251-252
    e suposições sobre a competência 248, 249-250
aquecimento global 88
Aquino, Corazon (presidenta das Filipinas) 214

Ardern, Jacinda 87, 213, 292
área de exatas (ciência, tecnologia, engenharia e matemática) 38, 39-41, 44, 63, 94, 141, 180, 192, 226, 229, 271, 289
  veja também ciência da computação; habilidade matemática
Aristóteles: *Política* 117
Arquivo X (série de TV) 192
artistas, mulheres 159-160
assédio sexual 131, 183-184, 234, 257
  nas escolas 287
assertividade 23, 41-42, 100-102, 120, 126, 132, 133
  de homens 41-42, 100-101, 135, 173, 206, 209
  de lésbicas 234
  de mulheres negras 135, 229
  e assédio sexual 248-250, 257
  e envelhecimento 105, 253
  e influência 133, 135
Atkins, Ros 182
Atlantic, The (revista) 180
ator(es) 136, 158, 192, 193
Attlee, Clement 211
Atwood, Margaret 149, 150, 156, 253
Audette, Andre P. et al.: "(E)Quality of Life" 87
Austen, Jane 149
Austrália 25, 36, 61, 84, 101, 180, 207
Áustria 166
autismo, crianças com 237
autoras, mulheres 34, 146-147, 148-150
  e leitores homens 143, 146, 147-148, 150-152, 155-156, 160, 274
  e mudanças de nome 152, 153-154
  e prêmios 147-148, 149, 150, 153, 156-157
  e resenhas críticas 152-154, 155-156
  negras 155, 156-157
autoridade: definições 18, 23-24
aversão à solução 281
Aviva 285
Avon 76

B

Bachelet, Michelle (presidenta do Chile) 62, 245, 293
Badham, Val 260
BAE Systems 76
BAFTA (British Academy of Film and Television Arts), premiação 155
Baird, Julia 254-255
Bamman, David 155
Banaji, Mahzarin 27, 161, 163-164, 166, 168, 222, 296
Banco Central Europeu 86, 246
Banco Mundial 242
Bangladesh 45
Barker, Pat 160
Barnes, Julian 150
Barres, Ben 50-52, 53, 58
Barroso, José Manuel 204
Bates, Laura 65-66, 191, 220, 247, 265-266
BBC 60, 122, 144, 165, 179, 181, 191, 211, 243, 288
  Countryfile 179
  Equality Project 182
  Fleabag 191
  Gentleman Jack 191
  I May Destroy You 191
  Killing Eve 191, 194
  Newsnight 188, 211, 246
  Question Time 179
  The Brains Trust 243
  The Daily Politics 144
Beard, Mary 73, 114, 122, 133
  Mulheres e poder 122, 133, 244
Bechdel Theatre 235
Bela vingança (filme) 194
Bennett, Arnold: *Our Women* 25-26
Bian, Lin 92-93
Biden, Joe (presidente dos Estados Unidos) 208, 209, 215
Biernat, Monica 68
Big Little Lies (série) 191
Black Lives Matter (movimento) 139
Blair, Tony 60, 83, 212, 232, 245
Bolsonaro, Jair (presidente do Brasil) 42, 45, 267
Booth, Cherie 83, 232, 245, 296
Bosson, Jennifer K. 261
Bowser, Muriel 46, 104, 139
Boyne, John 147
Brammar, Jess 188, 246
Brescoll, Victoria 119-120
Brinton, Sal 236-237
Brontë, Charlotte 33, 152
Broussard, Meredith 63

Bruce, Fiona 179
budismo 195
Buffini, Moira 192
Burris, Ethan 132
Bush, George W. (presidente dos Estados Unidos) 22, 76
Butler, Dawn 77
Byatt, A. S. 243

C

Cameron, David 62
Cameron, Deborah 98, 102, 111, 189, 190, 253
   Gender, Power and Political Speech (com Sylvia Shaw) 189, 212
Campbell, Anne 123
capital de risco, empresas de 86
Carli, Linda 133, 135
cartas de recomendação, escrever 281
Carter, Jimmy (presidente dos Estados Unidos) 196, 200
Carter, Nick 67, 293
Casely-Hayford, Margaret 218
CBS News: *60 Minutes* 251
Centre for Gender Psychology, Londres 263
CEOs (Chief Executive Officers) 43, 121, 165-166
   homens 250, 267
   mulheres 28, 30, 38, 72, 76, 77, 78, 174-175
Chamberlin, Marilyn *veja* Miller, JoAnn
Chamorro-Premuzic, Tomas 89, 100
Chao, Elaine 21-23, 43, 103, 105, 114, 180, 244
Charlesworth, Tessa 166, 168
Chartres, Richard (bispo de Londres) 248
Cheng, Joey 124
Child, Lee 150, 153
Chile 37, 62
Churchill, Winston 211
ciência da computação 40, 63, 64, 287, 289
Clark, Helen 293
classe social 220, 231-233, 236-8
Clinton, Bill (presidente dos Estados Unidos) 115-116
Clinton, Hillary 115-116, 125, 126, 203, 205, 208, 211, 246, 266
   What Happened 243
Coe, Jonathan 148

Cohen, Karen 258
comentaristas esportivas, mulheres 122, 182
Comitê de Mobilidade Social e Pobreza Infantil 231
competência 30, 31, 37, 48, 50, 117-118, 121, 132, 133, 135, 136, 139, 141, 208-209, 215, 237-238, 272-274
   das mulheres como uma ameaça aos homens 135-136
   de mulheres negras e de minorias étnicas 218, 220, 221, 222, 224, 226-227, 248-249
   dos homens 29-30, 53, 54, 121, 141, 165-166, 209-210, 273-274, 281
   e a aparência das mulheres 248-249, 250-251
   e a influência das mulheres 133-134, 136-137
   e autopromoção 101-102
   e classe social 232
   e confiança 89, 97, 99, 100, 101-102, 109, 135, 273-274
   e lésbicas 232, 233-235
   e vozes mais graves 124-125
competição/competitividade 42-43
   lésbicas 233
   meninos e homens 80, 98, 188, 264-265
   mulheres 169, 173
comunalidade 101, 134-135, 137, 140-141, 214-215
confiança intelectual 39, 92, 94
confiança
   com uma dose de cordialidade 103, 121-122, 137
   como uma forma de competência 89, 97-98, 99-100, 101-102, 109, 273-274
   das lésbicas 234
   dos homens 97, 262, 265, 270, 273-274
   e a síndrome do impostor 90-91
   e certeza dos fatos/preparação 105-107
   e classe social 242
   e criação 38-39, 82, 91, 108, 277
   e escolas 96, 97, 108, 285-286, 288
   e feminilidade 126
   e idade 76, 104-105, 244-245
   e simpatia 140-141
   em mulheres negras 226, 229
   intelectual 38-39, 92-98

reduzida para as mulheres 17, 19-20, 64-65, 78, 90, 92, 94, 96, 97, 225
veja também assertividade
Conselho de Segurança das Nações Unidas 115
Cope, Wendy: "A lacuna da autoridade" 15
Corão 195
cordialidade, importância de exibir 41-42, 46, 101, 103, 137-140, 141, 142, 167-168, 273-274
Corley, Elizabeth 76, 106
Cornish, Tinu 167
coronavírus/Covid-19, pandemia de 42, 45, 180, 213, 236, 280
corretoras de imóveis, mulheres 85
Costa, Paul 41
Cox, Jo 259
Craig, Amanda 148
The Golden Rule 148
Craven, John 180
criação dos filhos/pais e mães
    dividindo a autoridade 268
    dividindo a licença parental 284-285, 291
    e a aparência das meninas 240
    e confiança dos filhos 91
    e interrupção dos filhos 71
    e mercado de trabalho 23, 82, 275-276, 283-284, 291
    e QI dos filhos 27, 38, 92
    em parcerias igualitárias 81
    fechando a lacuna da autoridade 276-277
    lésbicas 233-235
    que não dão ouvidos às meninas 72
    veja também pais parceiros 81, 274-276
Criado Perez, Caroline 255
Cristianismo 195
    veja também Igreja Católica; Igreja Anglicana
críticos de cinema 158
Croácia 175, 204-205, 214
Cross, Tamika 227
culturas, diferentes 19-20, 41, 42-43, 103-104, 156-157, 171, 178, 180, 195, 232, 262
Cundy, Jason 122
currículos 35-37, 140-141, 222, 249, 284

D

Daily Mail 211

Damour, Lisa 97
DeepArt (algoritmo) 159
deficiências, mulheres com 235-236
Denmark, Ashley 227
desrespeito 9, 61, 69, 144, 220, 267
Dewulf, Bernhard 149
Dezsö, Cristian 174
Dia Internacional da Mulher 254
Diana, Princesa 241
Dickens, Charles 149
diferenças salariais 17-18, 35-36, 43, 109, 165-166
    autores 156
    e transparência 285, 291
    lésbicas 233-234
    mulheres com deficiência 235-236
    professores 44
    transgêneros 51-52, 54
    universidades 51
Dinamarca 19, 152, 166
Direito *veja* advocacia
discussões 16, 115, 132, 247
doutorados 254-255
Dovidio, John 35, 36, 222
doxxing 259-260
Duffell, Nick 263, 293
Duncan Smith, Iain 213
Duterte, Rodrigo (presidente das Filipinas) 267
DuVernay, Ava 193
Dwyer, Kate 58

E

Eakins, Barbara e Gene 114
eBay 30
economia/economistas 30, 68, 86-87, 94-96, 139, 173, 254
    e liderança das mulheres 45-46, 204, 214
Egito 199
Eliot, George 62, 152
Ellemers, Naomi 171-172
Ely, Robin 118
Emich, Kyle 134
Enfield, Harry: "Women, Know Your Limits!" 136
Enright, Anne 147, 152
entrevistas de emprego 101-103, 134-135, 140-141, 142, 165-166, 278-280, 283-285

escolas 27-28, 81, 93, 94, 97, 117-118, 126, 218, 237, 266, 276, 277, 278, 286, 292
    área de exatas 39, 40, 141
    assédio sexual nas 288
    autodepreciação, por mulheres 98, 108-109, 135, 273-274
    decoração das paredes das 287
    disciplinas científicas *veja* área de exatas
    livros didáticos 287
    veja também professores
escritores *veja* autores
especialistas 179, 200-201
    mulheres como 131-132, 133, 180, 181, 183
Esquire (revista) 152
estereótipos 19, 176, 200, 215
    aprendidos desde a infância 93, 133-134, 167-168, 240, 276, 277, 278, 288
    de gênero 23, 25, 36, 44, 55, 82, 83, 101, 126, 138, 159, 162, 173-174, 180, 237-238, 249, 273
    e religiões 199-200
    e viés inconsciente 163-167, 168-169
    em personagens femininas 191-192, 200-201
    lésbicas 233-234
    na publicidade 191, 200-201
    pessoas com deficiência 235-236
    racistas 77, 221, 227, 228-230
Estrelas além do tempo (filme) 194
estudantes universitários 24, 36, 38-39, 92
    e professores negros 223-224
estupro/ameaças de estupro 131, 255, 256, 257, 258, 259, 260, 265, 266, 267
Evaristo, Bernardine 20, 68, 104, 150, 156,
    Garota, mulher, outras 155, 219, 229, 231
Everyday Sexism Project 65, 191, 220

F

Fabius, Laurent 206
Facebook 63, 227
Faculdade de Administração da Harvard 275
Faculdade de Administração da Universidade Columbia 174, 217
Faculdade de Administração da Universidade Yale 119
Fallon, Michael 183-184

fanfarrões ("bullshitters"), homens 99
feedback, dar/receber 46, 47, 56, 97, 117, 169, 278, 280
Fell, James 257
Fennell, Emerald 194
Festival de Glastonbury (2018) 62
filhos, ter 43, 44, 184-185, 279-280
    e cuidado dos 131, 90-291
    lésbicas 234-235
    veja também criação dos filhos/pais e mães
Filipinas, 214, 267
filmes 26, 157-159, 160, 178-179, 200-201, 273-274, 277, 290
    diretoras e produtoras mulheres 162, 192-193, 194, 200-201, 270, 290
    personagens femininos 191, 194, 290
    roteiristas mulheres 191
filosofia 96
Financial Times 125, 181, 240
Fingerhut, Adam *veja* Peplau, Letitia Anne
Finkelstein, Daniel 144
Finlândia 166
Floyd, George 139, 218
FMI *veja* Fundo Monetário Internacional
Forbes (revista) 77
forças armadas: e mulheres 67, 293
formação de vínculos, entre mulheres e entre homens 98
Fortune (revista) 30
Fórum Econômico Mundial 45, 74
França 159, 185, 206
Franklin, Aretha: "Respect" 17
Franzen, Jonathan 147
Front Row Central (site) 57
funcionárias mulheres 84-85, 169-175, 176
    dicas para os colegas 277-282
    dicas para os empregadores 283-286
    e gravidez/parto 42-43, 44, 183-184, 264, 279-280
    e responsabilidade por cuidar dos filhos 131, 291
    e responsabilidades domésticas 274-276
    negras e de minorias étnicas 43-44, 225-227, 264-265
    veja também CEOs; currículos; trabalho flexível; entrevistas de emprego; reuniões; promoções
funcionários públicos 58-9

Fundo Monetário Internacional (FMI) 74, 176, 241, 246

G

Gadhia, Jayne-Anne 250
Gallagher, Liam 63
Gallup: *State of the American Manager* (pesquisa) 83
Garikipati, Supriya 45
Garrick Club, Londres 185
Gerwig, Greta 158
Gillard, Julia 25, 61, 82, 84, 207-208, 246
Gillibrand, Kirsten 205
Global Media Monitoring Project, The (GMPP) 183
Globo de Ouro 158
Goodreads 150
Google 18, 27, 64, 69, 115, 181, 209
governos 290-292
    compostura dos políticos 123-124, 179, 207-208, 250-251
gravidez 43, 94, 184, 264, 280
Griffith, Nicola 151, 156
Groff, Lauren: "By the Book", entrevista (2018) 156
Guardian (jornal) 154, 189, 257, 260
Guterres, António 242, 269
Gutiérrez y Muhs, Gabriella, et al.: *Presumed Incompetent* 220, 221

H

habilidade matemática 27, 30, 38, 39, 40, 41, 50, 64, 72, 99, 140-142, 168
Hale, Brenda 22, 91, 140, 169
Hallberg, Nicole 57
Harris, Alton B. *veja* Kramer, Andrea S.
Harris, Kamala 205, 215
Harvard Business Review 100
Haslanger, Sally 96
Hathaway, Anne 162
Haughey, Charles 105
Healey, Elizabeth 249
Heldman, Caroline 206, 209, 240
Heseltine, Michael 241, 242
heurística 19, 162
High Low, The (podcast) 247
hinduísmo 195
Hockley, Tony 271

Hodge, Margaret 123
Hodson, Phillip 261, 263
    Os machões: o comportamento do homem diante da nova mulher 81, 261
Holanda 159
Holter, Øystein Gullvåg: "What's in It for Men?" 83
Homens
    agressivos 261-262
    como líderes 41-42, 75-76, 83, 100, 137
    e influência 130-131, 134, 137, 145, 286
    e *mansplaining* 29, 64-65, 106, 117, 184-185, 232
    e *manspreading conversacional* 112-115, 117
    e masculinidade insegura 261-265
    e o sexismo dos outros homens 274, 282
    e radicalização na adolescência 264-266, 268
    em parcerias igualitárias 81-82, 83-84, 274-276
    falando em público 114-115, 116
    gays 235
    interrompendo 69-75
    maneiras de fechar a lacuna da autoridade 271, 273, 274, 276
    no trabalho 278-281, 282
    superioridade dos 25-26, 27-28
    trabalhando para chefes mulheres 83-84, 282
    veja também pais; misoginia; criação dos filhos/pais e mães; sexismo
Hornby, Nick 153
HuffPost Reino Unido 188, 246
Hughes, Sarah 148
humor, uso do 36, 65, 284
Hussey, Andrew 242
Hyde, Marina 189
Hypatia (periódico) 90-91

I

IATs *veja* Testes de Associação Implícita
idade/envelhecimento
    e aparência das mulheres 243-244, 251
    assertividade 105, 244
    e autoridade 22, 65, 73, 138, 179, 251-252

e confiança 76, 108
e discriminação na televisão 179-180
e sexismo 65, 251
e Testes de Associação Implícita (TAI) 166
veja também adolescentes
Igreja Anglicana 196-197, 201
Igreja Católica 69, 196
#immodestwoman 255
Independent (jornal) 61, 103, 148, 179
Índia: líderes mulheres 291-292
Indonésia: florestas 88
influência(s) 23, 148-149, 155-156, 176
    de especialistas 131-132
    de exemplos na TV 191-193
    de homens 130, 131, 134, 137, 145, 285-286
    de mulheres 17, 31, 117-118, 121-122, 130, 131, 133-136, 137-138, 141-142
    e desenvolvimento infantil 276, 285-286
Instituto de Pesquisa da Credit Suisse 175
Instituto Global de Liderança Feminina 180, 213
inteligência 38-41, 47, 92-93, 140-141, 230, 231-232, 273, 277, 287, 288
    e aparência 248-250
    e TDAH 237
    emocional 41-42, 121, 139, 213
    veja também QI
interromper os outros 69-75, 117-118, 125
Irlanda 16, 24, 45, 105, 150, 183, 189, 294
islamismo/muçulmanos 199

J

Jane, Emma A.: *Misogyny Online: A Short (and British) History* 259
Japão; voz das mulheres 122-123
Jardine, Lisa 146
João Paulo II (papa) 16
Johnson, Boris 28, 30, 42, 45, 62
Johnson, Stefanie K. 250
Jordânia 115
jornais 178, 289
    cobertura de mulheres com autoridade 189-190
    editores 184, 188, 189, 200-201
    mulheres como fontes de informação e temas de artigos 180-182, 290
    veja também anúncios; *Daily Mail*; *Guardian*; *Independent*; jornalistas; *Observer*; *Sun*; *Sunday Times*; *Times, The*
jornalistas esportivas, mulheres 185, 186-188, 257, 273
jornalistas
    e aparência das mulheres 245, 246, 252
    e sexismo 184-185
    esportivos 185, 186-187, 257-258, 283
    fontes de 180-181, 289
    homens 55, 60, 68, 123, 144-145, 152, 178, 182, 183-184, 185-186, 188-189
    mulheres 75-76, 108, 113, 151, 170, 183, 184, 185, 186-187, 189, 251, 258-259
    mulheres negras 186, 257
    políticos 144-145, 184, 185-186, 246, 251, 290
Journal of Happiness Studies 87
judaísmo 198
juízes 22, 69-70, 90-91, 104, 123-124
Jukes, Adam 262
    Is There a Cure for Masculinity? 262
    Why Men Hate Women 262
Julé, Allyson 97
Jung, Andrea 76, 170
Jung, Carl 294

K

Kambhampati, Uma 45
Kapelner, Adam 156
Karpowitz, Christopher F. e Mendelberg, Tali: *The Silent Sex* 118
Kawar, Dina 115
Kennedy, Helena 103, 123
Kervin, Alison 186-187
Khalaf, Roula 125
Khamenei, Ayatollah Ali 45
Khan, Gina 199
khasi (sociedade) 42
Kimmel, Michael 79, 264
King, Stephen 150, 154
Kinnock, Stephen 37
Kipling, Rudyard: "Se" 262
Klobuchar, Amy 205
Knausgård, Karl Ove: *Minha Luta* 149
Kosor, Jadranka 175, 204-205, 214
Kramer, Andrea S. e Harris, Alton B.: *It's Not You, It's the Workplace* 173

Kristof, Nicholas 45
Kuenssberg, Laura 179
Kukla, Rebecca 140
Kung Fu Panda 2 e 3 (filmes) 193

L

lacuna da autoridade 16, 17-18, 19, 20, 22, 24, 34, 36, 29, 36, 42, 57, 58, 61, 186, 219
   e a falta de confiança das mulheres 91, 100, 108
   e a influência das mulheres 135, 137-138, 141-142
   e criação dos filhos 71-72, 210, 276-289
   e desrespeito às mulheres 37, 60, 61, 66, 185
   e emissoras 180
   e falta de interesse dos homens pelas obras das mulheres 152, 154-155, 160
   e lésbicas 233-234
   e liderança 137
   e *manspreading conversacional* 112-113
   e pessoas com deficiência 236, 237
   e padrões mais altos exigidos das mulheres 84-85
   e racismo 219-220, 225, 226-227
   e viés/viés inconsciente 36, 66-67, 78, 122, 162, 168, 169, 182, 188
   maneiras de fechar a 271-294
   na advocacia 22, 74, 218-219
   na política 37-38, 206, 214-215
   redução da 67, 72, 78, 80, 109, 135-136, 168, 183-184, 201, 270-271
   resultante de subestimar as mulheres 75
Lagarde, Christine 74, 86, 91, 107, 176, 241, 242, 246, 251
Lar em chamas 149
Lee, Harper 147
Leonard, Jason 187
lésbicas 231, 233-235, 236, 238
Letts, Tracey 158
Lewell-Buck, Emma 236
líderes/liderança 29-30, 134-135
   e a síndrome do impostor 90
   e compostura 123-124
   e excesso de confiança 100
   e traços de personalidade 40-41, 46-47, 87, 90, 100, 137, 171, 172, 173, 174
   homens 19, 42, 76-77, 100, 137
   lésbicas 234-235
   mulheres 17, 19, 21-22, 14, 38, 41-42, 44-47, 86, 87, 104, 105, 120, 133, 135-136, 204, 214-215, 291-292
   mulheres negras 134-136
   "transformacional" 46
   viés das mulheres contra a 161, 165-166, 172-174
Ligue du LOL (França) 185
Lin, Maya 124
Lissted (empresa de dados) 145
London Review of Books 147, 152
Loughland, Amelia 70

M

maasai (sociedade) 42
MacCarthy, Desmond 25-26
Mackesy, Serena 153-154
Maclean, Stephen 255
Mail on Sunday (jornal) 186
Mailer, Norman 26, 143, 145
Malásia 74
Malik, Nesrine 189
Malpass, David 242
mandermining/manderestimation 69, 92
"Mann, Keith" 58
mansplaining 29, 64, 111, 117, 232
Manne, Kate
   Down Girl 29, 71, 114
   Entitled: How Male Privilege Hurts Women 117
Manningham-Buller, Eliza 46-47
manspreading conversacional 112, 114
Mantel, Hilary 150, 160
"Marwood, Alex" 153
   À sombra de uma mentira 154
Martel, Yann 150
Martello, Wan Ling 37, 77
Martin, Anita 74, 229
May, Theresa 62, 123, 185, 191, 211, 212
McAleese, Mary (presidenta da Irlanda) 16, 23, 69, 196, 294
McBee, Thomas Page 55, 57
McCrae, Robert 41
McKay, Nellie Y. 217
McKinsey & Company 85, 87
McKinsey e Lean In: "Women in the Workplace" (2019) 229, 238, 239
#MeToo 18, 66, 183, 194

Meir, Golda 214
Men Who Hate Women 265
Mendelberg, Tali *veja* Karpowitz, Christopher F.
meninos
    e confiança intelectual 92-94, 108
    e insegurança masculina 262-264
    e interrupções 71
    e tratamento recebido pelos pais 22, 71, 72, 91-92, 94, 108, 276-278
    inteligência em comparação com as meninas 38-41, 92
    na escola 96-97, 108, 116-117
    radicalização na adolescência 264-266, 268
Mentes sombrias (filme) 193
mentoring/mentores 36, 44-45, 170, 226, 238, 285
    "reverso" 67-68, 282
Merkel, Angela 90, 107, 115, 123, 175, 213, 243, 246
México 215, 232
MI5 46
mídia, 78, 127, 178, 180, 181, 183-184, 188, 252, 270-271, 273-275, 289-290
    cobertura de políticos 125-126, 183-184, 186, 204, 207, 208-209, 212, 241, 246, 254
    veja também filmes; jornalistas; jornais; redes sociais; televisão
Millard, Alex Blank 257
Miller, JoAnn e Chamberlin, Marilyn: "Women are Teachers, Men are Professors" 223
Mills, Eleanor 183
misoginia 253
    e a Igreja Católica 296
    e políticos 84, 204, 205, 206-208, 291-292
    em garotos adolescentes 265-266, 268, 288
    internalizada (nas mulheres) 162-163
    na internet 57-58, 255-257, 258-260
    no Paquistão 23
Mitchell, David 129
modéstia 98-99
Mohammed, Zara 198
Money (revista) 30
Montgomery, Sue 114
Mooney, Bel 108, 232
Moran, Caitlin 242
Morris, Frances 21-23, 132
Morris, Jan 49
Morrison, Toni 147
Morrissey, Helena 18
Moss-Racusin, Corinne 35
Mountfield, Helen 74
Movement for the Ordination of Women 196-197
Moyes, Jojo 149
muçulmanos *veja* islamismo
mudanças climáticas 88
Mulcahy, Anne 30, 38, 76, 107, 293
mulheres bissexuais 234-235
mulheres negras e de minorias étnicas 28-29, 68-69, 222, 238
    acadêmicas 71-72, 220-222, 223-225, 230, 231; *veja também* Anthony, Constance; Banaji, Mahzarin; Otele, Olivette; Phakeng, Mamokgethi; Võ, Linda Trinh
    autoras 155-154, 156-157; *veja também* Evaristo, Bernardine; Rankine, Claudia; Shamsie, Kamila
    diretoras de cinema *veja* Nelson, Jennifer Yuh; Obaid-Chinoy, Sharmeen
    e assédio sexual 234-235
    e assertividade 135, 137
    e estilos de cabelo 248-249
    e mentoring 225-226
    e mercado de trabalho 221, 225-226, 227, 264-265
    e promoções 44-45, 222, 224-226, 227
    estereótipos 134-135, 221, 226-230
    gays 231
    médicas 226-229; *veja também* Martin, Anita
    muçulmanas 199-200
    na advocacia 218-219
    na escola 287-288
    na política *veja* Bowser, Muriel; Butler, Dawn; Chao, Elaine; Harris, Kamala
    no jornalismo 187, 257-258
        veja também Aderin Pocock, Maggie; Jung, Andrea; Kawar, Dina; Lin, Maya; Martello, Wan Ling; Rao, Shubi; Shafik, Minouche
Mullally, Sarah (episcopisa de Londres) 107, 197, 248

Mulligan, Carey 194
Mumsnet (fórum de discussão) 59, 69
Murti, Lara 228

N

Naipaul, V. S. 26
National Book Award (2018) 151
Nature (revista) 58
Neil, Andrew 144, 145
Neimann, Yolanda Flores 225
Nelson, Jennifer Yuh 193
Nesmith, Sharon 67, 68, 133, 172
Nestlé 77
Neuberger, Julia 198
New Statesman 25, 154
New York Review of Books (NYRB) 152, 153
New York Times 45, 53, 103, 153
    Siena (pesquisa) 208
Newton, Victoria 201
Nicholls, David 153, 154
    adaptação para o cinema 162
    Um dia 154
Nichols, Catherine 34-35, 147, 154
Nielsen Book Research 149
Nigéria 74
Nixon, Alan 255
nomeações do conselho de administração 28, *veja também* CEOs
Nova Zelândia 45, 87, 213, 293

O

O'Connor, Flannery 152
O'Reilly, Miriam 179-180
Oakes, Margaret 165
Obaid-Chinoy, Sharmeen 23, 199
Obama, Barack (presidente dos Estados Unidos) 74, 188, 210, 215, 242
Observer 241, 242
Ocasio-Cortez, Alexandria 258
Okonjo-Iweala, Ngozi 246
Orbán, Viktor 267
Organização para a Cooperação e Desenvolvimento Econômico (OCDE): Programa Internacional de Avaliação de Estudantes 40
Órgãos reguladores de meios de comunicação 290
Os Testamentos 156

Osborne, George 30
Oscar (premiação do cinema) 18
Ostry, Jonathan *veja* Lagarde, Christine
Otele, Olivette 218, 220, 224

P

pais 13-14, 130, 165, 185, 202, 259
    e seus filhos 74-5, 85, 272, 278, 286, 287-9
    tirando licença parental 75, 286, 297-8, 304
Paley, Grace 146
Paquistão 26, 45, 74, 76, 199, 220
Partido Conservador (Reino Unido) 144, 211, 213
    veja também May, Theresa; Thatcher, Margaret
Partido Trabalhista (Reino Unido) 77, 118, 123, 207, 291
Pascal, Amy 158
patriarcado 25, 42, 71, 83, 166-167, 178, 200-201, 210, 235
    e religião 195, 201
    maasai (sociedade) 42
    Paquistão como um 23
Pearson, Allison 212
Pearson, Fiona 185
Pelosi, Nancy 251-252
Penny, Laurie 257
Peplau, Letitia Anne e Fingerhut, Adam: "The paradox of the lesbian worker" 234
Perry, Philippa 163-164
Peru: floresta 88
pessoas com diploma de MBA 43-44, 63-64, 101
Petruzalek, Daniela 56
Phakeng, Mamokgethi 72, 124, 219, 224, 230, 231
Phillips, Adam: "Unforgiven" 262
Phillips, Katherine W. 86, 217, 281
PIB: e disparidade de gênero 86-87
poder/busca pelo poder 103-105, 119-121
políticos
    de sexo misto 293-294
    e cobertura da mídia 125, 183-184, 186, 204, 207, 208-209, 212, 241, 246, 254
    e misoginia 84-85, 204, 205, 206-207, 291

e sexismo 118, 207, 208, 210-213, 267
homens 28-29, 65-66, 241, *veja também*
   Johnson, Boris; Carter, Jimmy;
   Obama, Barack; Trump, Donald
mulheres 28-29, 44-46, 86-87, 118,
   131, 185, 204-215, 246, 257-259,
   289, 290, 291, 292; *veja também*
   Ardern, Jacinda; Bachelet, Michelle;
   Bowser, Muriel; Brinton, Sal; Butler,
   Dawn; Campbell, Anne; Chao,
   Elaine; Clinton, Hillary; Gillard,
   Julia; Hodge, Margaret; Kosor,
   Jadranka; Lewell-Buck, Emma;
   McAleese, Mary; May, Theresa;
   Merkel, Angela; Pelosi, Nancy;
   Robinson, Mary; Rudd, Amber;
   Thatcher, Margaret; Thorning-
   -Schmidt, Helle; Truss, Liz;
   Yellen, Janet
Polônia 268
Popcorn with Peter Travers (talk show) 162
Prêmio Booker Prize *veja* Man Booker
Prêmio Edgar de Melhor Livro em
   Brochura (2014) 154
Prêmio Feminino de Ficção (2018) 149
Premio Man Booker 156
prêmios 20, 148, 149, 151, 154, 156, 157,
158
Prêmios Pulitzer 151, 156
Pressner, Kristen 165
Private Eye (revista) 99
professores
   com atitudes diferentes em relação a
      meninas e meninos 27-28, 38-39, 94,
      96-97, 116-117, 285, 287-288
   e assédio sexual nas escolas 287
   e diferença salarial 44
   e radicalização de meninos
      adolescentes 265, 268, 288
   e resistência aos estereótipos de gênero
      288
   e sexismo em crianças 287
   e suposições sobre a inteligência de
      meninas e meninos 287
   e viés 96-97, 108, 287-288
   encorajando meninas a estudar
      disciplinas científicas 286
   poucos negros e de minorias étnicas
      272

promoções
   e cor da pele 44, 222, 225-226
   e gênero 17-18, 22-23, 27, 30-31,
      43-45, 78, 101, 133, 171, 173-174,
      275, 281, 283
Propp, Kathleen 130
Purves, Libby 189

Q
QI: e gênero 27-28, 38, 92
Quadlin, Natasha 140
Quartz (publicação) 55

R
racismo 29-30, 264-265, 274-275, 277, 287
   declínio do 222
   e sexismo 77, 218-230, 238
   inconsciente 222, 238
Radford, Izzy 138
Rajan, Amol 179
Rankine, Claudia 272
Rann, Mike 84, 207
Rao, Shubhi 64
Ray, Kadijah 227
Reagan, Ronald (presidente dos Estados
   Unidos) 210
redes sociais 146, 153-154, 198-199, 208,
   254, 255-256, 268
   veja também Twitter
ReesMogg, William 188
religiões: e mulheres 69-70, 195-200, 202,
   268
responsabilidades domésticas 285-7
reuniões 17, 61-62, 64-65, 67, 69, 74, 107
   conduzindo 70-71, 74, 127, 278-279
   e "estratégia de amplificação" 74, 188
   interrupções 53, 55, 71, 72-73
   mulheres falando nas 114-116, 117-122,
      126-127
Richardson, Louise 70, 112, 121, 133
Riddell, Fern 255
Rigby, Beth 132
Robbie, Margot 194
Robinson, Mary (presidenta da Irlanda)
   105, 214
Roche Diagnostics 165
Romney, Mitt 210
Rosette, Ashleigh Shelby 135

Ross, L. J. 150
Roth, Philip 147
Rotten Tomatoes (guia de TV e filmes) 158
Roughgarden, Joan 51-53, 69
Rousseff, Dilma (presidenta do Brasil) 267
Rowling, J. K. 152
Royal, Ségolène 206
Rudd, Amber 62, 213
Rudd, Kevin 208
Rudman, Laurie 102
Ryan, Alan 92

S

Sadker, David 97, 116
   Still Failing at Fairness (com Sadker, Myra e Zittleman, Karen R.) 277
Sadker, Myra 97, 116, *veja também* Sadker, David
Salvini, Matteo 267
Sandberg, Sheryl 102, 276
Schilt, Kristen 54
Schneider, Martin R. 57
Sergeant, John 243
Sesko, Amanda 68
sexismo 23, 41, 51, 54, 55, 65, 81, 171, 219, 251, 274
   "benigno" 61
   e "abelhas-rainhas" 171, 172, 174
   e classe social 220
   e racismo 77, 218-230, 238
   em anúncios publicitários 190-191, 267-268, 270, 283-284
   em crianças 116-117, 277-278, 287-288
   entre acadêmicos 171, 172-173, 184-185, 221-222
   entre políticos 118, 207, 208, 210-213, 267
   na internet 255-257
   na mídia 181, 290
   nas escolas 116-118, 287
   sistêmico 66
Shafik, Minouche 116, 175-176
Shamsie, Kamila 148-149, 220
Shaw, Sylvia *veja* Cameron, Deborah
Sheppard, Leah D. 250
Sherfig, Lona 162
Shipley, Jenny 293
Shure, Nikki 99
Sierra, Kathy 260

síndrome da "abelha-rainha" 169-172, 173-175, 176
síndrome do impostor 90-91
Sky 132
Smith, Hayley-Jane 231
Snoop (financeira) 250
Snow, Jon 122
Snyder, Kieran 72
Snyder, Kirk: *The G Quotient...* 235
Solnit, Rebecca: *Men Explain Things to Me* 64
Sontag, Susan: "The Double Standard of Aging" 243
sotaques 231, 273
Sparks, Vicki 122
Spectator (revista) 154
Stahl, Lesley 251-252
Steel, Danielle 149
Steinbeck, John 147
Steinem, Gloria 206
Stern, Charlotte 138
Stormzy 63
Sturgeon, Nicola 211, 212, 213
subestimação de mulheres 63-65, 69, 75-78
Subtirelu, Nicholas 125
Suécia 87, 166
Sun (jornal) 183, 201
Sunday Times 151, 201-202
Sykes, Pandora 247

T

Talk-show: reinventando a comédia (filme) 194
Tannen, Deborah 73, 114
Tanzânia: florestas 88
Taplin, Polly Marshall 62
Tartt, Donna 147
Tate Modern, Londres 21, 61
TDAH, crianças com 237
televisão 178, 200-201, 273-274, 277
   anúncios na 190-191
   apresentadores de notícias 179
   etarismo na 179-180, 290
   papéis femininos na 191-193, 289
   veja também BBC
Terracciano, Antonio 41
teste de Bechdel 193, 194
Testes de Associação Implícita 93-94, 163, 164, 166-167, 221, 222
Tett, Gillian 240

Thatcher, Margaret 15, 18, 123, 170, 185, 211, 212
Thompson (J. Walter) Intelligence 82
Thorning-Schmidt, Helle 19, 37, 64, 73, 77, 119, 244
Thornton, Sara 133
Times Literary Supplement (TLS) 153, 154, 155
Times, The 60, 75, 98, 103, 144, 183, 184, 188, 189, 241
Tinsley, Catherine 118
Tolkien, J. R. R. 149-150
Toynbee, Polly 189
trabalho flexível 23, 82, 275, 279-281, 282-283, 291
traços de personalidade
  e liderança 41-42, 46-47, 87, 90,100, 137, 172, 172, 173-174
transgêneros
  de mulher a homem 50, 51, 52, 53, 54-55, 56, 58
  e homem a mulher 49, 51-54, 55-57, 58, 68-69
Três anúncios para um crime (filme) 194
Três homens em conflito (filme) 158
trollagens/trolls 207, 255, 256, 257, 259, 260, 292
Trump, Donald (presidente dos Estados Unidos) 22, 42, 45, 46, 105, 114, 205, 209, 210, 215, 248, 251, 266, 267
Truss, Liz 30, 69
Tucker, Emma 200
Turnbull, Malcolm 208
Twain, Mark 147
Twitter 18, 61, 133, 145, 160, 253, 254, 257, 260

U

Uber 77
Unidade de Desafios da Igualdade 167
Universidade Carnegie Mellon 289
Universidade da Califórnia 155, 223, 289
Universidade de Coventry 218
Universidade de Georgetown 114, 140
Universidade de Illinois 92, 124
Universidade de Oxford 12, 18, 26, 70, 74, 92
Universidade Yale 36, 124
Universidade do Texas 132
Universidade Harvard 163

Universidade Trinity Western 97
Universidades
  e disciplinas STEM 271, 289
  professores 19-20, 35-37, 71, 166, 171, 223, 271, 288
  professores negros 223, 224-225
  professores transgêneros 50-54
  publicações acadêmicas em coautoria 170-171, 173
  veja também estudantes universitários
Usher, Nikki 145

V

"Vale do Silício" 63
Vandello, Joseph A. 261
Vanity Fair (revista) 158
VIDA Count 153
viés inconsciente/"implícito" 18, 19, 22, 24, 27, 31, 42-43, 70, 93, 131, 132, 133, 136, 173, 179, 182, 189, 230, 238, 270, 272-273, 283, 292-293
  das mulheres 21, 35-37, 93, 108, 162-168, 171, 172, 176, 206, 270, 272, 273, 279-280
  dos empregadores 282-285
  dos homens 20-21, 23, 28-30, 34-37, 58, 66-67, 78, 80, 92, 96, 97, 101, 133, 144-145, 146-160, 165-166, 173, 206, 249-250, 271, 282, 283, 284
  dos professores 96-97, 117-118, 286-287
  e a lacuna da autoridade 36, 66-67, 78, 122, 162, 168-169, 183, 188
  e a "síndrome do impostor" 90
  e crianças 38, 71, 96-97, 108, 116-117, 277
  e mulheres negras 135-136, 219-222, 249
  e religião 195-196
  e tons de voz 122-126, 231
  eliminação em entrevistas de emprego 278-279
  na política 15, 206, 211, *veja também* misoginia
  veja também Testes de Associação Implícita
Vine, Sarah 211
violência doméstica 131, 213
Virgin Money 250

Võ, Linda Trinh 223
vozes
    de homens 113, 122, 248, 273-274
    de mulheres 20-21, 55, 72, 113, 122-126, 140, 205, 268, 274
    e influência sobre os homens 135-136
    e sotaques 231-232, 273-274
    graves 114, 122, 124-125
    negras e de minorias étnicas 68, 69, 72
    naturalmente graves/propositalmente 109, 118, 121-2

W

Walker, Alice 147
Walmart 77
Wark, Kirsty 246-247
Warren, Elizabeth 205, 208
Washington Post 248
Waterhouse, Keith 123
Watkins, Annie 146
Watson, Beth 235
Weinberg, Dana Beth 156
Weinstein, Harvey 184
Whitman, Meg 30
Why Do So Many Incompetent Men become Leaders? 100
Williams, Blair 212
Williams, Joan C. 229
Williams, Paula Stone 56
Williams, Roger 258
Williams, Serena 18
Wilson, Sherree 221
Wing, Adrien Katherine 223
Winkett, Lucy 197
Witchsy (mercado de arte na internet) 58
Woman Interrupted (app) 73
Women in Journalism (organização) 170, 181, 183
"Women in the Workplace 2020" (pesquisa) 44
Wong, Jaclyn 249
Woolf, Virginia 25-26
Workman, Lance 231
Wu, Alice H. 94

X

Xerox Corporation 30, 38, 76, 107

Y

Yellen, Janet 47, 90, 94, 95, 106, 172, 248
Yoho, Ted 258
Yong, Ed 180, 182, 189
Yousafzai, Malala 275
Yousafzai, Ziauddin 275

Z

Zeit, Die (jornal) 123
Zittleman, Karen *veja* Sadker, David